三晋百位历史文化名人传记丛书

追寻先贤的足迹　倾听历史的回声
守望伟大的传统　成就时代的梦想

祁寯藻传

梁盼 / 著

山西出版传媒集团

北岳文艺出版社
·太原

图书在版编目(CIP)数据

祁寯藻传 / 梁盼著.—太原：北岳文艺出版社，2020.9
ISBN 978-7-5378-6249-3

Ⅰ.①祁… Ⅱ.①梁… Ⅲ.①传记文学-中国-当代 Ⅳ.①I25

中国版本图书馆CIP数据核字(2020)第138665号

书　　　名：祁寯藻传
著　　　者：梁　盼
责任编辑：邹　伟
装帧设计：张永文
篆　　　刻：刘　刚
插图设计：阎宏睿
印装监制：郭　勇

出版发行：山西出版传媒集团·北岳文艺出版社
地　　　址：山西省太原市并州南路57号
邮　　　编：030012
电　　　话：0351-5628696(发行部)
　　　　　　0351-5628698(编辑室)
传　　　真：0351-5628680
网　　　址：http://www.bywy.com
E - m a i l：bywycbs@163.com
经 销 商：新华书店
印刷装订：山西人民印刷有限责任公司

开　　　本：710mm×1000mm　1/16
字　　　数：445千字
印　　　张：25.5
版　　　次：2020年9月　第1版
印　　　次：2020年9月　山西第1次印刷
书　　　号：ISBN 978-7-5378-6249-3
定　　　价：38.00元

本书版权为本社独家所有，未经本社同意不得转载、摘编或复制

《三晋百位历史文化名人传记丛书》组织机构

策划
杜学文　张明旺　王宇鸿　梁宝印

专家审读小组
主　任：杨占平
副主任：续小强
成　员：周宗奇　韩石山　降大任　赵　瑜　哲　夫
　　　　　李书吉　陈为人　乔忠延　魏荣汉　范兆飞

编辑出版办公室
主　任：杨占平
副主任：续小强
成　员：郭　松　孙　茜　李金山　王　姝　吕轶芳

◎祁寯藻像

皇清勅授修職郎增貢生四川鹽場大使署華陽縣防州判太平廳經歷右春坊右庶子顯考芝田姪任太宜人劉太宜人

君子居必擇鄉遊必擇士所以防邪僻而近中正也非我而當者吾師也是我而諛者吾友也安燕而血氣不惰勞勌而容貌不枯怒不過奪喜不過予行不至苟難說不苟察名不貴苟傳唯其當之為貴名不貴苟傳唯其當之為貴故君子務脩其內而讓之於外務積德於身而處之以遵道如是則貴名起如日月天下應之如雷霆

無稽之言不見之行不聞之謀君子慎之

荀子語

祁寯藻

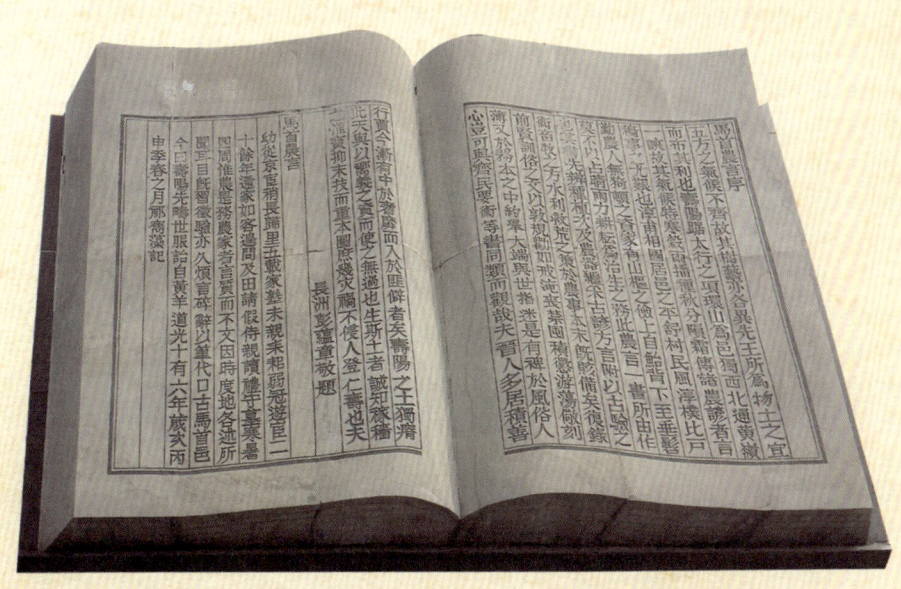

三晉百位歷史文化名人傳記叢書

祁寯藻傳

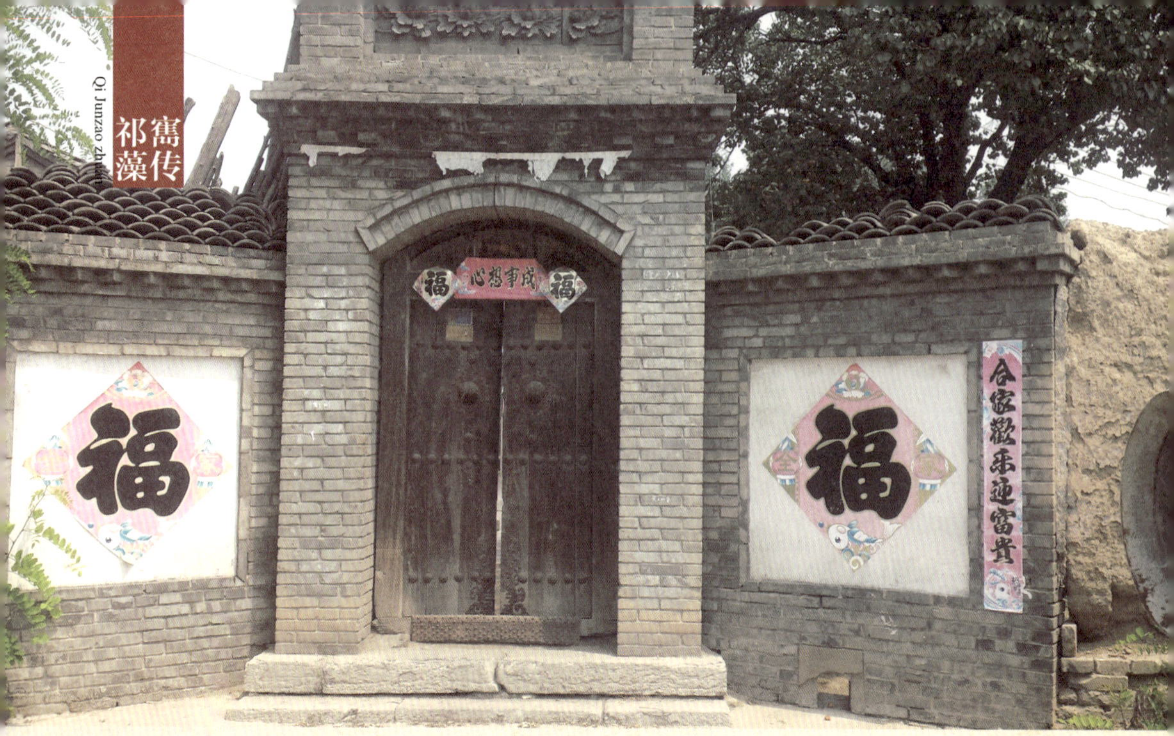
心想事成
福
福
福
福
合家歡樂運富貴

史学巨匠
祁韻士
（1751—1815）

忠贞靖国
祁宿藻
（1801—1853）

清勤爱士
祁世长

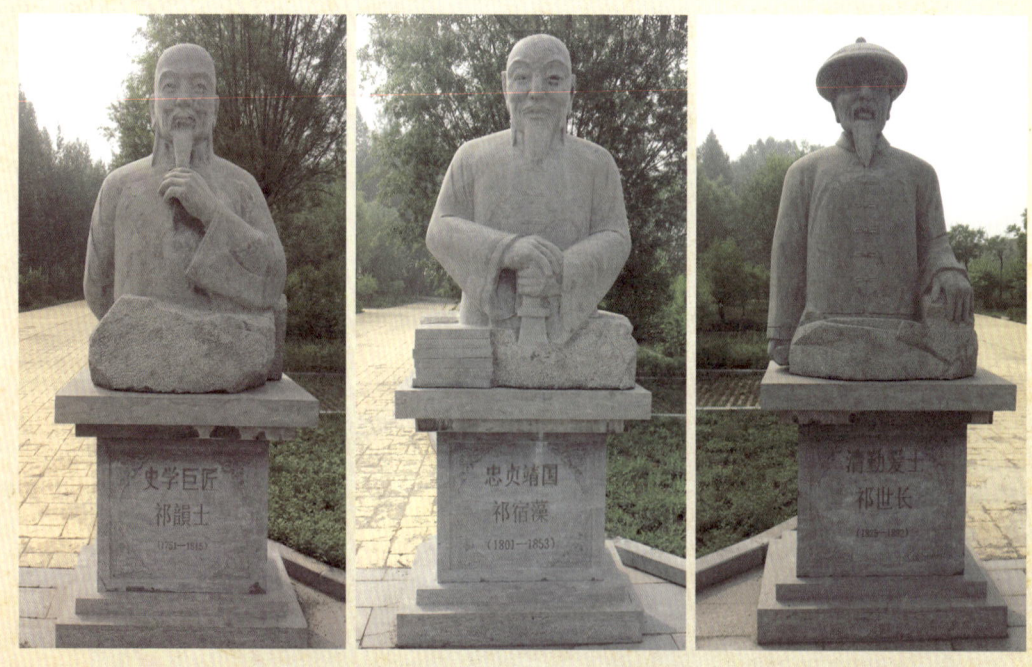

三晋百位历史文化名人传记丛书

祁寯藻传

序：现代化进程中的山西文学

杜学文

从传统社会向现代社会的转化是人类发展进程中的重大课题。每一个国家、每一个民族都将面对，难以回避。个人，作为社会的组成细胞，也同样如此。这并不以我们自己的意志来转移。综观世界各国，在这种转化的进程中，都有了不同的选择，并表现出各异的特色。但总的来说，还是目前我们称之为"发达国家"的率先实现了现代化。其成功的转化有诸多原因，但从文化的角度来看，与其自然环境的特殊性、农耕文明的不发达，以及突出的个人奋斗精神、重利思想、实用主义等有极大的关系。而目前世界上的欠发达国家或发展中国家，则在向现代化转化的历史进程中，又表现出各自不同的特色。就中国而言，在其漫长的历史进程中，农耕文明得到了充分发展，并达到了最为繁荣的境界。现在的发达国家在转型早期的生存压力等表现得并不明显，从而一种自给自足、自得其乐的生活方式逐渐固化。向现代化转型的原生性动力并不强大。从某种意义来看，中国实际上进入了一种人类最美好的发展境界，那就是，依靠劳动来创造财富，与大自然和谐共处，有剩余的时间来体验人生的乐趣等等。中国从传统社会向现代社会的转化主要靠外部的强力推动。就是说，因为先发国家对财富、权力、欲望的强烈追求,在吸纳了东方文化,其中非常重要的是中国文化之后,骤然表现出突飞猛进的发展状态。其商业首先得到了快速的发展。特别是依靠对海外市场的分割,使过去形成的传统的世界市场在大航海时代变得更加活跃。同时,工业技术得到了快速的进步。人类的新发明成几何级数增长。新技术的出现使社会生产力得到了空前的解放,物质生产表现出前所未有的丰富。而与之相应的是社会制度的进一步变革。一种能够服务新的生产力发展的社会管理系统逐渐建立,并在血与火之中不断完善。在这样的变革转型中,东方古老的中国受到了西方先发国家的强烈冲击。传统的农耕文明与新发展的工业文明之间出现了严重了错位,并引发了控制、占有与反控制、反占有的残酷斗争。中国从农耕文明的辉煌顶峰跌落,中国人开始睁开眼睛看世界,并反思自身文明存在的问题。在外力的冲击下,中国不自觉地开始了向现代化转化的历史进程。一代又一代的中国人筚路蓝缕、奉献牺牲,前赴后继、求索奋斗,就是要重新找到国家独立、发展、进步的正确道路,实现民族的复兴。在不同的历史时期,他们承担了不同的历史使命。不同的人们从自己所从事的事业中为这样一个艰难而宏伟的目标做出了自己的贡献。而中国的文学,同样没有疏离民族的历史追求,甚至在许多关键的历史时刻,承担了开启民智、传播思想、激发斗志、重塑文明的历史重任。在这样一个艰难的充满了探索的转型进程中,中国人民表现出了自己最大的智慧与韧性。一直到新中国的建立,才基本形成了主权统一、独立自主的现代国家形态,并以超人的勇气与奋斗精神、惊人的创造力与发展速度迈向现代化。在这样一个伟大的转化进程中,中国虽然经历了失败、屈辱、挫折,但终于创造了他人所没有的成就。而我们的文学,正是这一历史的亲历者、推动者、表现者。就山西文学来说,是中国文学的重要方阵,当然也是这一历史的组成部分。其努力与贡献非常突出。

　　首先是推动了现代汉语的大众化，为现代汉语从知识阶层走向普通民众，并使二者有机结合做出了积极的贡献。在中国追求现代化的进程中，经历了一个从"器"到"道"的转变。所谓"器"，就是中国人在最初以为是西方发达国家的技术、器物先进，因而倡导"洋务运动"，开办现代工厂，引进西方设施，等等。这些努力从历史发展的必然来看，当然是非常重要的。但是，事实很快证明，仅仅引进西方的先进技术并不能解决问题。之后发生了制度层面的改革，包括推翻清王朝，建立立宪政权，仿效欧美三权分立及选举制度等等。但是，这种形式上的制度变革没有使中国强大起来，反而使中国成了一盘散沙，四分五裂。于是，更多的人开始反思中国的文化。一方面，对中国传统文化中的落后部分进行批判；一方面引进国外的思想如无政府主义、新村主义，包括马克思主义等等。新文化运动成为当时风生水起的社会思潮。从今天来看，其对中国传统文化的批判有许多过激之言。但是如果我们回到具体的历史场景，就会感到这些批判背后所表露的急切心情及历史合理性。在新文化运动中，一个最为突出的问题，也是最为重要的成果就是把中国人使用了数千年的文言文转化为白话文。从文化发展传承的角度来说，以文言文为代表的中国书面语言具有其重要的历史价值、文化价值、文明意义。可以说，文言文的简洁、精炼、典雅，以及其表情达意的丰富性，是世界上任何语言都难以企及的。这也正是其生命力之所在。但是，从历史发展的现实来看，文言文也具有非常严重的局限性，难以适应现代社会的发展要求。首先是缺乏精确性。由于中国传统文化中思维追求整体感、人文感、艺术感，中国的语言缺少对事物的准确表述。这种特点虽然具有非常强烈的人文色彩，以及超越了具体现象的整体感，但是与现代工业技术发展中对事物精确性表达的要求有很大的距离。语言的背后体现的是思维方式。如果语言难以体现精确性要求，人们的思维同样将不能适应时代发展的要求。其次是书面语言与口头语言的分离。虽然任何语言都会表现出书面与口头的差别，也就是说，人们不可能把口头语言照搬为书面语言。但这种差别在汉语中表现得尤为突出。这就是作为书面语言的文言文与口头语言的"白话"之间的区别。这种区别使更多的普通民众与书面书写脱离，对开启民智、提升大众的文化素养产生了障碍。而现代化的实现并不仅仅是少数"文化人"的事，而是全民族的事。因此，语言的变革，使之更能够适应现代化的需要就成为一种时代的必然。20世纪的新文化运动，除了其在价值观方面的追求如"科学""民主"等之外，对语言的解放也是一种非常强烈的期待。一些有识之士率先放弃了对古代汉语的使用，积极采用白话文来构建现代汉语。这其中，出现了许多具有代表性的人物，如鲁迅、胡适等。今天我们仍然能够感受到鲁迅的语言中存留有古代汉语的元素。这是中国语文从古代汉语向现代汉语过渡的典型表现。而胡适等人则努力使自己的书面语言更加通俗化、口语化，也显示出某种过分倾向于白话的特点。另外一些具有欧美留学背景的人则企望借鉴外来语言对中国的语言进行改造，因而出现了许多非常欧化的表达方式。就中国现代汉语的成熟完善来说，这些努力都是非常珍贵的。但是，真正使新生的现代汉语从古代汉语中出走，并吸纳了民间语言的丰富、生动的特质，使之成为一种既有古代汉语的节制、典雅，又有民间口头语言的生动、活泼，从而使现代汉语能够成为一种具有完整的语法体系、鲜活的表现力，以及体现民族语言特色的"现代汉语"形态，则是以赵树理为代表的作家们做出了重要的不可忽略的贡献。

就赵树理个人的创作而言，其早期也是走欧美语法特色浓重的路线。但是当他发现这条路难以被普通民众接受后，其语言表达发生了转化，开始更加注重民族语言与现代性的融合。他的语言生根于中国古代汉语与民间语言的丰厚土壤。在保持语言典雅品格的同时，至少从这样两个方面进行了努力。一是更多地吸收了民间语言的表达方式，使普通民众能够走进这样的语言，使用这样的语言。也正因此，他的语言表现出非常鲜活、生动的状态，使语言的活力大大增强，表现力得到了拓展甚至突破。二是他的语言在规范性方面进行了重大的努力。一方面剔除了民间语言、方言中粗俗的、生僻的元素，使之更加典雅、庄重，另一方面，他保持并强化了以北方方言为主的结构形式，使之在语法形态方面更加完善严谨。所以，今天我们读赵树理的作品，其语言的流畅、生动、鲜活仍然非常突出。可以说，在中国现代汉语出现、发展、完善的进程中，赵树理做出了不可跨越的贡献。当然，这种贡献不可能是他一个人完成的，而是在特定历史条件下，由包括他在内的一大批作家共同努力，并在一代又一代作家的接力中实现的。赵树理丰富了现代汉语的表现力，并使这种获得新生的语言成为广大民众自己的语言。这后一方面的贡献更为重要。因为如果一种新生的语言难以得到民众的认可，其生命力是非常值得怀疑的。可以这样说，如果没有这些作家的努力，中国的现代汉语很可能成为一种"精英"的语言。也就是说，很可能成为一种少数有"文化"的知识分子的语言。这不仅将使语言的普及受到阻碍，也将因为得不到大众的认可而导致中国现代化的迟滞。

　　山西的作家受赵树理的影响甚深。除了创作理念、题材选择等方面外，在语言的运用上也同样如此。这也就是说，从赵树理以来的几代山西作家不仅坚持了赵树理的创作方向，也共同为中国现代汉语的进一步完善、发展做出了努力。尽管今天我们可以说，这些作家个人的成就不同，在语言表达方面风格各异，但是他们有一个共同的特点，即在坚持语言的民族化方面都进行了非常积极的实践。进入新时期，随着改革开放的不断深化，各种创作观念竞相显现。山西作家虽然与全国的创作相比更多地表现出固守的姿态，但是新的创作手法、元素等也在自觉不自觉地借鉴当中。其中就语言表达的追求而言，大体表现出两种特点。一种是仍然坚持语言表达的民族风格，并随着时代的发展变化使之更加丰富生动起来。他们的语言，不仅缘于题材选择的民间性、地域性，以及人物、故事的原生性，更缘于吸纳了民间语言的鲜活元素，在叙述、描写等诸多方面更多地体现了植根于本土的语言活力。另一种虽然也注重题材的地域性选择，但在语言表达中更多地呈现出一种开放的意识，比较侧重吸纳外来语言中的合理成分。如修辞的繁复，语句的长结构，象征意象的频繁使用等等。虽然这两种追求表现出各自不同的倾向，但他们随着时代的发展而推动现代汉语不断进步的努力是一致的。

　　需要我们重视的是，山西作家在自己的创作中表现了中国文化的原生态及其变化。这种原生态不是指文化最初形成的形态，而是指数千年来一直呈现出来的未经现代化浸染、改变的文化。从某种意义来看，它已经成为生活在这样的历史环境中每一个人不自觉的潜在意识，并支配着人们的思想与行为。文学的表达虽然是语言与形象的表达。但是隐藏在语言与形象背后的却是生成这种语言与形象的文化。如果一种文学性的描写没有隐晦地展示出某种文化及其价值观，我以为就是一种表面性的甚或肤浅的描写。山西作家在自己的创作中表现出一个非常突出的特点，即对自己生活的土地、家园有一种执着的关注。而就山西这一地域来说，其文化又具有某种典型性。这就是生根于黄土高原的农耕文化。在中国现代化的进程中，一个非常艰难的任务就是要改变这种文化，使之蜕变为一种新的文化：现代化。这一过程是非常艰难的，也是非常痛苦的。数千年的农耕劳作，已经形成了一种自足的完善的文明体系。但是，就在这种文明体系达到顶峰的时刻，我们突然发现她已经不能适应现代化的要求。于是，开始不自觉地改变自己。这一过程伴随着战争、灾难、屈辱、失去国土与家园等等。在经受这种外在考验的同时，还有我们内在的情感、思想、精神等诸多方面的考验。一方面，救亡与重生成为一种时代的必然使命。另一方面，精神与文化的重建、新生也面临着更大的挑战。就前者而言，山西作家的创作并不是真正的重点。而后者却是其在描写社会变革进步中隐藏的中心。山西是中国最早开始工业化、现代化建设的地区，但是我们很少能够看到山西作家所描写的这方面的作品，而曾经作为抗日战争敌后根据地中心的山西，实际上也没有太多的文学作品来表现。反倒是有许多作品在这样的社会背景下来描写当时的人们如何生活，并参与了这一影响世界文明进程的历史。可以说，这些作家们表面上看起来对社会变革更关心。但是一到拿起笔的时候，就情不自禁地流露出他们对于特定文化及其价值观的不自觉的关注。这实际上成就了他们，也局限了他们。如果就当代文学而言，最早的表达在于农民群体的觉醒。他们感受到了时代的变化，并参与、推动了这样的变化。比如小二黑，虽然具有了杀敌英雄的身份，但作家所要说的却是旧的文化观念，以及由此形成的生活方式对人性的伤害——当然是从爱情的角度切入的。作家的贡献不仅在于表现了时代变化中人性尊严的重新确立，更重要的是，作家生动地再现了这种旧的文化制约在人们劳动、生产、生活、情感，以及社会关系诸多方面的表现。也就是说，作家不是把一个关于追求自由恋爱、自主婚姻的故事作为一种孤立的现象展示出来，而是生动地表现了这种文化观念在旧的生活方式中的普遍性，以及其荒谬性。也就是表达了必须改变这种文化观念的必然要求。这当然是非常符合时代需要的，也是中国在现代化进程中必须跨越的。在山西作家的创作中，相当多地表现了劳动者——当然主要是农民，以及农民出身的、具有农耕文化背景的其他身份的人们对劳动的热爱，对土地的执着，对家庭的重视等等。从历史的层面来看，这些内容都构成了农耕文明的重要组成部分，也是这一文明能够发展、生长的原动力。但是从时代的要求来看，这种文化又成为那些最终必然要离开土地，不再是农民的人们内心世界与精神领域的时代痛苦。比如在改革开放之后，工业化的浪潮漫卷一切。在最具现代化特点的大型露天煤矿当工人的吴福却难以适应这种快节奏的标准化的生活方式。他无限怀恋地回到了自己的家乡。但是家乡已经不再是曾经的家乡，吴福也不再是过去的吴福。他身跨两界，无所归依，内心充满了痛苦。这是一种时代转换、文明更替的痛苦，是一种具有重大典型意义的内心再现。而在现代化程度日益加深的历史时期，农村也已不再是传统意义的农村。农民也不再是仅仅从事农业生产的农民。更大的市场与财富吸引了更多的农民，城市成为新的生活中心。虽然从某种意义来看，城市化可以作为现代化程度的一种标志。但是城市化也同时带来了传统文化的消失、传统生活方式的改变，以及传统人际关系的新建。老甘，这个仍然坚守在内心世界的"过去的农村"中的农民，痛苦地怀恋着昔日活色生香的农村及农村的生活。但是，过去的一切似乎已经义无反顾地过去了。他的农村已然不再。如果说这样的农村随着市场化程度的提高有新生的希望的话，也与过去的农村大不一样。老甘的痛苦同样是一种时代的痛苦，是我们在走向现代化进程中不可回避的痛苦。当然，山西的作家也描写了这种进程中人们的希望、新生，以及由此而来的快乐、自信。宋老大进城送公粮时那种发自内心的自豪感、主人感，那种终于直起了腰板的幸福感将永远感动我们。而在首都打工并学会说普通话的小雪也动人地透露出新一代农民美好的未来。

　　山西的作家们也企图从比较宏大的层面来揭示中国文化的品格，以及由此而反映出来的中国精神。这些描写不在意于对现实生活具体人事的再现，而是企图通过某种具象化的人事具有隐喻意味地表达作家对民族性的理解。他们营造的人物生活环境不太具体，而是具有某种概括性，超越了具体的、实指的时间、空间。其中人物的行为，以及由这种行为所表现出来的文化内涵、价值选择体现出一种超越了具象的恒久性。由此可以使我们领略一种民族的生存状态与价值操守。其中的一部分作品甚至具有进行人生意义、价值意义探求的哲学性努力。这时，作家关注的不再是现实生活中具体的人事，以及其中透露出的社会文化内涵，而是超越其上的价值追寻。在临危受命的戴夫人身上，作者赋予她民族人格最为优秀的内涵。她不仅具有一般人所可能具有的大局观，以及人性的智慧，而且作为生命个体，她具有了一种古人所言的"浩然之气"。她在漫长艰难的商旅途中，没有感受到生命的渺小，而是站在太行山顶吟诵前人的诗篇。她感受到的是生命的博大、伟岸，以及大自然的神奇、浩渺，是一种天人合一、物我两忘的至高境界。这不仅是她个体生命的壮美华章，也是民族文化中价值体系的完美内化。张马丁的遭遇则从另一种角度表现了不同文化短兵相接所引发的一系列事件，以一种宏阔的视野描写了文化境遇背后各异的价值体系之间的交锋、错位、融合。还有许多作品通过对具体人物生命境遇的描写，表现了具有历史意味的在潜意识中特定价值观支配下的民族精神世界。

　　读山西作家的作品，事实上也可以看到中国从农耕文明的顶峰跌落到重新崛起，实现现代化的历史进程。在当代文学中为数不多的抗日战争题材的作品中，我们可以看到以中国北方农民为主的人们如何从屈辱中觉醒、抗争，并取得了历史性意义的胜利。抗日战争的胜利，不仅仅是军事的胜利，而且是中华民族在经历了无数的失败、屈辱之后终于走向独立、自主，重新以一个文明民族的形象自立于世界民族之林的标志；也是中国在经历了种种探索，尝试了不同发展道路之后，终于表现出走向正确发展道路，迈出实质性转型步伐的标志。

尽管一直以来我们都有这方面的创作，但是具有宏观性、历史深刻性的作品还不多。新中国的建立是中华民族终于在百余年的努力之后有了自己独立政权的大事，也是中国开始以超人预料的成就向现代化迈进的起点。山西的作家以自己敏锐的笔触描写了这一关键时刻中国普通人内心世界的喜悦、自豪，以及对未来的憧憬。还是在1949年10月1日，诗人高沐鸿就创作了诗歌《这是我们人民自己的胎生》，为新中国的建立而欢歌。之后的一系列文学作品生动地表现了站起来的普通民众内心世界的巨大变化，特别是其人格世界的变化。他们实实在在地感受到了新社会的进步，以及当家做主的自豪。他们不仅在经济上得到了解放，在政治上得到了翻身，而且在精神世界上发生了积极的蜕变。一个新的时代带来了新的发展与进步。也正是这些作品成就了这个新文学史上一个最具典型意义、产生重大影响的文学流派——"山药蛋派"。他们有共同的创作追求，有共同的题材选择，有以赵树理为代表的领军人物。这个流派出现的意义，不仅仅是属于文学的，更是属于中国文化的。他们在尊重并表现中国优秀传统文化价值观的前提下，呈现在这种价值体系影响下中国民众，主要是农民如何生活、生产、思考、发展。读这些作家的作品，不仅使我们能够了解到特定历史时期中国发生的事情，而且将使我们了解中国人是怎样的一种生活方式，中国人在新的历史时期发生了怎样的变化。在20世纪70年代末、80年代初，山西的作家们非常敏锐地感受到时代将要发生的巨变。这种感受不是源于理性的分析研究，而是源于他们对现实生活的关注与热爱，是他们从具体的生活中感受、发现了时代变革的动力。其中有他们对极"左"路线的批判，以及对中国变革发自内心世界的呼唤。这首先是已经成名的一批被称为"老作家"的人们走上了历史的舞台。而另一批将在中国文学园地表现出勃勃生机的作家以自己的敏锐发现了生活的变化。至20世纪80年代中期，以《当代》发

表一组山西作家的作品为标志，文学"晋军崛起"成为中国文坛的一个重要事件，引起了广泛关注。这批作家一进入文坛即表现出不俗的活力，显得生龙活虎，风生水起。他们首先成为对极"左"路线的批判者。通过一系列生动的、充满生活意蕴的人物形象来揭示中国曾经走过的弯路，以及即将出现的变革。而后，出现了一系列呼唤改革的优秀作品。一些小说被改编为影视作品，在当时传媒欠发达的条件下产生了极大的轰动效应，甚至有万人空巷之叹。其中的朱克实、李向南、李高成等成为新的历史条件下拨乱反正、推进改革的典型人物。这些作品既是文学的，更是时代的、历史的。它们表达了中国人内心深处希望变革的期待，也呼唤着一个新的历史时期的到来！

中国的改革是中国从传统的农耕文明出走，迈向现代化的重大事件。随着改革开放的不断深化，中国表现出强劲的发展态势。同时，也遇到到了许多需要解决的问题。一方面是现代化程度的不断提高，另一方面是这一进程的艰难演进。一个时期，那种充满浪漫主义色彩的乐观情调被现实生活中的艰难前行所生发的复杂性代替。改革并非一帆风顺，充满了困惑、曲折，有许多困难需要智慧与勇气来克服。这一时期，山西的文学创作沿两条主线展开。一方面是直面现实，表现新的发展时期人民的智慧力量，及时代的进步，如农村改革，国企改革，全球化背景下的商业博弈，以及反腐倡廉、环境保护、民主选举、基层生活、重大事件等等。总的来说，山西文学表现出社会的艰难进步，这种进步首先是积极的、正义的、人民的力量战胜了消极的、不义的、损害人民利益的力量。同时也表现出了中国传统社会在时代的发展进步历程中逐渐变化：如传统农村的式微与新盛；农村人口向城镇的转移；土地的工业化、商业化等等；商品经济的蔓延，城镇化的发展；以及身处其间人们内心世界的彷徨、痛苦、选择；人对土地以及建立其上的生产生活方式的依恋；对改革进程中传统国有企业的情感等等。从这些作品中，我们可以观察、感受到中国正在发生的翻天覆地的变化。另一方面，许多作家企图从超越现实的具有形而上意味的层面来探求中国的民族精神。一些作品甚至具有了某种哲学性品味。他们可能借助于某一历史事件，或者设计一个与现实生活隔离的故事来表现自己理解的民族精神。这一类作品可能表面上与现实生活没有直接的关联，但是对我们认识民族文化、民族品格具有积极的意义。事实上这些作品为我们提供了一种思想文化资源，是对现实生活中剧烈变革引发人的价值观的迷茫进行的某种文化性指引。它不涉及现实问题，不为我们思考感受现实生活提供具体的形象。但是，为我们提供观照现实、解决现实问题的精神力量、价值选择和思想资源。这其中也有一个如何认识人生、如何认识民族、如何面对个人价值的问题。

总之，不论是对现实生活的直接表现，还是以隐晦的笔法对现实生活提供精神资源，都可以看到山西作家对社会生活、人生价值的一种积极的态度。他们试图以自己的描写来表达某种具有积极意义的思想内涵，为今天的人们提供精神力量，以推动中国社会的发展、进步，以及在历史蜕变中人的完善。这些努力也可以视为是在现代化进程中对民族精神的一种回顾与追寻。读山西作家的作品，可以使我们从一个侧面感受到中国走向现代化的历史进程。

山西作家在艺术创造上也进行了积极的努力。就山西文学的当代面貌来看，表现出一种从一元向多样的发展态势。当代山西文学受以赵树理为代表的"山药蛋派"影响甚重。一代一代的作家不仅受到这一流派作家关注现实生活、关注社会民生的创作理念的影响，而且在表现手法上也多承续这一流派。因此，直至改革开放前，山西文学基本呈现出一种"山药蛋派"式的一元状态。但是，进入改革开放的新时期后，这种局面开始发生变化。一些人更注重语言描写、心理表达等等。不同于"山药蛋派"风格的作品开始大量出现。首先是题材选择表现得更加多样，其次是表现手法更加多样，再次是创作观念也呈现出多样化的格局。山西文学终于形成了从一元走向多样的创作态势。那些坚持以农村为主要创作题材的作家们也积极地吸纳了其他的表现手法，使农村生活的表现领域大大拓展。另一方面，山西也出现了典型的所谓"现代派"小说。心理结构、借鉴侦探小说手法的"悬念"结构、无情节结构、意象结构、寓言式结构等等次第登场，宏大叙事与个人化叙事并存一体。这些作品有的已经产生了比较大的影响。无论如何，他们都是山西作家对文学自身进步的积极探索。

  从某种角度来看，山西文学似乎为我们呈现出了中国走向现代化的百年变迁史。这不仅表现在人们广为关注的小说创作之中，同时也更加丰富地表现在文学的其他领域，如诗歌、散文、戏剧，以及逐渐从散文文体中独立出来的报告文学及传记文学之中。当我们追寻这种变迁的历史时，不能割断由山西而表现出来的中国五千年文明史。山西是华夏文明的主要发祥地，从远古以来，这一文明代代相传，承续不绝，其中涌现出众多的仁人贤士。作为个人，他们有自己所处的具体的历史环境、成长条件，对人类文明的进步做出了自己的贡献。但是，作为一种文化现象，他们似乎勾勒出中国文明发展进程的历史脉络。在他们身上体现了中华文明的历史贡献、价值选择，以及思维模式。对他们进行研究，并用传记的方式表现出来，使今天的人们了解并感受他们所具有的闪光的人文价值，不仅对今天的改革发展具有积极的意义，对我们现代化进程中的文明重建同样具有非常重要的意义。这将首先使我们看到历史发展进程中文化的影响力，进而使我们能够进一步确立文化的自信心与自觉性。在这些如星光一般闪烁的先人身上，我们将体会到中华文化的魅力、价值和绵延不绝的生命力。承续山西文学的精神品格，创作出新的能够表现时代精神的优秀作品，是我们这一代人的使命。而对五千年文明发展进程中那些曾经做出突出贡献的英杰才俊进行文学式的描述，也将是我们传承民族精神的一种努力。因此，组织编辑出版山西文学"双百工程"，有着非常积极的现实意义。

这一"工程"包含两个序列三个方面的内容。一是"百部长篇小说"，其中一部分是已经发表出版并产生了较大影响的现当代小说。通过集中编辑出版，可以使我们比较全面地回顾审视山西文学某一方面的成就与贡献。另一部分是新创作的长篇小说。其目的是推动山西长篇小说的不断繁荣。把它们列入这一工程，即是对文学发展的新推动，也可以延续已有的成果，使人们看到山西文学创作的最新成就及更加生动的面貌。二是"百部山西历史文化名人传记"。山西的报告文学近些年来表现出非常活跃的态势。不仅参与创作的作家比较多，出现的作品比较多，而且产生的影响也比较大。其中一些作家应该说是中国报告文学领域的领军人物。同时山西也是华夏文明的重要发祥地，在五千年的文明发展历程中涌现出许许多多的对中华文化发展进步做出重大贡献的英杰先贤。以传记的方式把这些先人在中华文化发展进程中的贡献表现出来，有助于我们重新认识中华文明对人类的重大贡献，有助于我们进一步追寻中华文化的精神、操守、品格，并使我们从先人的风采中找到自己前行的楷模和动力，激励我们推动中国的改革发展进步。所以，这也就成为我们的一种责任。相信通过这一努力，既将促进山西文学的进一步繁荣，也将进一步增强我们的文化责任，重塑我们的文化形象，展示中华民族在漫长发展历程中表现出来的精神力量与智慧，为实现民族复兴的中国梦做出积极的贡献。

目录

第一章　祁家蒙难 …………………………………… 001
　　老五出生 ……………………………………… 001
　　家事国事 ……………………………………… 004
　　童年佳话 ……………………………………… 007
　　漕运之缘 ……………………………………… 012
　　大案来袭 ……………………………………… 017
　　狱中伺父 ……………………………………… 021
第二章　书生岁月 …………………………………… 026
　　父亲远去 ……………………………………… 026
　　返回寿阳 ……………………………………… 031
　　拜师应考 ……………………………………… 035
　　新晋秀才 ……………………………………… 039

	时来运转	045
第三章	成家立业	049
	走向成熟	049
	初见黄钺	054
	父亲归来	056
	尊师重道	060
	新婚燕尔	062
	初识嵩年	067
第四章	兰州岁月	073
	高中举人	073
	进士未中	078
	兰州之邀	084
	总督盛情	086
	论学交友	092
第五章	初入庙堂	097
	望河楼上	097
	借诗铭志	101
	壮哉行军	105
	嘉庆乱世	108
	二甲进士	111
	再见嵩年	118
第六章	永失父爱	122
	入驻澄怀	122
	父逝保定	124
	那府厚爱	132
	悲那彦成	137

第七章　南书房行走 ·············· 145
　　嘉庆驾崩 ·············· 145
　　西北叛乱 ·············· 150
　　续娶陈氏 ·············· 152
　　入南书房 ·············· 156
　　初见道光 ·············· 160
　　佺儿夭亡 ·············· 162
　　会试考官 ·············· 166

第八章　走出南书房 ·············· 170
　　主持乡试 ·············· 170
　　鸦片之祸 ·············· 174
　　识林则徐 ·············· 181
　　督学湖南 ·············· 187

第九章　外放成才 ·············· 192
　　赵二姑案 ·············· 192
　　长沙得子 ·············· 198
　　黄钺致仕 ·············· 203
　　新疆捷报 ·············· 207
　　再见那公 ·············· 210

第十章　平步青云 ·············· 215
　　张穆来见 ·············· 215
　　二品大员 ·············· 224
　　禁烟难题 ·············· 227
　　勉励兄弟 ·············· 231
　　那公病故 ·············· 235

第十一章　销烟前夜 ……… 239

- 访张观藜 ……… 239
- 马首农言 ……… 245
- 嵩年早逝 ……… 248
- 游昭化寺 ……… 251
- 张穆善举 ……… 253
- 督学江南 ……… 255
- 乐府禁烟 ……… 260

第十二章　钦差大臣 ……… 263

- 虎门佳讯 ……… 263
- 钦差福建 ……… 268
- 海防妙招 ……… 273
- 对英和谈 ……… 278
- 厦门大捷 ……… 282

第十三章　入驻军机 ……… 287

- 触怒龙颜 ……… 287
- 夫人病重 ……… 290
- 户部尚书 ……… 293
- 宿藻成才 ……… 295
- 悲林则徐 ……… 299
- 初入军机 ……… 302
- 穆党新人 ……… 305

第十四章　寿阳相国 ……… 312

- 王鼎尸谏 ……… 312
- 力谏道光 ……… 318
- 家国皆殇 ……… 321

　　　　高处尤寒……327
　　　　艰难作为……330
第十五章　宦海之巅……337
　　　　兰州查案……337
　　　　道光驾崩……343
　　　　咸丰倒穆……347
　　　　天灾人祸……351
　　　　六弟归来……355
第十六章　沧浪余波……361
　　　　六弟战死……361
　　　　奕䜣当政……367
　　　　巅峰跌落……372
　　　　回顾故里……376
　　　　京城逝世……381

第一章 祁家蒙难

老五出生
家事国事
童年佳话
漕运之缘
大案来袭
狱中伺父

老五出生

乾隆五十八年，华夏一统，大清帝国的荣耀在当时人的眼中就已经前无古人，后无来者了。这一年的六月初四，也就是公元1793年7月11日，在北京城南宣武门外的铁门胡同，一位姓祁的京官府邸，诞下一个男婴。

这天晚上亥时，大概十点多钟，夏日的北京城依旧没有降低它的热度，在极为潮闷的空气中，这个男婴的啼哭声划破了铁门胡同一带浓浓的夜色。祁府上下所有人，此刻皆被北京城的酷暑折磨着，还好，这个男婴的到来，算是不负众人的期待，让大伙暂且忘记了酷暑。产婆第一个走出来，对产房外众多守候的男丁大声说道："恭喜祁老爷，贵府又添了一位状元郎。"

屋外的祁老爷虽然尽最大力量克制着自己的情绪,但他脸上还是忍不住挂满清爽怡然的喜色。只见他连忙走向产婆,大声说道:"有劳了,有劳了。"紧接着,他又对身旁的老仆人说道:"快赏,快赏。"

老仆人也高兴万分,对产婆说:"您跟我来,跟我来——"

产婆离开后,祁老爷走进产房,先心疼地看着妻子刘氏,又转眼瞧了瞧妻子身边的婴儿,这才微笑着对妻子说:"辛苦了,夫人。"

刘氏也一笑,欣慰地点点头。

这个孩子是家里的第五个男孩,他的四个兄长,两个早夭,剩下两个有幸活下来的,一个是这位刘夫人所生,还有一个出自祁老爷已故的第一任夫人弓氏。

祁老爷,山西省平定州寿阳县人,名韵士,号鹤皋,进士出身,现任六品户部主事。对于祁韵士来说,都四十三岁了,才在高官多如过江之鲫的京城混到一个六品官,从世俗的角度来看,他无疑是有些不如意的。不过,从他们山西寿阳祁家数代人的仕途成就观之,祁韵士又算是祖坟上冒了青烟:做到六品京官,无疑是光耀门楣的。

乾隆五十八年(1793),俗称癸丑年,这一年,除了老五的出生之外,祁家人过得其实很不好。不久前,祁韵士的第二个儿子,才十一岁,便离开人世。去年,两岁的老四也更早地夭折而亡。虽说那时候儿童的死亡率很高,但"幼小与死亡"降落在一个个具体的家庭时,也皆为锥心之痛,不忍回顾。

好在今年,刘夫人又为祁韵士生了一个老五,带给全家很大的慰藉。在古代,这是标准的老来得子。此刻,祁韵士的长孙都已然两岁。

子时都快过了,祁韵士一个人坐在书房,久久无法平静。他想,老五的降临,算是对前面两个儿子夭亡的一种补偿。想到此,他对于家族香火的传递有了些许信心。对于妻子刘氏来说,也算是苍天不负有心人。

祁韵士的原配夫人弓氏,死于产后失调,她死时,祁韵士正三十而立,留下一个十一岁的女孩和一个六岁的男孩。这种局面,对于当时担任"翰林院编修"的七品京官祁韵士来说,是灾难性的。一个体面的士大夫家庭,是不能没有女主人的。第二年,祁韵士续娶了十八岁的刘氏。

刘夫人的父亲也是进士出身,官至知府。作为大家闺秀,刘夫人识文断字,对夫君祁韵士深为佩服,家中子女教育的责任一大半都落在她身上。接连失去两个幼子,对她打击很大,以至于她都只字不提,企图以这种极为残忍的方式,彻底忘掉曾经的悲苦。

在她心中,每一个儿子,包括弓夫人留下的老大,都是可以培养的栋梁之材。可惜,到目前为止,她所生的四个儿子,只孤存两个。

此刻,刘夫人躺在床上,看着襁褓中的老五,默默地向上苍祈祷:求求您老人家,请不要再夺走我的孩子;求求您老人家,请给祁家多留几个男孩吧。

生下老五的这一年,刘夫人也才三十岁,他与丈夫祁韵士虽然年龄相差十三岁,但两人可谓郎才女貌,惺惺相惜。祁韵士二十八岁中进士,在京城里熬了十五年,都已经四十三岁了,才混到一个户部六品主事。刘夫人自然看在眼里,急在心上,她的丈夫的确是被埋没了。

在此之前,祁韵士长期在国史馆任职,大量时间都在看书做学问,他是典型的学者型官员,除了撰写蒙古等西北少数民族的历史外,就是给纪晓岚做助手,编纂《四库全书》。祁韵士官阶不高,但才情却为人瞩目,乃京城文化圈子中的名人。

夜更深了,祁韵士继续坐在书房,他拿着一本地理书,却看不下去。突然,伺候刘夫人的老嬷嬷吴妈走进书房问道:"老爷,太太问您,五少爷的名字有了没有?"

祁韵士转过身,看着吴妈,笑着说:"才出生不到两个时辰,有这么着急吗?"但话刚说完,祁韵士便转过身,拿起笔,在宣纸上重重地写下三个字：祁寯藻。然后，他把纸递给吴妈，说道："让太太快睡吧，刚动过大干戈，要注意保养休息。"

吴妈点点头，拿着纸出去了。

其实，祁韵士在吴妈来之前，早就想好了老五的名字。他本打算第二天告诉夫人，可夫人既然这么急迫，他也就不卖关子了。

吴妈走后，祁韵士忍不住又在另一张纸上再次写下"祁寯藻"三个字，然后重重地叹息了一声。他想，不知这个老五能否顺利地长大成人呢？一边想，他又一边写下一个"祁"字。

家事国事

对于"祁"这个姓氏，祁韵士作为家族的大文人，早就知根知底。

祁姓发源于春秋时期的晋国，即他老家山西一代。当时晋国有一位叫"奚"的宗室贵族被分封到祁地，即后来的山西祁县，于是"奚"就以地名作为姓氏，名字变为"祁奚"。后来祁奚的子孙分为七派，散枝全国各地。

山西寿阳，县城西北二十多华里的地方，有一个晋中地区非常普通的小村庄，名为平舒村。元代时，一个姓祁的老祖宗从山西洪洞县来到这里，生根发芽，绵延子孙，到祁家老五祁寯藻这一辈人手里，已然是薪火相传十六代。

寿阳平舒村的祁家，早年没有人读书，只一心务农，直到祁寯藻的第十一世祖祁昌开始，才猛然一变，以"读书立家"。只可惜，古典时代，家族要出人才，是需要多代人前赴后继，长期积累的，平地起高楼、出个大人物的概率委实很小。

起初，祁昌的后人都只是乡村的小知识分子，虽以读书为业，但似乎只是副业，务农依然是他们的本职工作。这一"业余读书"的局面，直到祁韵士的父亲祁文汪手里才得以一举打破。

遗憾的是，祁文汪到死也只干到一个小小的"县学教谕"，才区区八品芝麻官。但其"诗书人家"的开创之功，不可小觑，正如滔滔江水亦由涓涓源头汇聚而成。

唯一能给祁韵士些许安慰的是，他有一个叔辈祁文瀚，曾在康熙五十二年中过进士，是寿阳大家族中科举功名最辉煌的一位前辈。但祁文瀚与祁韵士家这一支委实离得有些远，既无缘给祁韵士这样的晚辈开辟一条"前人种树，后人乘凉"的金光大道，亦无法让祁韵士获得某种强烈的家族自豪感与使命感。

说白了，长期以来，祁韵士无依无靠，无家族的支撑，无政坛与学界的人脉资源，无那些早早就为某人准备妥当的"天时地利人和"。他只是一介寒门士子，一个小京官，来自山西中部的耕读之家。仅此而已。

这些年，一想到自己与祖辈的科举仕途之路，祁韵士便唏嘘不已。

他父亲祁文汪，也是老来得子，小儿子祁韵士出生时，文汪公已近半百。祁韵士倒是非常争气，入翰林，做京官，把寿阳祁家的荣耀推向高潮。此刻，他的父亲祁文汪亡故已快三十年了，而他，正盯着自己写的那个"祁"字发呆。

书房里，蜡烛似乎都累了，发出噼噼啪啪的炸油声。祁韵士由父亲祁文汪，想到那个刚出生的五小子祁寯藻，突然就颔首微笑了一下。是的，他本人是父亲老来得子的结晶，而自己的小儿子祁寯藻现在也同样如此，但愿这个五小子能够继承父祖泣血读书的传统，更上一层楼，做一番大功业。

想到此，祁韵士才轻轻地吹灭了书桌上的蜡烛，向着书房尽头的床榻走去。

乾隆时代是漫长的，尤其是像祁韵士这样生于乾隆年间的人，感受更为强烈。他们碰上了一位极其高寿的帝王，而乾隆皇帝仿佛也真有"万岁"的体魄。后来的历史更高调地证明，乾隆是中国历史上寿命最长的皇帝，正可谓前无古人，后无来者。只是，祁韵士与帝国的绝大部分官员一样，都在心中深藏着一种无法言说、亦不敢说的苦闷与乏味。

乾隆的强势，如果与整个国家的强势能够相辅相成，互为因果，那自然是皆大欢喜。可实际上，那种强势，仿佛只属于乾隆自己一个人，其后果反倒是让整个帝国呈现一种外强中干的虚弱与伪装。

"十全老人"是乾隆自己晚年时最大的荣耀与谈资，可明眼人都知道，"十全老人"这四个字背后的代价何其之大，何其之悲，何其之苦，何其之重。

该换皇帝了，该有新的气象了，该试着纠正一下乾隆好大喜功的诸多施政方略了。

好在，两年之后便是乾隆六十年，很快，"乾隆"这个年号将成为历史，嘉庆时代就要到来。可年号虽改为嘉庆，但乾隆帝并未驾崩，他做了太上皇，依旧牢牢掌控着朝局。

不过，拖沓到嘉庆四年的正月初三，情况就全然不同矣。"十全老人"乾隆皇帝终于驾鹤西去，帝国由此揭开崭新的一页，无数有良知的官员与知识分子，都盼望这一刻很久。

第二年，嘉庆五年，公历恰好为1800年。虽然清人那时并无"世纪"的概念，但对于他们来说，去年乾隆帝的驾崩，应该比所谓的新世纪还要值得纪念。乾隆活了八十九岁，即便他只是一个普通百姓，也足以成为某一区域范围内较为罕见的"耆老"——当时，人的平均寿命才三十来岁。

乾隆给后世留下数不尽的传奇，他死前虽已禅位于儿子嘉庆，但他只要一天活着，他的时代就一天都结束不了。乾隆死后半个月，那位呼风唤雨的权臣和珅，也跟着倒台，被新帝嘉庆爷赐死。

和珅被扳倒，对祁韵士而言，似乎是天大的好事。

道理很简单。祁韵士在乾隆朝一直被和珅打压。当然，并非祁韵士与和珅有什么私人恩怨,而是为人做官的理念相差太远。更直白一点说,作为一个耿直清廉的中下级官员,祁韵士始终无法得到和珅的青睐。

十年前,祁韵士从翰林院的七品编修,升为詹事府的正六品官员。詹事府在清代的中央机构中较为务虚,是翰林文胆的一个官场中转站,主要作用是提高翰林文官们的品级,然后再给他们安排新的职位。本来,按惯例,祁韵士这一批从翰林院"转业"的人,都可以获得一个不错的调任。譬如祁韵士,他在詹事府就已是六品,调往"六部"衙门之后,便能铁定升任从五品的员外郎。

可就因为和珅作梗,祁韵士这一批翰林,分配到各实权部门后,大都没有获得正常的升迁。而祁韵士自然亦未能幸免,他迁往户部,还是做六品的主事,算是平调。

对于祁韵士来说,乾隆朝与他无缘,与他的理想抱负无缘,与他的精神世界无缘。乾隆朝只属于和珅等一大批善于奉承钻营的官场高人。

嘉庆五年,在乾隆与和珅都业已死去一年多之后,祁韵士的官运才到来,他终于做到了正五品户部郎中。郎中是六部各司的主官,相当于现在中央部委的司长。

此时,祁韵士已年过半百。

对于乾隆时代的彻底终结,祁韵士当然是暗自高兴的,帝国已经六十多年没有换过皇帝了,一切都根深蒂固,任何腐朽的东西皆难以撼动。现在好了,乾隆已崩,和珅也被嘉庆帝赐死,而祁韵士本人的官场生涯亦迎来转机。

童年佳话

嘉庆五年,祁寯藻八岁,他的父亲祁韵士似乎熬出了头。正五品"司长级"的官衔，虽离位极人臣还很遥远，但足以宽慰祁韵士之心。在帝国时代，想要爬到一品大员这样的金字塔顶端，人脉、时运与才干必须三者俱全，方有可能觊觎一二。祁韵士明白，他自己三样都缺，至少前两项惨不忍睹。

但是，举目遥看全国十八省成千上万的读书人，甭说正五品的朝廷命官，就算能考中一个进士，甚至一个举人，亦属大大不易。祁韵士对做官本没有太大的奢望，此刻却荣膺五品郎中，成为帝国中级官员中一员。夫复何求，家族亦何求？

这一年的中秋节，铁门胡同祁府的庭院里，全家老小都很高兴，聚在院子里赏月。此时，祁寯藻的大哥祁宬藻已二十五岁，乃两个男孩的父亲。三哥祁寀藻也过了十五岁，快要大婚。虽然二哥与四哥早夭离去，但家里现在也算人丁兴旺，祁寯藻的大侄子祁世弇都十岁了，比祁寯藻还大两岁。

当晚，京城明月当空，皎洁如玉。人间一片清澈，比和珅的倒台还令人心旷神怡。

祁韵士看着儿孙满堂，颇为得意，虽然年过半百，仕途也走得不算特别顺当，但膝下诸多儿孙环绕，也算人生一大幸事。此刻，他正抱着去年刚出生的第二个孙子，不经意间却看到庭院角落的一个果蔬篓子，突然就灵机一动，连忙把孩子递给坐在一旁的刘夫人，大声说道："孩子们，我想到一个上联，看看有谁能对出下联？"

顿时，大家都把眼光投向祁韵士。

祁韵士却旁若无人，继续盯着远处的那个竹篓，大声说道："果果篓篓篓果果。"此联一出，所有人顿时鸦雀无声，连大儿子祁宬藻都茫然不知所对。突然，老五祁寯藻站起来，盯着桌上的一个茶壶，大声地说道："壶壶盖盖盖壶壶。"众人大吃一惊，都说好，连祁韵士都想夸儿子两句，但他马上收敛笑容，皱了皱眉头，严肃地说："寯藻对的有些道理，不过你们都要记住，对联只是游戏之作，不可沉迷于此，还是要把书读好，把文章写好，知道了吗？"

儿孙们都点点头，祁韵士的喜悦亦忍不住溢于言表，他关切地看了一眼聪慧的寯藻，却发现，老五的脸上不仅没有得意之色，反而好像还在思考什么问题，有点心不在焉。祁韵士本想立即问问他又在想什么，但怕扫了大家的兴，便赶紧从夫人手中抱起小孙子，再次逗玩起来。

当晚，庭院中的祁家男女老少闹腾到很晚才散去，而祁寯藻似乎余意未尽，最后一个走进自己的屋子。

而另一个房间的祁韵士，在临睡之前，突然深情地对夫人说道："老五有悟性，必定是个可塑之才。"

夫人笑着点点头："听窦先生说，寯藻学什么东西都很快，而且还会举一反三。"窦先生是祁家的私塾教师，在家已多年，是祁寯藻启蒙恩师。

祁韵士点点头，语重心长地说道："不过，聪明的孩子要想成大器，就不能沉迷于对联诗词这样的旁门左道，还是要从童子功开始，先把四书五经先弄扎实，否则，天赋再好也是白搭。"

"我明白老爷的意思，"夫人点点头，"诗词曲赋老五喜欢，不过，我也有意在引导他，不让他过度去琢磨这些东西。"

"也不是说绝对不能写诗作对，等把古文的基础打好了，年纪稍大一些，玩一玩诗词歌赋，也是陶冶情操的法子。"祁韵士边说边叹了一口气。

"不过，也不能打击他的积极性，刚才他的对子做得很好，况且又是中秋节，老爷未免太严肃了。"夫人心疼幼子。

"是啊，我也有点后悔，这孩子的确讨人喜欢，这些个孩子，唯他最有慧根。"祁韵士又叹了一口气。

夫人点点头，无话可说了。窗外的那轮明月还是极为放肆地普照着大地，夜越来越深沉了。

第二天一大早，祁韵士让吴妈把祁寯藻叫到了自己的书房。祁寯藻蹦蹦跳跳地朝书房跑去。快到书房门口，他才换成一副恭敬的样子。书房的门没关，祁寯藻推门进去，站在祁韵士的书桌前请了一个安。

祁韵士正在练字，他抬起头，微笑着说："昨天晚上赏月作对子，你对的很好，但我批评了你，你不高兴了吧？"

"老爷，我是有点不高兴，但也来不及不高兴，我当时在急着思考另一个问题。"祁寯藻的声音虽是稚气有余，但表达的意思却像是一个大人在说话。

祁韵士点点头："我昨晚就看出来了，跟我说说，你在想什么？"

"老爷，是这样，"祁寯藻有点着急，"您昨天的上联是果果篓篓篓果果，我对的是壶壶盖盖盖壶壶，但昨天是中秋夜，我本来想用明月来对的，但实在想不到很好的句子，就只能退而求其次，用了茶壶。"

"那你现在还想再试一试吗？"

祁寯藻沉思片刻，大声念道："年年月月月年年。"

祁韵士听完，大笑："算是硬对上了，虽说有点牵强，但也只能到这个程度了。"

祁寯藻也笑了。

祁韵士却突然严肃地说道："寯藻，爹和你娘都很看好你，你的二哥和四哥都早早离世，你二哥去的时候你才一岁多，这孩子只活到十一岁，各方面的素质皆不亚于你，可惜了啊。"

祁韵士说着说着，忍不住眼泪流下来。

寯藻点点头，也跟着父亲掉泪。

"剩下的你们几个兄弟，你大哥宬藻呢，可守成，不会有太大的突破，你三哥宷藻缺乏你身上的灵气。"祁韵士说完，拿了一条手巾，走到祁寯藻身边，把他脸上的泪水擦干了。

然后，祁韵士继续动情地说道："寯藻啊，我们祁家十多代人在老家寿阳读书耕作，直到你爷爷才外出做官，到了我这一辈，也算熬到了一个说得过去的前程，但我个人的志向是搞点学问，到了你们这一辈，不管是做官还是做学问，我都希望你能记住，家族十多代人的呕心沥血，的确很不容易啊。"

祁寯藻再次重重地点点头。

其实，他还太小，似懂不懂，但父亲的情绪他还是能充分体会到的，于是就又开始流泪起来。

"好了，寯藻，寯藻，不说这些了，你还太小，不要把你搞得压力太大，爹只是突然想到当年你爷爷的种种艰辛，就忍不住对你说了这些。"

祁寯藻望着父亲，早慧的他知道，父亲已把他当成大人了。

"爹当年出生在凤台县学的官署，你爷爷当时就在凤台做教谕，老人家一辈子只做到一个小小的县教谕，连个七品都不是，太残忍了，太不幸了。"祁韵士再次泪流满面。

凤台县隶属于山西泽州府，位于山西东南部，北距寿阳县七百多华里。祁韵士今天对八岁的儿子谈起这么多家族的陈年旧事，主要是因为看到祁寯藻如此有才，便以家族的艰辛与蹉跎，来勉励他。

祁韵士自己此时年过半百，小儿子祁寯藻让他看到了巨大的希望。

他心想，如果寯藻能不愧于祖先荆棘开路的艰难，那么自己日后回到寿阳平舒村扫墓，也可告慰先人矣。

过了一会，祁韵士终于平静下来，便微笑着对祁寯藻说："好好听窦先生讲课，好好听你娘的话。"

"老爷，我知道了。"

"去吧。"

祁寯藻点点头，弯腰行了一个礼，便转身离开了书房。

漕运之缘

嘉庆五年的中秋节留给祁家的欢笑还没有走远,到了第二年年初,京城宣武门外铁门胡同的祁家再度好事降临,女主人刘夫人再有妊娠。五十岁的祁韵士连孙子都有两个了,可这并不妨碍他老来得子。

刘夫人虽比丈夫小十三岁,但也是近四十岁的人,可谓难得。从去年春天祁韵士升任户部五品郎中,到现在刘夫人再次怀孕,家里好事不断。而且,不久前,祁韵士又调到户部的"宝泉局",担任一把手"监督"之职。

户部主管财政,其内部按照省份地域的划分,设置了十四个"清吏司",分别主管各省的钱粮赋税。不过,每一个清吏司也代管全国性的财政事务。譬如祁韵士原来所在的福建清吏司,除了点对点管理福建的财政外,还兼管全国赈灾款项的发放与核实。

清代的六部官员一般都有兼职,情况很复杂,祁韵士从翰林官调到户部之初,是分在云南清吏司担任六品主事,后来他升任福建清吏司郎中后,依然兼职云南司的事务,而且人还留在云南司办公,仿佛福建司才是他的兼职。

这样的兼职其实有好的一面。六部中下级官员的专业性相对较强,在一个部门待的时间长了,便颇具经验,一下子升任到其他地方,便将之前的专业和业务完全丢开手,那就太浪费人才矣。毕竟有些时候,隔行如隔山,再进入一个新的领域,恐怕会刚刚上手,就又要换岗位。为了解决这个矛盾,调任的官员一般会继续兼任前职。这倒是一个不错的办法。

祁韵士先前任职的云南司,兼管漕运。把南方的粮食运到北方的漕运,一直都是帝国国计民生的重要基石。若没有南方运过来的粮食,那么北方的官员和民众会连起码的生存都难以保障。

祁韵士先后在云南司与福建司就任时，对漕运就有过细致的研究和规划，留下了不少有关漕政改革的文章，成了半个漕运专家。整整四十年之后，也许冥冥之中自有安排，祁韵士家的老五祁寯藻居然做了户部尚书——漕运正为户部所辖之要务。

更有意思的，将来老五任户部尚书时，为道光晚期，清帝国的漕政弊端丛生，已到了不改革不行的地步。于是，当祁寯藻苦苦思索革新大计时，居然发现，在已故父亲的奏章中，就有很多漕运改革的方案。祁寯藻高兴万般，而且，即便时过境迁，也难以撼动父亲这些方案的针对性与前瞻性。

这是后话，此刻暂且不表。

宝泉局是清代铸造铜钱的机构，隶属于户部，是一个肥缺。

雍正以来，宝泉局监督一职，一直都由满人担任，现在却打破常规，让祁寯藻这样一位汉族官员坐到了这个位置上。宝泉局是造币管钱的衙门，于他人而言，也许是一个肥缺，但对于祁寯藻来说，却与先前在户部福建司和云南司任职没什么两样。

其实，祁韵士对官场已然厌倦，只一心向学。早在在做翰林、任职国史馆期间，他就对西北少数民族的历史产生了极大的兴趣，并奉旨编写过《蒙古王公表传》等著作。那时候还是权臣和珅一手遮天的乾隆末期，祁韵士发现自己不适合做官，读书立著才是自己的强项。后来，即便和珅集团被嘉庆帝一网打尽，但祁韵士还是心灰意冷，他想着，如果自己能将余生都献给西北历史地理的研究工作，那便是最好不过的结局了。

不管志在何方，反正嘉庆五年，因为妻子的怀孕，祁韵士再次获得了不亚于官场升迁的满足感。

作为一个中等级别的京官，祁韵士的俸禄很是微薄。那时候，京官如果仅靠俸禄过活，会极其拮据。但帝国有它的潜规则，绝大多数地方官都要按时给京官孝敬一些钱物，以此结交朝廷各衙门各级别的实权人物——正所谓朝中有人好办事嘛。地方官有钱，而京官有权，两者取长补短，似乎是天经地义的。

可祁韵士不会、也不愿意搞这种潜规则，甚至还很排斥。他拿的是死俸禄，家里人口又多，日子便过得相当紧。不过，全家对此没有任何怨言，他们觉得祁韵士的清正廉明是他们最大骄傲。作为一家之主，祁韵士对所有人都再三强调，不要羡慕别人家过得如何富贵，要守住清贫，只有守住清贫，才能做一个高贵的人，也才能对得起"书香门第"这四个字。

嘉庆五年的秋天比往年都冷，似乎夏天刚过，没几天就是大冬天了。这天晚上，祁韵士公干回家，看着肚子渐大的妻子，笑着说："不知这一胎是男是女？"

刘夫人的身子很沉了，她双手捧着肚子，对丈夫的发问不置可否，只是颇为满足地笑了一下。

其实这是刘夫人怀的第八个孩子。之前，她已生了四个男孩，三个闺女。男孩活着的只剩下两个，女孩也夭折了一个。不过，祁家的长女与长子皆为祁韵士的前妻弓夫人所生。这样算起来，现在家里藻字辈的男孩是三个，如果肚中这个又是男孩，那就是四兄弟了。

作为一个知府老爷家庭出身的小姐，刘夫人与那个时代所有女性一样，即便肚子里的文墨再多，其首要责任还是生儿育女，相夫教子。这在今人看来有些悲哀，但在那个年代，只要孩子们能够平平安安地长大成人，对于刘夫人这样的家庭主妇来说，那就是天大的造化。

此刻，祁寯藻正好在上房父母这边，刘夫人见丈夫问自己怀的是男孩还是女孩，便远远地对儿子说："寯藻，你猜猜，你娘肚子里是一个男孩，还是一个女孩？"

祁寯藻想都不想，脱口而出："是个男孩。"

祁韵士伉俪顿时笑不可遏。

祁韵士问道:"有何根据?"

"没有根据,我就觉得是一个男孩,"祁寯藻的口气愈来愈像个大人,"我上面有哥哥,有姐姐,也有妹妹,就没有弟弟,所以我希望是个弟弟。"

祁韵士笑道:"但愿如此,如你所愿。"

祁韵士说完后,刘夫人挺着肚子,走到祁寯藻身边,拉着他的手说:"如果你真的就一语定乾坤,那么你这个弟弟可以算作是你给带来的。"

寯藻不好意思地笑了笑,赶紧鞠了一躬,说道:"老爷,太太,我回房去了。"说完,他转身离开。

祁韵士与刘夫人望着他的背影,皆颔首带笑。

可寯藻刚走到门口,突然又转过身,对父亲说:"老爷,我听窦先生说纪昀纪公的《阅微草堂笔记》刚刊行不久,爱看的人很多。"

窦先生是寯藻的家庭教师,他刚来祁家时,祁寯藻才五岁,此刻寯藻都快十岁了。

祁韵士笑着说道:"是的,纪公的文章当然是天下第一,你也想看看吗?"

寯藻点点头。

"你现在还太小,《阅微草堂笔记》的鬼狐文章你现在最好不要看,等稍大一点,我会给你弄几本读读,现在你还不适合看这样的文章。"

寯藻点点头,却突然又问道:"老爷,窦先生还说,纪公是风流才子,应该是一表人才吧。"

祁韵士再次笑了笑,说道:"等你长大了,你就知道纪公是不是一表人才了。"

寯藻似懂非懂,点点头离去了。

祁寯藻走了后,祁韵士一个人待在书房,心想,纪公的确文章一流,但长相却是不敢恭维。

纪昀便是大名鼎鼎的纪晓岚，乃祁韵士的老上司。

二十年前，祁韵士三十岁左右，刚做京官不久，便跟着纪晓岚编撰《四库全书》。纪晓岚当时是"四库全书馆"的总纂。在此之前，纪晓岚就大有盛名，而且经历十分丰富，甚至可用蹉跎与惨烈来形容。

在编撰《四库全书》之前，纪大才子的亲家在盐政任上犯了大罪，他却在京城给亲家通风报信，结果乾隆皇帝龙颜大震，把纪晓岚发配到新疆。悲愤之余，纪晓岚便开始在流放期间写文章，聊以自慰，其中有写人的，也有写鬼的，后来都收入了"阅微草堂"。两年后，乾隆皇帝要编《四库全书》，觉得纪晓岚依旧是最佳"编者"，便把他从新疆叫回来。

祁韵士第一次见到纪晓岚，便是纪晓岚从新疆回来后不久。这位上司给祁韵士留下的印象委实不怎么好。其实，所有先读过纪晓岚的文章，再见到其本尊的人，几乎都会大失所望。纪晓岚没有一点才子的风采，反而是一个大胖子，说话还有些口吃，行为举止皆极为平常，看不出他有什么特殊的才华。

正因此，刚才儿子寯藻说起纪晓岚是什么风流大才子时，祁韵士差点笑出声来。不过，人不可貌相，纪昀的文章了不得，在他手下干活也很舒服，没有那么多条条框框。祁韵士刚中进士、留在翰林院任职的那个阶段，能结交到这样的大文豪，也算幸事。

有一回，在办公之余，祁韵士忍不住问纪晓岚："大人，当年您在新疆所写的那些文章，算是塞翁失马，焉知非福，如果不去新疆，难得有这么好的文章。"

纪昀一笑："鹤皋，你说的对，老夫知道你喜欢钻研西北的历史地理，有机会，你还真应该实地去回疆走走看看。"回疆就是今天新疆全境与中亚的部分地区。

"还真被大人说中了，我的确有这个想法。"

"希望你能如愿，不过最好不要像我，是被罚戍边，你最好是高兴的去,高兴的回。"纪晓岚一脸惆怅。

祁韵士点点头,不再说什么了。

大案来袭

二十多年后,祁韵士怎么都料想不到,当纪晓岚以八十二岁高龄去世后的第四天,他自己也要从京城出发,被贬谪到回疆去戍边。真是一语成谶啦。

事情是这样,祁韵士按部就班地在户部宝泉局任职,无波澜,也无过错,时光飞逝,转眼就到了嘉庆九年。

时间过得真是快呀,那个被祁韵士夫妻猜测是男是女的胎儿,果真如祁家老五寯藻所言,是个男孩,他此刻都已四岁。

嘉庆九年是公元1804年,也是农历甲子年,乃传统中国新一轮天干地支纪年的开端。古代每一轮六十年的纪年法,使得甲子年的意味总是显得有些特殊,毕竟又是一个轮回。

可惜,这个新轮回,对于祁韵士来说,却是悲剧的开始。七月中旬,酷暑的尾巴还依旧残留着,宣武门外的铁门胡同与整个帝国一样,都陷入到滚烫的烦躁之中。一天晚上,戌时刚过,祁家老小都已入睡,突然,一阵急促而剧烈的敲门声,把所有人都惊醒。祁韵士连忙穿好衣服,走出正房,却看到下人已把大门打开。原来是九门提督的将官带着十几个人,正浩浩荡荡地站在祁家大门外。为首的将官走进大门,对祁韵士一拜,说道:"奉圣旨,将祁韵士押入死牢。"此人说话的语速很慢,但毫不客气,一脸的杀气。

此刻,祁家老小所有人都站在庭院中,眼见这一幕,全惊呆了。祁韵士重重地吸了一口气,调整了一下紧张的情绪,打算问一问具体情况,可他还来不及开口，便猛然听到一个很响亮的声音："家父所犯何罪，请大人明示。"原来是十二岁的祁寯藻，正挺立着单薄的身子骨，向那位将官"讨教"。

一时间，大家更是呆若木鸡，想不到小小的寯藻能如此胆大，替父亲发问。此番场景很怪异，仿佛令人恐惧的并非九门提督的官兵，而是祁寯藻的这句话。

那将官轻轻瞥了一眼寯藻，然后对着祁韵士说道："是宝泉局亏空一事，其他具体情况，等祁大人到了刑部大牢，自然就一清二楚了。"

祁韵士点点头，思索了片刻，才对将官说道："请军台给我一点时间，我跟家人告个别。"

那将官点点头，退出大门，并吩咐手下将门关上。

大门内的庭院中，祁韵士先来到刘夫人身边，大声说："夫人请记住，若我遭不测，不可过度悲哀，要为孩子们着想。"

刘夫人哽咽不已，一句话都说不上来。祁韵士也不再多说什么，定眼看了看几个儿女和孙辈，然后大声说道："好好做人，能做官就好好做官，如果做不好，就回寿阳老家，本本分分地做一介农民。"

众人闻此，皆号啕大哭，唯有五子祁寯藻轻轻落泪，却没哭出声，而六子祁宿藻才四岁，站在刘夫人身边，跟着大人哭得都快背气。祁韵士又仔细瞧了瞧寯藻，然后轻轻拍了拍他的肩，说道："家中算你最有胆识，你曾说过要读纪昀先生的《阅微草堂笔记》，我答应给你弄来的，可现在已来不及了，看来父亲要食言了。"

祁寯藻点点头，又摇摇头，用衣袖擦干脸上的泪水，强忍着痛楚，大声说道："老爷不要多想，说不定过几天就没事了，您不要过于悲观。"

祁韵士苦笑一番，快速环视所有的亲人和眼前的庭院，突然转身离去。

庭院中再次响起悲惨的哭嚎。

嘉庆九年的宝泉局铜料亏空案，其实不是一个单独蹦出来的偶发案件，而是嘉庆朝早期，帝国打击各级衙门贪腐亏空这一大事件中的"小节点"而已。乾隆皇帝在太上皇的位置上死去后，嘉庆皇帝才有机会全面了解和彻查帝国的财务状况。而和珅的死，只不过是嘉庆打击腐败、挽救帝国财政的一个突破口，或曰"杀鸡给猴看"。

和珅虽死，但帝国从中央到地方，全都存在大大小小的钱粮亏空。这种局面，并不能随着和珅的死而消亡。反倒是和珅死后，这些财政问题全都浮上水面，骇人听闻。

从嘉庆四年乾隆死后开始，帝国从中央到各省、州、府、县报上的亏空就令嘉庆帝很是焦心，他遇到了其祖父雍正爷一样的难题。老年的乾隆，一心要做"十全老人"，结果却是好大喜功，给儿子嘉庆留下了一个超级烂摊子。他传给嘉庆的，表面上是一个空前繁荣的泱泱大国，而实际上则徒有其表，帝国的躯体早已千疮百孔，正如一件"皇帝的新衣"，等着别人来说破。

宝泉局是帝国铸造铜钱的机构，收购铜料是其重要的工作内容之一。古代所谓的"钱"，其实就是铜钱，宝泉局可以算是帝国最大的铜料收购商。嘉庆全面整顿财政，打击腐败，而宝泉局作为专门造钱的机构，当然也不例外，要对账细查。结果，这一查就查出宝泉局的铜料亏空达到七十余万斤，着实把整个朝廷和嘉庆皇帝本人都吓了一大跳。

案发时，祁韵士其实已不在宝泉局任职，而是于去年夏天就重新调回户部任郎中去了。可是，因为铜料亏空数额巨大，嘉庆皇帝要重刑追责，打击面就扩大了，包括祁韵士在内的好几位前任宝泉局监督，皆被打入死牢。

只是，祁韵士够冤的。铜料亏空，都是他的几个前任所为，他并没有一丝一毫的贪腐渎职行为，只不过当初他上任之时，按照惯例看了一下账本，并未将账面上的数字与实际库存的铜料做一个详细的对照清点，这才有了今日的灭顶之灾。至于他任职期间，手下官吏各种以权谋私的行径，他的确没有做到有效的防范。当然，这是帝国各级衙门的常态，一把手往往想管也管不了。更何况，祁韵士一心搞学问，官吏们的阴暗面他本人了解甚少，根本没有手腕去处理这些难题。

说到底，他只是一介书生罢了。

所谓的亏空，就是根本没有收购那么多铜料，却在账本上记录远超过实际的数额。实际的收购量是死的，而账面上的收购量都是宝泉局的官员说了算，而他们正是通过这种"策略"，利用手中的权力去"寻租"，从供货方手中得到大量贿赂，让供货方的铜料可以短斤少两，照样过关。这样的结果，就是供货方实际提供的铜料，远远低于账目上记载的进货数额。

嘉庆皇帝对此案非常重视，并借此机会，痛下狠手。他亲自定夺，判处祁韵士等多位前任和现任宝泉局一把手"绞监候"，即死缓。天子脚下，竟然如此嚣张，宝泉局的亏空大案，充分暴露了帝国中央部门的贪腐行为有多么严重，也充分说明了嘉庆朝的吏治与财政是多么的糟糕。

其实，嘉庆是一个很不幸的皇帝。就在宝泉局亏空案爆发的前一年，居然有一个曾经在内务府工作的汉族男子，潜藏在紫禁城，成功地实施了对嘉庆的刺杀。

就是这么一个很平常的老百姓，一个人动手，便差点让嘉庆丢了性命。更有意思的是，这是明清两代所有在紫禁城生活的皇帝，唯一一次遭到真正意义上的刺杀。嘉庆的遭遇，真是"空前绝后"。后来，紫禁城还有小偷潜入，并轻轻松松地来，高高兴兴地走了。这让嘉庆很是难堪，也叫所有朝廷官员都哭笑不得。一个国家要走下坡路，可以从一点一滴的小事看出些许端倪，可谓一叶知秋矣。

很显然，刺客与小偷都只是表象，这些事件背后的问题却是极为严重的，一个大帝国开始衰落之时，很多以前根本无法想象的荒唐之事，便层出不穷。而所谓的康乾盛世，仅仅才过去几年而已。祁韵士在这样的帝国中央任职，的确是生不逢时。而他的儿子祁寯藻生于这个走下坡路的时代，更是决定了其很难真的做出一番开创性的事业。

即便祁寯藻后来位极人臣，也始终因为大时代的局限，而无法有太大的作为。祁韵士与祁寯藻父子两人都是这个大时代的一分子，他们很难跳出自己的时代，只能在现有的社会制度下，做一个完美的士大夫；在政治、文学、学术等方面，这对父子也只能在自己的认知范围内，尽量做到极致。当然，这是后话，此处不细表。

狱中伺父

祁韵士被打入死牢后，按照惯例，家人可以陪牢照料，祁寯藻与大侄子祁世彝便入监侍亲。此刻，祁世彝都已十四岁了。他是祁韵士的长孙，比祁寯藻还大两岁。

那是这一年秋天的一个午后，祁家两位公子走进刑部大牢。刚入大牢时，秋日的阳光还能些许照进来，可是越往里走，就慢慢黑得令人恐惧。祁寯藻看见大牢内点着一长溜的火把，突然鼻子一酸，开始堕泪。他本来一路上就告诫自己，千万不能哭，可到了刑部大牢，还是没忍住。

祁世彝倒还算坚强，看见小叔叔神伤，便轻轻拉了一下他的衣襟，说道："五叔，来之前我们不是说好了吗，见到老爷要带笑，不可悲哀，否则会让老爷跟着难受。"

祁寯藻点点头，忍住了泪水。

走了很久很久，直到祁寯藻都怀疑父亲是否真的就关押在此的时候，他俩远远看到狱卒正打开一间牢房的门。透过这间牢房的栏杆，他们发现祁韵士就站在里面，正痴痴地等着他们。他俩快步走到牢房门口，便齐刷刷地跪下。

祁韵士看起来气色还行，只不过换了一身囚服，显得很怪异，他淡定地说道："好了，寯藻、世弇，都起来吧。"

两人便起身，走进牢房。

里面空荡荡的，没有任何物件，显得格外的空洞，仿佛是在告诫罪犯们，不要妄想那些人间的浮华。看见儿孙，祁韵士打心眼里高兴，虽然生死未卜，但后辈们就站在眼前，令他瞬间忘记了自己的处境。

祁寯藻虽然刚才落了泪，但见到父亲之后，反而变得很勇敢，还立马大声对祁韵士说："老爷不要过于担忧，是福不是祸，是祸躲不过，我们就陪着您在这儿，等待结果。"

祁韵士笑了笑，盯着寯藻说："怎么样，最近你们学业有长进吗？"

"窦先生开始教我们一点诗词了。"祁寯藻轻轻地说道。

"应该学一点了，你们都到了这个年龄了。" 祁韵士点点头。

祁世弇也说道："老爷不知道，五叔他现在就开始写诗了。"

"是吗？"祁韵士很惊讶，"有什么好句子吗？"

"老爷，到现在为止，还没有什么好句，诗太难写了，往往写出来又觉得不好。"寯藻有点泄气。

"你们两个都记住，千万不要写那些过于艳丽的诗，"祁韵士的语气很坚定，"像我们这样的读书人家，即便写诗，也要写一些经世致用的东西，把道理写清楚，把孔圣人的话活学活用，放在诗里。"

寯藻与世弇都点点头。

"还有，我的事情，你们没必要过多去猜测。"祁韵士接着说道，"宝泉局这点事，即便我个人有些委屈，也不能过于抱怨，目今想来，的确有问题，而且是大问题，里面的黑暗太多太可怕了，皇上这么整饬一番，绝对是应该的。"

寯藻闻之，忍不住问道："老爷在位时，就没有觉察出一些问题吗？"

祁韵士叹了一口气，说道："第一，人是有惰性的，既然同僚都觉得没有什么不妥，我也想当然认为没什么事，我们的官场就是这样，如果你太突出，太有自己的想法，那么你就成为了异类，会无法融入到官员的圈子里去；第二，老实说，我总以为，绝大多数人会跟我一样，坚守为官为人的规矩，但我错了，很多人跟我不一样。"

世弇点点头，说道："老爷这官做的太难。"

祁寯藻却猛然说道："老爷做官太难倒是真的，但更令人难受的是，整个国家做官都太难，还是不做官的好。"

祁韵士闻之，望着寯藻，颇为严厉地说道："小小年纪，可不能这么想。"

寯藻低下头，不知该说什么。

祁韵士接着说："我们读书人，当然还是要出来做官的，就算不做官，也不能这么早就存了这种想法，这对将来人生很不好，不是你这个年龄该有的态度。"

寯藻点点头，不再说什么。

狱中生活是极其单调的，但祖孙三代待在一块谈天说地，讲一讲文章，论一论李白和杜甫，日子也过得很快，转眼间就到了第二年的初春。

这天早上，祁韵士自言自语道："都过了一个年头了，也不知是个怎样的结局？"

此刻寯藻一个人待在牢房，大侄子祁世弇回铁门胡同家里给祖父拿吃用的东西去了。听到父亲自言自语，寯藻忍不住说道："老爷，您好久没看到外面的景色了，现在已经是春天了，万物都争着苏醒，到处都是一片美妙的活力。"

"听你这么一说，好像今年这春光委实很灿烂啊！"

寯藻有点不好意思地一笑。

祁韵士却好像根本就不管儿子的羞涩，突然，他兴致大发，盯着寯藻，大声说道："老五，父亲想以《春草》为题，让你作一首诗。"

"是，老爷，是写在纸上，还是直接念出来？"

"我看就直接念，写在纸上就不真实了，"祁韵士有心要考考儿子，"像你这个岁数，随口诵出来的，就是最真实的想法，也可看出你的悟性。"

寯藻点点头，走了两步，开始诵道："春草生何地？托根古墙隅"。

"有点意思，继续说。"祁韵士点点头。

"感时亦自青，焉敢怨凋枯。"

"过于悲哀，有些迂腐。"

"皇天仁万物，日月照不殊。"

"好，好，把颓势扭转过来了。"

"百谷方播种，念此寸茎孤。"寯藻终于把这首《春草》诵完。

祁韵士却沉默了，好久，他才说道："好个'百谷方播种，念此寸茎孤'，你父亲我现在就是这根孤茎了。"

"老爷，寯藻本无此意——"

祁韵士伸手一挥，打断寯藻，笑着说道："不要着急，诗本来就会让人产生各种联系，我有这种感悟，也是正常的。"

见父亲这么说，寯藻这才心安。

接着，父亲就不再说什么，寯藻也陷入了莫名其妙的哀愁之中。

多少年以后，祁寯藻只要想起少年时在狱中的这一幕，都会黯然神伤。对于一个十二三岁的孩子来说，监牢的生活其实还是蛮有趣的，他与大侄子祁世弇轮流值日，每隔一天，便能回家一次，为父亲带来生活用品。小小的祁寯藻居然觉得，在狱中听父亲谈学论道，比起在家里听窦先生上课还有意思。

但是，每当窥见父亲隐忍悲戚的目光之时，他便会生出远远与他年龄不相称的念头。他想，总有一天，他要为父亲讨要一个说法，他要把父亲此刻在大牢里的冤屈都发泄出来。甚至，他还幻想着，他要考上举人，再考中进士，做一个大官，最好离皇帝要更近一些，能够告诉他父亲的冤屈。

第二章 书生岁月

父亲远去
返回寿阳
拜师应考
新晋秀才
时来运转

父亲远去

祁寯藻在狱中即兴做出"春草诗",既给深陷囹圄的父亲带来极大的安慰,又似乎因为一个"春"字,而寓意着父亲的前景应该不会太过于暗淡。

果不其然,紧接着,事情有了转机。宝泉局案发时,现任监督是满人五灵泰,虽然五灵泰本人被查出有贪污受贿的严重犯罪事实,但仅仅因为他是满人,便能走关系找门路,使得死缓"绞监候"的刑罚,降为流放戍边。这下好了,同案的其他人,包括祁韵士,都跟着沾光,也被发配到西北伊犁当差。令人大跌眼镜的是,受贿行径确凿无误的五灵泰,最终反而只是被流放到离京师不远，而且生活环境亦相对较好的热河。

嘉庆朝的反腐，一开始雷声大，后来雨点就小了。当年雍正从康熙手里接过大权后，面对父亲留下的烂摊子，他雷厉风行，坚决打击权贵腐败分子，而嘉庆皇帝颇欠其祖父的魄力，他接手的大清帝国，比起雍正初期更糜烂、更不堪，可他仅打死最大的老虎和珅之后，便渐渐地，或主动或被动地放弃了全面反腐的既定策略。

当然，这不能只怪嘉庆帝一个人。清王朝已经走到它生命的中期，传统中华帝国治乱兴衰的规律，亦毫不例外地出现在这个满族人建立的王朝身上。是的，清王朝正无可挽回地走着下坡路，而一个走下坡路的国家，便意味着各级官员和行政机关大都已经烂透，即便局部有些地方还算"健康"，也只是特例，乃黑暗中星星点点的火光。

任何想要改变这种局面的行为，都会遭遇看不见摸不着，却异常坚硬的阻力。因为既得利益者，早已或自觉或不自觉地，建立起牢不可破的利益联盟。想要彻底加以改变，只能重起炉灶，那就与改朝换代无异了。而这是不可能的。

事实上，古代中国所有好时代的来临，几乎都必须倚靠改朝换代，在一片被彻底推倒重来的土地里，种下好制度的幼苗。

其实，就算是嘉庆的祖父雍正，也没有从根本上解决腐败的难题，更何况能力和魄力皆不如他的嘉庆。不过，大时代的悲哀，却成为祁韵士的幸运。嘉庆帝没有要他的命，他有惊无险地活下来。不仅活下来，对祁韵士来说，还有更大的好事等着他。

在得知要被发配到新疆伊犁戍边的消息时，祁韵士马上想起自己二十多年前的老上司纪晓岚。当年，纪晓岚也因犯事，前往新疆戍边，却写出了很多好文章。而现在，祁韵士也要重走纪晓岚的老路。

其实，他比起纪晓岚，更需要去一趟新疆。

因为，他深爱着西北历史地理的研究工作，实地考察一番，极为必要。正所谓塞翁失马，焉知非福。别人被判罚去往西北苦寒之地，是一种与死没有多大差别的酷刑，而对于祁韵士，却是千载难逢的好事。似乎宝泉局的亏空案，不仅没让祁韵士受到什么损失，反而让他成了最大的赢家。

能够有机会在祖国辽阔壮美的大西北走一遭，写出几部像样的学术著作，比起他之前担任五品京官所带来的满足感，要强得多。

说走就要走，皇命不可违。嘉庆十年二月十八日，也就是寯藻那首"春草诗"写完没几天，祁韵士便与几个同涉宝泉局亏空案的官员一道，向遥远的新疆进发。

他的儿子、十三岁的祁寯藻永远记得，父亲走的那一天，北京的气温很低很低，他远远地望着父亲离去的背影，发现父亲似乎在风中瑟瑟发抖。

从出生以来，寯藻就待在父亲身边，虽然父亲忙于公务与自己喜爱的学术研究，无暇照顾一大群子孙，但寯藻至少还能常常见到父亲。而现在，父亲要远赴新疆伊犁，八千里的距离，不知何日可以再见。

当年岳飞有"八千里路云和月，三十功名尘与土"的豪迈诗篇，现在父亲倒真有了八千里的路程。不过，岳飞当年还只有三十多岁，而父亲已然五十有五了。一个没几年就要步入花甲之年的老人，前路即便还有"云和月"，也只会是愁云残月。

父亲走的这天是一个初春的日子，北京却有未有一丝春的味道，从蒙古高原吹来的冷风，比刚刚过去的冬天更为跋扈与嚣张。虽然寯藻的"春草诗"早已预示着春天的脚步正在逼近，而且北京城外的田野也的确有些许绿色点缀其中，但春天委实才刚刚来临，它很虚弱。

华北平原的二月，总是让人既产生暖暖的向往，又叫人在冷风中陷入悲观。

此刻，十三岁的祁寯藻，看着父亲的背影在寒风中渐行渐远，便不自觉地产生了一种难以名状的恐惧感。本来，田野的春光虽然不是那么的明显与张扬，但总归给祁寯藻带来了些许希望。可正是这种希望，与父亲萧瑟的背影叠加在一起，反而极为矛盾与不真实，大有一种路在远方，各人好自为之的寓意在其中。

祁寯藻太早慧了，他觉得万物复苏的田野中有父亲如此惨淡的背影，简直就是一种莫大的嘲讽。但他不知道这种巨大的嘲讽，是针对父亲，还是针对眼前这片大地。正因此，他感到了恐惧。甚至在某一瞬间，他的恐惧源于他自己为何会想到这么多乱七八糟的东西，而不仅仅是父亲的背影。

刚刚，在北京城外送别父亲时，祁寯藻看到了很多陌生的面孔，他们都是父亲的同僚与老友。大家都接二连三地对父亲说："鹤皋兄，切莫丧气，你的冤情，皇上是知道的。"

每当他们对祁韵士这么说的时候，祁韵士总是一笑置之。他们不知道，祁韵士对遣戍新疆有着满心的期待。他想开了，被重罚戍边，反倒成了可遇不可求的好事。

在此之前，祁寯藻最后一次到狱中探望父亲。当时父亲一扫愁容，大声对他说："寯藻，去伊犁戍边对我来说是天大的好事，没曾想，我也跟纪大人一样，要去大西北了。"

寯藻点点头，不知说什么好。

其实父子俩都不知道，就在三天前，纪晓岚刚刚离世。纪晓岚的死，似乎标志着清代中叶文化繁荣的上升趋势走到了尽头，至于乾隆朝所谓的"武功"，后来在他的儿子嘉庆和他的孙子道光那里，皆被证明是一种虚假的高大上，犹如祖先留下的形象工程，儿孙们开始要为它的严重透支买单。

不过，虽然祁韵士老对儿子说起纪晓岚，但他并不太认同此人。

纪晓岚比祁韵士年长近三十岁，是祁的官场老前辈，但对于他的为人，祁韵士却不敢苟同。纪昀一生妻妾成群，私生活极为放浪，就凭此一点，他也做不了祁韵士的楷模。但作为文人和学者，纪昀的确有他的过人之处，不得不令后辈仰止。

祁韵士接着对儿子说道："我动身前往伊犁后，你们要尽快回老家，京城久居不易，何况我现在已然是一介平民，无官无俸。"

寯藻点点头，突然又果敢地对父亲说："寯藻愿陪同老爷去伊犁戍边。"

"不行，绝对不行。"祁韵士很坚决。

"老爷，为何不行？"

"你还小，经不住这等磨难。"

"我不小了，老爷，我可以的。"

"就算你可以，也不许跟着我去伊犁。"祁韵士的态度毫无商量。

"老爷，我可以照顾您，您都快六十的人了。"

"寯藻，你错了，你的前途和家族的荣辱，比我个人的安危更重要，"祁韵士动情地看着自己的五公子，"你的主要任务是回家好好读书，早日求得一个好功名，若功名之路不济，也要在老家做一个世外高人，教子孙后代读圣贤书，懂大道理。"

寯藻听着，泪水不住地流到脸颊上。

父亲也难过地转过身，背对着寯藻，哽噎着说："寯藻，你的一片诚心我懂，可你如果真为我好，切不可胡思乱想，好好读书是你今后活着的第一要务，就算是我死在伊犁，你也要勤勉读书，不改初衷。"

"老爷——"寯藻已泣不成声。

"好了，寯藻，不用伤心了，我在信中已经把所有的事情都交代好了，你把这封信交给你母亲。"祁韵士一边说，一边从衣袖里掏出一封信，递给寯藻。

寯藻颤抖着接过书信，立在监狱中，久久无语。

父亲遭此大厄,家人顿失顶梁支柱,都像没了魂似的,好长时间皆被一片戚戚惶惶的情绪所裹挟。

返回寿阳

三个月后,祁寯藻与家人将要对这个繁华的大都市说再见了,山西寿阳县平舒村的老家正远远地向他们招手。

那是一个清晨,夏季早已来临,京城已不是祁韵士离别时的初春天气,可祁家上下没有一人感觉到夏天的任何温度。

一家老小正要离开铁门胡同的宅邸,刘夫人对所有儿孙说道:"孩子们,从哪里跌倒,就从哪里爬起来,老爷虽然去了伊犁,但他的心还在大家身边,这栋宅子大家再多看一眼,日后希望你们能回来,不辜负老爷对你们厚望。"

其实,这栋老宅子并非他们自己的房产,而是租来的。祁韵士的俸禄极其有限,祖上也没给他留下太多的家底子,清贫之家焉有能力在京师购房?不过,即便如此,在这儿住的时间久了,亦照样不依不舍,仿佛这栋房子是他们祁家世世代代的祖产一般。

听到刘夫人这么说,大家站在门口,皆泪流满面。

寯藻的大哥宬藻,一边把继母刘夫人等家小送到屋外,一边说道:"娘,我们都会记住这儿的。"祁宬藻现在是朝廷实录馆的一名"誊录"官,他必须留在北京继续蹉跎,不能随刘夫人返乡。

不过,宬藻在京师待不了多长时间,两年后,他也将离京,前往四川任职去也。只是后话。人生多磨难,宬藻是家中的长子,更知眼前身后的诸多不易——他已有自己的小家庭,而大家庭他也必须时时处处照顾到。

此刻,刘夫人看着宬藻,慈蔼地点点头,将自己的哀愁尽量隐藏在心中。

戚藻已三十岁，他是故去的弓夫人所生，所以只比刘夫人小十一二岁。父亲出事后，他成了家里的最年长的男人，可他又只能留在京师，不能陪大家一道回老家。

他那点微薄的俸禄对于落难的家人来说，极为重要，所以他不能丢掉眼前这份差事。人不愿为五斗米折腰，但很多时候，大伙都在为这五斗米而奔波劳碌。

想到戚藻的处境，刘夫人再也无法掩饰自己的忧愁，她眼巴巴地望着戚藻这个小家庭的几口人，泪水如开闸的洪水一般，倾泻而出。接着她忍不住拉着两个孙子说道："要走了，赶紧再给你们的父亲磕个头，望你们的父亲能照顾好自己，一切安妥。"

闻声，祁世弇两兄弟赶紧给父亲磕头。而戚藻嘴上虽微笑着，招呼两个儿子起身，但泪水却夺眶而出。

祁戚藻现在只是一个不到七品的小官，没有能力把家眷留在京师——别说两个儿子，就连妻子也要跟着婆婆回到寿阳老家。其实，戚藻已是三个孩子的父亲，还有一个正在妻子的肚中。戚藻的第一任妻子任氏在生下大儿子祁世弇之后，便去世了。续弦的妻子姓徐，现在她正怀着戚藻的第三个儿子。回到寿阳后，她才生下这个孩子。

祁家似乎有这样一个不太好的宿命：首先是从祁韵士开始，他的第一任妻子弓夫人就早早离世；然后他的大儿子祁戚藻，与他一样，第一任妻子生下世弇后，便早亡；后来的老五祁寯藻也同样如此。

在铁门胡同宅邸的大门口，刘夫人领着众人久久不忍离去，初夏清晨，天很好，不热不冷，空气也格外清新，但祁家没有一个人感到一丝舒服，反倒像暴雨将至，满头的乌云把大家压得喘不过气来。

刘夫人实在是不放心老大戚藻独自留在京城，虽然他已到而立之年，但毕竟一个人孤零零的，而他的父亲祁韵士此刻又正行走戍边的途中——只要稍稍一想这种情形，便令人有不祥的预感。

于是刘夫人忍不住再次嘱咐寯藻:"此去不知何日再能相见,以后你离我们远了,可千万要保重,否则,我怎么向老爷交代?"

刘夫人一说到丈夫,又开始泪如雨下。

一家人见刘夫人如此,全都开始呜咽起来。

寯藻心如刀绞,但他还是不住地安慰继母:"娘,老爷吉人自有天相,我们祁家也吉人自有天相,回老家耕读,是我家十几代人的传统,回到那片让我们安身立命的土地,或许我们才会真正的远离是非,远离苦恼。"

刘夫人望着寯藻,先是摇摇头,接着又肯定地点点头,止住了泪水。见刘夫人不哭了,一家人才渐渐恢复平静。

在这分别的一刻,寯藻默默地站在家人中间。他本告诉自己,一定要坚强,一定要铭记父亲的教导,不可过于哀伤,不能因一时的遭遇而乱了阵脚。可此时此刻,看着大哥一脸的凄迷,看着母亲永远也流不完的泪水,他的心还是跟着沉入一口暗无天日的深井里面。

他本想对母亲和兄长说些什么,至少要安抚一下他们,可临了,他一个字也说不出来。他一向是家中最坚强、最成熟的孩子。此刻,他依旧坚强。只是,他不敢安慰家人,他怕一旦如此,自己也会跟着难过。

一家人回到老家两个多月后,祁韵士才抵达西北边陲的伊犁。此时,距祁韵士从北京出发,已近半年。当时新疆的最高军政长官"伊犁将军"是蒙古人松筠,他是乾嘉时期的地方能臣,在新疆任职期间,大力发展屯田与农业,并建设了很多有利于千秋万代的水利工程,堪为开发大西北的卓越先驱。

松筠同情祁韵士的遭遇,也爱惜人才,留祁韵士在身边做了一个处理文书的幕僚。这令祁韵士格外感激。加之,松筠虽是武官,但对于文教很重视,尤其是他希望全面了解西北一带的历史与地理,以便更有针对性地治理新疆。而这恰好与祁韵士的研究志向不谋而合,于是受松筠委托,祁韵士不久便编撰了一本有关西北边疆的史地大作《伊犁总统事略》。

后来，祁韵士如鱼得水，渐入佳境，接连写出好几本著作，为他的学术宏愿开了一个好头。而此时此刻，远在七千里外的山西老家，他的儿子祁寯藻正在发奋读书。

与所有古代知识分子一样，祁寯藻也要在"四书五经"的微言大义中煎熬，考一个好功名，然后以此作为跳板，来实现自己的抱负。他的父亲是这样，他也是这样，将来他的儿子更是这样。这是古人的一种悲哀，也是他们的一种幸运，因为这是他们求上进的一条最为公平的道路。虽然有太多扭曲和泯灭人性的糟粕，但在古典时代，委实也找不出比科举选才更好的办法。

刘夫人带着孩子们一回到平舒村，就开始通过娘家的亲戚为孩子们寻找家庭教师。刘夫人的娘家在山西平定州郊外的河底镇，距离寿阳平舒村一百多里。清代，寿阳县隶属于平定州，刘夫人这次带着全家归故里，从某种意义上说也是回娘家了。

平定州后来在民国初年降格为平定县，20世纪50年代末，平定县又划入阳泉市，称之为"郊区"，而河底镇就跟着隶属于阳泉市的郊区了。不过，今天的寿阳县已归晋中市管辖。不管行政区划如何在历史的长河中更迭，清代的寿阳县与平定州既有隶属关系，也山水相连，同在晋中偏东一带，风土人情至今连为一体。

娘家人给介绍的老师是平定州的秀才张观藜。

张先生当时二十七岁，乃州学中的"廪生"，即可以拿国家工资的秀才。张观藜字芸阁，其父进士出身，在甘肃做过知县。本来，张家在平定州是颇具影响力的诗书之家，但张观藜的父亲清廉，其致仕回到老家后并无太多积蓄，现又患重病在床，家用就日益窘迫起来。无奈之下，张观藜只好决定坐馆，求脩度日。可巧，从京城回到寿阳的祁家正在为孩子们找寻家庭教师，而刘夫人在定州的娘家人刚好又认识张观藜，于是张观藜就走进了寿阳平舒村的祁家。

古代，很多青年学子，都是一边教书，或者在赏识自己的官员府上做幕僚，然后一边刻苦读书，等待机会考取功名。后来，张观藜的学生祁寯藻，如他老师那样，在考中进士之后，也因生活窘迫，而给其他官员做过幕僚。这既是未考取功名之人的隐痛，也是古代社会赐予他们的一种还算不错的过渡阶段，虽不幸，但也是不幸中的万幸。

而对于那些一辈子也没有获得较高层次功名的学子来说，坐馆教书或做幕僚，或许就是他们一辈子的职业了。不过，即便如此，靠知识吃饭，也不啻为学子们的一条出路。

平舒村在寿阳县城西北方向约三十华里处，距离西边的省府太原也只有一百多里，但到东边的平定州反而更远一些，乃一百五十里。平舒村为山西中部典型的山地村落，从祁寯藻的第十六世祖开始定居于此，到现在已过了五百多年，岁月沧桑，草木依旧。

祁寯藻家的老宅常年无人居住，本来就很一般的几间陋室，此刻更为凋敝，但老宅四周都是叫人应接不暇的山川美景，这令少年寯藻格外惬意。对于一个常年生活在京城的官宦子弟来说，平舒村的一花一草都格外新鲜。

拜师应考

祁寯藻都已十三岁了，有关故乡的点点滴滴，都是听亲长娓娓道来的。目今，站在自家院子的大门口，寯藻极目远眺，满眼都是亲切感人的山峦，它们或高或低，绿油油地散发着令人费解的光彩。祁寯藻毕竟还小，农村生活反而给他带来了一种意想不到的快意。

此时是盛夏六月，祁家人回到平舒村已一个多月，他们慢慢接受了命运的坎坷。

平舒村的夏日，比起北京要惬意多了，一点都没有令人窒息的压迫感。只是今天全家人都在等待张观藜先生的到来，才使得大伙骤然有些焦躁。说好是上午就到的，可现在已经是中午了，还不见张先生的身影。

刘夫人尤为着急，生怕路上出了什么岔子。终于，老嬷嬷吴妈从外面走进屋里，大声对刘夫人说道："小姐，来了，侄少爷带着张先生到了。"

刘夫人和一家人大喜，赶紧走出屋子。

吴妈是刘夫人的陪嫁嬷嬷，家里遭遇变故之后，所有的仆人都打发掉了，唯独留下吴妈一人。她是看着刘夫人长大的，改不了刘夫人在娘家时的小姐称呼。吴妈孤苦伶仃一个人，刘夫人不忍相舍。

当年，吴妈从平定州河底镇跟着刘夫人来到寿阳祁家，接着一同去往北京，与考中进士才三年的祁韵士生活在一起。而今，他再随刘夫人从北京回到寿阳老家。她布满皱纹的脸上，似乎也在诉说着祁家从京师迁回老家的悲凉与无奈。尽管她总是唠唠叨叨、丢三落四的，但全家人都很尊重她。刘夫人常对寯藻和几个孩子们说："吴妈不是用人，在我们家，她就是我们的长辈与亲人。"

屋外，刘夫人娘家的一个内侄带着张观藜迎面走来。那侄子大声叫道："姑妈，张先生到了。"

刘夫人赶紧把内侄与张观藜迎进正房。刚一进屋，刘夫人便对着张观藜深深鞠了一躬，张观藜赶紧上前扶住刘夫人。

刘夫人含泪说道："张先生在上，我祁门不幸，遭此大难，别的都是次要的，唯有儿孙们的学业是第一要务，几个孩子就托付给先生了。"说完，又是一拜。

张观藜赶忙回拜道："老夫人礼过了，学生必尽职尽责，但鄙人才疏学浅，恐有负老夫人之所托。"

"不会不会，张先生是我娘家的大才子，祁家有先生坐馆，是再好不过了。"刘夫人边说，边把寓藻拉到张观藜面前，"孩子，赶紧给张先生行礼数。"

寓藻便赶紧跪拜，并大声说道："老师在上，请受学生一拜。"

张观藜定眼看了看寓藻，颔首微笑，言语却略显严厉："别的都不说，学业是第一要务，如若懈怠，我是要打你板子的。"

寓藻赶紧点点头说道："谨遵老师教诲。"

至此，寓藻开始系统学习古文和科举应试作文。

当时，寓藻之父尚在苦寒的大西北戍边，结局遥不可测。原本，父亲的俸禄是一家人唯一的生活来源。可惜现在，这个来源早已断绝。祁韵士虽说清廉，但被贬为一介平民之前，好歹也是正五品的官员，家用尚能支撑。可目今，全家老小只能靠平舒村的几亩薄田过活，日子与在京城时相比，即便不是一个天上，一个地下，也算格外之艰辛。

寓藻早熟，深深明白母亲操持一家人生活的不易。而他的老师张观藜只比他大十几岁，同样是在生计困难的情况下，才应邀到祁家任教的。其实，张观藜的父亲再怎么说，也是进士出身，做过一县的父母官，可张父与祁韵士一样，都是响当当的清官。

更为糟糕的是，张父此刻重病缠身，瘫痪在床多年。对于一个业已致仕的清官来说，这种经济上的压力是巨大的。一个穷老师开始教一个穷学生。本来，他们的父亲都曾是朝廷命官，也曾是小康之家，可惜现在，这一对师生，将要共同经历为五斗米折腰的惨淡。

其实，这更多的是一种尴尬。父祖辈考取功名、求得一官半职，很大程度上是给后人一个安定的读书环境，好让那些天资聪颖的后人，能接受更好的教育，从而效率更高地实现人生理想。只是，家底不是很宽厚的清廉官员，一旦有风吹草动，失去官职，或者归乡后罹患重病，那就会使得整个家庭陷入贫穷。这也从一个侧面说明，古代大多数清官有着鲜为人知的困顿和辛酸。不是所有官员都是"一年清知府，十万雪花银"。

好在，张观藜先生豁达，他第一次给祁寯藻上课，就开诚布公，说了两点。第一，他的确是为了五斗米才来祁家的，但不是为了钱，而是要把乡贤祁韵士的公子培养好。如果这一点没有做到，他拿的那点馆费就受之有愧了。第二，他要求祁寯藻充分认识到，即便考不上什么功名，学习也是必不可少的。学习的最终目的不是中举人考进士，而是践行"孝友忠恕"，做一个真真的"大人"，而非当官的那个"大人"。

寯藻听完张先生这一番言论，沉思片刻，大声回应道："老师让学生知道什么是'大人'了。"

张观藜微笑着点点头。

祁寯藻接着说："家父也常说，读书、求功名、做官，甚至出将拜相，到底也只是一个孔夫子所谓的仁与德。"

"不错，仁就是对别人要善，对家族要有奉献，对国家要有忠诚。"张观藜很是激动。

"寯藻记住了。"

"德呢，更简单，正如孔夫子所言，为政以德，譬如北辰，居其所，而众星共之。"张观藜突然激动起来，"这说的不仅仅是为政，也是为人。"

寯藻重重地点点头。

时光如梭，半年后，有一次上课，张观藜对祁寯藻又谈起做人与做官的道理，他严肃地说道："还记得我们第一次上课对你讲的话吗？我提到一个人如果为政以德，就会如北斗，被其他星辰所拥戴与环绕。"

"当然记得，先生。"

"我希望你做一个众星共之的人，而不仅仅只是众星共之的朝廷官员。"

"老师何以得知寯藻以后就一定能做官？"其实，寯藻还小，对做官这件事，本无清晰的概念，只是一想到父亲的遭遇，他便顿生一种很复杂情绪，既希望有朝一日光耀门楣，为父亲平反，又对这所谓的做官有些说不出的愤懑。

"你知道吗,寯藻,我们平定那边的人都说,你父亲有官德而无官运,可我窃以为,你父亲累累君子,必留余庆于后人,大概你将来的成就不会亚于你父亲。"

"老师——"

张观黎见小小的寯藻还要继续谈论这个话题,便立马打住:"好了,我们不说这些个虚无缥缈的事了,本就不该对你说这些,不利于你读书,更何况,这不是君子该有的读书之道,老师今天也忍不住造次了,我与你今天共勉,今后再也不说这等胡话了。"

说完,张观黎便沉默了,他的严肃令寯藻有些害怕。于是,寯藻拼命地点点头,大声说道:"老师的教导,学生谨记在心。"

新晋秀才

少年的时光总是匆忙的,又是一年过去矣,此刻为嘉庆十二年,这对患难中的师生,迎来一个相当不错的年头。

这一年,祁寯藻以全县第五名的成绩考上秀才,并获取在寿阳县学研习功课的资格,而选拔祁寯藻的山西学政为陈希曾,按照清代官场的惯例,陈希曾便成了祁寯藻在科考上的第一个座师。今人可能觉得这所谓的"座师"很虚,因为一个省的学政,每次遴选的秀才如过江之鲫,不胜其多,他怎会记住其中一个个具体的人。

但是要记住,在清代,这种座师与门生的关系,可是一个读书人日后在社会和官场上打拼最重要的人脉资源。每一个读书人,都很重视这种关系,它会结成一个巨大的关系网,让身在其中的所有人都相互援引,大受裨益。说得难听一点,就是获得附加值很高的利益。

中国自古是一个人情社会，而这种关系网便是人情社会在科举中最显著的体现。

陈希曾字雪香，号钟溪，祖籍江西新城（今黎川县），其曾祖陈道，乃颇有名气的文学家与理学家。陈氏一门发迹于陈道，后辈子孙连出七个进士，堪为当时的科举豪门。陈希曾更是来头不小，十五年前，在祁寯藻出生的乾隆五十八年，他就高中那一年癸丑科殿试的前三甲探花郎。

陈希曾后来官至工部侍郎，未能入阁拜相，进入核心领导层，这倒是与他曾经科考的辉煌难以匹敌。陈探花在祁寯藻人生道路上的作用，可谓"抛砖引玉"，更重要的人物，乃其"引出来"的陈用光。

陈用光，陈希曾的堂叔，为新城陈家最有成就的一位才子，他在不久的将来会成为祁寯藻的岳父大人。当然，这是后话。只是有意思的是，按照科举考试的辈分关系，陈希曾本是祁寯藻的老师，可祁寯藻做了陈用光的女婿之后，便与陈希曾成了同辈的亲戚。不过，古代的科举门生与座师之间的关系极为重要，其他关系要让位于此，故而祁寯藻后来即便在血缘上成为与陈希曾同辈的人，但他依旧是陈希曾的学生与门人。

按惯例，新考上的秀才，要去拜见座师学政大人。不管将来师生之间的感情到何种程度，这种形式是必须走的，至少尊师重道的大义不可废。不过，令祁寯藻没有想到的是，陈希曾极为欣赏他的文章，正满心期待着他的到来。

在省会太原府，寯藻第一次上门拜访，陈希曾便高兴地说道："令尊大人的文章与人品皆为朝野所传颂，竟想不到其公子的文章更是青出于蓝而胜于蓝。"

陈希曾一边说，一边仔细地打量了祁寯藻一番，令祁寯藻有些窘迫，都不知说什么好了，只是一个劲地弯腰相拜。委实，这是他有生以来第一次作为学子，面见一省学政这样的高官，心中自是惶恐忐忑。好在陈希曾一脸笑容，让祁寯藻倍感温暖。

见祁寯藻有些紧张,陈希曾接着说道:"我给了你一个第五名,你觉得满意否?"

寯藻闻此,赶紧一边再拜,一边轻轻说道:"门生愚钝,还请老师多赐教。"

陈希曾赞许地点点头,再次细看了寯藻一眼,然后笑着说道:"争取再接再厉,早日中举,我看这一科的秀才,你前景最佳。"

"寯藻不才,一定——一定不辜负座师厚望。" 寯藻很激动,说话都有些颤抖了。

其实,清代科举考试中的门生与老师的交往,主动的一方并非都是学生,往往学政在选拔一批秀才后,也会积极与他们中间的优秀者建立较为密切的联系,一是更深入的了解他们,二是通过这种交往建立私人之间的友谊,再通过两人各自的师徒、血缘与地缘关系,形成一个错综复杂的社交圈子。

这种交际圈的重要性自不待言,每一个士大夫都必须拥有它,并活在其中,乐在其中。从祁寯藻与江西新城陈家后来的渊源,便可对其重要性管窥一斑。

告别陈希曾,寯藻刚走出学政衙门,却迎面撞上了一个正急匆匆赶过来的青年学子。寯藻抬头一瞧,原来是同州的另一位新进秀才许长庚。清代的秀才,虽然只是科举中等级很低的功名,但也要经过县考、州考和省里学政主持的院试这三级考试,才可考中。能考上,也不易。

许长庚是平定州人,而寯藻的老家寿阳又隶属于平定州,两人赶考的时候见过面,但只是泛泛之交,此刻在学政衙门外偶遇,祁寯藻便大声说道:"许兄,你也来了。"

"祁兄,你倒是比我早,怎么样,学政大人还客气吧?"许长庚语速很快,透着一股子机灵劲。

"没事的,你去吧,学政大人很平易近人的。" 祁寯藻点点头。

许长庚伸出舌头，做了一个鬼脸，说道："那就好，我还有点怕，第一次见这么大的官。"

"以后你还会见更大的官。"祁寯藻笑了笑，"你去，我在门外等你，咱俩好好待一会，你把平定州那边的新鲜事跟我讲一件。"

"行，你等着。"许长庚说完，便大步朝学政官邸的大门走去。

等许长庚从学政衙门出来，两人便一边走，一边攀谈起来。他俩很投缘，许长庚有说不完的笑话，让祁寯藻暂时忘却了很多家庭的烦恼。

许长庚后来没有做多大的官，基本上以教书为业，但他与祁寯藻的友谊从此开始，一直到老。许长庚可以看作是祁寯藻后来的布衣之交。整整三十年后，当祁寯藻在江苏任学政时，许长庚还跟随祁寯藻远赴江苏，帮衬其打理很多官场事务。只是此刻，两位青年才俊哪能料想到三十年之后的事呢？

年轻真好，他们不会去思索太多的将来，而是充分享受着当下考中秀才的荣耀。因母亲与恩师张观藜都是平定人，寯藻本就对平定人格外亲近，于是从许长庚开始，寯藻陆续结交了一大批平定学子，许长庚便是其中相知最早、感情最深的一位。

不过，那天在太原府，祁寯藻不能与许长庚待在一起太久，他必须当日赶回寿阳老家。

母亲在他来之前就嘱咐他，拜见了学政大人，就立即回家，不可在外逗留。天下父母心，毕竟祁寯藻才十五岁，太原虽比不上京师，但亦是人烟繁华之地，刘夫人担心儿子万一有任何闪失，都会愧对远在新疆的丈夫。这么多年过去了，父母对祁寯藻这个最聪慧的儿子，从来就没有停止过孜孜不倦的期许。越期许，生怕他出半点岔子。

祁寯藻考中秀才的这一年好事不断，不久后的秋天，他的恩师张观藜先生，也中了举人。

张观藜中举时已近三十岁，如果再接再厉，尽快考一个进士，那么走入仕途还不算太晚。可惜，后来发生的事情说明，张观藜的科举之路极为坎坷，中举近三十年后，他才考中进士。彼时，张先生已然五十七岁，都近花甲之年。

不过，现在师生二人都踌躇满志。

很多年后，祁寯藻都深深为自己这位老师感到惋惜。每当回想起自己十五岁考上秀才，而张先生同一年考中举人的昔日盛况，他都异常难受。当年，他是万万料想不到恩师的科举与仕途之路会艰难到叫人不忍细想。

传统帝制时代，读书人的出路极为有限，除了考取一个更好的功名，做一个职位更高的朝廷命官之外，留给他们实现自我价值的道路基本被堵死。他们只能千军万马过独木桥，而有幸跳入龙门的，也只是占比极小的一部分读书人，大多数则极为惨淡，张观藜则是不折不扣的大多数。而且，张观藜还算好的，至少他考中了举人，很多人到死连个秀才都考不上。

在祁寯藻十五岁就考上秀才时，他本人很难知道，这是他家祖坟上冒了青烟。而且更让人唏嘘感慨的是，正是祁寯藻自己在科举与仕途之路上的格外顺利，才愈发显得其恩师张观藜格外的不顺。

以全县第五名的成绩考中秀才之后，寯藻有些得意，毕竟平生第一次获得功名，恰同学少年，难免有些浮躁。一日，同年许长庚到访祁家，两人年龄相仿，都是吸收新知识最快的花样年华，所以有说不完的话。当晚，寯藻与长庚同住，两人躺在床上，天南海北，不思睡眠。夜很深了，说到前程，长庚有些伤感，他突然从床上坐起来，说道："读书是为了考功名，考功名是为了做官，想来亦无趣。"

寯藻沉默了一会儿，笑道："长庚兄，这些都是后话，把当下的书读好，把当下要干的事干好，就行了。"

闻此，许长庚也沉默，好久他才说道："看来是我多虑了。"

"没事的，长庚兄，你我考个举人进士，应该不是难事。"

许长庚笑了笑:"寯藻好志向,该早日夺魁。"

"你放心,定不会叫你失望的。"

两位同年倾心交谈着,不想屋外的刘夫人正在做针线活,夜深人静,两人的话,刘夫人都尽收耳中。她听到儿子寯藻对将来的前途过于自信之时,眉头便皱了一下,久久不能释怀。刘夫人深知,科举考试的淘汰率是非常高的,如果早早把目标定得太高,太急,往往会心高气傲,反而不利于今后的考试。她想,她必须纠正一下儿子的心态。

三天后,许长庚告别寯藻,回到平定。等许长庚一走,刘夫人便把儿子寯藻叫到正房。看到母亲惯有的忧郁,寯藻不知何故,马上问道:"娘,孩儿做错什么事了吗?"

"老五啊,娘那天晚上听到你跟许公子的谈话了。"

寯藻一脸茫然,不知如何应对。

"寯藻,娘必须提醒你,科举是非常艰难的,你父亲二十八岁考中进士,一辈子勤勉谨慎,最后却落得戍边伊犁。"刘夫人开始堕泪,"还有你外公,也是进士出身,他们两人是怎样考中的,你知道吗?"

"孩儿明白,父祖辈的确很不易。"

"不,你不明白。"刘夫人叹了一口气,"寯藻,你知道吗,我们祁家和你外公刘家,读书的族人都非常多,很多人小时候天赋极佳,不比你外公和父亲差,但也就只有你外祖父和你父亲有幸登鼎。"

寯藻点点头。

"读书考取功名,切忌不要先把话说死,任何变故都有可能发生,如果能跃入龙门,那就是有祖宗的庇护,侥幸求得的,"刘夫人既严肃又担忧地看着儿子,"如果求而不得,也要心平气和地接受,然后在乡间做一个超凡脱俗的世外高人,也未曾不是一种幸福。"

听完母亲这番教诲,寯藻这才惶恐不安起来。

刘夫人接着更加严肃地说:"你现在就把目标定得太高太死,将来如果不济,那么就没有退路了,会严重影响你的心态,我们这边,还有你外公家平定州那边,因为科考失利而神志失常的人比比皆是,娘不愿意看到这样的局面,娘宁肯要一个健康向上的儿子,也不要一个抑郁终老的科考失败者。"

寯藻久久无语,最后母亲留给他一句话——"做好当下事,切莫问前程"。

离开母亲,回到卧房后,寯藻站在书桌前,奋笔疾书,写下四个大字:"淡泊名利"。放下笔,他泪流满面,望着这四个字发呆,懊悔不已。

时来运转

其实,刘夫人告诫寯藻科考要有平常心的时候,整个大清帝国已然是夕阳余晖。即便寯藻后来科甲留名,甚至飞黄腾达,也只服务于一个走下坡路的国家。是的,清帝国的颓势,已无法挽回。早在嘉庆元年,祁寯藻才四岁的时候,席卷九个省份的白莲教起义全面爆发,这是清代历史上仅次于后来太平天国运动的大规模民变。嘉庆帝整整花了九年,才将这燎原之火扑灭。

清政府灭火的代价,则是调动全国十六个省的兵力,消耗二亿两白银——足足相当于全国五年的财政收入。乾隆盛世真的只是一只纸老虎。嘉庆初年,乾隆皇帝依然是帝国的实际主宰,虽然他那时只是所谓的太上皇,但国家还是被他牢牢掌握在手中。在他濒临死亡的最后几年,白莲教的起义,给了他一记重重的耳光。

更为严重的是,白莲教起义只不过是嘉庆朝众多暴动中的一起事件而已。在此期间和之后,登高一呼,反对清政府的武装斗争,便风起云涌,好不热闹。作为一个少数民族政权,清帝国以少数人统治占绝大多数的汉族，这是其立国以来就存在的死穴。再者，帝国到了中晚期，如同所有朝代一样，无可奈何地要倒霉地走麦城，人人似乎都可得而诛之。

不过，这些都还是其次，关键是嘉庆以后，中国愈发难以融入西方地理大发现之后的全球贸易体系中——更为准确地说，即便融入，也是被动，而非主动。在嘉庆和他的臣民一如既往地闭着眼，不向近在咫尺的海洋望去的同时，欧洲列强早已在全球开疆扩土。从文艺复兴时期以来，西方人的思维经过科学与理性的洗礼，到此时都已经好几个世纪，他们的自我存在感以及价值观，与传统中华帝国相比，不啻为生活在两个星球。

令人遗憾的是，西方人的思维结构决定了他们要到处寻找新的土地，然后或殖民，或贸易，以此来增加财富。而对于老大的东方帝国——中国，西方人又怎可能遗忘？

当年，就在祁寯藻出生半个多月后，英国国王乔治三世派遣的使团抵达天津大沽口。于是，我们都知道了那位鼎鼎有名的特使马嘎尔尼，他给对外部世界基本一无所知的清帝国，带来了英国最先进的化学、机械等产品，并要求与中国通商。可惜，乾隆皇帝只因马嘎尔尼不给他行三叩九拜的大礼，便视其为怪物，并拒绝了他的一切要求，包括平等的贸易和交往。

后来，到了嘉庆二十一年（1816），也就是祁寯藻二十四岁，考中进士两年后的那一年，英国再次派遣使者来到大清帝国，提出了与马嘎尔尼一样的通商要求。英国人本以为换了一个皇帝，事情或许会有转机，没想到乾隆的继任者——嘉庆，比其父亲还要顽固，再次轻视并拒绝了英国人。

嘉庆拒绝的不仅仅只是英国，而是整个欣欣向荣的资本主义新世界。这使得后来中国挨打受辱的结局，早早成为一个必然。

西方的崛起，并改变全球国际交往旧模式的巨大冲击，就是近代国人所谓的三千年未有之大变局。而嘉庆时代，不仅是王朝本身走下坡路的问题，而是在这个不利的局面下，还屋漏偏逢连夜雨，渐渐沦为这个全新世界被动挨打的弃儿。

当身在寿阳老家的祁寯藻正发奋读书之时，他所生活的国度正是如此虚弱。但它外强中干，古老帝国的自大狂妄丝毫没有收敛。当然，这不仅是小小的祁寯藻所不能看到的，在整个帝国，哪怕是最优秀的官员与精英，基本都对此毫无觉察。祁寯藻所生活的时代，依然只是与唐宋元明没有任何差异的中世纪。而他本人，即便将来功名再高，为官再大，也无法避免其局限性。

他说到底只是一个中世纪的人。

这是祁寯藻的悲哀，也是清帝国的悲哀，更是中华民族的悲哀。

不过，国家是江河日下，但祁寯藻家却迎来转机。就在刘夫人及时告诫寯藻科考不可过于自信的第二年夏天，从京城传来好消息，父亲祁韵士得到朝廷赦免，重获自由身。

此时，距祁韵士被流放伊犁已三年有余。这个好消息比祁寯藻考中秀才更令家人欣慰。这一年，祁寯藻学业又有长进，他在学政主持的全省秀才的岁考中，大放异彩，获一等第一名，并与他的恩师张观藜曾经的科举成就一样，成为最高等级的秀才——廪生，开始享受国家补贴。

清代的廪生每年可领银四两，虽不多，荣誉性质大于实际意义，但对于生活来源很有限的祁家来说，亦可大大补贴家用。要知道，清代一个知县的法定年收入也只有区区四十五两，所以这四两银子，对于一个穷书生来说，不算少。

荣获廪生资格倒是其次，更为重要的是，这一年的山西学政已不是之前的陈希曾，而是祖籍安徽当涂的黄钺。此公对祁寯藻的人生影响，更是远远大于陈希曾。

黄钺字左田，比祁寯藻之父祁韵士年长一岁，考取进士却比祁韵士晚十三年，四十一岁才跃入龙门，后在户部任主事。当时是乾隆末期，和珅做宰相，并兼管户部，是黄钺的顶头上司。和珅的贪腐与跋扈，时人有目共睹，黄钺却是硬骨头，就是不买和珅的账，与他对着干。最后，胳膊拗不过大腿，黄钺一气之下便辞官回到老家安徽教书去也。

当初，祁韵士从翰林院调到户部之时，黄钺已然去职，但和珅还在，依然作为宰相主管户部。祁韵士的选择与黄钺一样，坚决不走和珅的门路。当然，祁韵士倒未直接与和珅对着干，但他做到了敬鬼神而远之。乾隆五十六年，祁韵士刚刚调到户部时，本来品级可以定为从五品的员外郎，但他因为不是和珅一派的官员，就被和珅暗中做了手脚，只被授予六品主事。祁韵士因不攀附和珅，便与黄钺一样，成为了和珅时代的官场受害者。

但是正所谓否极泰来，祸兮福所倚。九年后，嘉庆四年，乾隆归西，嘉庆亲政，新帝念念不忘黄钺当年在乾隆朝公开反对和珅的"义举"，赶紧把他召回京城，担任"懋勤殿行走"。懋勤殿是清代皇帝在故宫的书房，所谓"懋勤殿行走"，就是皇帝的秘书。这个职位，官阶虽不是很高，但离皇帝很近，地位很重。黄钺开始被嘉庆重用的这一年，祁韵士也已从户部主事升任员外郎。黄钺与祁韵士同朝为官，年龄相仿，相互早就认识，而且皆为清廉耿直之士，都反感和珅的所作所为。而今，岁月荏苒，祁韵士早已由五品京官贬为一介平民，并在大西北戍边了三年，而黄钺则外放到山西担任学政，见到了祁韵士的儿子祁寯藻。

除此之外，祁韵士与黄钺还有另一层更重要的关系，将会让祁寯藻更加受益。

第三章 成家立业

走向成熟
初见黄钺
父亲归来
尊师重道
新婚宴尔
初识嵩年

走向成熟

黄钺在学政衙门评阅全省各州县秀才的岁考答卷时，第一次见到祁寯藻的文章，其用笔造句，令黄钺大吃一惊，他心想："一个年轻的生员，居然能写出如此朴质老辣的文章。"

连续把祁寯藻的文章看了两遍之后，黄钺又大声叹息了一声，自言自语说道："文章是好的，只可惜受制于条条框框，经世致用的东西还是太少了。"转而，他又想，毕竟只是一个秀才，日后经历事情多了，应该会写出更好的文章。

黄钺一边思索，一边仔细看了看造册在案的生员履历，发现这个秀才的父亲是祁韵士。当年，宝泉局亏空案爆发时，黄钺正任职南书房，深感祁韵士受到牵连而流放到伊犁，很是吃亏。同朝为官，祁韵士的人品大家都知道，宝泉局出事，实乃清代官场陋习累积所致。

嘉庆朝初期，整顿吏治和打击腐败有一定的成效，而宝泉局的铜料亏空就是在这种大背景下被公之于众的。当初，黄钺就认为对祁韵士等几位前任监督的量刑过重，作为嘉庆的近臣，他又不能多说什么，因为当时朝廷正在严肃打击贪腐，任何一个案件的处理，都可以起到杀一儆百的作用。如果这个时候轻易饶恕相关官员，则可能使打击贪腐的势头有所减弱。

黄钺是从乾隆晚期过来的官员，和珅时代整个官僚系统近乎疯狂的贪腐恶习，他了如指掌。嘉庆为了有效打击这种恶习，在局部矫枉过正，也未尝不是好办法。

还有一层，与乾隆嘉庆两朝的重臣朱珪有关。朱硅字石君，祖籍浙江萧山，后落籍北京。乾隆十二年，朱石君年仅十七岁，便高中进士。三十年之后，朱石君到山西担任布政使，那时的祁韵士还很年轻，正处于考举人的关键冲刺阶段，结果朱石君特别欣赏祁韵士，屡屡加以提携，把他当成自己的得意门生。

后来，朱石君又被乾隆钦点为嘉庆的师傅。当年在乾隆朝，和珅挑拨离间乾隆与嘉庆的父子关系，妄图陷害嘉庆，让他接不了班。但正是有朱石君劝嘉庆先做"缩头乌龟"，才使乾隆放弃了换掉储君的想法。在乾隆晚期，朱石君给举步维艰的嘉庆，带来了无限的温暖，成了储君心中的一盏明灯。两人之间的亲密关系，自不待言。嘉庆顺利登基后，朱石君便毫无疑问，稳居肱骨第一重臣的位置。

而朱石君还有一个兄长名为朱筠，也是当时的士林名流，时人称兄弟两人为"二朱"，乃天下读书人皆知的楷模。朱筠正是黄钺成才路上的恩师。

当初，黄钺在老家当涂还未考中举人时，朱筠刚好提督安徽学政，发现黄钺有奇异之才，便爱惜有加。黄钺也正因受到朱筠的赏识，自然也被朱石君所看重。而祁韵士恰好是朱石君的得意门生，于是黄祁两人便走得很近，皆援引"二朱"这两位名臣为后盾。

有了这层同在两兄弟门下的关系，黄钺怎会不知道祁韵士？

当年，黄钺没什么名气，这"二朱"却认定他在绘画艺术方面有极大的天赋，并不断在高层人士中加以举荐和宣扬，直到连乾隆和嘉庆两位皇帝都知道黄钺有才。

乾隆死后，黄钺还在安徽老家教书，朱珪便趁机提醒嘉庆，当年不屑于与和珅同流合污的官员，皆被其迫害离京，现在应该召他们回朝廷了。

嘉庆当然十分感念当初那些抵制和珅的清流，赶忙说道："请朱师傅拟一个名单。"

朱石君见嘉庆让他举荐人才，便迫不及待说道："排在第一位的就是黄钺。"

"是啊，黄钺，朕差点忘了他，他受苦了。"嘉庆的语气很沉重。

就这样，经朱石君恰到好处的"安排"，黄钺便回到朝廷，从此飞黄腾达，最后官至军机大臣，逝世后还被追封为太子太保。

可当初，宝泉局事发，黄钺只能在心里为祁韵士抱不平，其他的实在是无能为力。现在好了，他来到山西担任学政后，却发现祁韵士的儿子祁寯藻是个人才，便将他的岁考成绩判为一等第一名，使他升格为在县学里领工资的廪生。黄钺有心栽培寯藻，不久便安排下人请他来太原府相见。

寯藻获得廪生资格后，刘夫人格外高兴，带着寯藻给祖宗牌位上香行大礼。正当全家热热闹闹拜祖之际，突然听到屋外有人大声叫道："敢问这里是祁府吗？"

寯藻与三哥祁宷藻闻声，走出大门一看，原来是县里来的一个衙役。祁宷藻赶紧问道："正是鄙宅，敢问公人有何赐教？"

"不敢赐教，是省府的学政大人请祁秀才去一趟太原，在下是奉县学老爷之命，前来告知的。"衙役说完，似乎还不太想走，脸上表情怪怪的。

祁寯藻正想说句送别的客套话，可三哥宷藻却立马从袖兜里掏出几十个铜钱，塞在衙役的手里。

衙役毫不客气，照单全收。

原来他刚才不走，就是在等赏钱。宷藻接着对衙役说道："鄙人家贫，只有这点钱孝敬公人了，请多见谅。"

衙役抬手一拜，说声多谢，就转身离去。

等衙役一走，祁寯藻便在门口大声指责宷藻："三哥，刚才你不应该给衙役钱。"

"寯藻啊，我的兄弟，你是不是读书读傻了。"宷藻也很生气，"你知道太原府的学政大人请你去意味着什么吗，这是学政老爷有心要提携你，这样天大的喜事，难道不该给来报信的人一点打赏吗？"

"愚弟认为没有必要，虽然世情如此，但我们难道就不能免俗？"寯藻平常对兄长都是毕恭毕敬，这是他第一次发火。

"免俗？五弟，你还小，以后你飞黄腾达，就更明白这其中的道理了。"宷藻快被气炸了。

宷藻比寯藻年长七岁，此时已二十三，早已成家。

因为大哥宖藻在外地为官，二哥早夭，所以现在家里的对外应酬，都是他来处理。而且，有意思的是，宷藻的妻子刘氏也是平定州河底镇人，与母亲刘夫人为同族本家，算是亲上加亲。不过，这是古典时代中国婚姻的一种常态，并无特别之处。

大门口，宷藻与寯藻两兄弟吵架的声音愈来愈大，屋内的刘夫人早已听了个明白，她远远地大声说道："寯藻，你错怪你三哥了，你三哥做的是对的，读书人虽要有节操，但这也是礼数，更何况，水至清则无鱼。"

听到母亲这么说，祁寯藻虽依然不服，但也不好再强辩些什么，只能抬手向兄长一拜："三哥，刚才寯藻态度恶劣，大违礼数，请兄长见谅。"

宷藻叹了一口气，轻轻说道："没事，兄弟，家里现在就你读书最在行，三哥也是为了你好，你怪我，我也不怕，只要为你好，没有什么事情是三哥做不了的。"

寯藻听三哥这么一说，心里便有一种说不出的难受，马上把刚才的不快忘到爪哇国去了。

其实三兄宷藻的一生是很悲凉的。他十四岁时，父亲祁韵士还在户部任职，按照惯例，祁韵士有资格为年龄稍大些的儿子讨一个前程，也就是所谓的荫封。祁韵士便给老三宷藻捐了一个不入流的官职——"府检校"：一个地方上的文职官。当时宷藻在京城，年龄也还小，如果他将来在科举考试上没太大的进展，那就等到了年龄，便可候补上任，做这个九品都不是的府检校。

祁韵士在朝为官时，宷藻与他的大哥宬藻一样，能有幸获得一个小小的荫封之职。可即便如此，宷藻也要按部就班地参加举人和进士的考试。荫封毕竟只是科考不如意之后的退而求其次。然而不幸的是，宷藻一直到道光二十三年（1843），才考中个举人，当时他已五十七岁，距他第一次参加举人考试，已倏忽四十年。而彼时，他的五弟寯藻，都荣升为一品的副宰相兼户部尚书了。

父亲祁韵士戍边新疆之前，老五寯藻还小，没机会恩荫一个小官职，但他却有幸走得比两个哥哥远很多。由于二哥和四哥早夭，老五寯藻其实只有这两个嫡亲的兄长。人生就是这样无常，刚开始幸运的人，往往不是笑到最后的。

三十五年后，身居高位的祁寯藻得知寿阳老家的三哥终于中举，顿时泪流满面。他为三哥蹉跎的科考之路一哭，更为命运的不可捉摸而叹。一想起三十五年前，自己才十六岁，曾在老家大门口与三哥的一番争吵，年过五十的祁寯藻便立即无法自已，那一幕幕熟悉场景，全都涌向上心头。

初见黄钺

现在，还是暂时先回到三十五年之前。

在太原学政衙门，祁寯藻正在拜会座师黄钺。一见寯藻，黄钺就叹息道："祁家后继有人了。"

寯藻站在学政衙门的会客大厅，连忙抬手相拜曰："寯藻这次岁考侥幸得第一，都是大人提携。"

"不必过谦，老夫看好你，你先坐下。"黄钺时年整好六十，淡淡的笑容中带着书卷气，他留着半白的长须，声音不大，却铿锵有力。

"多谢老师。"

"令尊大人在新疆那边身体还好？信来得多吗？没什么难处吧？"黄钺一脸担忧。

"禀老师，家父一切都好，常来信，也常提到您，多谢您的挂念。"

"看来，我与你们祁家还真有缘，朝廷偏偏要派我来山西担任学政，而你又恰好是我手下的秀才。"

"这是寯藻与祁家一门共同的福气。"

黄钺摆摆手，轻轻说道："福气不福气的，都是些场面上的话，反正你叫了我一声老师，我就认你这个门生了。"

祁寯藻赶紧起身再拜。

黄钺却伤感地说道："老夫刚看到邸报，你父亲已经获准回籍，想必你也听到一些消息了。"

的确，就在几天前，祁韵士过去一位关系很好的同僚，探得这个朝廷赦令，立马就从京师给家里来信，告知了这个天大的喜讯。刚开始祁家人还将信将疑，后来，大伙通过各种渠道，包括刘夫人娘家人的关系，才确认这个赦免令是千真万确的。

　　这段时间，不管是祁寯藻，还是整个祁家，全都沉浸在喜悦之中。从京城迁回老家后，祁家人还从未如此惬意过。

　　此刻，祁寯藻听黄钺老师说起父亲，还是忍不住兴奋不已，他点点头，说道："是的，老师，是听到一些消息，说家父要被朝廷赦免了。"

　　黄钺也点点头，沉默了片刻，然后才说道："有些事情，或许你不是太清楚，当初在京时，老夫与令尊大人虽不在一个衙门里做事，但我们算是同门，都是朱文正公的学生，你父亲的为人我是知道的，这两三年，还真苦了他了。"黄钺脸露不忍之色，他所说的朱文正公便是嘉庆皇帝的老师朱石君，他此时刚去世两年，被朝廷谥为"文正"。

　　寯藻闻此，眼圈顿时红了。

　　黄钺见之，便赶紧换了一个话题，问道："喜欢写诗吗？"

　　"喜欢写，但总觉得写不好。"寯藻忍住泪水，轻轻答道。

　　"为何觉得写不好？"

　　"诗有太多格式和讲究，不好掌握，动不动就容易出错。"

　　黄钺闻此，哈哈大笑，说道："写诗千万不要在意那些条条框框，只要有真性情，真感受，写出来就是好诗。"

　　寯藻恭敬地点点头。

　　从此，黄钺便系统地教授寯藻作诗的门道。除了诗词，黄钺最为人称道的还是其绘画功底，他是嘉道年间的画坛大师，对历朝历代的书画作品都有研究，还曾大量鉴别故宫内藏的很多古代画作。黄钺最崇拜的文人是北宋的苏东坡，所作诗词皆有其影子。寯藻跟着他，在诗词艺术上有了飞跃进步。

　　黄钺之所以看重寯藻，除了他本人的确优秀之外，无法否认的一点是他乃祁韵士之子。黄钺磊磊文豪，又具有艺术家的气质，从他当年公开反对和珅，挂冠而去就可见一斑。同样，黄钺也同情与他自己性格相仿的祁韵士，于是爱屋及乌，对寯藻就格外关照。

其实，从此开始，祁寯藻后来的科举之路也相当顺利，这都与父亲祁韵士不无关系。他将来碰到的科举座师与官场提携者，几乎都认识父亲祁韵士。

祁寯藻受益于其父很多年。

这也从一个侧面说明了，古代家族对一个人的成长具有多大的作用。在一个以自耕农为主体的传统专制社会，某人能中进士、做大官，也是家族很多代先辈长期积累才成就的，后人在大树下乘凉沾光，也无可厚非。如祁寯藻家，他的第十一代祖先才开始读书，到了祁寯藻这一代，他本人最终成为最大的受益者。

不过，个人禀赋也同样是一个不可忽视的因素，祁寯藻的两个哥哥和一个弟弟，都在科举与做官上远逊于祁寯藻。可见，同样都有家族的庇护，天赋高的人，才可以走得更远。而祁寯藻就是两者兼备，不怪他最后入阁拜相，成就三代帝师的伟业。

父亲归来

日子过得很快，在恩师黄钺的指导下，寯藻的学问也有了显著提高，他愈发觉得除了应试文章外，可以吸取的其他知识是永远也学不完的。而黄钺是大名士，又把寯藻当成得意门生，有什么心里话都会跟寯藻讲。

有一回，他对寯藻说："当前的朝局，我是很悲观的，鸦片已经成为大清第一大害，却屡禁不止，根本没有解决的办法。"

寯藻点点头，他也早听说过鸦片害人，知道洋人用这种毒品来获利，并戕害中国的身体和精神。

其实，早在雍正年间，朝廷就下旨杜绝鸦片进口。但是后来，英国人希望与大清帝国平等贸易的要求被乾隆拒绝后，英国人便变本加厉地向中国走私鸦片。鸦片利润丰厚，为当时英国为数不多占有优势的对华出口"商品"。而我们国内的鸦片贩子，也与英商狼狈为奸，收购外来鸦片，获得极高收益。这是鸦片无法禁止的主要原因。

鸦片起初本来是药物，乃罂粟的果实经过加工后的产物，可起镇定和麻醉的作用，早在西汉张骞出使西域时，就已传入中土。唐代时，我们也曾从阿拉伯半岛进口过鸦片。那时，鸦片被称之为阿芙蓉，主要目的当然是药用。乾隆年间，英国人远跨重洋，开始全面殖民印度，而印度的热带气候，正适合鸦片种植。英国驻扎在印度的东印度公司，便高调干起了向全球出口鸦片的勾当。中国作为全球最大的市场，英国人当然要在此大干一场。

乾隆朝晚期，鸦片早已失去其药用的原始功能，逐渐蜕变为一种祸害中国人的毒品。目今，到了嘉庆年间，愈演愈烈，鸦片成为清政府最大的隐患。只是当时，不管世人如何高瞻远瞩，也难以预想到鸦片会对将来的中国产生怎样的恶劣影响。即便黄钺，也仅仅是感到事态的严重性，而无法料知鸦片将会改变中国历史的走向。

听到老师如此动容地说起鸦片，寯藻先是沉默了片刻，然后才大声说道："老师，严加禁止不就行了。"

"寯藻，谁都想严加禁止，都是说说而已，做起来可就太难了。"黄钺还是一脸愁容。

"为何？"寯藻很疑惑，这可不是他长期研读的儒家学问，而是经世致用的现实国计民生问题。

"有大利可图，英吉利等洋人与国内奸商一拍即合，此其一。"黄钺侃侃而谈，"其二，国人吸食鸦片上瘾后，无法戒除，只能长期依赖，造成鸦片可以行销宇内。"

寯藻仔细听老师讲着。

这些时事，他在寿阳老家当然是无法听到的。现在听学政黄钺这么一说，顿时觉得眼前一亮。不过，这个时候的祁寯藻，对于鸦片的危害还只是听闻而已，将来终归有一天，他会与这个魔鬼进行正面交锋。

转眼就到了嘉庆十四年（1809），祁寯藻全家正苦苦等待着祁韵士的归来。

祁韵士是去年十二月底从伊犁启行的，两个多月后，到了今春三月初八，他走了一个冬天，踏过七千多里地，终于回到了寿阳平舒村。

那天家里热闹非凡，平舒村的本族人，还有平定州外公家的亲戚，全都挤到寯藻家的大门外，远远看着前方那条蜿蜒的小道。好久，祁韵士的身影出现了。寯藻眼尖，很早就发现了父亲的身影，赶忙跑过去。他一跑，其他人也跟着追过去，结果祁韵士被围在了人群中。

祁韵士看着众多熟悉的亲人和乡邻，泪如雨下，他哽噎着说道："韵士感谢大家的厚爱，我不在这四年，家中诸事，全都仰仗各位相助，无以为报，请大家受我一拜。"

说完，祁韵士毕恭毕敬地向在场所有人都鞠了一躬。

大家立马全都还礼，连忙说不敢不敢。毕竟，在那个时代，像祁韵士这样曾做过朝廷五品官员的人，从礼仪上讲，是不拜这些乡亲的。虽然他现在已只是一介平民，但也是不可等闲视之的大乡绅。现在，他这一拜，着实让众人吓了一跳。

大家把祁韵士迎到屋里，然后在祁家庭院里摆桌吃饭，共话相思之苦。晋中山区的三月天，还有些冷，但人太多，屋里又太狭窄，祁家只能在院子里摆了这几桌酒席。可今天的气温，不知是老天赏脸，还是大家的心理感受，一点都不冷，甚至暖得人心底都开花了。

日薄西山之时，祁家上下，除了刘夫人之外，都在正房给祁韵士行跪拜大礼。业已五十九岁的祁韵士看着儿孙，再次泪如雨下。他先对老三祁宷藻说："宷藻，你大哥在外地为官，你辅佐你娘，功劳最大，为父首先感谢你。"

寀藻看着父亲，哽噎无语，难以说话。

祁韵士转眼看了看寯藻，好久才深情地说道："老五这四年变化可真大，比当年在狱中陪伴我的时候，要结实多了，也长高了这么多。"说完，祁韵士又望着长孙祁世弇，说道："弇儿也长成大人了。"

"爷爷，我比五叔还大两岁，当然长大了。"祁世弇笑着说道。

大家闻此，都笑了。

刘夫人在一旁插话道："还来不及写信告诉你，寯藻这次岁考得了个第一名，学政黄大人收他做了学生。"

"喔，是哪位黄大人？"

"当涂黄左田公。"寯藻答道。

"原来是黄钺大人，老夫与他都受教于朱石君老夫子，他人品学识俱佳，当初他敢于公开反对和珅，难得的国之栋梁。"祁韵士突然想到在京为官的日子，恍如隔世，连连叹息不已。

寯藻回道："左田公忧国忧民，常跟我谈论国事。"

祁韵士点点头，突然，一个十岁左右的男孩大声说道："父亲，您恐怕都不认识我了吧。"

听他这么一喊，大家再次哄然大笑。祁韵士仔细看了他一眼，说道："我家的老六宿藻，居然都长这么大了，为父怎么会不认识你呢？"

"正是在下，父亲大人。"祁宿藻一本正经地点点头。

全家人又笑了。

祁韵士说道："爹走时，你才五岁，你的变化委实最大了。"

"父亲，伊犁很不好玩吧？"宿藻一脸天真。

听他这么一问，全家人又乐了。宿藻是刘夫人最小的儿子，刘夫人对其他子孙都非常严厉，唯独对他较为宽容。正所谓环境造就性格，宿藻敢说敢闹，与他的五哥寯藻气质迥异：一个爱说爱笑，一个稳重老成。

不过，大家庭里总要有一个开心果，宿藻便义不容辞地充当了这个角色。

尊师重道

家中晚辈给祁韵士行完大礼之后，祁韵士便由儿子寯藻陪同，去拜见寯藻的家庭教师张观藜先生。

一入张先生的房间，祁韵士便抬手拜道："张先生好，今日刚归家，诸事繁杂，现在才有时间来给先生行正式的大礼。"

张观藜赶忙回礼："大人严重了，观藜久仰大人才学，幸能有此一见。"

"不敢不敢，先生的学问，才叫我仰慕。"祁韵士摆摆手。

张观藜一笑，说道："大人此番被赦免，荣归故里，真是可喜可贺啊。"

祁韵士含着笑，抬手又是一拜，以示感谢。

一旁的寯藻插话道："老爷，张先生老早就想见您，您誊抄后寄给家里的那部《伊犁总统事略》，先生都读了好几遍了。"

"让先生见笑了，戍边西北，也无事可做，只能写点东西，消磨时光。"祁韵士轻轻说着，但还是掩饰不住心头的无奈与怨愤。

"大人当年受尽磨难，冤情如山，我辈乡党早有公论，是只可惜了您的仕途。"

"让先生和乡党们见笑了。"祁韵士叹了口气。

"岂敢。"张观藜一边说，一边用手指了指寯藻，"大人切莫灰心，至少后继有人也。"

"对了，正好要问一问先生，寯藻这孩子书读得到底怎么样？"换了一个话题，祁韵士的心情才得以平复。

"我说一个造次的话，寯藻中个举人和进士应该没有太大的问题，他的文章写得很活，既遵循章法，又不缺乏文采，是应试的好文章，不管考官的偏好如何，几乎都能接受他的文章。"

"先生过奖了。"祁韵士一脸高兴。

"不过——"张观藜欲言又止。

"先生但说无妨。"

"照我的估计，寯藻的科考之路会走得很顺，但偶尔会有些不顺，如果能挺过去，便是海阔天空了。"张观藜的舐犊之情溢于言表，说完深情地看了一眼祁寯藻。

其实，张观藜是想说，希望祁寯藻专心求取功名，千万不要被父亲祁韵士的遭遇所影响，从而产生颓废与沮丧的想法。

"寯藻，先生说的，你可都记住了，千万不要因为将来的一点挫折，而放弃你的人生理想，我的事情，你不要过多放在心上。"祁韵士何等老道，早听出了张观藜的意思。

寯藻点点头，大声说道："老爷和先生的教导，寯藻谨记在心，终身不敢忘。"

您道张观藜为何会对学生祁寯藻有这种担忧，皆因他只比寯藻大十几岁，而寯藻又极其早慧，其心中之块垒，尽在张观藜眼中。张观藜知晓，寯藻心气很高——也难怪，一般天资超群的人都这样，很正常，但这样的人，如果碰到较大的挫折，就会迷茫不知所措，甚至就此倒下。外加之，祁寯藻因父亲含冤被流放，心里本就憋着一股气，他虽嘴上不说，但张观藜与他四年朝夕相处，早已心知肚明。

张观藜自己的父亲也是进士出身，做过知县，但他父亲太过于耿直，仕途就仅仅停留在一个七品芝麻官的位置。张观藜为此告诫自己，一定要发奋，给父亲争口气。可惜，他越有这种心态，科考之时就老是带着包裹上阵，反而严重影响了其正常发挥。直到现在，都三十多岁了，才刚考中举人。由己及人，他见祁寯藻的心事比自己还重，便时常提醒寯藻：即便偶有不顺，也挡不住将来的前程，千万不可过于着急，欲速则不达。

离开张观藜房间的时候，祁韵士再次相拜："一切有劳先生了。"

张观藜赶紧回拜："大人言重了，学生一定尽心尽力，不敢丝毫怠慢。"

张观藜比祁韵士的大儿子祁宬藻还小好几岁，他与祁韵士算是两代人，但他是祁寯藻的老师，祁韵士就必须以家长的身份尊敬他。这是古代中国的传统，尤其对于诗书世家来说，这点基本的礼仪更是不可或缺。祁韵士虽曾是朝廷五品官员，而张观藜此刻只是一个举人，但家长对老师的礼节一丝都不能差。这是古典中国一种很令人感动的尊师之礼。

新婚宴尔

迎来父亲后，便是祁寯藻的大婚。本来这桩婚事早就订好了，就等着祁韵士归来，然后喜上加喜。

祁寯藻的新娘子也是刘夫人老家平定州的，姓曹，其父曹玉树是乾隆四十五年的恩科进士，比祁韵士中进士晚两年，曾担任过浙江衢州知府，与祁家可谓门当户对。不过，曹小姐比寯藻大两岁，嫁过来时已年芳十九。

新娘比新郎大一些，在当时人看来，反而是好事情，正所谓"女大三，抱金砖"嘛。虽然曹小姐比寯藻只大两岁，还不够三岁，但也可以勉强算得上抱金砖了。

对于自己的婚事，祁寯藻既不热心，也不反对，全凭母亲刘夫人做主。他深知，婚姻大事，媒妁之言，到了一定的年龄，自会水到渠成。再者，母亲在父亲流放伊犁的这四年，含辛茹苦，操持全家的生活，一分一厘地精打细算，才带着大家走到今天。

父亲还在伊犁的时候，母亲就写过家信，征求父亲的意见。父亲当然同意这门亲事，亲家曹玉树他也认识，虽不是同年，但都是一个州里出来的进士，知道他家的一些情况。

祁寯藻的岳父曹玉树曾是从四品的知府，家世比起大哥惎藻与三哥案藻的岳家，要明显高出很多。刘夫人有心让这个读书一流的老五有一个更好的岳丈，让老五获得另一个方向上重要的人际交往圈，这对他将来的科考与官场升迁都大有裨益。祁韵士对夫人的一番良苦用心，当然心领神会。

新婚当晚，红烛飘香，此刻夜已深，山村自有它的模样，祥和静谧，如同另一个世界，而闹腾了一天的祁家人，也全都归于安稳，进入梦乡。洞房里，红烛噼啪燃烧的细小声音，才能让祁寯藻稍微感觉到自己的存在。他呆呆地望着眼前带着盖头的妻子——先前曾经有过的兴奋，早已被此时的茫然所完全替代。单独与新婚妻子在一起的时候，祁寯藻感到了巨大的无助：太恍惚又太逼真，太近又太远。

正当他鼓足了勇气，欲揭开妻子的盖头时，却猛然想起村里王员外家的宝贝女儿。

王员外是平舒村最大的地主，但他无意于科举，只是花银子捐了一个监生。王家小姐平常大门不出，二门不迈，但有一回，她家女眷坐轿去庙里拜佛，那天正好寯藻与好友许长庚外出郊游，与王家的轿子狭路相逢。当时，祁寯藻恰与许长庚争论唐诗与宋诗的优劣，声音未免就大了些。王家小姐闻声掀开轿窗，向外偷看了一眼，却一丝不差地与祁寯藻来了个四目相对。

王小姐大惊，赶忙把轿窗帘子放下。轿子外面的祁寯藻，脸却通红。许长庚在一旁看到祁寯藻的表情，大笑道："窈窕淑女，君子好逑，我看不管是唐诗，还是宋诗，都没有'诗经'好。"

"瞎说什么啊。"寯藻有点气急败坏，快速掩饰了一下刚才的紧张情绪。

"要不我回去，跟令堂大人说一下，给你提个亲。"

"瞎说，婚姻大事，都是父母安排，岂可自己做主。"祁寯藻更为窘迫。

"西厢记、牡丹亭可不是这么说的。"许长庚边说边笑。

寯藻无言以对，就一个劲地朝前跑去，留下长庚在后面狂追。那天晚上，寯藻与长庚同睡在一张床上，长庚早已入眠，寯藻却睡不着，总是反复回想白天看到王小姐的那一幕。王小姐的美名的确不是虚传，一双眼睛仿佛会说话，仅仅一面之缘，便让寯藻难以忘却。

王家千金是方圆几十里人所共知的大美女，寯藻也早有耳闻。她比寯藻小一岁，正待字闺中，听说她父母舍不得她嫁出去，媒人都快把她家门槛踏平了，却都被她家推掉。

白天，寯藻与长庚山野游玩时，寯藻还心有余悸，生怕长庚回到家里后，给母亲说这件事。寯藻明白，母亲对他的要求非常严格，稍不用心读书，就会遭到训斥。前几年，刚回寿阳老家时，有一次寯藻因为与小伙伴到山里玩耍，天黑了很久才回家，母亲很着急，便用竹尺狠狠地打了他的手掌心。一边打，一边还不停地说着"玩物丧志"。对贪玩的惩罚都如此严厉，更何况是儿女私情，母亲是绝对不允许的。

这一点寯藻深知无疑。一旦母亲知道了他心有所动，必定又要大动肝火。更何况，他明白，母亲是不会跟王员外家结亲的。因为王家不是科举正途出身，说得难听一点，只是乡村的土财主。母亲要给寯藻找的妻子，一定是科甲出身的读书世家。

这是母亲的一大心愿，她早就话里话外在家里明说了：寯藻娶的媳妇，必须对得起祖宗，对得起他父亲。而这样的媳妇，当然是科举鼎盛之家的小姐。毕竟，刘夫人有这个资本，他的父亲和丈夫都是堂堂的进士出身，老五寯藻又天资出众，所以她很早就盘算着，要为寯藻的将来再添一个岳丈家的砝码。

还有，当时她的丈夫祁韵士还远在伊犁戍边，重振家业的希望就只能落在几个儿子身上。而几个儿子中，只有寯藻最有潜质，母亲便格外重视他的即将到来的婚姻。

那天在郊外，寯藻一直在盘算，如果长庚回到家里跟母亲说起王小姐，那么该如何解释呢？

好在到家后，长庚没说，好像什么事都没发生过一样。可是到了晚上，寯藻看着睡得很甜的长庚，突然脑中再次浮现出王小姐那张娇美的脸庞。就在那一瞬间，轿子里的王小姐先是自然带笑地露出她的脸，紧接着又是浅浅的羞涩。这其中快速"变脸"的妙趣，令寯藻着迷，仿佛突然来了一个写文章的灵感，而且愈写愈有感觉，一直写完，还意犹未尽。但文章总是有写完的时候，而这种感觉一旦开始怀念，似乎永无尽头。

从那天以后，长庚再也没提起过王小姐。长庚对祁家很了解，他明白寯藻的处境和刘夫人的想法。那天也是忍不住，开开玩笑，仅此而已。寯藻强忍着一股莫名其妙的冲动，把所有的幻想都化为读书写字的动力，这样他才渐渐忘却，好过一些。

不久，母亲就跟他说，家里已经为他选定了平定曹玉树太守家的小姐。他心安理得地接受了。除了听从母亲的安排，对母亲说一句，您为孩子操心，辛苦了之外，他还能说什么？千百年来，中国的男男女女，不管是平民百姓，还是官宦世家，不都是这样结合在一起的吗？寯藻安慰自己，或许曹小姐还不错呢？

现在，洞房花烛夜，他就在曹小姐的身边。

曹小姐端庄地坐在婚床上，盖头依旧没有被夫君揭开。寯藻定了定神，从回忆中走出来，先盯着眼前的红烛，再环顾了一圈满屋的喜庆氛围,然后重重地吸了一口气,这样他的思绪暂时平静了许多。他想,这桩婚事被家里很多人所看重,皆因曹小姐家世显赫,自己似乎只是振兴家业的一个工具而已。但是,父亲的冤屈,母亲的心酸,还有一家人的期盼,也都历历在目,自己的这点个人婚姻之事,又算得了什么呢?

而且,多年流放在外的父亲,也在他大婚前刑满释放,回到老家,一切都是那么的美妙圆满,自己不该彷徨呀。

可是,祁寯藻毕竟只有十七岁,成家立业虽然是每一个男子的责任,但他还是有一种极为孤独的虚无感。眼前这个女子,比他大两岁,她到底长的是什么模样呢?婚姻太具不确定性,一个素未谋面的女子,就要跟着自己过完余下的人生,这仿佛是一场倾其所有的人生大赌局。

很明显,寯藻对这桩婚姻不存任何幻想。他在婚礼举行之前,想尽办法,试着让自己忘记那些似有非有的顾虑,刻意把自己弄得很麻木。可惜他失败了,他异常清醒,父亲与母亲,还有整个家族,都非常需要这位曹小姐的到来。而他作为家中的希望,必须勇敢地揭开新娘的盖头。这种局面真的莫名其妙,居然有一种"虽千万人,吾往矣"的大义凛然。

寯藻不再胡思乱想,他轻轻揭开了曹小姐的盖头。就在这一瞬间,还不等他开口,曹小姐倒先说道:"夫君是不是害怕见到的是一个很丑的女子?"

寯藻赶忙一笑:"不是,不是,只是有些忐忑。"

"那夫君现在还忐忑吗?"曹小姐声音很美,但语速很慢,空灵灵的,仿佛是从平舒村的山谷中传来的一样。

"不不不——"寯藻有些语无伦次,"见到姐姐,就,就好多了。"

曹小姐慢慢地从床沿上站起来,温柔地对寯藻说道:"我们平定那边的人都说你是个神童,将来必有大出息,不过我见了你之后,反而觉得你有没有大出息倒是次要的,只要我们能好好地过日子,也就很好了。"

寯藻点点头,这才仔细看了妻子一眼,她的眼睛完全不同于王员外家的小姐，没有太多孩童般的天真，而是类似于母亲般的一种温婉与大气。她的身体似乎也比王小姐丰腴很多，而寯藻本来就长着一张娃娃脸，现在看起来比妻子就更显稚嫩。

婚姻是每一个人的必经之路，寯藻在看清楚妻子的容貌之后，居然如释重负了。

初识嵩年

婚后第二载，便到了乡试之年，祁寯藻经学政黄钺的提携，离开寿阳的县学，前往省城的晋阳书院深造。晋阳书院是山西的最高学府，成绩非常好的秀才，才能到这里读书，将来考上举人的概率也很大。书院在明代之前一般是私立的，清代鉴于明末地方书院具有强大的议政参政能力，便改私立为公办，以加强对士人的管控。

地方各级书院都由各地的教育行政官员来管理，黄钺是一省的学政，自然也就是省城书院的最高长官，而且他还亲自给秀才们授课。

晋阳书院本是一个好去处，但依然有一件事令寯藻神伤，那就是张观藜先生要离去了。祁家由京城回到寿阳老家，整整五年过去，张先生一直都在祁家给寯藻传道授业解惑，而今，寯藻马上要考举人，他的使命也就完成了。

张观藜来到祁家时二十七岁，现在已三十二，妻小全在平定州老家，他一人独在寿阳坐馆。像张先生这样还未发迹的知识分子，很大一部分都以教书作为养家糊口的手段，虽有无奈，但也是融入士大夫圈子的一种方式。毕竟很多学生的父祖，都是地方名士。张观藜倒不太看重这些，但他非常有幸，碰到了一个聪颖的学生，师生无话不说，可谓知己。他对祁寯藻有信心，但他绝对也想不到，三十多年之后，他的这个学生能做到偌大一个帝国的宰相。

临走之前的头一天晚上，张观藜正在屋里收拾行李，祁寯藻走入老师的房间，轻轻地叫了一声："先生。"

张观藜抬起头，先看了祁寯藻一眼，又看了看书桌，悠悠地说道："要走了，东西还真不少，光你父亲送给我的书就够分量了。"

"先生可否再留一日？"祁寯藻一脸的难舍。

"天下没有不散的筵席，我等着你中举的好消息。"张观藜表面上很轻松，实则也舍不得自己这个得意门生。

"先生可还有话要留给寯藻？"

"无话，该说的都已经说了，你的路还长呢，善待自己，坚持走下去就行了。"张观藜表情闲淡，仿佛什么事情都与他无关了。

"先生多保重，寯藻时刻惦挂着您。"祁寯藻哽咽不已，忍不住掉下眼泪。

张观藜点点头，没再说什么。第二天，张观藜离去，祁寯藻的人生就此进入另一个阶段。

紧接着，初秋的一个上午，祁寯藻赶到省会太原的学政官署，看望座师黄钺——这是正式入晋阳书院读书之前的礼数。一到学政官署，大门口的衙役就笑着对祁寯藻说："快进去吧，祁少爷您来得正是时候，黄大人应该正等着您呢。"

寯藻不知何故，又不便多问，赶紧朝里走去。其实，以前来参拜黄钺时，门口的衙役知道他是学政老爷的座上宾，一直都很热情，但也从来都没说过黄大人正等着他之类的话，难道黄钺师傅有重要的话要说吗？寯藻一边想着，一边走进会客厅。远远地，他就听见一个青年学子正在与黄钺交谈，两人笑语风声，满屋子都洋溢着快乐。寯藻疾步而入，黄钺看见他后赶紧说："来来来，你来得正好，认识认识你的同乡田嵩年。"

祁寯藻赶忙向眼前这位年轻人一拜："学生寿阳祁寯藻，幸会幸会。"

这位年轻人赶紧回拜，然后笑着说道："久闻大名，在下孟县田嵩年。"孟县是寿阳的邻县，位于寿阳的东北方向，也隶属于平定州，所以刚才黄钺才说他俩是同乡。

田嵩年，字季高，比祁寯藻大五岁，早年在云南陪伴做县令的父亲，见多识广，想法很多，后回到故乡继续读书，被学政黄钺发现是一个罕见的人才。

寯藻见田嵩年乃恩师器重之人，就仔细观察了田嵩年一番。此君果然不错，一脸的壮志凌云，尤其是那双眼睛，仿佛能看到世界最远的地方。说话的声音，也铿锵有力，尤其是笑起来，真可谓至诚至真。

田嵩年也看了祁寯藻一眼，接着说道："嵩年贱字季高，不知门兄字号？"

"贱字叔颖，不过身份低下，未敢常用。"祁寯藻谦逊地说道。

"叔颖兄过谦了，所谓名号不过是一个叫法而已，便于我辈读书人相互称呼，没什么大不了的。"田嵩年侃侃而谈。

"季高兄言之有理，寯藻受教了。"祁寯藻一边说，一边点头称是。

田嵩年的大气，使寯藻便放松了很多。人与人之间往往是互补的，祁寯藻谨慎有余，而豪情不足，这本是天性，无可厚非，但正如此，他恰好需要田嵩年这种性格的朋友。与许长庚不同，田嵩年不仅仅是大气，更重要的是他从小随父宦游，有一种旁人无法企及的眼界，主要他一开口，即便是平常的街谈巷议，也能生出一些妙处。

此刻，田嵩年又接着说道："叔颖今次再接再厉，又夺了一个第一，令在下羞愧。"原来，乡试之前，按惯例要举行一次全省的秀才选拔考试，即当时所谓的"科考"。结果，寯藻又在寿阳全县的秀才中取得一等第一名。

祁寯藻连忙抬手一摆，说道："侥幸而已，季高兄在孟县不也是头名吗？"

是的，自黄钺在山西任学政以来，寿阳与盂县的头名秀才就一直是祁寯藻与嵩年。

他俩寒暄完，黄钺却严肃地说道："你们两个看来要走不同的路了。"

祁寯藻一惊，问道："不知老师为何有此一说？"

"是这样，老夫马上就要离任回京，这次要带着嵩年去京城，襄助我办理一些公事，先历练历练，虽屈才了，但日后再图科考不迟。"黄钺一边说，一边鼓励地看着田嵩年。

原来黄钺是看中了田嵩年的才情，特意安排他到北京做自己的私人幕僚。在古代，入达官显贵的幕府，也是读书人的一条出路。

祁寯藻闻此，说道："祝贺季高兄，将来在京城必有一番大作为。"

"或许对于我来说，先去做点事情，是最好的选择，说实话，我都已经迫不及待了，老师也算是对症下药。"田嵩年依然侃侃而谈。

黄钺点点头说道，对祁寯藻说道："嵩年的父亲当年在云南可是响当当的清官啦。"

祁寯藻一听，大有兴趣，便说："学生愿闻其详。"

"哦，"黄钺点点头，突然变得很严肃，"子和大人啦，还真是叫人钦佩。"

田嵩年父亲名为田兴梅，字子和。而祁寯藻望着黄钺，也下意识地跟着老师点点头。

黄钺定了定神，接着对祁寯藻说道："子和大人当初在大理府下面一个县做知县，当地盛产雪梨，可历年果农所种雪梨，都被当地官吏豪取巧夺，名曰"尝鲜"，子和大人到任后，立马就杜绝了这种陋习，不再刁难果农，果农大受其益，反倒载歌载舞，拿着新鲜的雪梨到县衙，感谢这位为民谋利的县太爷，可是田大人坚持不收，后来，县里的人就给田大人取了一个雅号为"田雪梨"。

"真是一段佳话，"祁寯藻忍不住说道，"乃君子之楷模啊。"

"当然，这事当年便在官场传为美谈。"黄钺再次点点头，赞许地看着田嵩年。

田嵩年赶忙说道："都是多年前的陈年往事了，难得老师还记得如此清楚。"

黄钺却摇摇头，再点点头，大声说道："令尊是难得的清官啊，一百年后国人都不会忘却。"

祁寯藻也对田嵩年说道："令尊大人如此清廉，着实令人仰慕。"

其实，清中叶之后，清帝国各级官僚大都如和珅一样，凭借自己的官位和权势，不断地吸食民脂民膏。贪污已成为帝国官场的公开秘密，大家都习以为常，觉得这是天经地义之事。这其中一个原因，是清代官员的俸禄极其之低，乃古代历朝历代最寒酸的。虽然在雍正时期，帝国通过各种方式，在官员的正式工资之外，增加了大量补贴，但各级官员的钱依旧不够花，他们要保持一个体面的士大夫生活，必须通过不正当方式来敛财。这就造成帝国大多数官员除了俸禄，皆有形式不同的"进项"，只有贪多与贪少的区别。

不过，即便俸禄待遇如此之低，依然还是有极少数的官员保持了"君子爱财，取之有道"的上古风范，田嵩年的父亲田兴梅便是其中一个佼佼者。

说完田季高的父亲，黄钺便眉头紧皱，祁寯藻与田嵩年见此，都有些不解。只见黄钺沉重地说道："你们两个都是我的得意门生，老师希望你们日后都能做一个好官，而不仅仅只是一个所谓的清官。"

两个学生都认真听老师说着。

黄钺叹了一口气，继续说道："你们知道吗？现在仅仅做一个清官，已经解决不了问题，前两天朝廷来的邸报说，皇上再次申饬各地督抚斩断鸦片来源，杜绝其对百姓的戕害。"

"老师，我跟着家父在云南的时候，鸦片烟就已经在当地种植了。"田嵩年也很沉重，"虽然面积不是很多，但家父早就告诉我，这种东西利润丰厚，西洋人能卖给我们获得大利，我们这边的百姓也不是傻子，也会跟着跟着种植，而且会愈演愈烈，毕竟人都是趋利的，尤其云南一代的百姓本来就喜欢吸食烟草，当地土壤也适合种植罂粟一类的作物。"

黄钺大大叹息一声："不错，不仅云南，很多本来不适合种植罂粟的省份，也开始种植罂粟。"

寯藻一听，激动地说道："洋人害我们，我们自己也种这个鬼东西害自己，长此以往，国家没有宁日了。"

"所以，你们以后做官，一定要首先关注这个问题，老夫年纪大了，也只能空谈一些想法，留给你们做的事情会很多。"

寯藻与嵩年都点点头，说道："谨遵老师教诲。"

黄钺继续说道："你们可能还不知道，老夫毕竟在朝为官这么多年，知道国家现在是个什么样子，很多事情都已经积重难返了，也是无可奈何，本朝到了这个阶段，早期的进取精神早已荡然无存，所以你们既是不幸的，也是有幸的。"

寯藻与嵩年都似懂非懂，眼巴巴地看着老师。

"幸运的是你们在这个多事之秋，能够通过自己的才智，将来为国家为百姓做一些实事，不幸的是，你们没有碰到康雍乾那样的盛世，"黄钺仰天长叹一声，"那就看你们自己怎么去做了，老师今天的话就说到这里，你们仔细领悟，日后自见分晓。"

黄钺说完便不再言语，师生三人顿时都陷入到痛苦的沉思中。

第四章 兰州岁月

高中举人
进士未中
兰州之邀
总督盛情
论学交友

高中举人

离开黄钺与田嵩年,祁寯藻一个人在太原府的大街上踽踽独行。

天下熙熙,皆为利来,学政衙门一带乃太原第一繁华地,街道上皆为商户,人潮涌动,举目望去,一片天下太平的景象。

可是,刚才老师黄钺对鸦片的担忧,此刻正在祁寯藻心里发酵。其实,张观藜先生也老早就对祁寯藻说过,寿阳县城已经有大户人家偷吸鸦片,可怜上瘾之后就像丢了魂似的,一心躺在鸦片膏的烟雾中。记得去年父亲从伊犁回到老家不久,也曾提及鸦片。

父亲刚回老家时,大伙高兴,便结伴去方山游玩。那是一个初夏,特别适合出游,方山的每一片树叶都面带着微笑。

方山位于寿阳县境东北部,与田嵩年的老家盂县接壤,是山西中部系舟山的一点余脉,又名小五台山,总体上也属于太行山系,离系舟山北部的佛教圣地五台山不是很远,因其四面方方正正,故而名曰方山。虽说只是太行余脉,但方山在寿阳本地可是有名的风景区,海拔最高也有1500多米。

那天,祁韵士带着祁寯藻等众多祁家后辈子孙,再加上张观藜先生,从平舒村出发,行进四十多华里后,始见方山真面目。看到方山主峰后,祁韵士高兴地说:"晋代的时候,这里叫神蝠山,因为外形看起来就像一只蝙蝠,大家看看,有点蝙蝠的样子吗?"

祁家子弟见祁韵士发问,皆仔细远眺观摩起来。

张观藜先生站在祁韵士身边,笑道:"有福之地,才能称之为神蝠,但愿祁家福泽不断。"

祁韵士轻轻叹了一口气:"张先生如此看重祁家,恐将来会辜负先生啊。"

"大人严重了,日后寯藻等人若能发达,一定要回来看看这神蝠山。"张观藜一边说,一边笑看了祁寯藻一眼。

祁寯藻跟着点点头。

祁韵士却突然情绪有些低落:"不瞒先生说,我家后辈即便能侥幸出一两个人才,也于事无补。"

"大人何出此言?"张观藜很惊讶。

"现在正是国家多事之秋,我说一个造次的话,反正我现在也是一介平民。"祁韵士很激动,"一切都徒有其表,窗户坏了修窗户,屋顶漏水修屋顶,整个国家缝缝补补,不知还能修补到什么时候?"

张观藜先生叹了一口气,深表赞同。

祁韵士接着说:"我在伊犁时,消息虽闭塞,但襄助松筠大人办事,邸报是常看的,朝廷有什么大事,松筠大人也对我毫无隐瞒,他常跟我说,下面层层报到朝廷的乱象,已经很严重了,实际情况那就更自不待言了。"

松筠,字湘圃,蒙古族,正是当年祁韵士流放西北时的伊犁将军。新疆建省之前,实行"军管制",伊犁将军就是新疆的最高军政长官。

张观藜仔细听着,快速回应道:"其实就算是在寿阳这小小的一个县,还有我老家平定州那边,这些年也是一片萧条与败象。"

祁韵士一惊,压低声音说道:"难道是鸦片?"

张观藜点点头:"这个东西真是害人啦,有钱的吸食,没有钱的也吸食,上瘾之后,人就如同槁木,几近残废。"

"我多年不在家,这边都已然这么严重了?"祁韵士大为惊恐。

张观藜痛心地点点头。

祁韵士好久无语,突然,他大声对寯藻等后辈说道:"我家的子孙,如果日后胆敢有吸食鸦片者,老夫必亲手将其血刃而后快。"

寯藻等人连忙答道:"知道了,老爷。"

此刻,寯藻站在太原府街头,回忆起游玩方山时父亲与张观藜的一番话,又想到黄钺师傅对鸦片烟念兹在兹的担忧,便也开始对鸦片这个词生出极大的怨恨。即便到目前为止,他本人的生活里还没有鸦片,也没有真正见到过吸食鸦片的人,但他似乎有了一种比经历过的人都更为切肤的痛楚。

天下兴亡,匹夫有责。寯藻每当读到先贤顾炎武这句话时,内心都会汹涌澎湃。儒家救亡天下的人格抱负,他早已在父母和各位老师的教导中,全面养成。只不过此刻,他只能听别人说,然后细细思量:待机会到来,自己能上阵主事时,就挺身而出,死了都值。

寯藻在想这些的时候,才十八岁,将来的事还早着呢。此刻,正等着他的是嘉庆庚午年的乡试。没多久,寯藻在太原顺利地以全省第十一名中举。

遗憾的是，他的好友许长庚落第了。

在科举时代，像祁寯藻这样十八岁考上举人的学子，不多。尤其是像他父亲的老师朱石君那样，十七岁就考中进士，那就更为凤毛麟角，堪为奇人了。

在山西贡院的大门口，新进举人的榜单高高粘贴在墙壁上，这是全省读书人的荣耀榜，也是帝国重视文教科考的另类"皇榜"。而另一边，早已有衙役将喜讯报给下榻在旅馆和书院的新举人们，祁寯藻当然第一时间收到了捷报。

当听到衙役在屋外大声叫嚷着"寿阳县祁寯藻老爷高中第十一名乡试解元"时，寯藻呆滞了片刻，然后才喜极而泣。所谓的"解元"，是指各省乡试的第一名，而衙役为了说出来更好听，便无论名次，把所有中举的人皆称之为解元。

终于中举了，但这一刹那，祁寯藻首先想到的不是自己将来的前途，而是父母与家人。从父亲祁韵士横遭官场惨祸以来，寯藻就曾发誓，要为父亲讨个公道，而他唯一能够为父亲讨回公道的方式，便是登鼎科举。现在，他在这条路上迈出了重要的一大步。还有母亲，自从父亲出事后，她就开始苦心经营一家的生计。父亲流放伊犁，家中的经济来源断绝，可那么多张嘴要等着吃饭，除了吃饭，儿子和孙子们的教育开销也是刘夫人的一个巨大压力。

于是，寯藻亲眼见到母亲把当年陪嫁的首饰一件一件地全都卖完了。本来，刘夫人出生在一个还算殷实的大家庭，陪嫁的物件不少，可惜现在，所有值钱的东西，基本荡然无存。好在这些年，平定州的刘家，不断地资助着他们这个早已嫁出去的女儿。多少年后，寯藻都相当感激平定州的外公一家，甚至爱屋及乌，对平定州和平定人都格外亲切。

现在，母亲的心血与付出没有白费。刘夫人三十岁生下寯藻，到今年不到五十岁，可满头已然是白花花的发丝。母亲的确是累了，她对寓藻等子孙辈都格外严厉，以自己的坚毅性格，扛起了全家，造就了一个将来名留青史的祁寓藻。

寓藻想起六年前，自己才十二岁，还在京城，父亲刚出事，那会母亲是多么的软弱，都哭死过去好多回。但很快，她痛定思痛，不再哭泣，肩负起养育诸多后辈的重任，一直到今天满头白发，并屹立在平舒村，为她的孩子们遮风挡雨，为他们的婚姻牵肠挂肚，为他们的前途朝思夜求。

想到此，寓藻鼻子有些酸，本来是大喜的日子，不能哭，可这股劲一旦上来，便忍不住泪水夺眶而出，任凭如何阻挡都无济于事。哭完了，他才猛然想到刚才衙役来报捷时，并没有听到许长庚的名字，便顿时紧张起来。原来，他与许长庚同住在一个客栈，从早上起床到现在，寓藻就一直没看见过他。昨晚他就对寓藻说，明天放榜，他要亲自去看一看，如果两人都中了，他便回来报喜，如果他没有中，他就不再与寓藻告别，自行回平定老家。

现在，报捷的衙役都已经走了，长庚却没回来，寓藻感到一股深深的凉意在胸中扩散：可惜，长庚未中。他担心好友就此灰心丧气，甚至做出傻事。他知道长庚心气甚高，视科举为囊中取物，此番却没中，上天为何总是如此捉弄那些虔诚的人？

虽然明知长庚肯定直接回平定了，但寓藻还是抱着一丝幻想，苦等他归来。可直到华灯初上，客栈大门外行人渐少之时，依旧不见长庚的身影。寓藻早就问遍了同客栈的其他考生，大伙都确定许长庚真的没有中举。可祁寓藻还是不愿意相信，想亲自到贡院大门口去看看，但又担心长庚回来找不到自己，怎么办，他只能死死地守在客栈，期待长庚归来。

夜已深，寓藻坐立不安，他明白，长庚是不会回来了。就在此刻，客栈的一个小二敲门进来，递给寓藻一封书信，是长庚写的。原来，长庚中午回来过一趟，他在客栈写了一封信，交给店小二，并嘱咐他一定要晚上转交给寯藻。长庚的信很短，除了祝贺寯藻高中举人之外，就是告诉寯藻，他先回老家了，叫寯藻不要担心。

看完这封信，寯藻才放下心来。长庚写信的主要目的是要告诉寯藻，他不会因为挫折而被打败。

虽然不再担心长庚，但寯藻又立马陷入到一种迷茫的状态中。

他想，这样的考试真的能决定人的一生吗？难道长庚与自己就因为这一次考试的结果有所不同，人生轨迹就大相径庭了吗？科考对于中试者，当然是和蔼可亲，但站在那些没有考中者的立场来看，科考就是一只吞噬人生理想的怪兽。譬如长庚，乡试之前，他是那么有魅力，十拿九稳的自信，令寯藻都深受鼓舞。可一旦失利，留给他的便是灰溜溜的离去，连当面与好友说一声再见，都难以启齿。科考啊科考，寯藻心想，难道我们读书人就一直要被他玩弄于股掌之间吗？

清帝国每一省的乡试录取名额，虽没有定数，但大致有一个标准，像山西这样被列为文教事业中等水平的省份，每三年一科的乡试，录取的人数顶多不超过百人。寯藻虽为了许长庚的落第而伤感，但他本人，的确极为幸运。

进士未中

这一年，黄钺结束了他任期三年的山西学政一职，带着田嵩年回到北京。

清代的学政只管一省的秀才选拔，而乡试的考官则由朝廷另外选派。清代前期，对于担任乡试考官的人，要求不是很严格，级别也不是很高，除了少数几个重要省份，其他大部分省的乡试考官都隶属于当地的督抚。不过，到了雍正时，为了加强乡试的权威性与独立性，中央派往各省的考官,不管原来的品级多高多低,都与当地的督抚平起平坐,互不相属,考官可以充分按照自己的意愿来遴选举人。而且,对考官的个人素质要求也提高了,他们不但必须是进士出身,而且还要有在翰林院任职的经历。

祁寯藻中举这一年的主考官是湖南湘潭县人石承藻。很巧,这位座师名字中也带一个"藻"字。石承藻两年前刚中进士,而且是第三名探花郎。很有意思,当初寯藻考上秀才时的学政大人陈希曾,也曾是探花郎。更有趣的是,这两位探花郎,做官都不是太顺,尤其是石承藻,极为坎坷。倒是这两个探花郎的门生祁寯藻,虽然不久的将来未曾考中个前三甲,但其仕途功业与影响力,比两位座师强多了。

不过,十八岁的年轻举人祁寯藻当然还意识不到这一点,他只是觉得乡试主考官石承藻的名字也带着一个"藻",似乎是一种缘分。但遗憾的是,日后祁寯藻与这位探花郎并没有太多交集,反倒与他人生道路上碰到的第一个探花郎陈希曾的家族,产生了打断骨头连着筋的关系:他将来会是陈家的女婿,只不过他的岳丈并非陈希曾,而是陈希曾的堂叔陈用光。世事难料,姑且先不表。

得知石承藻是一位新进不久的探花郎时,寯藻便很仰慕,他心想,做一个探花郎,是一种怎样的滋味呢?

委实,在全国三年举行一次的殿试中取得第三名,这种概率,比起寯藻考上一省举人的机会,要低得多。两者虽不是天壤之别,但在偌大的中华帝国,能夺个探花郎,简直就是祖宗显灵了。只有状元与榜眼,才能与之媲美。

甚至有时候,探花比状元与榜眼更难考。为何?很简单,相对于状元与榜样,古代对探花郎的身材相貌有更多要求:即便不是大帅哥,也不能太丑。一般,年纪较大的考生,就算是成绩特别好,也难得中探花——太老态,便很难"探花"了。

寯藻中举后拜见石承藻,却发现座师并没有想象中探花郎的神韵,反倒是其貌不扬。寯藻心想，看来天下之大，特例总是会有，或许探花郎的"花"，并非仅仅是指其外形，而更多的是谈吐与气质。

话说回来，祁寯藻这一辈子都没中过探花，只是此刻，他作为一个新晋的年轻举人，当然意气风发，对将来的会试与殿试，有着无法抑制的美好期待。十八岁就中了举人，远大的前程正等着祁寯藻，他此刻心存任何想法都是极为正常的。这是一个做梦的年龄，而现实比美梦来得一点都不差，一首首狂想曲在寯藻心中响起。

无论如何，祁寯藻受惠于整个家族和他父亲。清代的科考，从嘉庆朝开始，就愈发明显地看到家族势力对于考生"润物细无声"的帮衬。换言之，科考有了"近亲繁殖"的趋势。这对于一个王朝来讲，绝对不是好事，反而标志着它正在走下坡路。因为早期人人皆可"朝为田舍郎，暮登天子堂"的读书人之梦，此刻已经很难美梦成真了。既得利益阶层的固化与科举排斥寒门子弟，基本是同步进行的。

当然，这并非说祁寯藻的中举，以及后来荣登进士榜，都拜其家族所赐。恰恰相反，相对于其他高官豪门子弟而言，祁寯藻的家族本无太大的社会资源，有的只是父辈的名望。由此可见，他本人的天赋，还是排第一位的。

不过，清代科举世家的子孙，能笑到最后的，也绝对不是庸才。只是他们的成功相对于一般士子来说，机会更多一些。而祁寯藻毫无疑问，或多或少也沾了父辈的光。此种现象古今皆有，客观优越条件使然。诚如祁寯藻，就曾被父亲祁韵士明言告之：家族多少代人刻苦读书，其中有很多呕心沥血、却屡屡不得志的先人，而他们的努力，如果能让后人有一个更好的前程，那么即便隔了很多代，也都算功不唐捐了。

祁寯藻是早慧的，他明白父亲的苦心。

这次考上举人，从太原府回到寿阳老家后，祁寯藻便进入强度更大的学习阶段，准备第二年春天的京城会试。

回老家之前，他本来想先去一趟平定州，探望一下科场失利的许长庚。可仔细一琢磨，他还是决定不去了。太残忍，现在任何安慰的话，都不会有任何作用，反而会严重刺伤长庚。许长庚字莲西，大有莲花在西方的意思，佛味十足。想到许长庚的字，寯藻就更加明白，许莲西需要像佛一样，自己去消化心中的烦恼，任何外力都起不了作用。

但是，回到老家后，寯藻还是忍不住思索许长庚乡试败北的原因。他深知，自己的才华，仅就写文章而言，还不如许莲西，而临考的心理素质，莲西也不输于他人。

难道真如黄钺所说的？

黄钺离开的那天是十月初冬的一个清晨，祁寯藻特意提前一天从寿阳赶到省城来相送。分别之际，天灰蒙蒙的，此刻的华北一带，正开始大量接纳来自蒙古高原的寒冷气流。黄钺对太原还有些留念，但能带着高徒田嵩年一同赴京，还算有些许慰藉。

出城后，田嵩年说："叔颖，天冷，早些回去吧。"叔颖是祁寯藻的字。

"再送一送。"寯藻真舍不得他们走，"下次再见老师与季高兄，又不知是何时了？"

黄钺却微微一笑："会很快地，你明年来京会试，我们就可相见了。"

"叔颖明春会试，肯定又是一帆风顺的。"田嵩年还是一脸的踌躇满志，好像明年要会试的人不是祁寯藻，而是他自己。

寯藻谦逊地笑了笑，不知如何应对。

黄钺点点头，肯定地说："寯藻，不管明年你中不中，反正，科举的路，你比一般人都会走的平坦，嵩年都不是你的对手。"

田嵩年没有参加今年的乡试，他已经在黄钺的安排下，获得执教北京八旗官学的资格。此后，他会一边教书，一边在黄钺门下帮衬做事。见老师比较他与寯藻的科考之运，田嵩年赶忙说道："老师所见极是，嵩年甘拜下风。"

黄钺对田嵩年摆摆手，接着说道："其实，各人都有各人成才的方式，寯藻的父亲鹤皋先生当年无辜遭难，国人皆知，想必都会爱屋及乌，而善待寯藻的。"

寯藻一惊，知道老师的意思是说父亲的不幸，反倒成全了他本人。这话其实让寯藻格外难受，似乎有些否定他个人才华似的。于是，他忍不住想表达一下自己的想法。可黄钺何等老辣，在祁寯藻正要开口的时候，便赶紧换了一个话题。

黄钺知道这些话本就不该多说，既然点到了，也应该马上停止。其实，黄钺也不愿意让寯藻有这种心理负担，只是临别之际，一时伤感，才冒出了这些话。

不管寯藻后来如何解读黄钺的这番话，至少现实就是这样，相对于许长庚来说，他的确大大地受惠于其父。这让祁寯藻在接着冲刺明年会试的埋头苦读中尤有隐痛。而父亲祁韵士当时却不在家，他正在遥远的江南，给两江总督大人做幕僚。

不过，即便父亲此刻在家，寯藻却也没法与父亲一吐为快。这样的感受，他不仅没法与父亲说，跟任何一个人都难以启齿。因为不说还好一些，说了会更难受。尤其是对于父亲祁韵士来说，委实太过于残忍，他的官场失败，居然成就了儿子。不知远在江南的祁韵士意识到这一点没有。当然了，每一代人都有各自内心的冲突与迷茫，每一个人也都会有来自于家庭与出身的苦恼，外人只可倾听，很难完全走入当事人的心灵深处。

不过，祁韵士在南方屡屡来信，一个劲地叮嘱寯藻，明年会试，文章下笔不要太用劲，只要把平常的功力拿出来就行了。三十多年前，祁韵士也曾在北京赶考，这是他的经验之谈。

结果，第二年辛未科会试，十九岁的祁寯藻却落第了。但奇怪的是，这一科会试，他虽名落孙山，但心情却不是很沮丧，甚至还如释重负。仿佛这种失利，是在告诉黄钺等前辈，父亲当年在官场遗存的好处，他已经用完，以后他就可以轻装上阵了。正因为这么想，祁寯藻落第回老家的途中，反倒轻松自在，像高中了一般。

只是，家里的经济负担是愈发严重了。去年，父亲因为家计，六十岁高龄上远去江苏南京。当时的两江总督是松筠，而他正是祁韵士落难大西北时的伊犁将军。之前，松筠转任两江总督，需要帮手，就千里迢迢地把祁韵士又请过去。

当年在伊犁，那本由松筠主持编撰的《伊犁总统事略》，在祁韵士手中最终成稿，了结了松筠的一大心愿。《伊犁总统事略》是一本新疆方志，上面有乾隆、嘉庆时期新疆社会、政治、经济等第一手资料，为祁韵士研究西北历史与地理，开了一个好头，也为将来祁寯藻的经世致用思想做了一个先导。

继续做松筠的幕僚，当然是好事。可关键是祁韵士已然六十岁，孤零零前往江南，着实令祁寯藻担忧。但为了养家糊口，父亲也没有其他选择。好在今年二月份，祁韵士结束了两江总督署的幕僚生涯，回到了寿阳老家。不过，并非祁韵士不愿留在松筠身边，而是松筠这一年从两江调到了湖北，可祁韵士本来就不太习惯南方的生活，这一次如果再跟着松筠前往湖北，他担心身体更吃不消。江南毕竟还好些，而潮湿多雨的湖北，他的确不适应。

祁韵士回来，当然甚好，全家人都不愿看到他如此年岁还一人漂泊在外。可是，父亲幕府的聘金毕竟是全家一项重要的生活来源。这些年，祁寯藻读书赶考的开销委实太大，这次他又没有考上进士，只能三年后重新再来。

未来的三年里，家中又要负担他的生活。只有考上进士后，他才有像样的俸禄可拿，家里的艰辛才能有所缓解。家里的确很缺钱，祁寯藻这次会试离京，回老家途中经过保定府，还是父亲曾经的一位学生，给了他一点盘缠,才不至于让归途窘迫不堪。

本来这次赴京赶考,是他十三岁回寿阳后,第一次重返京城。可是,他没有太多心情回味这其中的辛酸苦辣,他只想着,回到老家后,家里沉重的经济负担该如何消解?

兰州之邀

还好,祁寯藻从京师回寿阳后不久,父亲又接到一个好差事,令全家都为家计舒了一口长气。

事情是这样的,远在甘肃兰州的陕甘总督那彦成,非常诚恳地邀请祁韵士前往兰州的兰山书院担任首席教师,即所谓的"山长"。同时,祁韵士还有一项重要的兼职:教那彦成的公子们读书。

那彦成,满洲正白旗人,章佳氏。他为何会在千里之外,选聘祁韵士呢?原来,祁韵士早年刚考中进士时,很长一段时间都在翰林院做"庶吉士"。而一些出类拔萃的庶吉士,还会被选中,系统学习满族语言,以便整理和撰写满人的历史,也为他们与满族士人打交道,奠定一个很好的基础。毕竟清王朝是满人的天下,学习满语对将来的仕途十分有利。当时,祁韵士就有幸学习满语,而他的满语教师则是大学士兼军机大臣阿桂。

阿桂正是那彦成的祖父。在古代中国,门生故吏可不是随便一说的,那可是实打实的社会关系网。

阿桂是乾隆朝的名臣,剿灭新疆的大小和卓叛乱、平定川西藏区的大小金川、讨伐缅甸等乾隆时代的大战功,要么他直接是主帅,要么是积极做好后勤保障工作。祁寯藻五岁时,阿桂病逝,但他后继有人,孙子那彦成便是其中的佼佼者。

正因为祁韵士是其祖父阿桂的门人,而此刻祁韵士又赋闲在家,那边兰山书院的前任山长刚刚去职，于是这位朝廷封疆大吏便第一时间想到了祁韵士。兰山书院山长一年的聘金为四百两白银，这还不算过年过节等额外孝敬的钱。那彦成的盛情，真可谓雪中送炭，使祁家的经济状况得以彻底扭转。

祁寯藻这一科会试落第，还得等三年，父亲有意让他外出游历一番，见见世面，便带上他，一同前往兰州。而祁寯藻正求之不得，反正会试不利，他也懒得见家乡的人，去兰州一边继续苦读，一边照顾父亲，一举两得，何乐不为？

兰州，比北京遥远得多，寯藻从来都没有走过这么长的路。临走那天晚上，妻子曹氏还是一如既往地帮着寯藻收拾行李，她总是有新的生活小物件，塞在包裹中，并不厌其烦地告诉寯藻记，到时候一定用得着。

明亮的烛光中，寯藻看着妻子的倒影在屋子里晃动，他突然生出一丝悲伤。妻子嫁过来都已经两年多了，他们曹家在平定州里是世代的书香门第，她父亲也是进士出身、做过知府的平定州名流。曹夫人当初可是货真价实的千金小姐啊，可嫁过来之后，祁家正是落难之际，家事蹉跎，她便很快由千金小姐，变成了一个操持一日三餐的家庭主妇。

今晚，她强忍着离别的痛楚，千叮咛万嘱咐，叫寯藻万事都要多想一下，尤其要照顾好父亲。她毕竟比寯藻大两岁，一开始，她就如同姐姐一样照顾着自己的丈夫。

这一趟去兰州，可不是去北京赶考，马上就能回来，更不是去太原，说回来就回来。这一去，恐怕要等到三年后的下一个会试之年了。

祁寯藻与妻子都深知这一点，可如今生计艰难，也只能如此。看看现在家里，光祁世拿这一代的孙子辈，都有六个了。他们是祁家的后继之人，也都要去念书考取功名，都要做一个彬彬有礼的士大夫，这一切都需要用银子。

灯光逐渐暗淡下来，夜已经很深了，蜡烛也快燃烧殆尽。妻子终于忙完，走到床前。此刻寯藻正坐在床头看书，他突然抬起头，发现妻子的脸微微有些红晕。寯藻心想，她或许是累了。但等他再次仔细看了一眼妻子后，他坚信，妻子不是累了，而是舍不得自己离开。她嘴上不说，可她心里却是滚烫的。寯藻心想，都两年了，自己又要远去，如果他们有一个孩子，她也不至于像现在这般孤单无助。

想到此，寯藻一把拉住了妻子的手。

总督盛情

去年十月，黄钺老师与田嵩年离开太原前往北京，现在又是一个十月，祁寯藻与父亲两人却身在西北重镇兰州。此前一路上，祁韵士绝口不提不提科考的事，只是不厌其烦地跟寯藻讲，他被发配到新疆时，也是走的这条路，还曾路过兰州。

是的，六年前，祁韵士细心观察这条路线上的山川城堡、风土环境与各族人民的生活状况，写出了《万里行程记》这本学术与实用并举的行记，价值颇高。只不过这一回，终点不再是更为遥远的新疆，而是中途的兰州。路上，祁韵士告诫儿子，以后不管做不做官，都要研究一些真正对政治民生有用的东西，而不是一味地钻进故纸堆里，搞那种钻牛角式的考据。

祁韵士很坚定说："考据这条路，在乾隆朝就已经走进了死胡同，我们后人不管搞什么研究，一定要有大的志向与情怀，就算是要用到考据的方法，也绝对不能为考据而考据，一定要对国家对百姓有用，这样的知识才是可取的活知识，纯粹考据的东西，是死知识。"

诚哉斯言，祁韵士乃清代西北历史地理学的开创者，而他搞的正是大大有助于国计民生的实用之学。因为，新疆一带从清代初期开始，就是帝国格外头疼的地方。后来随着清廷国力的衰退，形势更为严峻，新疆各种复杂的民族宗教矛盾更为凸显，其脱离清帝国的离心力便有了加速的趋势。尤其是清帝国北面的俄罗斯，南下的兴趣愈来愈大，这使得祁韵士认识到，必须首先了解大西北这块土地的历史与山水，才能有的放矢，应对各种敌对的挑战，防止大西北成为他国口中的一块肥肉，维护大清帝国的统一与完整。而近代以降的历史也印证了，祁韵士的认识大有先见之明。

祁韵士的西北史地研究，的确是恰到好处地挠在了时代的最痒处，开了西北史地研究之先河，为后人开发、保卫新疆提供了最初的理论知识。后辈学者也随着他褴褛筚路的脚步，把研究新疆历史地理与捍卫国家领土主权融合在一起，打造了一个中国历史地理学研究的新时代。

长期以来，祁寯藻读的主要都是四书五经等应考书籍，对于父亲所谓的实用之学，涉猎委实不多。以前虽也听父亲讲过，读书最终的目的是经世致用，而非夸夸其谈，但对于一个面临着科考重压的年轻人来说，祁寯藻实在无法给父亲一个满意的答复。不过，父亲也能理解他。毕竟祁韵士年轻时，也是从科考的磨难中走过来的，他深知儿子寯藻的酸苦。

可现在，一边行走在去往兰州的路上，一边听着父亲讲沿途各地的历史沿革，再一边亲眼看到西北大地上令人触目惊心的贫瘠，祁寯藻便开始隐隐约约，有些悟到父亲所谓"实用之学"的微言大义了。至少，祁寯藻认为，自己所学的那些科考知识，的确只是停留在纸面上，与让老百姓过上好日子没有太多直接的关系。祁寯藻心想，"四书五经"是圣人之学，而圣人之学的目的是为了国泰民安，为何举目望去，大部分老百姓还是如此的惨淡不幸。这次去兰州，祁寯藻沿途见到的老百姓，全都不见一丝笑容，在他们的脸上，只写着"苟活残喘"四个字。

祁寯藻问父亲，老百姓为什么会这样不快乐？

祁韵士沉默片刻，只说了一个字——穷。

寯藻还想再问为什么会穷，祁韵士却大声说道："别再问了，有些事情，我都弄不清楚，能独善其身就很不错了。"

其实，祁韵士深知民生的凋敝。他在中央朝廷做过五品官员，又流放新疆多年，还远赴江南做总督的幕僚，他当然知道，这个国家，不仅仅是百姓穷，连政府也很穷，只有极少的一部分人还能过着体面的生活。究其原因，无疑是大的政治制度方面出了为问题，而皇帝专权与满人的统治便是这个政治制度的基础。但祁韵士又清楚地知道，皇权与满人专制是没有讨论余地的，任何有关它的讨论，都会引来杀身之祸。前人已经为此洒满了鲜血，一个又一个文字狱，皆耸人听闻。

祁韵士当然不能对儿子多说什么，倒主要不是怕遭遇不测，而是作为父亲，他担心儿子过早思考这些事情，反不利于他的成长。最后，祁韵士只能轻轻地对寯藻说道："快到兰州了，你跟着我一边学习，一边观察，等你有了更多的见识，很多问题就自然会有头绪了。"

寯藻见父亲如此严肃，赶紧点了点头。

兰州，别名金城，西汉霍去病驱逐匈奴后，打通了河西走廊，便在此地筑城守边。开挖地基时，发现了黄金，兰州便有了金城的美誉。黄河之水天上来，兰州便紧紧地偎依在这条母亲河的南岸。

终于到了兰州城外，祁寯藻第一次近距离看到了黄河。不过，他与父亲来不及欣赏母亲河，因为总督那彦成派来的人，正在城外等着他们父子俩。

他们不敢耽误片刻，跟着来人，赶紧进城去拜见那彦成。

在陕甘总督署，那彦成早早就坐在会客厅等着，祁韵士与寯藻刚走进去，那彦成便快步赶过来，先行了一个大礼，然后大声说道："先生等得我好苦啊。"

那彦成比祁韵士小十二岁，当年祁韵士在朝为官时，两人就相交很深。

祁韵士赶紧也回拜："不敢当，不敢当，制台大人的礼太过重了，韵士现在只是一介草民,安敢受制台大人如此大礼。"

"先生此言差矣,先生是家祖的学生,按照辈分,你还比我高一辈,此其一;其二,现在先生又是犬子的老师,天地国亲师,我更要对先生行大礼了,请先生上坐。"

祁韵士深知这是拜师的礼数,也就恭敬不如从命,坐在了椅子上。那彦成再拜了一下,接着扭头对他身边的两位年轻人说道:"容安,容照,还不快给先生行礼。"

容安与容照赶紧给祁韵士跪下作揖。容安是那彦成的长子,容照是其幼子。其实对于那彦成来说,祁韵士教他两位公子读书的事,格外紧迫,甚至比祁韵士担任南山书院山长的职务更为重要,毕竟世家公子的课业丝毫不可耽误。

待两位公子行礼完毕,那彦成便看着祁寯藻说:"想必这位便是祁家第五位公子,刚中举人的那位。"

祁寯藻赶紧对着那彦成再次一拜:"学生拜见制台大人,家父与学生都十分感谢大人的盛情邀请,大人厚爱,学生谨记在心。"

那彦成哈哈一笑:"其实,按照令尊大人是我祖父的门人来算,你我还算是同辈。"

祁韵士赶忙抢着对那彦成说:"千万不敢这么说,大人,阿文成公虽是我的老师不错,但我们现在只论我与两位公子的师生关系,否则我就不敢教两位公子了。"阿文成公是指那彦成的祖父阿桂,他死后被朝廷谥曰文成。

那彦成见祁韵士如此认真,也就笑着说道:"就依先生所言,辈分上不论家祖,只论我两个犬子。"

"本该如此,本该如此。"祁韵士连连称是。

那彦成字韶九,号绎堂,是满人中不可多得的文武全才,他今年五十岁不到,却早就担任过朝廷尚书和多地封疆之职,时人皆赞其有能力,有毅力，做大事有方法，做小事有礼节。

别看他是满人，可一手字写得相当好，尤其行书，大有王羲之、赵孟頫的神韵。十九岁的祁寯藻能有这个机会认识那彦成，可谓极其幸运。

祁寯藻后来虽高居一品宰相之职，但他有一个最大的遗憾，就是没有担任地方督抚的经历。好在这一次兰州之行，让他能在走入仕途之前，全面了解地方督抚如何上承皇命，下保万民。其实，陕甘总督这个位置，在清代格外重要，其驻地兰州是离新疆最近的省会城市，它担当着兼守新疆的重任。而新疆，是帝国最容易出乱子的地方，一旦新疆有事，陕甘总督便要随时准备协助戡乱。

而且，对于西北穷省甘肃来说，刚刚过去的嘉庆十五年，尤为艰难。别看那彦成与祁韵士父子相见之际谈笑有鸿儒，可就在去年，甘肃全省大面积出现了极为罕见的旱灾。众所周知，西北土地贫瘠，农业基础条件很差，本就苦寒，而一旦灾情处置不当，更会产生一系列连锁反应，甚至引发民变。

好在，去年甘肃的赈灾工作在那彦成的领导下，干的可算是完美，其救荒手段与成效，几乎在清代的督抚中前无古人后无来者，令全国督抚大员们皆刮目相看，甘肃人民更是特别感念。那彦成真不愧嘉庆皇帝对他"柱石之臣，有为有守"的高度褒奖。

其实，祁韵士父子来甘肃这会，去年大旱的赈灾收尾工作才刚刚结束不久。而甘肃大旱的灾情，举国共知，祁韵士当然也有所耳闻。去年，当甘肃旱灾最严重的时候，他正在两江总督松筠手下做幕僚，各省大事，尽在案牍，甘肃旱灾自不例外。未曾想，不久之后，祁韵士却带着儿子，亲自来到了饱受大自然蹂躏之苦的甘肃。他本不忍看到甘肃受灾后的惨相，也不愿对寯藻多说些什么，可进入甘肃后，他发现当地的农业生产渐有恢复之态，虽不是生机勃勃，但也没有想象中的那么不堪。

刚到总督署的第二天晚上，那彦成请祁韵士父子来他的书房，观摩他收藏的古代名家书法和他自己的仿作。祁寯藻可是头一次开了眼，那彦成这里居然有宋人的真迹，寯藻高兴地说："制台大人，我可有的学了。"

"这不算什么，别着急，任何人都有可能超越古人，只要刻苦用心，你也能超过他们。"那彦成一笑。

祁寯藻正准备要表示一下谦虚，父亲祁韵士却说道："大人不愧为文武全才，字是一流的，带兵也是一流的，就连去年赈灾也必将青史留名。"

那彦成一听去年赈灾的事，突然显得有些丧气，淡淡地说道："先生有所不知，去年旱灾是甘肃多年未见的灾情，我虽尽心尽力为朝廷为百姓做了一些事，但也得罪了不少人，皇上现在对我圣眷正隆，但过了今天，就不知明天会怎样了。"

祁韵士闻之，茫然无语，他知道那彦成说的都是大实话，在官场干点实事不容易，总是会有些所谓的"正人君子"捏住你的把柄。而那些所谓的正人君子，实则尸位素餐，高居庙堂之上，不知民间实际疾苦，只是想当然，用抽象的道德标准来弹劾地方官员。

见父亲与那彦成都沉默不语，祁寯藻便轻轻说道："制台大人请不要多虑，您的功劳，老百姓会铭记在心。"

那彦成一听，笑了，说道："我不求老百姓铭记，只求无过。"

此言一出，寯藻便不好再说什么了。气氛亦愈发凝重。

突然，那彦成哈哈大笑一声，说道："有些事，我尽到自己的责任就行了，的确管不了那么多，能为子孙后代积福就行。"

祁韵士与寯藻都赞许地点点头。

"去年赈灾，除了用制度来约束各级官员外，我常告诫属下，干什么事情，都要为子孙后代积德积福，如果连赈灾这样的事，都敢在其中贪污搞鬼，那就别说王法刑律，连天理都难容了。"那彦成继续侃侃而谈。

"的确，好好做人，勤勉做事，上天自会看见，大人无须多虑。"祁韵士再次点头称赞。

那彦成却摇摇头，又点点头，没再说什么。

其实，那彦成的经历极为坎坷，他三岁丧父，由寡母带大，而后来做官也是几起几落，总是在别人认为他要彻底跌倒之时，他却出人意料地站起来。

不过，对于此时才十九岁的祁寯藻来说，最感兴趣的不是那彦成的为人为官之道，而是他精湛绝伦的书法艺术。而那彦成本人，也在将来的日子里，不断地向祁寯藻传授书法技艺。

论学交友

人跟人是讲究缘分的，那彦成一见寯藻，就觉得这个年轻人透着一股罕见的贵气，其一举一动既坚韧，又格外善解人意，既极有见解，又能虚心善闻。

有一次在总督署吃饭，祁韵士突然在饭桌上对那彦成说道："制台大人的书法，早已名扬海内，两位公子的字也颇有您的风范，可成东晋二王那样的书法家族了。"

"不瞒先生说，我这两个犬子的书法最多只能到一个中游水平，没这个天赋，不可强求。"那彦成笑了笑。

祁韵士正准备回应，那彦成却接着说："不过，寯藻的字，我只是随便教了他几笔，没想到这几天一看，长进迅猛，前景不可限量，假以时日，超过我是易如反掌了。"

一旁的祁寯藻赶紧站起来，向那彦成一拜，然后说道："大人严重了，学生恐怕难达大人之神韵。"

"我很看好你，寯藻。"

说完，那彦成也站起来，在饭桌旁踱起了小步，然后突然抬头望着祁韵士,大声说道:"字就是人,人就是字,令郎的字让我看到了一种少有的宏大,但又不是特意的,是天然带来的,将来雏凤清于老凤声,定有大出息啊。"

祁韵士见那彦成这么说,赶忙也站起来,向那彦成一拜:"大人过奖了,只恐他骄傲自满,只是另一个仲永罢了。"

那彦成突然哈哈大笑,说道:"不会的,不会的,我看人可不会有错。"

祁寯藻见那彦成如此勉励自己,赶紧朝那彦成一拜,那彦成摆摆手,欣然一笑,继续问道:"寯藻最近读什么书?"

"《史记》与《汉书》",寯藻轻轻答道,"还有唐宋八大家的一些文章。"

那彦成微笑着点点头,没说什么。

祁韵士在一旁解释道:"犬子今年会考败北,本来应该再把八股多练一练,可我却以为,愈是如此,愈发要把古文学好,没有古文做底子,八股文写来也没有多大的力。"

祁韵士这么说的时候,祁寯藻脸上还是忍不住有些羞愧,但很快,祁寯藻就把这种不快赶紧消化在心中。

"鹤翁此言甚妙。"那彦成很聪明,根本不提祁寯藻会试不举的话,"说个老实话,八股只是科考的一个工具,要想把文章写好,甚至能写出流传千古的好文章,必须要把古文先学好。"

"制台大人所言极是。"祁韵士感觉找到了一个知音,"八股主要务虚,而古文主要务实,虚实结合,方能写出好文章。"

"岂止文章,我看做人也是这个理,"那彦成说得高兴,"譬如说八股就好比一个人的外表,而古文才是内瓤,八股是家世与出身,而古文才是个人的真本事。"

"妙,妙,妙,"祁韵士也兴奋起来,"只捣鼓八股,不仅会误人,甚至会误国。"

"可不,我一向讨厌那些只知钻研八股的所谓翰林饱学之士。"那彦成颇为激动,"治理国家,或者封疆一地,可不是八股就能治民于太平的。"

祁韵士点点头,深知那彦成句句说的都是心里话,皆为老成谋国之论。

那彦成转头看了祁寯藻一眼,继续问道:"你说说,《汉书》好读,还是《史记》好读?"

"当然是《史记》。"祁寯藻快速回应道。

"少年人都喜《史记》。"那彦成叹了一口气,似乎在回首自己的青春岁月,"《史记》带着强烈的情感,有时候很浓烈,使人爱不释手,与热血青年要干一番大事业的想法,往往不谋而合。"

"制台大人说得透彻。"祁韵士点点头,"所以我也常跟犬子说,《史记》虽好,但也不能沉迷于其间,《汉书》自有《汉书》的严谨与厚实,这就好比诗词歌赋虽好,但为人处世却总不能一天到晚,花前月下的,是不是这个理?"

"听到没有寯藻,还是令尊大人说得透彻。"那彦成笑着看了看祁寯藻。

"寯藻谨遵教诲,《史记》的情与《汉书》的理,皆不可废,皆为写文章的根底。"

"不瞒大人说,这次来兰州,我决定好好给他讲一讲《史记》与《汉书》,看能不能打下一个较为扎实的古文根基。"祁韵士望着那彦成,手却指着儿子祁寯藻。

那彦成也盯着祁寯藻,说道:"你看看,你有这么好的父亲,给你把学业规划得这么好,你有福呀,寯藻,切莫辜负了你父亲的殷殷之期啊。"

祁寯藻不住地点头,直到父亲与那彦成开始谈论其他话题。

在兰山书院,祁寯藻与那彦成的两位公子一块读书,那家大公子容安与寯藻最投缘，两人总在一起谈天说地。容安比寯藻大近十岁，一身的贵族气质，他父亲虽是进士出身，但他本人对科举无太大兴趣，一心辅佐父亲那彦成在外做官。他对祁寯藻说，自己对所谓的前程是随遇而安，不强求，也不退避，有机会了就为朝廷做点事，没机会也就悠闲到死算了。

像容安这样的满族贵胄之后，是有资格如此洒脱的。他家祖上是跟着太祖太宗打天下的人，后人做到大学士、军机大臣、尚书等高官的很多，既不多他这一个，也不少他这一个。清代的科举，满人与汉人分开考，对满人的要求低很多，录取的比例也高得多。容安志不在科举，他觉得满族进士含金量很低，很多情况下都是对功臣贵戚子弟的照顾，没多大的意思。

任何时候，容安都从容不迫，饱含真诚而不失含蓄的微笑，很难有东西能让他偏执地去追求。清代开国的功臣后人，到了嘉庆时代，能够像容安这般毫不张扬地做个名士，也算相当不错了。寯藻十分羡慕容安的人生态度。

来兰州的第二年重阳节，容安邀请祁寯藻去城墙上的"望河楼"登高望远。两人从总督署出发，骑行前往"望河楼"。路上，寯藻突然问一旁的容安："静止兄，我老有一事想问，但总觉得不好，现在骑在马上，便想放肆一下。"容安字静止。

"叔颖，但说无妨，"容安微微一笑，"你是知道我的性格的，没什么好掖着藏着的。"

"那好，我就直言不讳了。"寯藻坚定地望着容安，"你说像你这样的贵胄，根本不需要操什么心，到时候荫封一个官职，就够我们这些人攀爬一辈子了——"

容安打断寯藻说道："或许你们劳苦一辈子，也都达不到我们一个荫封，你还想这么说吧。"

"那你倒是说说，"寯藻点点头，"我与你究竟有哪些地方不同？"

容安却哈哈一笑："老弟，这样吧，你今天在"望河楼"上现场作一首诗，我就跟你说说我的真实想法。"

"好的，一言为定。"

说完，两人快马加鞭，向"望河楼"飞奔而去。

第五章 初入庙堂

望河楼上
借诗铭志
壮哉行军
嘉庆乱世
二甲进士
再见嵩年

望河楼上

九月的兰州，天已渐凉，但重阳节这一天万里无云，是个叫人很舒服的秋日。兰州城墙上建有很多楼台，除军事作用外，更可远眺黄河，聊以抒发情怀。尤其是北面城墙上的望河楼，被誉为兰州八大景点之一。只要来兰州，此楼非登不可也。

当然，这也不是祁寯藻第一次登顶望河楼。只是这一回，当他与容安一爬上望河楼，风就呼啸而来，举目望去，黄河就在前方哀怨地咆哮，仿佛要冲垮城墙似的——本来秋高气爽的，祁寯藻却突然感觉到一种莫名其妙的杀气。好在黄河上的浮桥，给眼前这个世界增添了一抹亮色与灵动，令祁寯藻心向往之,心境亦渐渐被抚平。不错,那浮桥通往黄河北岸,千百年以来,多少英雄豪杰脚踩着浮桥,挺进更北的塞外,把中华帝国的文明传播到世界的尽头。

寯藻与容安远眺黄河对岸那遥不可知的北方,一时间都沉默了。

好久,容安才说道:"叔颖,这望河楼可是作诗的好地方,但愈是如此,这里的诗又不好作呀,当年唐代大诗人高适曾在此写过佳作,多少代人都难以超越啊。"

"静止兄,看来我跟李白有一样的遭遇了,当初崔浩在黄鹤楼上写了诗之后,李白再登黄鹤楼,居然就不敢再题了,高适的《金城北楼》我也知道,我今天恐怕是没什么收获了。"

"那可不行,如果没诗,我的真心话可就无可奉告了。"容安照旧微微一笑,贵族公子的优雅,在他的脸上散发着迷人的味道。

寯藻想了想,陷入了沉思。

一旁的容安却又笑道:"高适在这楼上写过,'湍上急流声若箭,城头残月势如弓',叔颖可别入了他的窠臼。"

寯藻闻之,突然大声说"有了",并随即念道:"昆仑西接大荒西,极目长空尽处低,飞鸟似从银河落,浮桥真与彩虹齐。"

诗中所谓的"浮桥",既实指眼前兰州黄河上供人员与车辆来往的交通工具,也虚指西汉名将赵充国在此建浮桥的历史遗迹。赵充国,西汉名将,从汉武帝开始,他历经好几个皇帝,在西北边疆屡立战功,对维护大一统的中华帝国做出了巨大贡献。汉宣帝时期,赵充国位列"麒麟阁十一功臣",而这麒麟阁,就相当于后来唐初的凌烟阁。赵充国当年在兰州营建的浮桥,其实就是中华民族经营大西北、融合西北各少数民族,并形成大一统中华民族的一种象征,一种文物、一种精神、一种活化石、一种存在,甚至一种永存。

祁寯藻在诗中隐隐提及赵充国,其实也是在向自己的父亲致敬。因为，父亲祁韵士自从戍边新疆以来，一直致力于西北史地研究，而赵充国这样在西北战功显赫的古之良将，自然是祁韵士敬仰的先贤。当然，祁寯藻并非刻意为父亲祁韵士的学术追求背书，只是日夜与父亲朝夕相处，明白其心中的所思所念，于是作起诗来，就下意识地想到了西北历史上的良将。

另一方面，祁寯藻身在兰州，站在"望河楼"上，想到赵充国，便无法抑制地遥思从秦始皇到乾隆帝，从蒙恬、卫青到本朝的岳钟琪、年羹尧等诸多前人。是啊，中国人为大西北这片辽阔的土地洒下了多少热血，才换来如今这么一个版图，这怎么不叫祁寯藻思绪飞扬，心潮澎湃。

当然，在大西北彪炳史册的名将还有一人，即本朝的左宗棠。只不过，他比祁寯藻小近二十岁。此刻，当祁寯藻站在"望河楼"上时，左宗棠还未出生，大概一个月之后，左宗棠将诞生在这个日益凋敝的老大帝国，若干年后，此人将要在大西北开创一番不亚于卫青、霍去病的伟业，而祁寯藻却不能在活着的时候看到这一幕。

且不说赵充国与左宗棠，只见寯藻思索着，很快又来一联："凉天佳节酬尊酒，落日边城静鼓鼙。"

他思忖片刻，正欲继续吟诵下去，容安却以为他有些吃力，便拦住他说道："好了，好了，叔颖，气势已经有了，我也不为难你了，最后的尾联肯定会更好，今天我们就到此为止。"

寯藻点点头，笑着答应了，其实他心中早就有了剩下的最后一联。

现在，寯藻的诗作完一大半，该轮到容安遵守诺言，要说说自己的想法了。果不然，他倒是一贯的爽快，大声说道："我现在就跟你讲一讲我的想法。"

寯藻点点头。

"叔颖，想必你也知道，家父所驻扎的总督署在前明是一个王府，而这个王府的第一代主人便是朱元璋的第十四子朱楧。"容安并不看寯藻，只是一边说着,一边望着黄河发呆。

"有所耳闻。"

"世间变幻无常,就如同这改朝换代一样,今天你我站在这望河楼上笑谈千古,焉知几十年,甚至几百年之后,便会有人笑谈我们,"容安越说越激动,"大清是我们满人的天下,这不错,但也是你们的天下,其实归根到底还是你们汉人的天下。"

寯藻听容安这么说,大为惊恐,赶紧打断:"静止兄,今天我们就到此为止,天也不早了,我们回吧。"

清代的满汉民族矛盾是一个很敏感的大问题。任何人,只要谈论及此,皆有可能引来杀身之祸。尤其对于汉人来讲,更是一个大忌讳。

容安见寯藻顾虑重重,反而挥了挥手,声音更大了:"老弟,你我都不是朝廷命官,没那么多事,再说我的为人你也知道,不会影响你的,我姑妄言之,你姑妄听之就是了。"

寯藻闻容安这么说,知道今天无论如何,都得听他把话说完。

"叔颖,你我都是饱读史书之人,我们都很清楚,一个王朝到了一定的时候,走下坡路是在所难免的,而且我毕竟不是汉人,更有难以言说的苦闷。"容安扭头看了寯藻一眼,"这些年我跟着家父奔波于大江南北,总觉得力不从心,各地总是有永远想不到的麻烦,不管是民生的,还是军事的,官员要么腐败透顶,要么蝇营狗苟,过一天算两个半天。"

"可能是有些问题,但一个国家这么大,不出问题才怪。"寯藻试着劝慰。

容安摇摇头:"不是这样的,家父常跟我说,在我曾祖文成公时代,也老是用兵,没有闲着的时候,但那个时候家父总跟着文成公,心情却是愉悦的,是一种能够让人为之动容的慷慨之气,而时至今日,父亲感到很疲倦,即便是去年甘肃大旱处置得非常好,他也对我说,没多大的意思,越来越难了,国家花再多的钱,给予再大的仁德,仿佛都会陷入一个无底洞。"

听容安滔滔不绝地说着,寯藻无言以对。

容安的一席话,其实对他的冲击力特别大,原来满族权贵子弟,也有着外人无法窥探的隐痛。容安无疑是敏锐的,他有自己的理想与抱负,此刻只是发发牢骚,跟信得过的朋友袒露一下自己的内心世界而已。但敏锐归敏锐,容安最终找不到任何更好的出路。原本,容安乃满族世家子弟,是含着金钥匙出生的天之骄子,为万人羡慕,可他却有着万人无法知晓的苦闷。当然,他的苦闷绝对是精神方面的,而祁寯藻就不同了,他还停留在光耀门楣的物质诉求阶段。

祁寯藻根本没有机会来思考容安那样的问题,他唯一要做的,便是继续写好八股文,早日在举人的基础上更进一步,中个进士,登上读书人的金字塔顶端,让全家人都凭此享受上等人的生活。至于其他的,此刻都是次要的。

借诗铭志

转眼,来兰州已然第三个年头,西北的天空与原野,望河楼与千里黄河,对于祁寯藻来说,皆不再陌生,他与父亲一样,因为感念那彦成的厚待,而强烈地喜欢上兰州这座千年古城。人与某个地方,就像人与人之间一样,也是有某种缘分的。

在兰州,科场失意的祁寯藻,获得了一个"闭门思过"的绝佳良机。当然,这种闭门思过,并非自怨自艾,以一种最形式主义的方式来检讨过往,而是积极向上,在另一个迥然不同的环境下,把那些不愉快的个人得失暂且抛在脑后,巧妙地获得灵感与动力,在不经意间深刻领悟到个人的不足,为将来的成长增添润物细无声的精神力量。

这正是父亲对祁寯藻的一片苦心，而祁寯藻也心领神会，可以说是有效地贯彻了父亲对他的培养方针。祁寯藻跟着父亲系统钻研古文，既游离于科举八股的章法之外，又不至于离得太远；既提高了写文章的水平，又惠及八股文的谋篇技能；既"可有"，又"可无"。而在书法上，拜于那彦成门下，则更多体现的是一种文人气质的追求与熏染。恰好祁寯藻又酷爱书法，于他而言，书法不仅是修身养性的途径，更是个人兴趣与审美需求的极大满足。

还有诗词，虽然父亲与那彦成都认为其乃旁门左道，但祁寯藻却在内心深处以为，诗歌不仅是抒情的，还能是记事的，甚至可以作为历史文献的另一种存在方式。或曰，诗歌是祁寯藻观察人生百态、世间万物的一种最得心应手的方式。虽然祁寯藻在兰州时，只是一个二十岁左右的青年，但他早已高中举人，最高等级的会试也考过一回，自身的天赋与家学的厚实，共同促使他老早就树立了以诗铭志、以诗抒情、以诗交友、以诗立身的古典学人风采。

这不，在兰州的第二个年头，祁寯藻就写出了一首极具平民关怀的叙事长诗，题为《孝女吟》。原来，当时甘肃的邻省四川发生了一件轰动全国的新闻，即重庆府有一个名为佘西州的少女，在她才一岁的时候，父亲遭人诬告，被治以重罪，并被遣戍到湖北服刑。佘西州的母亲意难平，跑到京城为丈夫申冤。可怜，案件不仅没有什么转圜，其母也在西返故里的路上一病而亡。

母亲死了，父亲依旧在湖北服刑，佘西州便由祖父母养大。十年后，佘西州十一岁，这才从祖辈口中得知父母的遭遇。此时，她的祖父母已年逾八旬，家中无年长的子女侍奉，真可谓老的老小的小，凄凉不忍叙说。但是，年仅十一岁的佘西州并没有怨天尤人，也没有被动接受这种命运的安排，而是为了祖父母有人奉养，也为了给父亲当年的冤案讨要一个说法，她便做出了一个惊天的举动：从重庆老家开始，她如同一个虔诚万般的藏传佛教信徒朝拜圣地布达拉宫一样，义无反顾，跪爬着向北京进发。佘酉州的目的只有一个，即请求皇上赦免父亲，使其能回到故乡赡养年事已高的祖父母。

一路上，很多人都被佘酉州的孝心感动得掉泪。旋即，佘酉州的孝行快速传遍川省，进而形成一颗舆论的重磅炸弹，波及大江南北，举国皆知。孝女佘酉州匍匐着走入京城后，很快就有台谏官员将其事迹向嘉庆皇帝禀报，嘉庆亦为其动容，便依据其父并非罪大恶极到不可赦免的清代特赦制度，将佘酉州的父亲释放，使他得以返回重庆故里，侍养老父老母。

身在兰州的祁寯藻，也与亿兆臣民一样，关注着这件事。闻知佘酉州得到了皇帝的特赦令，祁寯藻分外高兴，感怀之余，写下了《孝女吟》的长诗，详尽细致地记录下事件的经过，其第一段为：

> 日出扶桑东，照耀天西陬。西蜀有孝女，佘氏字酉州。酉州自有父，负罪为楚囚。江汉不西归，一去八九秋。酉州年十一，思亲涕泗流。上书走京国，关山阻以修。酉州亦有祖，老病徒悲忧。伤哉无兄弟，又无姊妹俦。只身数千里，相从舅氏刘。生死不反顾，苍天呼悠悠。

多么朴素的语言，多么真挚的感情，多么殷切的期待，多么强烈的同情。古代中国以孝治国、以孝安定社会，在这个价值观的熏陶之下，祁寯藻与嘉庆皇帝以及所有的国人一样，都再次感受到了孝道的伟大力量，也同时强化了他们对孝道的信仰，使他们在孝道的感召力中获得自身的存在感，也使得孝道的责任与义务，成为生命得以升华与永存的重要途径。

这是整个大众在此孝行事件中所透露出来的共同心理密码。但是，对于祁寯藻本人而言，佘酉州的举动，更是令他心酸不已——只要一想到佘酉州跪爬在漫漫长路上时，那些当年在狱中陪伴父亲的点点滴滴，皆无法遏制地在祁寯藻的脑海中不断涌现，使他心闷气短，格外难受，重返十年前那段不堪回首的岁月中。

很明显，祁寯藻对佘酉州的遭遇是感同身受的，虽然自己当年狱中伴父之事，与这个十一岁少女的行为，根本没有可比性，但祁寯藻依然在写诗的过程中，想到了家族的艰辛与父亲的冤屈。甚至，祁寯藻还若有若无地有些自责：当年父亲祁韵士蒙冤的时候，自己都十二岁了，比佘酉州还大一岁，可人家作为一个女子，居然能为了奉养祖父母，而一意孤行，采取如此极端的手法来营救蒙冤的父亲，这既是对祖父母尽孝，更是为了父亲不惜生命的一片孝心。此乃双重的孝，而且还"孝果"显著，直达天听，得到皇帝的赞许，以圆满告终。而祁寯藻自己呢，当年只能眼睁睁地看着父亲在狱中蒙受不白之冤，而不能有所作为。此时此刻，他怎能不有所触痛？

除了这一层，祁寯藻也通过《孝女吟》，表达了他对普通老百姓的关注与同情。对于一个还未入仕的青年学子来说，写出这样为民呐喊、为民作传、为民哀叹的长诗，委实极为不易。祁寯藻能在不到二十岁的时候，就一片赤诚，写出这样的长诗，必将对他将来的为官做人产生很大的积极作用。

众所周知，清代到了嘉庆时期，就很明显地走下坡路了，各种社会矛盾大量、大规模的爆发，贫富差距在不断拉大，而作为士大夫官宦家庭出身的祁寯藻，跟底层老百姓相比，还不仅仅只是物质生活上贫富关系，更为巨大的鸿沟是，士大夫眼中的底层老百姓只是拥有体力而已，他们与文化精神世界绝缘。

当时的士大夫普遍不把那些所谓的贩夫走卒视为同类，不愿与之同伍，鄙视他们。在心理层面，士大夫们总是保持着一种高高在上的自满，轻视体力劳动者存在的价值。极端地，认为不识字的老百姓，只是长有一个人的样子而已，其本质上不是人。在社会阶层如此分化的大背景下，知识分子家庭出身的官员，很多对于民间疾苦是麻木的——他们无亲身的感受，也就没有为民请命的本能，更没有为民造福的迫切原动力。

但祁寯藻不是这样，他很早就有强烈的民本思想，父母的教育与当初家道中落、返回山西农家故里的惨烈现实，皆让他老早就思考贫穷与富贵、士大夫与体力劳动者、农事与国政、百姓与统治阶级等等关系问题。其实《孝女吟》，只是这些前期积累多年之后的产物，是其一贯关心民瘼的一个阶段性的总爆发。也许少女佘酉州还不是最底层的老百姓，但祁寯藻在诗歌中将其化为最无力、最凄惨、最容易遭到司法不公正待遇的那一部分群体。祁寯藻深深同情着这群人，后来一直到入阁拜相，他也始终没有忘记这份初心。

壮哉行军

又是一个秋冬季节，祁寯藻与父亲开始考虑离开金城了。

来年开春，乃会试大比之时，祁寯藻务必东返寿阳老家，以便赶考。这年九月，又快到九九重阳节，想着去年与容安登望河楼的情景，寯藻突然生出些许忧伤。他想，今年恐怕是没机会再与容安登高远望了。

这几天，父亲正忙着与兰州的诸位朋友道别。那彦成虽有些不舍，但也高高兴兴地准备送他们走。道别之时，那彦成叹道："天下没有不散的宴席，先生与寯藻一路走好，待寯藻来年金榜题名，可别忘了给我报个喜讯。"

祁韵士赶紧连连应允。

一旁的祁寯藻，看着这位教了他两年书法的朝廷一品大员，突然哽咽无语。身在他乡，那彦成对他们父子的照顾可谓无微不至。多少年后回想起来都令寯藻堕泪。对于寯藻以后的前程，那彦成早早就明言相告，不要着急，来年会试，不管大捷与否，他都会把寯藻介绍给朝中诸大臣的。

那彦成给予祁寯藻父子的不仅是物质条件上的全面满足，而且他极为欣赏寯藻的才情，让寯藻对未来有了极大的信心。同时，也使得寯藻对满族上层人士萌发出极大的好感，并开始理性地思考满汉之间的矛盾。

祁寯藻深刻意识到，这个国家是属于所有中国人的，而非仅仅是满人的，即便满人勋贵表面上看起来光鲜亮丽，其实也有着普通人难以窥探到的压力与痛楚。这个国家需要每一个官员和士大夫做些实事，只要能造福亿兆生民，不管他是满族，还是汉族，或者其他别的民族，都是好的。

对于祁韵士来说，兰州之行，使他失意多年后，终于在教书育人这条路上谱写出一个精彩的篇章。离开兰州前，兰山书院的学生感念他的学问人品，特别送他"西河楷模"的匾额，悬于学堂之中。联名制匾者多达150多人，令祁韵士感到了一种莫大的安慰。

归去与到来一样，皆为人间平常事。九月下旬，父子俩坐着马车，沿官道向东而去。一天，快走到甘肃东边的静宁州时，已到黄昏，父子俩突见身后不远处，一队官军浩浩荡荡，也朝这边进发。当时天色已晚，只能模模糊糊地看见官兵们的身影，却不辨其人。等马踏大地的轰鸣声越来越响时，寯藻才能看清他们的脸。

不是别人，正是那彦成带着两位公子容安、容照走在前面，快马加鞭冲过来。

那彦成走近祁寯藻父子，倏然下马，两位公子也跟着父亲跳下战马。祁寯藻仔细一看，那彦成父子后面大约五百多人的骑兵也立即鸦雀无声，全都停下，场面甚为壮观。

这是祁寯藻第一次看到这么多整齐列队的骑兵，他先是有些莫名其妙，然后又兴奋不已。还没等他完全反应过来，那彦成与两位公子已经走过来，还隔着好几米远，那彦成就高声笑道："先生，看来我还是要来送送你啊。"

祁韵士一听，知道那彦成在开玩笑，同时也隐约感到可能要有兵事，便赶忙拉着寯藻，迎上去，紧张地问道："大人，是出什么事了吗？"

"不错，是有大事，河南天理教谋反，我已被皇上任命为钦差大臣，前去剿匪。"那彦成一身戎装，显得很挺拔，也很淡然。

祁寯藻闻此，忍不住问道："制台大人如此着急，恐怕军情不小吧。"

那彦成点点头。

祁韵士也忙问："到底何事？"

那彦成说道："天理教匪徒在河南、山东、直隶三省同时叛乱，河南最严重，滑县的县令都被匪徒杀了，形势万分危急。"

祁寯藻与父亲惊恐不已。

那彦成说完，微微一笑，算是活跃了一下气氛，并接着说道："先生与寯藻不必慌张，这是我们军旅常事，朝廷说打到哪，我们就打到哪，以后你们自会习惯的。"

然后，他又扭头对大儿子容安说："你先进静宁城，让知州准备五百人的干粮，然后带到城外——将士们已经好久没合眼了，先就近在城外休整一个时辰，吃点东西。"

容安听令，赶紧上马，往不远处的静宁城奔去。

那彦成暂且离开祁寯藻父子几米远，朝着面前五百多骑兵，大声喊道："下马休整，一个时辰后再出发。"

那彦成说完，骑兵们大叫一声："是，大人。"声音地动山摇，很是威武。

接着，骑兵们齐刷刷地跳下马，有条不紊地排成一个矩形方队。而最靠外的士兵则手持火把，让那熊熊的火光在静宁城外独自闪烁着。这些火把，在嘉庆十八年九月末的这个夜晚，显得格外突出。

士兵们刚站好方队，那彦成再次下令："原地坐下，小憩片刻。"

队伍听令，又是整齐地坐在地上，开始闭目休息，只有高举火把的战士，他们的眼神依旧炯炯如火炬一般。

寯藻见此，才知道，原来传闻中的行兵打仗，就是这样的气氛。

等把队伍安置完毕，那彦成才再次走到祁韵士父子身边，轻轻说道："先生与寯藻还是先进城吧，天已黑了，我们一个时辰后就出发，事情来得突然，皇上万分着急，我就不留你们了。"

祁韵士与寯藻都点点头，关切地望着那彦成。

那彦成又微微一笑，低沉地说道："你们不用为我担心，我十几岁开始就跟着家祖文成公带兵打仗，没什么大不了的，你们无须担心，后会有期。"

闻此，寯藻与父亲只能对着那彦成拜了一下，便尤有不舍地转过身，朝静宁城走去。在扭头离开那彦成的一瞬间，寯藻猛然发现，那彦成的胡子似乎白了许多。

嘉庆乱世

这一年爆发的天理教暴动，是嘉庆年间遇到的令清帝国极为恐慌的一次大挑战。天理教被认为是白莲教的一个分支，乃民间秘密会社，有一定的行动纲领与组织性。

本来，嘉庆甫一登基，白莲教就陆陆续续在帝国近十个省份向清政府宣战，最终，清廷花了两亿两白银，苦战了九年，才将白莲教剿灭。可是，仅仅才过了不到十年，天理教便继承白莲教的衣钵，再次造反。

白莲教创立于宋代，其教义起源于佛教，后来与中国民间的信仰糅合在一块，便有了相当深厚的群众基础。早在元代，他们就开始形成一股巨大的反政府力量，并不时领导一些小规模的叛乱。而接踵而来的天理教，其组织按照易经八卦的卦名来称呼各分支机构，故又称为八卦教。白莲教起事失败后，天理教便扛起反清救民的大旗，并伺机而动。刚好嘉庆十八年，华北一带又出现大面积的严重旱灾，农民极易被鼓动，机会难得，事变就此酿成。

天理教举事，主要分为两个主战场，一个在北京，一个在河南。北京的首领名曰林清，他与河南滑县的教主李文成商量好了，打算在两地同时发难。可是，滑县的李文成因事情败露，被知县获悉，见此，当地的信徒们便提前举事，攻入县衙，杀死县令，占领了滑县。

远在北京的林清不知滑县的变故，依旧按照约定的时间，命令手下两百多号人攻击紫禁城。结果，在内应太监的协助下，林清的部下居然顺利地打入了历来守卫森严的紫禁城，这恐怕是紫禁城鼎建以来，最为滑稽的事。区区两百多人，就干出了这等惊天动地的事。好在清政府也不是纸糊的，最终这场闹剧以天理教教徒的惨败而收场。

当时，嘉庆皇帝刚好不在紫禁城，闻讯之后，快气个半死，还下了罪己诏，说此乃"汉唐宋明未有之事"。滑县与紫禁城这么一闹，河南、山东和直隶的众多天理教信徒便都积极响应，声势极为浩大。那彦成便是在这种情况下，被嘉庆帝委以重任，以钦差的身份，先带着少数人马，火速赶往滑县，再会同华北几省已集结到位的军队，打算先行围剿已占领滑县的李文成。

老实讲，嘉庆皇帝是个不错的皇帝，不像他父亲乾隆那样，喜欢搞各种或文或武的形象工程，也不贪财好色，而是勤勤恳恳地带着他的子民，向着他所期待的辉煌走着。可惜，从一开始，他的日子就不好过，他没有看到辉煌，反而是同他的子民们一道，坐在火山口上，被这个已然没落的时代"烤"得疲于应付，满身是伤。

离开那彦成后，寯藻与父亲快步向静宁州城赶去。天已黑，再晚一点，城门就要关闭了。

好在天理教信徒大都集中在华北一带，大西北基本未受波及，祁寯藻父子不用过于担心人身安全问题。静宁州在甘肃东部,隶属于平凉府,祁寯藻父子本来是可以在天黑前到达静宁州的,但路上马车突然受损,车夫修车耽误了时间,这才有机会在静宁城外碰见那彦成统帅的军士。

在东归故里的路上,那彦成带队呼啸而来的场景,一直存留在寯藻的脑海里。他此刻二十一岁了,始知军事为何物——军事真乃国之大事,绝对不是书上随便几个字就能把一场战争说完的,满人在马背上夺得天下,现在虽早已下马实行与汉民族无异的文治,但还是要随时上马,应对各种危局。而一旦上马,那彦成先前的文人风韵早已荡然无存,一瞬间就戎装披挂,满脸威严。

寯藻心想,一个王朝的建立与维持,可真不是皇帝体恤民情的几道诏书就能天下太平的,真刀实枪才是一个王朝的真容。只是祁寯藻无法理解,这些年为什么总是不太平。

他问父亲祁韵士,祁韵士叹了一口气说道:"还是民众太苦太穷。"

寯藻点点头,他想到以前在寿阳平舒村老家时,即便是收成好的年份,普通小民也只能解决温饱问题。可天公不作美,只要碰见灾荒,就有大批农民吃不饱饭,活得没有一丝尊严。

他接着问父亲:"这天理教到底是什么教义啊?"

父亲沉默了一会,说道:"其实所谓的教,无外乎掺杂了佛教与道教救苦救难的宗旨,再加上民间的鬼神崇拜,就成了教会。"

"民众就那么容易受到蛊惑吗?"寯藻不解。

"不是他们容易受到蛊惑,而的确是没有饭吃,旱灾太严重了。"祁韵士又叹了一口气。

自然灾害频现,大概正是一个王朝要走向衰败的象征。其实早在乾隆朝,虽有盛世之称,但大的自然灾害居然比以前更为频繁。祁韵士是从乾隆时代过来的人,也在户部公干过,对这些年自然灾害频发对整个国家巨大的冲击力,很是了解。

说来很有意思，天灾本不是人祸，但似乎总是人祸的导火索。大清帝国这艘看起来豪华无比的旗舰，其实早在乾隆时代，船底就到处是窟窿了。等乾隆终于弃船而去、他儿子嘉庆上船掌舵之后，此船就更加摇摇欲坠。同时，自然灾害也毫不留情，一点都不怜惜这位本来还算忧国忧民的皇帝。帝国这条"破船"，终将无可避免地沉入汪洋大海。

当然，这些不管是祁韵士父子，还是那彦成，都不可能看透。他们一心还是深深祝福着大清帝国。委实，这是他们自己的帝国，没有这个国家，他们又将身附何处？

二甲进士

带着很多苦闷，寯藻回到老家，度过了一个叫人莫名烦恼的春节。第二年开春，他再次进京赶考，这次天不妒英才，他终于高中二甲第三名，获得所谓"赐进士出身"的高级待遇。也就是说，加上一甲"进士及第"的头三名，他的殿试成绩在这一科所有进士中排名第六。这样的好成绩，与状元、榜眼、探花亦无太大的差距。

久违了，北京，我祁寯藻又来了。考上进士后，他在心里呼喊了一声。

高中第六名进士之后，他就有更多的时间和机会，跟恩师黄钺、好友田嵩年好好叙一叙离别之情。这几年，田嵩年跟着黄钺，不离左右，成为恩师的左膀右臂。当寯藻考中进士时，黄钺刚从山东学政任上回京，田嵩年自然也相伴而归。

考上进士后，要道谢的人很多，首先就是那位万人敬仰、却鲜有人见其真容的皇帝。五月初四那天，北京的天开始热起来，但还是有一丝残留的春意，使得整座京城不热不冷，极为舒适，人们似乎早就忘记了去年九月天理教攻入紫禁城的大事故。帝国及其子民也必须快速遗忘掉这场变故，否则皇帝的颜面将何以自存，帝国的威严将何以保持？

所幸去年的事变，只是让故宫所有的侍卫吓了一大跳，并未造成多大的损失。嘉庆皇帝虽不在宫中，但也意识到问题的严重性，他下了罪己诏，显得很可怜。五月初四这天，召见新科进士，才让嘉庆忧烦了大半年的脸稍微有了一丝喜色。

祁寯藻在宫内第一次看到嘉庆时，发现皇帝的样子与他自己的想象，实在相差太远。孩童时代，他就问过父亲祁韵士，嘉庆皇帝到底长的是个什么样子。父亲那时候还在户部任职，他笑着告诉小寯藻，嘉庆与普通人没什么两样。可寯藻不相信，直到叩见嘉庆之前，他都以为父亲只是随口一说而已。他总以为，皇帝应该有孔孟一样的圣人气度，以及神仙一般的威严。可惜，他错了，父亲当年说的没错。

是的，这一天，接受众多新科进士参拜时，嘉庆虽一直带着微笑，却依旧掩藏不住那浓浓的落寞。这一年，他才五十五岁，头发与胡须却已花白一大半，如同他统治的这个帝国一样，老态不堪。新科进士参拜皇帝的时间很短，只是礼节性的，寯藻没有太多机会仔细瞻仰圣容，即便有，也不敢多看皇帝一眼。新科进士们一直都跪着，帝国牢不可破的等级制，让这些荣登金榜的天之骄子们匍匐在嘉庆的脚下，而他们自己，现在和将来也要受其他人的跪拜。

古老的跪拜之礼，一直被天朝当成是天经地义的。可惜，它迟早要成为这个帝国落后的象征之一。

按照清帝国的惯例，考中状元的，待遇自然最佳，会立即被授予从六品的翰林院修撰之职。一甲"进士及第"的另外两位——榜眼与探花——则得到七品的翰林院编修职位。二甲的名额较多，一般有一百多个，谓之进士出身，他们不会被授予任何官职，而是发往翰林院学习，称为"庶吉士"，无品级。三甲人更多，悉为"同进士出身"，那待遇就更差些，基本上成为候补知县或到中央各部实习。

可见，进士的等级与名次，一开始就决定了一个官员的起点。当然，也有后来居上的，那就看个人的造化。与父亲一样，祁寯藻刚入官场，也做了一个"庶吉士"。

不过，可千万别小看这没有品级的庶吉士一职，很多大佬都在这个位置上待过。二甲的进士虽然没有一甲前三名的起点高，但后面的官场之路还长着呢，谁走得更远，甚至有朝一日入军机，做大学士，这都是未知数。

祁寯藻这一次考上进士的另一个重大收获，就是认识了他会试的"房师"陈用光。所谓房师，就是会试的副考官。会考结束之后，考生的试卷一般要分发给副考官先批阅，然后再把优秀的卷子交给主考官，由其集中起来，定出成绩。而考中礼部主持的会试，才有资格参加在金銮殿举行、由皇帝亲任主考官的殿试，然后定一二三甲的排名，得"天子门生"的至高身份。而且，只要是考中会试的人，若不出意外，都能在殿试上获得一个名次。从某种意义上说，殿试只是走个过场，顶多是为了给考中会试的人最终排个名。

可见，在这个流程中，副考官作为初次阅卷的人，对于考生能否考中，有着至关重要的作用。如果一旦这一关都过不了，那就基本被淘汰。因副考官皆要分房独立阅卷，故而称其为进士的房师。在会试中，房师是金榜题名者的第一贵人，作用有时候比主考官都大，所以每一科进士对自己的房师尤为感恩戴德，寯藻当然也不例外。

祁寯藻的房师陈用光，江西新城人，此时的本职是江南道监察御史，年四十有七岁。御史官隶属于都察院，而都察院则是朝廷除了刑部与大理寺之外，又一重要的司法机关，而且都察院还有一项重要的职能，即监察弹劾百官和审计全国各项大小事务。

嘉庆时期，全国大致按省分为十五道监察御史，江南道御史管辖之地为江苏与安徽两省。监察御史为正五品官,品级不算太高,但手中的权力很大,连朝中一品大员和地方封疆大吏都对其相当忌惮。陈用光在祁寯藻考中进士这一年,正是职位不高,但权力很大的御史官。

其实,陈用光与寯藻的缘分早在七年之前就结下。那时,寯藻才十五岁,在寿阳老家考上秀才时,提督山西学政的陈希曾就特别看好寯藻,而陈希曾正好是陈用光的堂侄。陈家是江西新城的科举望族,官员与学者辈出,陈用光的祖父陈道还是乾隆朝的大理学家。陈用光本人师承桐城派祖师爷姚鼐,为一时古文大家。

陈用光是寯藻人生道路上的一位贵人,可与黄钺比肩。说来事情就是很巧,仿佛江西新城的陈家命中注定要与祁寯藻的生活交织在一起。

早在祁寯藻考中进士之前,陈希曾就曾向其堂叔陈用光提起过寯藻,说寿阳祁鹤皋的五公子必定前途无量,其文章人品都极佳,将来咱们可以等着瞧。陈希曾乃乾隆末期的探花郎,他的眼光肯定是不错的。而且,陈用光虽然是陈希曾的堂叔,却比陈希曾还小两岁,中进士也比陈希曾晚近十年。两人同时在朝为官,亦亲亦友,当年陈希曾的一席话,陈用光当然记忆犹新。

过了这么多年,直到这一科会试的考试结果出来,陈用光才知道自己亲笔阅卷,并推荐的考生中,恰好有家侄多年前提到过的寿阳祁寯藻。

等祁寯藻来拜见他的时候,陈用光第一句话就是:"我认识你。"

寯藻早已得知陈用光就是陈希曾的堂叔,遂恭敬地说道:"老师,当年学生在寿阳老家就承蒙钟溪先生厚爱,此番又获房师的鼎力提携,我祁家世世代代不敢忘此恩德。"钟溪是陈希曾的号。

陈用光摆摆手,说道:"这些都别说了,你父亲的事,我也知道,嘉庆九年事发时,我在翰林院任职,深为鹤皋先生鸣不平,太可惜了。"

祁韵士字鹤皋,他是乾隆四十三年的进士,比陈用光登榜早二十多年,是其前辈。

寯藻见房师说道父亲，却哑然不语。这些年，寯藻人生道路上碰见的前辈，刚开始的时候，总要提起父亲，并为之抱憾。而祁寯藻小小年纪，眼看着父亲先是获罪远戍伊犁，释放后又为了家计，东下江南，西上兰州，着实心有戚戚焉。这是他内心深处的痛，不说则已，一说则伤疤再次被重重地揭开，那种撕裂的感觉，从父亲丢官以来，就屡屡重现。

　　陈用光见寯藻脸上一片惆怅，便转移话题道："好了，好了，不说令尊大人了，你现在前程似锦，也算为鹤皋先生挣了一口。"

　　寯藻点点头，想开口说点什么，却又不知从何说起。

　　见此，陈用光走过来，轻轻拍了拍寯藻的肩膀，大声说道："好了，金榜题名，最高兴的时候，不要伤怀了，很多事情，都是无可奈何的，也都有其正反两面，我们读书人如若看不清这一点，那就不用读书，直接关在家里参禅拜佛去算了。"

　　寯藻看着老师，再次点点头。

　　"反正你叫了我一声老师，今天算是我给你上的第一堂课吧。"陈用光接着说道。

　　"好的，老师，学生铭记在心。"

　　"我听说你的诗写得不错，以后可以多写点，让我也拜读拜读。"陈用光说道。

　　"让老师见笑了，写得不好，就是喜欢写，不敢班门弄斧。"说到写诗，寯藻终于露出了一丝笑容。

　　"这你就错了，我这个人诗写不好，就喜欢胡诌几篇文章。"陈用光微微一笑。

　　"早听人说了，老师得姚惜抱与翁覃溪两位古文大家之真传，我辈后学者，可有得学习机会了。"姚鼐号惜抱，而覃溪则是翁方纲的号，这两位老先生一个是安徽人，一个是北京人，乃乾嘉时期写文章的南北两大泰斗。

陈用光听寯藻说起姚鼐与翁方纲两人，便来了兴致，大声说道："写文章，其实无外乎深、广、雅这三点，所谓深度，便是要有程朱理学的微言大义，所谓广度，便是要有考据的功底，知识面广博，而雅，就是文采，这是天生带来的，不过后天也可以锤炼，那就与个人经历和感悟相关了。"

寯藻点点头，陈用光却笑着说："好了，好了，本来头一次见面，应该和你说一说将来的打算，可还是忍不住好为人师了。"

"老师，我喜欢听您说，"寯藻一脸兴奋，"我觉得很有意思，我自己写文章总是太过于讲究章法，总感觉没有什么美感。"

"这是自然，为了应试写八股，文章就越写越拘束了，"陈用光一笑，"现在好了，你考上进士后，可以暂且把八股的写法丢一丢了，写点内心想写的东西。"

"好的，老师。"寯藻点点头。

"其实我们读书人都有这个经历，你回去后把我先师惜抱先生的文章看几篇，有机会，我们再聊。"

寯藻再次恭敬地点点头。离开陈府之前，陈用光赠给寯藻一本姚鼐的文集，并叮嘱他，喜欢就多看，如果觉得不合自己的胃口，也可以停下来思考一下，再决定是不是要继续看下去，凡事不可强求，每个人都有自己的独特认识，尤其是文章，更是一千个人有一千个写法。

陈用光说的时候很认真，他脸色凝重地盯着寯藻，令寯藻感觉到老师也许有言外之意。

回寓所的路上，祁寯藻想着刚才房师陈用光的话，感慨良多。陈用光字石士，以"石士先生"之名，享誉文坛。他既希望祁寯藻学桐城派姚鼐的文章，但又告诫他不可强学，要真心喜欢才能学。可问题是，如果不强学，也许就永远不会喜欢。

这是困扰寯藻多年的一个老问题。人的一生很长，传统的学问博大精深，仅仅一个很小很细的方向，就可以叫读书人皓发白首才稍有所得。如果能够在自己喜欢的路数上求得一些开拓性的进展，甚至哪怕超越古人一丝一毫，都可算作大家。

儒家文化在这个国家传承了两千多年，所有人，不管是贩夫走卒，还是风花雪月的文人士大夫，都受其熏陶润泽。也正因此，后人可以突破的余地就不多了。而除了儒家的知识结构，这个国家找不到其他可以让天下人重新认识自己与这个世界的体系。可怜，帝国整个文化的发展与开拓，其实是僵化的，即便是再有想法的知识分子，在嘉庆时代，也只能依旧困在传统儒家的圈子里打转。

当然，这些寯藻还意识不到，而且，直到他死，对于这个问题还是很纠结，找不到出路。只是现在，他扪心自问，他到底喜欢什么——兴趣爱好是天生的，还是后天找寻得来的；或者人根本就不存在喜欢什么，只是随着人的遭遇，自然形成的？

诚然，他喜欢诗词，也在中进士之前写了不少，包括父亲祁韵士在内的很多人，都认为他有诗才。可此时此刻，他迷茫了，或许仅仅是父亲被流放，家庭遭遇极大的变故后，他才要以写诗来发泄郁闷。

心中有块垒，诗歌便是浇它的一壶好酒。而现在，考中了进士，块垒业已减去一大半，那又该拿什么当成新的烈酒呢？

陈用光所谓的喜欢，到底是怎样的一种状况呢？也许他是在循循善诱地告诉寯藻，父亲的遭遇已经是往事，不要影响自己将来的心态，该做什么就做什么，到了一定的阶段，喜欢什么，爱写哪一种类型的文章，都会自然地呈现出来。

事实上，陈用光的一片深意恰好就是如此。他见寯藻心思太重，便委婉地告知以"喜欢"二字，叫寯藻暂且放下心中的块垒，一心向前看，喜欢读什么样的书，当什么样的官，就先试着去做，等到了一定程度，好坏便自知。

曾子不是讲吾日三省吾身吗？一天反省多次，要求太高了，反倒显得有些犹犹豫豫，畏手畏脚，但一段时间反省一下，应当是人自我提升的必要手段。陈用光也许是希望寯藻不要太敏感，总想着过去的事，这样会捆绑住他自己内心的自由与创造力，所以必须从现在开始，要发现自己喜欢什么，而非过去害怕讨厌什么。

再见嵩年

祁寯藻一路狂想着，很快便从陈用光的府邸回到了自己下榻的旅馆。一走进旅馆大门，祁寯藻就发现田嵩年正坐在楼下的大厅等他，还没等祁寯藻开口打招呼，屋里的店小二就大声说道："祁老爷回来了啊，田老爷在此等候多时了。"

店小二话刚说完，田嵩年便站起来，一边朝寯藻奔过来，一边说道："叔颖，你可回来了，等你老半天了。"

"真不好意思，季高兄，今天去拜见房师陈石士先生，回来的路上总想着他说的话，感觉走得很快，但还是回来晚了。"季高是田嵩年的字。

嵩年闻之，大笑道："你呀，刚中进士就开始思考远大前程了。"来京城后，寯藻便老与田嵩年待在一起，两人亲如兄弟，经常打趣说笑。

听嵩年这么一说，寯藻突然想起嵩年的举业，便问道："对了，你现在虽跟着壹斋师，可还是得考个举人进士的啊。"壹斋是黄钺的号。

"这个不着急，壹斋师说了，让我再等个几年，机会成熟了，自然会叫我去考的。"田嵩年侃侃而谈，似乎科举考试太小儿科，他可以手到擒来。

的确，田嵩年这些年既做黄钺的学生，又在黄钺的幕府襄助笔墨，根本没有时间来考虑自己的科举大事。到现在，他连一个举人都不是。但他的确不用担心，因为黄钺都跟他安排好了一切。科举他还是要考的，毕竟这是正途，以后想在官场上走得更远，旁门左道是不行的，还是要靠科举。事实上，田嵩年这些年跟着黄钺，结交了不少朝中显贵，来日中个进士，还真不是什么难事。

见嵩年如此有把握，寓藻才放下心来，赶紧说道："走走走，我们先去我房间，好好聊一聊。"

嵩年笑道："如果还是有关你的远大前程，那我看就没有必要聊了。"

"不会，不会，"寓藻也笑道，"绝对不想这些事了。"

原来，嵩年这次来，是转告寓藻，黄钺让他去澄怀园居住，同嵩年一道，一边跟着老师学习，一边襄助老师办事。这可是寓藻求之不得的好事，赴京赶考以来，他就盘桓于旅店，开销太大，囊中早已羞涩。现在，他虽荣登翰林院，做了一个庶吉士，可庶吉士不是正式的官员，无品无级，朝廷只给他一些象征性的生活补贴，这个时候想自食其力，很难。

黄钺也是考虑到此点，才让嵩年前来传达善意的。其实，生计问题倒还是其次，关键是澄怀园可不是普通的地方，更不是一个小小的庶吉士可以随便进出的。

澄怀园是一座皇家园林，在京城西北郊的圆明园附近。从雍正朝开始，这座皇家园林便成了南书房、上书房与军机处等大僚们的专门寓所。其实，这是皇帝对大臣们的一种笼络与奖赏。当年，第一个住进去的人，便是康雍年间赫赫有名的宰相张廷玉。

军机处先不谈。上书房乃清代皇子皇孙读书学习的机构，而这南书房就更是了不得。南书房的大臣，一般称为"南书房行走"。在清代，它是一个兼职，没有固定的品级，可一旦得此职，那就极为荣耀，很多入阁拜相之人，皆有"南书房行走"的经历。可以这么说，入了南书房，不一定将来能做宰相，但不入南书房，做宰相的可能性就很低了。

南书房可不是一般的"房"，其设立于康熙时期，一开始是皇帝和他的文学侍从官们吟诗作赋的场所，后来发展成为重要的中枢机构，康熙正是凭此来分割内阁的权力，形成皇帝的私人小圈子的。后来，雍正设立军机处，南书房的地位就下降了，但他在帝国中央行政体系中依然具有举足轻重的作用，因为离皇帝最近的人，依然是这些"行走"。

而此刻，黄钺正担任着这个"南书房行走"。也正因此，他才能住在西北郊的澄怀园。日后，祁寯藻和田嵩年将皆有南书房行走的资历。只是现在，他们两个都是以私人的身份，作为一介学生来到澄怀园，陪伴此时"行走"在南书房的黄钺。

黄钺比寯藻的父亲祁韵士还年长一岁，时年都已经六十五了，他的确需要有人照顾，而有得意的学生追随其左右，是最佳选择。这些年，田嵩年鞍前马后，不管是在公事上，还是在起居照料方面，都成了黄钺不可或缺的第一人。

马上，寯藻也有机会照顾恩师了，他听嵩年说到自己能去澄怀园后，就下定决心，这次机会难得，一定要好好为恩师做点事情，不辜负他一片舐犊之心。

"南书房行走"是一个兼职，黄钺现在的本职是户部侍郎。澄怀园虽离紫禁城有些远，但要知道，清代皇帝很多时候都不住紫禁城，他们喜欢待在环境更雅致的西北郊外的园林里，嘉庆爷也不例外。也正因此，一旦走进澄怀园，其实就是大大拉近了与皇帝和重臣们的距离，不管是嵩年，还是即将到来的寯藻，都住在令天下读书人无不仰视的中枢之园。尤为重要的是，他们俩的老师黄钺，此刻虽还不是宰相，只是一个侍郎，但他做宰相，是迟早的事。

这些，在格外讲究师徒门生关系的古典时代，便都成了寯藻入仕后的重要资源。当然，这并非祁寯藻刻意为之，就像他会试的房师陈用光，与多年前选拔他考中秀才的陈希曾，刚好是叔侄关系一样，寯藻实在是运气极佳。

难道真是三十年河东，三十年河西？当年父亲在官场上的蹉跎不幸，到了他这一代，就换成了处处有人眷顾，时时有人提携？

想到这一点，祁寯藻内心又有些莫名其妙的纠结与惶恐。人生，谁都希望是一帆风顺的。但自己的一帆风顺如果建立在父辈坎坷的基础上，那么其情何堪？更何况，在古代以孝道立家治国的环境下，祁寯藻生怕别人对此有过多的解读，尤其是家族内部的亲戚，他们会不会认为祁寯藻的成功完全是仰仗其父亲。不过，这完全是祁寯藻多虑了。后来的事实证明，几乎没有人说他是躺在大树下好乘凉。

第六章　永失父爱

入驻澄怀
父逝保定
那府厚爱
悲那彦成

入驻澄怀

澄怀园其实是圆明园的附属园林，规模虽与圆明园不可同日而语，但也不失为一个养生休憩的绝佳去处。对于古典学者型的官员们来说，在澄怀园这样的园林起居公干，是他们心中的一个梦。

这年夏初，祁寯藻正式搬进了澄怀园，他遥想六年前，自己才十六岁，父亲身在新疆边陲，还未被释放，家计艰辛，诸事蹉跎，幸好黄钺督学山西，给了自己无微不至的照顾，六年后，黄钺继续不遗余力，对自己予以资助。毫无疑问，祁寯藻感念黄钺，但他又突然有些迷茫，尤其在远眺澄怀园楼台轩榭的美景时，他感到了阵阵虚幻，他担心这一切的美好会很快消失，成为昙花一现。

祁寯藻的性格就是这样，即便最得意的时候，他也充满着危机感。毕竟，这么多年的苦日子，祁寯藻过怕了。患得患失，是他的心理软肋，虽不太好，但亦可小心驶得万年船。

在澄怀园，祁寯藻如鱼得水，跟着老师黄钺学习各种官场文书，并留心观察这个老大帝国的诸多人与事。黄钺是大画家，尤擅山水花鸟，一笔蜡梅更是拿手好戏。公事之余，黄钺几乎都在泼墨丹青。祁寯藻虽无绘画天赋，但黄钺作画时，他总是安静地看着，这其实正是一种修身养性的绝妙途经。

盛夏的一个下午，空气中到处流淌着火，连澄怀园这样远离闹市的郊野园林也格外闷热。书房里，黄钺正在挥笔勾画，突然他停下来，抬起头，眼睛灼灼地看着一旁的祁寯藻与田嵩年，说道："你们知道吗，河南那边又传来一个坏消息，捻子军开始作乱了。"

"老师，何谓捻子军？"祁寯藻一脸疑惑。

黄钺叹了一口气，擦了擦脸上的汗水，说道："你们有所不知，这个所谓的'捻子'，是我们安徽淮北一带的方言，意思就是一伙人或一群人。"

祁寯藻与田嵩年都点点头。

黄钺皱着眉头，接着说："捻子军现在主要盘踞在安徽、河南两省交界一带，老夫刚看到河南来的奏报，说那边的捻子军已有很大的动作了。"

看到老师一脸愁容，祁寯藻与田嵩年都不知如何劝慰。

黄钺却大叹一口气，继续说道："去年刚刚平定天理教，现在又出来个捻子军，老夫告诉你们两个，迟早有一日，这捻子军也会酿成大祸。"

见老师情绪如此低落，祁寯藻忍不住问道："老师，到底是什么原因，整个国家总是一波未平，一波又起，总是有各种反叛的人，这到底是怎么了？"

田嵩年也说道："老师，难道朝廷真的就不——"

见田嵩年这么说，黄钺赶紧对他摆摆手，示意他不要再说下去了。田嵩年只能戛然而止，他本欲说清廷是真的不行了。

气氛顿时更加压抑。

好久，黄钺才说道："现在当务之急，一是鸦片对国家和老百姓的腐蚀，一是这些此起彼伏的作乱。老夫已六十五岁，垂垂老矣，但你们还年轻，一定要记住这两个大弊，从现在开始就好好观察，认真琢磨一下，将来就靠你们这些后辈了。"

寯藻和嵩年点点头，心中格外沉重，一时间都不知说什么才好。

澄怀园的时光过得真快，盛夏一晃而过，凉爽的秋天便来临，恰好此时，父亲祁韵士从寿阳老家来到直隶省府保定，离寯藻很近了。

是这样，去年，那彦成被任命为钦差大臣，接着，他较为顺利地剿灭了河南滑县的天理教暴动。此后，他入主直隶，担任总督。职位虽变，但那彦成却舍不得老友祁韵士，赶紧让他来保定莲池书院执教。祁韵士当然也是义不容辞，很快应邀前来。寯藻得知父亲已到保定，便在澄怀园坐不住了，他分别给朝廷与黄钺告了个假，便立马动身前往保定。

父逝保定

见到父亲，寯藻忍不住泪流满面，父亲时年已六十四，华发满头，精神状态却还行，概因寯藻考上进士，给了老人家很多慰藉，官场之遗憾，几乎已然在心爱的儿子手上扳回来。当然，儿子的成就对于祁韵士本人倒是次要的，关键是整个家族，都会有一个崭新的未来。

祁韵士与祁寯藻之间，不是太典型的传统中国式的父子关系。古典时代的父亲，往往对于儿子们来说都是很严厉的，所谓的严父慈母就是这个意思。但祁家不是这样，原因是祁韵士第一个妻子去世后，只留下大儿子祁寯藻，祁韵士想着寯藻母亲早逝，就多了一份爱意。后来，第二个妻子刘夫人虽又生下五个儿子，但老二与老四早早夭折，祁韵士便有些不忍。外加之，祁韵士被流放新疆后，长期不在妻儿身边，被释放后，又东走西奔，在各地讲学，未得更多机会含饴弄孙，自无法做到言传身教，便对儿孙们有了些许歉意。反之，刘夫人作为母亲和祖母，为了家计，为了教育子孙们成才，反倒是代替了祁韵士这个严父的角色。

父子相聚于保定，自有说不完的话，而且他们还决定回一趟山西老家。祁寯藻中了进士，该回老家和亲人们团聚一下，这是人之常情，现在又有父亲做伴，回家之路便真像铺满了黄金一般，格外耀眼闪亮。老家的亲人，也翘首期待他的荣归。

人世间既有分离，也有团圆，古往今来皆如是，金榜题名后的团圆，更是家族快慰激荡的人间繁华。其中种种悲喜，姑且不说，至少这是自祁韵士获罪十年之后，家里最美妙快乐的时刻，连祁韵士都仿佛忘了当年所有的冤屈与不平。而刘夫人也得以一展难得的欢颜——她支撑这个大家庭多年的心酸痛楚，似乎也早已成为过眼云烟。

人生就是这样，所有的痛苦似乎就等着一次期盼已久的功业来抹去。而所有的功业，也必将成为往昔，好在即便如此，当下的功业也能给当下的人无限温暖。

不过，还是有不如意的。一回老家，祁寯藻就发现妻子曹氏脸色不太好。晚上在卧房，寯藻轻轻对妻子说："姐姐可要注意身体啊，现在我们日子会越来越好，你可要保重。"

妻子一听，泪水便哗哗流下来，她看起来很脆弱，强忍着泪水说道："没事，我只是睡眠不太好，没什么大事的，你放心吧。"

寯藻无言以对，他明白，结婚五年多来，与妻子在一起的日子委实太少，他看着妻子这张熟悉的脸，却突然感到万分的陌生，心里便猛然生出一丝悲凉。古典时代，像祁寯藻这样到处求学赶考的知识分子，只有等到官做的大一些，才能把老婆孩子带在身边，否则两地分居就是常态。

祁寯藻虽有所不忍，但现实是残酷的，就算他现在已然贵为进士，但也只是在翰林院做一个见习生，朝廷发的那点补贴，根本不足以支撑他在京城置办家业。再说，京城原本就"居大不易"，当年小时候，在宣武门外铁门胡同居住时，父亲虽做到五品的部院郎中，但养活一大家子人依旧十分拮据。祁寯藻对此有着深刻的印象。现在，对于把一家老下安置在北京，祁寯藻是想都不敢想的。

好在三年前，祁寯藻陪父亲去往兰州襄助那彦成之后不久，妻子就怀孕了。现在这个孩子都已经两岁多，此刻正睡在卧房的摇床上，祁寯藻看了看他胖乎乎的脸，忍不住对一旁的妻子说道："佺儿很乖巧，可身体总是不太好，我在外边也常揪心。"

祁寯藻第一次看见这孩子时，还是一年之前从兰州回到故乡的那个秋天。转眼，又是一个秋季，佺儿也添了一岁，但他看到自己父亲时，满眼都是恐惧，根本不开口叫"爹"。见此，祁寯藻只是微微一笑，让母亲和妻子不要强迫佺儿，自己委实与他在一块待的时间太少。

"没事的，有婆婆与我细心照料，应该没事的，你放心。"妻子温柔地一笑，可依然让祁寯藻看出了一丝担忧与苦涩。

本来，祁寯藻有很多话想对妻子说，但一回到家，看到憔悴的妻子与陌生的儿子，便不知该从何处说起。

西楚霸王项羽有言，富贵而不归故里，如衣锦而夜行。如今，祁寯藻中了进士，与父亲、兄弟、侄子一大家相聚在寿阳老家，算是无愧于霸王之言了。而且，祁寯藻时年才二十二岁，正是青春年华，真正"衣锦"的大好日子，还在后头。

可惜，人生无常，高潮无疑是要跌落的。衣锦还乡之后，"衣锦"还得离乡：祁寯藻刚步入仕途，不可过分留念亲情，他很快回到北京，继续做他的"庶吉士",不敢有丝毫怠慢。祁韵士则再归保定,仍旧入总督那彦成的幕府。

祁韵士很早就教导寯藻,考上进士虽然是人生的一座高峰,但对于将来的建功立业来说,那也仅仅只是一个基础,日后要攀登的险峰,会一个个接踵而至。恩师黄钺在澄怀园也殷切劝诫,且不可白白浪费掉了一个进士头衔,古往今来,进士何其多也,出类拔萃,做出一番功业者,又有几人?

诚哉斯言,前番在寿阳老家团圆时,祁韵士再次叮嘱寯藻,如果躺在进士这个荣耀上苟且度日,那还不如弃之如敝屣,走别的路径,哪怕只求得一丝长进,也算善莫大焉,至少,读书立言,写出几篇好文章,几部好书,也比做一个失去进取心的进士强。

哪知,祁韵士苦口婆心的勉励之语犹在耳边,身在北京的祁寯藻却得到噩耗,父亲在保定撒手仙去。那是三月底的一个深夜,祁寯藻正在澄怀园熬夜通读姚鼐的文章。姚鼐是当时的文坛领袖,散文绝佳,再加之房师陈用光曾大力向寯藻推荐其文章,所以祁寯藻这段时间总在读姚公大作。此刻,寯藻手中捧着的,正是陈用光所赠的姚公文集。当祁寯藻尽情遨游于前辈大家的文海之中、渐入佳境时,澄怀园的守园卫兵却急匆匆走进来,大声对祁寯藻说:"卑职还以为祁老爷已入睡,看来正好,园外有老爷的一位家人,说是从保定星夜赶来,有急事面呈。"

寯藻一惊,料想肯定不是好事,赶忙丢下书,随这位卫兵疾步向前,走到园门口。园子大门口灯火通明,祁寯藻一眼就看出来者是父亲的一个书童。未等书童开口,祁寯藻就大声问道:"是家父身体有恙?"

书童听祁寯藻这么一问,顿时大哭,一句话也说不出来。

祁寯藻见此,已猜到七八分,本来很着急,但恐自己一急,书童更说不出话来。于是,他强忍着悲痛,定了定神,轻轻说道:"你先别哭,告诉我情况后再哭也不迟呀。"

书童此刻才停止恸哭，说道："禀告五少爷，老爷子昨日子时仙逝，六少爷、孙少爷请您马上回保定。"

闻此，祁寯藻再也忍不住，跌足捶胸，与书童一道，号啕大哭起来。这厢哭声震天，那厢澄怀园内早已被惊动。黄钺与田嵩年也急急赶来，大相劝慰。等寯藻稍稍平复，黄钺便大声说道："叔颖，别的话老夫就不多说了，你现在就动身去保定，给朝廷请假的事，交给季高，老夫这边的琐事，你就别挂念了。"

田嵩年跟着说道："这一去，丁忧又是两三年，叔颖兄若有事，请常赐书信，不可独自负重，令老师与我们同仁担心。"

寯藻连忙给黄钺与嵩年作揖拜谢，书童也早已把马车移到大门口。寯藻来不及多说，连行李都未收拾，便同书童一道，跳入车厢，消失在茫茫夜色中。

一路上，寯藻不住地问书童，怎么如此之快，六弟宿藻与大侄世莛怎么不早点通个音讯，也好让他见父亲最后一面。书童边哭边说："不怪六少爷与孙少爷，老爷寒疾复发，来得太猛，谁也没料到的，六少爷与孙少爷本以为可以慢慢痊愈，眼见着前几天渐好起来，大家都很高兴，未曾想，竟成回光返照。"

闻此，寯藻就一言不发了，眼泪就这么静静地流着。他心想，怎么就如此不凑巧，若是以前，他没有考中进士的时候，陪在父亲身边的子孙辈，一定有他。可去年在家团圆之后，他必须赶紧回京，不能留在保定父亲身边。

父亲已是六十五岁高龄的老者，必须要有家人随行照顾，这个重任便落在了六弟祁宿藻与大侄子祁世莛的身上。寯藻考中进士，为父亲与家族争了一口气，却又成也萧何，何败萧何，未能与父亲见上最后一面。

他如此一想，便觉得人生太过于残忍，总是给了你一点美好，便马上无端地再送你一个下马威。这难道就是真正的人生吗？父亲虽然常说生死有命，不可强为，但真的就这么走了，没有给他留下只字片语，这其中的不忍，怎凭"生死有命"四个字，就可一消而解？

马车上的祁寯藻想到了大西北的兰州，那些陪伴父亲的日子皆历历在眼前，每一个瞬间都是那样的厚重浓烈，可此刻从北京一路南下，奔向保定，却显得如此缥缈，宛如梦中一般。

从北京到保定，本不是太远，可马车似乎走了一百年才迟迟抵达，而祁宿藻与祁世耸正等候多时。老人病逝于异乡，兄弟亲侄相见，更是无语凝噎，只见三人抱在一块大哭，一旁几个仆人，或大或小，见此情状，竟无一人相劝，都跟着掉泪，由着他们三人倚在父亲身边抒发哀思。最终还是祁世耸年龄稍大些，第一个停止哭泣，说道："两位叔叔切莫哭坏了身子，万望以祖父的后事为重。"

世耸虽是侄子辈，但比寯藻还大两岁，已有较多生活阅历。而宿藻此刻才十五六岁，翩翩少年，尤为可怜。听大侄世耸说道逝者后事，寯藻便也强忍住了泪水，但一旁的宿藻却还是死死地拉着五哥寯藻的手，浑身战栗，无法平复。宿藻是家中幼子，算上所有姊妹，他也是最小的，很多侄子辈的人都比他大，而世耸是长子长孙，年长宿藻十岁有余。人小，最害怕面对亲人的离去，宿藻从父亲仙逝后到现在，都浑浑噩噩，几近失去意识。五哥寯藻的到来，让他猛然获得了巨大的依靠，于是就像个孩子似的，深深依赖寯藻，以求得抚慰。

对于家中这位老六，寯藻一直疼爱有加。想当初，祁韵士五十多岁得了这最小的儿子，可仅仅四年后，祁韵士蒙冤，被发配到新疆效力。那时，老六才刚刚能蹒跚走路，便跟着刘夫人和一家老小回到寿阳老家。一路上，老六总是啼哭不止，全家人都知道，他还小，不知道发生了什么，只能感觉到所有的东西都急剧改变。他适应不了这种改变，只好本能地以哭声作为回应。

一晃十多年倏忽而去，父亲祁韵士早已被朝廷赦免，重获自由，五哥寯藻也为家族扬眉吐气，考中了进士。可偏偏月盈则亏，父亲在异乡轰然离去，一个十五的少年情何以堪，委实够他难受的。

祁韵士病逝于异乡保定，离寿阳老家六百里远，诸事多不方便。好在，直隶总督那彦成父子古道热心，祁韵士又逝于那彦成的幕府任上，那公心有愧疚，就更是无微不至，全力相助，所有一应物品礼数，皆由他派众人全力操办，才未见任何差池。

待寯藻稍微好些之后，侄子世耵便与之说道："五叔不用过于担心，祖父身后事，皆有制台大人与公子照应，一片肺腑之心，令人感怀，家祖得此良友，也算我们祁家先人在天有灵，不至于捉襟见肘，慌乱应付。"

寯藻点了点头，轻轻地说道："那家两代人对祁家恩重如山，早年在兰州时，父亲就曾对我说，以后若他不在了，家中诸事皆可托付那制台与公子容安，未曾想，父亲的话，这么快就应验了。"

"对了，五叔，祖父弥留之际曾有话交代，"世耵泪水又快涌出，"他老人家念念不忘的还是你。"

寯藻顿时哽噎，好半天才忍住，问道："世耵，我都不忍听下去了。"

"五叔，你可千万要振作起来，家道中落已久，日后皆靠你支撑。"世耵边说便抹掉眼泪。

"好，你爷爷如何说的，我听着。"寯藻闻世耵如此一说，马上就振作了许多。

"祖父有言，让你不要执着于做官，若是有昧良心，大可选择挂冠而去。"世耵满眼期待地望着寯藻，"祖父还叮嘱，做官不如做点学问，如果实在宦途过于煎熬，可著书立说，在寿阳老家教教孩童，亦人生之大美满矣。"

此言完毕，世耵便不再多说一个字，寯藻也顿时沉默。

好久，寯藻才问道："你爷爷他老人家还说了什么没有？"

世耵答道："再就没有了。"

寯藻再次无语,他觉得父亲应该还有微言大义,只是无法说出口。当初父亲在时,总是有意无意说起官场,老人家语气虽然平缓,但寯藻能听出其心中有大块垒。毕竟,清代的吏治,从康熙朝后期就已然糜烂,到了雍正朝,虽有帝王亲范,重法整顿,但还是昙花一现,再到乾隆朝,好大喜功的弘历在晚年时,最终把清帝国带入一个表面繁华,实则败絮其中的尴尬境地。尤其和珅当政那些年,正是帝国政治风气一败千里之时。彼时,祁韵士恰与和珅同朝为官,各种骇人听闻的腐败,祁韵士早有耳闻。后来嘉靖爷亲政,和珅被抄家,其巧取豪夺的钱物还是令祁韵士始料未及。和珅倒台时,祁韵士正在户部担任员外郎,这些事历历在目,作为一个学者型官员,他岂能对这个老大帝国的种种弊端没有自己的清醒认识?

记得四年前那个夏天,寯藻陪着父亲到兰州受聘于兰山书院时,父亲就在西行路上对寯藻说过,官场是很容易叫一个人学乖的,但一个人若学得太乖,那就丧失了灵性,看起来人模人样,却早已不是人了。

寯藻点点头。

那时候,他已在北京参加了第一次进士考试,结果名落孙山。父亲却一点责备的意思都没有,反倒总是跟他说一些与科举考试无关的话题,其用意很明显,就是想让他尽快从失利的隐痛中走出来。有时父亲还提到官场上的一些奇闻逸事,譬如对那位已被扫进历史垃圾桶的和珅,父亲曾感叹道,其实和珅这个人不是太坏,就是过于机灵,眼睛总朝上看,从来不看下边,得罪人太多,胃口又太大,但这个人有一点,他如果看你顺眼了,你即便不给他送礼,他也真心实意帮你办事。

寯藻闻此,点点头,问道:"和珅如此贪腐,难道乾隆爷不知道吗?"

"先帝当然知道,但他与和珅一样,都是骑虎难下了,本身就是你中有我,我中有你,"祁韵士笑曰,"和珅的钱,虽是非法所得,但很多都是代乾隆爷付账,乾隆爷有很多难以明说的开销,必须仰仗和珅。"

寯藻闻之无语。

祁韵士接着说:"其实,到了和珅那个位置,尤其他又是旗人,再加上先帝晚年过于追求一些虚的东西,才让和珅有了用武之地,换了别人坐和珅那个位置,估计也差不多的,甚至有可能比和珅做的还不堪。"

"以后这官看来是越来越难做了。"寯藻说道。

"话不能这么说,做官与做人是一个道理,既不要太机灵,又不要太呆。"祁韵士一脸惆怅,"你毕竟以后还是走这条路的,读书人,除了这条路,留给我们的就是著书立言了,太呆了不仅官做不好,连文章也写不好,为父我就太呆了。"

闻此,寯藻再次无语。

此刻,四年光阴飞速而逝,父亲也骤然离去,寯藻想到父亲对自己的诸多教诲,才明白父亲留给他的遗言,还是与以前的殷切希望一样,是让他在一个官场已不可救药的大环境下,尽量做一个好官。如果不成,则彻底做一个读书人,亦是存命之道。但是,寯藻深知,父亲直到去世的那一刻,依旧是矛盾的:父亲当然认为做官是正统,但又怕儿子寯藻的性格不适合在官场混,而重蹈自己的覆辙。

想到此,寯藻在心里叫了一声父亲,眼泪再次夺眶而出。

那府厚爱

赶到保定的第三天,待情绪稍有恢复,寯藻便来拜见那彦成。其实,父亲祁韵士停厝的莲池书院离总督署不远,寯藻很快就赶到了,而那彦成与公子容安早已在会客厅等候多时。

见到那彦成,寯藻赶紧行跪拜大礼,那公忙叫容安扶起寯藻。寯藻不肯,大声说道:"先君辞世,一切有劳大人,这个礼数,学生一定要做到。"

那彦成见此，亲自上前，一边扶起寯藻，一边说道："照理不该如此，世兄如今已入翰林，朝廷有法度，不该行此跪拜大礼。"

"朝廷虽有法度，但寯藻作为晚辈，多年来受大人栽培，先君亦屡获制台大人照顾，此情不跪，何以跪之？"

那彦成叹了一口气，轻轻说道："不想鹤翁走得如此之快，连我近在咫尺，都未能见最后一面，可惜可惜。"祁韵士字皋鹤，外人皆称其为鹤翁。

"这不怪大人，先君委实走得太快，好在保定有大人，祁家何其有幸。"寯藻说到此，眼泪不知不觉地流出来。

"这个就别说了。"那彦成挥了挥手，"只是你马上要丁忧二十七个月，翰林院那点俸禄本就少，现在就更要蹉跎了。"

寯藻闻此，不知该作何回答。

公子容安一边关切地看着祁寯藻，一边朝他走近了一步，轻声说道："叔颖别着急，家父早有安排，已经为你谋了两件差事，一是屈居保定幕府，二是给河间府的瀛洲书院授授课。"河间府隶属于直隶省，位于保定府东南一百七十多华里处。

寯藻听容安这么一说，赶忙再次向那彦成作揖相拜。

那彦成点点头，说道："从保定到河间，说远还真有些远，来去不方便，寯藻，我看这样，你不用去河间府，那边学生的文章可寄过来，你在保定评阅后，再送回去，这样便可兼顾两边了。"

"寯藻深感制台大人的恩情，但襄助幕府，我没有太多经验，怕有愧于大人的厚爱。"

那彦成一笑，未置可否，公子容安却微微一笑，说道："家父看人不会错，你的诗，家父早看过，大为赞赏，说后进者当学你，既有才情，又不空发叹息，还有回味的巨大空间。"

寯藻一听，赶忙说道："大人过奖了，都是闲时游戏之作，班门弄斧而已。"

"寯藻不须如此谦逊,你就安心在保定帮我处理处理公文,河间府授课之事,老夫主要还是希望你多一份进项,想必你也应付得过来,"那彦成叹了一口气,"你中了进士才几天啊,鹤翁便仙去,当年在兰州,他可是一直殷殷相盼,等着你有出息的一日,而今他看到了,却又不能继续看着你建立更大的功业,可惜可哀。"

那公此言一出,寯藻眼眶又红了。

容安及时相劝,对祁寯藻说道:"家父与令尊大人真可谓惺惺相惜啊。"

寯藻见话里有话,正待发问,那彦成却摆摆手,说道:"好了,不说这些了,老夫还有公务,要出去,容安,你陪着寯藻多坐一会。"

说完,那彦成便快步离去,寯藻望着那彦成的背影,又深深一拜。

等那彦成走后,容安与寯藻又说了好久。上次陇东静宁城外一别,已过一年半,容安依旧闲淡,谦谦君子不减丝毫。据容安所言,其实他父亲那彦成的日子也不好过,别看他们家是旗人,世代显赫,可那彦成的宦途却极其不平,屡屡被贬斥,好在屡屡否极泰来,被重新起用。这些,寯藻也曾听父亲说过。那彦成的祖父乃乾隆朝名臣阿桂,此公征战南北,建功无数。到了那彦成这一辈,虽祖上余荫犹在,但那公如今在朝中的地位,却是自己从一滴汗、一滴血开始,慢慢熬出来的。都说满族旗人在大清国的政治生活中占尽优势,可谁曾想,能够坐在祖宗的功勋上吃老本,并优哉游哉的,又有几人?

离开容安之前,寯藻突然又想起在兰州的那段岁月,便忍不住对容安叹息道:"静止兄,不知道还有没有机会再去兰州,西北虽贫瘠,但风情民俗皆有一种坚韧的气度,令人不可忘怀。"

"有机会的,世事无常,皆有可能,"容安一笑,"说不定家父又移任兰州,你在幕府,当然也要跟着去了。"

"真的吗？"

"开玩笑的，"容安再次一笑，"不过，家父总是起起落落的，官在什么地方，人就到了什么地方，倒也不算开玩笑。"

寯藻一听，有些不解，想了想，忍不住问道："刚才制台大人在时，你好像要说点什么。"

"本无事，只是如今做官比做人还难，尤其是外放的督抚，虽是一二品的大员，但朝中那些人，即便是七品小官，也可说三道四，所谓的风闻言事嘛。"

容安说完，哈哈一笑，便再不言语。

离开总督署，寯藻回想起容安所说的"做官比做人还难"，心中便有些不祥的预感。容安必定话中有话，刚才他欲言又止，难不成那彦成大人要出事，或者被参了？想到此，寯藻叹了一口气，原来那家这样的世代显赫的满人勋贵，也有无法告于外人的烦恼。寯藻原以为，他们这样家庭出身的人，既可选择做官，亦可逍遥于人间，而像祁寯藻本人这样汉族知识分子家庭出来的人，往往选择的余地就很小，只能一心于功名，求富贵于帝王。可仔细想来，那彦成这样的世家，即便可以做选择题，也往往不是想当然地那么轻松与洒脱。人生在世，各有各的块垒与不平，父亲祁韵士虽一生蹉跎困顿，但总归与众生一样，不如意之事，十之八九。参透出这一点，寯藻便豁然开朗了许多。

落叶归根乃中国人的传统，不久，寯藻便与六弟宿藻、大侄世甞一道，扶棺回到寿阳老家。六弟宿藻委实太小了，才十六岁，对于父亲的离世，他恐惧至极，完全找不到寄托哀思的其他途经，只想着父亲死亡的样子。一路上，他总是一言不发，偶然一说话，便欲坠泪。

多年后，想起六弟宿藻因父亲亡故而茫然不知所措的表情，寯藻都会心如刀割。每一个人都是父母生，父母养的，可父母的生命是有限的，每一个人终将失去自己的父母。不仅父母如此，连每个人自己的生命也是有限的。人生说到底就是不断地失去，不断地与生老病死的自然规律做一些意义或有或无的博弈。人生本来就是脆弱的，而年纪轻轻就骤然失去父亲的六弟宿藻，正把这种脆弱扩散在空气中的每一个角落，令人不忍直视。

寯藻见六弟如此，也无言以对。

在老家办完丧事，寯藻便返回保定，然后一边守孝，一边襄助那彦成料理公务。祁家两代人，皆入那彦成幕府，想来真是有某种天注定的机缘，这令祁寯藻一想起，便感念不已。

本来，父亲去世，便意味着家里彻底失去了一位赚钱养家的"中流砥柱"，这令祁寯藻经济压力骤增。好在那彦成父子考虑的极为周到，除了总督署这份工作，他们还不忘当初的承诺，安排寯藻担任了直隶河间府瀛洲书院的"兼职"教习一职。为了两者兼顾，河间府那边把学生的文章寄到保定，由寯藻批改完成后，再送回河间府。寯藻此时才二十四岁，虽说已然是皇家钦定的进士，但他还是觉得瀛洲书院的这份报酬，真有些受之有愧。毕竟，这种不在现场授课，而是远远地以修改学生文章作为答疑解惑的上课方式，确实有隔靴搔痒之不足。

但是，为了生计，为了不辜负那彦成父子一片苦心，寯藻也只能尽最大努力，高质量地批改河间府学生的文章，对得起那点银子。

还有，上次送父亲的遗骨回老家，让他再次深切体会到妻子曹氏的不易。尤其是他们的儿子佺儿，快三岁了，可越发对寯藻生疏，依旧不敢叫一声爹。寯藻表面上笑着对一家人说不要紧，是自己老不在家造成的，可仔细一思量，顿生寒意。妻子曹氏虽总是一脸的娴静与微笑，但很明显，她又瘦了，仿佛每次见到她，都只是为了感受到她的衣带渐宽。寯藻在心里发誓，熬过守孝期之后，一定在京城好好干，到时候把妻儿老小和一大家人都接到北京去团圆。

悲那彦成

时光如梭，转眼第二年，人在保定的祁寯藻守孝已过一年多，他逐渐从失去父亲的痛苦中走出来，可未曾想，就在这年盛夏，那彦成却深陷囹圄。事情是这样的，当初嘉庆十四年，那彦成督治陕甘后不久，甘肃就发生了极为罕见的严重旱灾。那彦成带领甘肃全省官民，雷厉风行，取得了抗灾救民的巨大成绩。尤其他以高压姿态，制定出详尽、可行、赏罚分明的规章制度，有效遏制了各级官员趁机发国难财的"习惯性动作"，同时调动一切行政与社会力量，确保救灾物资与援助金真真切切地落入灾民的口袋。

对于胆敢侵吞国家救灾钱物的各级官员，那彦成毫不留情，予以严惩，打造了一个较为廉洁务实的救灾氛围。正因此，那彦成被誉为天下督抚的楷模，受到嘉庆皇帝的大力表彰。而且，为了给后人留下一个抗击旱灾的经验教训，那彦成还根据自己在陕甘任上的施政心得，编纂了一部颇为专业的荒政书籍——《赈记》。那彦成赈灾，有雷厉风行在前，又有理论大著留后，可谓大仁大善矣。

目今，西北陕甘的旱灾已六年过去，那彦成也早已离开甘肃，移督直隶，可此刻居然还有人跳出来，翻那彦成的旧账，参他当年在甘肃抗击旱灾时贪污了大量的救灾资金。晴天霹雳，那彦成来不及做过多的申诉，就马上被北京来的刑部大僚押往北京，打入死牢。这一下子，保定总督府乱成一锅粥，那彦成的很多幕僚皆作鸟兽散，可祁寯藻临危不乱，坚定地留在总督署。更为不妙的是，那彦成被带走时，公子容安没留在其父身边——他正在从北京赶往保定的路上。

好在第二天，容安匆匆走进总督署。寯藻早已在大门口等候多时，一见面，寯藻反倒不知从何说起。倒是容安，还不等跟着他的仆人离开，便大声对寯藻说道："叔颖，不必惊慌，朝廷上的事，瞬息万变，家父还经得住。"

寯藻见容安虽满头大汗，但气色尚佳，心里便好受了许多。容安接着说道："我来带家眷回北京，这边也没法待了。"

"制台大人太冤了。"寯藻还是忍不住说道。

"叔颖不必如此，家父之前几起几落，以后还会有更多的几起几落，宦海无常，我不是跟你老早就说过吗？"容安一边说，一边叹息了一声，"再说，朝廷就是这个样子，如今做官就是如此不堪，习以为常便是了。"

"制台大人在刑部大牢里不会遭罪吧？"寯藻担心地问道。

"不会，刑部的那些堂官，多与家父有些交情，再说案子虽被那些御史们说得有模有样，但最终还是要皇上圣断。"容安一边说，一边朝北京的方向握拳相拜。

寯藻还想再问，容安却一边朝总督署里面走，一边对寯藻说道："叔颖，我没有时间跟你详细说这个事了，眼下我赶紧要把一家老小都接回京师，再做打算，你还在丁忧，也不可因家父之事而无着落，我看你还是与我同行回京，然后你先暂且投奔黄左田夫子去。"黄钺字左田。

寯藻感激地点点头，想说点什么，却无言以对。容安却边走边说："叔颖，我已让管家准备了一百两银子，他会给你送过去的，权且作为你回到京师后的一点生活费，别的，我也爱莫能助了。"寯藻闻此，眼圈立马就红了。容安却赶紧说了一声"多保重"，就快步向总督署内院走去。

容安离开后，寯藻久久无法释怀。其实从祁韵士病逝、寯藻闻讯赶到保定，到此时那家蒙难，这一年多的时间里，容安就曾屡屡对寯藻提及他父亲那彦成的种种际遇，虽然容安总是点到为止，但寯藻能够深深感受到，满族勋贵担任封疆大吏之不易：一有风吹草动，便要八面玲珑，应付本省与朝中各级官员的责难。帝国一向是以所谓的儒家治天下，可说到底还是人治。从个人权力的角度来看，人治当然对各级官员都是好事，大伙都可以不受太多的制约，可它也有一个最致命的坏处，那就是有一个人可以有权对他们进行任何评判，此人便是皇帝。专制时代，皇帝的喜怒哀乐决定着每一个官员的仕途，甚至生命。

尤其此刻，清王朝早已不可避免地走着下坡路，于是官员们更是随时要为帝国所有的欠账与麻烦买单，不管是不是自己的责任，反正只要上级与皇帝认为你有错，那你就一定有错。

本来三年前，那彦成从陕甘总督任上移师河南，剿灭了天理教叛乱，为朝廷又立一大功。可三年过去了，仿佛过去的隆隆圣眷都只是假象，而今却还要翻六年前甘肃赈灾时的旧账。此事极为蹊跷，就连作为总督署幕僚的祁寯藻都知之甚少，刑部来人"请走"那彦成，几乎毫无征兆。寯藻坐在自己的房间，一个人发呆，突然又想起老师黄钺。刚才容安说到让他投奔黄钺，也是一片丹心。原来，当初为了给丁忧的祁寯藻谋点收入，那彦成父子二话不说，将寯藻留在保定总督署，但与此同时，北京的黄钺也写来书信，要寯藻丁忧时期还是坚持在澄怀园帮其料理公事，目的是让寯藻不至于骤然失去这一可遇不可求的学习机会，也恐有损于其将来的仕途。黄钺的安排是高瞻远瞩的：在澄怀园可以安心跟着老师熟悉官场礼尚往来，接触到各路大佬与科举新贵，经济上也会得到黄钺的资助，的确是丁忧时期不错的去处。

可是，寯藻拒绝了老师的邀请，他决定留在那彦成父子身边，入直隶总督幕府。不为别的，就为那制台与公子对先君祁韵士生前生后不遗余力的照顾。仅此一点，寯藻都必须接受那彦成的邀请，以为报答。

后来，容安无意之中得知此事，还曾劝寯藻：如果想回到北京，就不要顾及这边。寯藻闻之，倒非常不好意思，急着告诉容安，他一定要坚持到丁忧结束，再回北京。容安当时哈哈一笑说："黄左田那边，绝对要比这边更适合你，但一切都由你自己做主，万万不可勉强自己。"

寯藻点点头，不再说什么。

　　此刻，丁忧还没结束，容安的肺腑之言亦犹在耳边，却碰见那家遭此大噩。这时，容安带着家眷火速回京，寯藻也跟着同行。人事蹇拙，天公也不作美，一路上连日大雨，闰六月初九启行，赶到京城已六月二十了，连头带尾，足足走了十二天。一到京城，祁寯藻便马不停蹄，入刑部大牢探望那彦成。

　　一见面，那彦成便冷静地说道："寯藻，看来让你安心待在老夫幕府中是无望了。"

　　"制台大人，我——"

　　那彦成摇摇手，大声说："刑部死牢我倒还是头一次光临，想必你也是尝鲜。"

　　"大人，我为您冤屈。"

　　"冤不冤倒在其次，关键是直隶的很多政事，恐怕要半途而废了。"那彦成叹息了一声。

　　寯藻眼圈一红，掉下眼泪。

　　"死不足惜，"那彦成一笑，"可要是能死在战场上，就好了。"

　　寯藻闻之，心如刀割，不能发一言。那彦成也顿时无语。

　　好久，寯藻才轻轻说道："制台大人请放心，天下自有公道，会有转机的。"

　　那彦成不接这个话茬，问道："你现在的字大有长进，在保定时老夫就跟你说过，要趁现在丁忧，时间多，好好练字，以后要是公务冗杂，就不能尽心写字了。"

　　"大人教诲，寯藻牢记在心。"

　　"你别看我现在被打入死牢，可时间倒是大把大把的，我可以不受干扰，好好写几个字了。"那彦成一边说，一边弯腰捡起地上一张纸，递到寯藻手中，"帮我好好看看，是不是与平常有所不同？"

寯藻将这张纸捧在手中，只见上面写着"公私"两个字，皆一寸大小的行草。

见祁寯藻捧字无语，那彦成倒先问道："是不是写得太大，反失工整？"

寯藻摇摇头："大人这'公私'两个大字，透露着一股仙气，已进入物我两忘的境界。"

那彦成哈哈大笑，长叹一声说道："富贵荣华，对我辈来说，早已是过眼云烟，想我祖宗励精图治，从白山黑水一直走到中原，吃了多少苦，受了多少伤，洒了多少泪，才换来这么一个世代簪缨的排场。"

寯藻想说点什么，却被那彦成拦住，他接着说："也就只是一个排场，公也是这个排场，私也是这个排场，公私不分是我们满人一贯的习气，当年可以靠此得天下，而今却能叫你丢命。"

寯藻听得云里雾里，又不好怎么问。那彦成似乎要一吐为快，接着说："还是你们汉人好，小心谨慎地为官，终归是常理，老夫还是有些大意，过于相信手下的人了。"

"大人不必自责，皇上会体恤大人的苦衷的。"

"有些事情，可能容安跟你说过，老夫今天也跟你说说。"那彦成突然双目炯炯地望着牢房的墙壁，"嘉庆元年，到现在都已经二十一个年头了，当时湖北、陕西、四川交界处的白莲教匪徒起事造反，朝廷派了三员大将领兵讨伐，然后，就为了一个从湖北逃窜到陕西的匪首张汉潮，打了整整四年，消耗巨大，可硬是不能灭掉张汉潮，你知道是什么原因吗？"

"大人，寯藻那时候还只是一个四岁的孩子，具体情况还真不知道。"

"那老夫告诉你，根本不是张汉潮人多势众，也不是我军势单力薄。"那彦成侃侃而谈。

"那是什么原因？"

"很简单，"那彦成叹了一口气，"我军派出的三员大将，相互都有隔阁，互不买账，才造成的。"

"原来如此。"祁寯藻也叹息了一声。

"我们内耗太严重，都只想着争功，又不愿意付出代价，便总是相互掣肘，甭说是打剿匪，就算是太平时期，也干不好事。"

"的确如此，制台大人说的是。"

"没办法，朝廷任命老夫为钦差大臣，战局才起了变化。"那彦成看了一眼祁寯藻，"你可能要问，老夫为何就能一下子调和这三人的矛盾呢？"

祁寯藻谦逊地点点头。

那彦成接着说道："其实，根本不是老夫有多大的能耐，而是在我被任命为钦差大臣的同时，那三位相互不买账中的两位被撤职，另外一位大员，见没有人跟他争功，又有老夫这样的钦差大臣要过来，便一鼓作气，全力攻打剿匪，很快将张汉潮诛杀。"

祁寯藻静静地听着那彦成对往事的追忆，心中也自有一番局外人的感慨。他想，毕竟这个国家是自己的国家，这个朝廷是自己的朝廷，甚至这个官场是自己的官场，在这种只顾自己个人名利，不顾国家安危的大环境下做官，何其不易，又何其不堪。

那彦成此刻谈兴正浓，他看都不看祁寯藻一眼，继续说道："张汉潮死了之后，皇上很高兴，还认定是老夫的功劳，这算老夫捡了个便宜。"

"大人太过自谦了。"

"不是我自谦，而是事实如此！"那彦成非常肯定地说道。

"那后来呢？"祁寯藻忍不住问了一句。

"后来——后来的事那就是要为捡了一个小便宜，而付出大的代价。"

"什么代价？"

"什么代价？张汉潮虽然死了，但他的部下却未被全部剿灭，很多都逃到秦岭的深山老林子中，有的还继续南下流窜到湖北与河南两省。"那彦成的双眼正散发着熠熠之光，"匪徒占据地利，我军很被动，老夫带着将士们打来打去，总是被他们牵着鼻子走，却没有什么实质性的战果。"

"深山密林里面打仗，我们的骑兵的确不能发挥长处，太吃亏。"

"可不是？嘉庆五年，总兵施缙战死沙场，皇上震怒，革去老夫在军机处和南书房的一切差事，把老夫叫回京师。"那彦成这一辈子多次领命钦差，又多次遭贬谪，作为嘉庆皇帝的股肱之臣，他本人倒是曾经沧海难为水，甚至见怪不怪了。

祁寯藻倒是有些激动，说道："胜败乃兵家常事，更何况战场瞬息万变，皇上不该——"

那彦成打断祁寯藻，说道："你别说，你现在刚走入仕途，有些话，你听着就行，更何况你是一个汉人。"

祁寯藻会意，重重地点了点头。

"其实，这不算什么，老夫有多少起落，自己都不记得了，这充其量也只算其中的一次跌落起伏。"

"还是有些可惜。"

"老夫倒不可惜，只是可惜了施缙，他是个汉人，老家在陕西，以身殉国之地在四川，离老家还算不是太远，他从最普通的行伍小卒开始干起，一步步坐到总兵的位置，很是不易，是汉人中不可多得的一个将才，可惜了，可惜了。"

"是啊，施缙大人为国捐躯，令人感怀。"祁寯藻也心有不忍，虽然他不太了解施缙其人，但从那彦成的深切缅怀中，他看到了一位汉族高级将领的卓越风采。

那彦成再次叹了一口气，说道："寯藻，今天咱们就到此为止吧，你先回去，这个地方你也不适合久留，老夫还要继续练字。"

寯藻闻此，心想那公肯定是因为刚才说起往事，触到了心中的伤痛，便要一个人待会。于是，寯藻再次安慰了几句，便鞠躬告辞了。

后来，那彦成被判处死刑，好在他家底厚实，赔偿了所谓的贪污款，才免于一死。嘉庆五年,那彦成曾在钦差大臣任上被革职,但还不至于如此不堪。这次的牢狱之灾,的确是那彦成宦海之路上最险恶的一个波澜,至少对于年仅二十四岁的祁寯藻来讲,此时此刻发生在眼前的劫难,让他对"前途未卜"这四个字有了更深刻的领悟。

离开监牢,祁寯藻心尤忐忑。其实,嘉庆二十一年夏季的这次监狱之行,对于祁寯藻来说,并非第一次,早在十二年前,他就前往监狱,陪伴过父亲祁韵士。十二年,整整一个生肖的轮回,那时候祁寯藻才十二岁,在狱中写出《春草》一诗,让含冤入狱的父亲获得了极大的安慰。十二年后,他再次入监,可探望的对象却由父亲换成了那彦成。十二年之后,父亲已亡,而父亲的老友、祁家的大贵人与大恩人那彦成也遭此同样的磨难,可祁寯藻不知如何更好地安慰一二。

盛夏的京城,火在烧,人躁动,祁寯藻告别那彦成,一个人茫然地走在大街上。此刻,他的脑中全都是自己十二岁时,在监狱探望父亲的情景,突然,他不经意间念出一句诗:"百谷方播种,念此寸茎孤"。这正是那首五律《春草》的最后一句。寯藻心想,是啊,当年困于监牢中的父亲是多么的孤独哀伤,而此刻的那彦成,虽然表面上镇定依旧,但内心深处,也许正躲藏着那棵一寸长的孤草。

不过很快,祁寯藻告诉自己,虽然是一棵孤草,但也是春天的孤草,终归还是有希望的。那大人已是五十四岁的股肱老臣,这样的磨难本不该降临其身,但愿他的春天马上来临,也愿他老骥伏枥,做一棵最坚毅的孤草。

第七章　南书房行走

嘉庆驾崩
西北叛乱
续娶陈氏
入南书房
初见道光
佺儿夭亡
会试考官

嘉庆驾崩

时光荏苒，从那彦成险遭不测的嘉庆二十一年算起，四五年的岁月匆匆而过，祁寯藻作为一个刚刚走入仕途的新进士，自然是按部就班，在大清帝国的中央衙门，一步一个脚印，稳稳当当地走在自己的人生路上。

嘉庆二十五年，一个时代结束，帝国最高主宰爱新觉罗·颙琰驾崩。嘉庆是所谓的"康乾盛世"结束后的第一个皇帝，也就是从他开始，清帝国所有制度上的顽疾，皆呈加速化暴露。只是，还远没有人意识到，这种顽疾并非各级官员励精图治就一定能治愈的，而是必须彻底改变传统东方大陆国家的思维方式，坚定地向外看，重塑文化基因，接受全球方兴未艾的海洋文明之挑战，才能一举扭转千疮百孔的颓势。

遗憾的是，在嘉庆时期，包括祁寯藻在内的所有官员与知识分子，皆难以有此眼界。帝国精英的学养根基依旧是儒家那一套，根本无法跳出来，有意识地改造自己的世界观与价值观。当然，今人不能苛求古人，尤其对于清代先贤，我们要心存怜悯——他们实在也实属无奈，中国文化的过分自尊自大、大一统帝国无可避免地僵化，还有汉人处于被异族统治的尴尬现实，等等原因，相互叠加，大大阻碍了他们的视野。

嘉庆皇帝死去的这一年，祁寯藻二十八岁，他早已结束为父守孝的漫长丁忧，也早已不再是翰林院实习生——庶吉士——的身份，而是被正式任命"翰林院编修"这个朝廷七品官。

去年，嘉庆时代的最后一个深秋，祁寯藻接母亲刘夫人到北京就养，居所还是在宣武门外铁门胡同，与他儿时同全家人所租住的那间房子相邻，几步远就到了。整整十五年过去，祁家人再次团聚于铁门胡同，人世沧桑，父亲祁韵士去世都已五年多，他若泉下有知，也定将会心一笑。

把母亲安顿在铁门胡同的当晚，祁寯藻独坐书房，久久不能平静。

祁寯藻其实可以选择在别的地方租下新居，但为了心中那永远的记忆，也为了缅怀父亲当年的苦难，他还是坚持要住在铁门胡同，也算是为自己和家族出一口气，并以这种方式告诉亲朋好友，我们祁家又回来了。这个晚上，他想到了父亲的挚友与祁家的大恩人那彦成。

那公在三年前因甘肃赈灾贪腐一案被打入死牢，还好那家毕竟是满族世家，嘉庆帝念其剿灭天理教李文成叛乱的功劳，恩准那彦成在缴付完赔偿金后，去往伊犁戍边。可惜，才出狱十多天，那彦成的母亲那太夫人却因担忧过度，骤然去世。

嘉庆见功臣之家的太夫人死于儿子的案件，便开恩叫那彦成在家丁忧，免去其流放之苦。要不然，那彦成就真要像祁韵士一样，得去西北历练历练了。那家太夫人去世之时，那彦成刚出狱，身心俱疲，祁寯藻便竭尽全力，东奔西走，协助那家把丧事办得很好。连师父黄钺都夸他，大丈夫投桃报李，该当如此。

的确，当初，祁寯藻的父亲祁韵士病逝于保定的莲池书院，仓促之间，父亲身后之事全仰赖总督那彦成。时过境迁，轮到年轻的祁寯藻来为那太夫人操持丧事。人世兜兜转转，真是无巧不成书，愈想便愈觉得不可思议。当然，那时候的祁寯藻依旧只是一介在翰林院实习的庶吉士，他对那家的照料，当然无法媲美这多年来那彦成对祁寯藻父子的大力提携。不过，一切就凭一个心，有心则能尽全力，能尽全力，则无愧于心，无愧于做人的基本道理。

那彦成的案子，众说纷纭，有人说他督任陕甘时过于跋扈，得罪了朝中大佬，没事也都有事了，还有人说那彦成即便贪点钱，也还算在甘肃做了名留千古的大善事，朝廷对功劳赫赫的满族能吏都如此刻薄，以后大家为官就更难了。不过，黄钺在事发后，倒是对祁寯藻说过，那彦成的案子，主要跟当时与他搭伙的甘肃布政使有关。

黄钺还曾对寯藻说，那彦成倒也有一些过错，而且很容易让人抓住把柄，譬如他谎称把自己的"养廉银"都捐献出来用以赈灾，出事后朝廷一查，他根本就无此"壮举"；即便捐了，也不是他所上报的那么多。嘉庆帝感到被愚弄，这才下狠手要教训一下他。

对此，寯藻将信将疑。在他心中，那彦成不是这样的人，可师傅黄钺肯定也是有了十足的把握，才说这番话的。当时，黄钺见祁寯藻一脸迷惑，便笑了一笑接着说道："地方上的督抚大员，很多事情或许做得不太好，但往往也是形势所逼，不得已而为之，那大人或许有他的难言之隐。"

寯藻点点头，黄钺却叹息了一声："所谓的难言之隐，就是不可与外人道哉的东西。"

闻老师黄钺说出这番道理，祁寯藻沉默了，他在想，那大人乃满族勋贵后人中的佼佼者，儒学造诣与为官任事可并驾齐驱，他怎么可能欺骗朝廷与皇上呢?

拿起笔,那彦成是举国闻名的书法家,骑上马,他又是横扫千军的督抚大员。不论是以文教民,还是以武建功,那彦成皆为清帝国所有地方督抚之楷模。关键是,那公还关爱后辈,善于发掘人才,并礼贤下士,颇有孟尝君的风范,这都是祁寯藻这么多年亲眼之所见。自祁寯藻在兰州跟着他学习书法以来,他便一直都是如此。只要一想到他的笑容,祁寯藻就不能对他的人品有任何的怀疑。

此刻,三年过去,嘉庆皇帝已驾崩,那彦成也早已被起复,正担任部院尚书。此刻,是祁寯藻的母亲刘夫人回到北京的第一个夜晚,祁寯藻一个人在书房独处,由那彦成,他想到三年前黄钺那句"不可与外人道哉",便再次纠结起来。父亲祁韵士当年也说过,当官与做人是两回事,做人可以耿直一些,但当官却不能太耿直,否则自己受伤不说,事情往往还办不好。那彦成是有名的地方督抚,但也许正因此,他才有更多不可向外人诉说的痛楚。

人真是复杂的,尤其是位高权重的人,更是有外人无法体会的郁闷。祁寯藻心想,即便那大人为官为人有点滴瑕疵,也不能苛责。

其实早在那彦成事发之后,祁寯藻就一直在思索这等微妙之处。不过,今天这个晚上,他不能过多地去咀嚼与回味那彦成的宦海起伏,因为那家无论如何都已渡过难关,而自己家里那些血浓于水的亲人,却委实不敢提及。

从父亲去世到现在,短短五年,不管是寯藻本人,还是整个家族,都发生了巨大变化。两年前,妻子曹氏病故,接着不久,大哥宬藻也病逝于河南。这个无眠的夜晚,本来应该是格外的美妙,因为母亲在十五年后重返北京,就足以充分说明祁家已凯旋归来,并将很快恢复其小康京官之家的原貌,甚至会走得更远,比十五年前还要红火。

母亲刘夫人重返京城,在祁家所有人看来都是一个里程碑,乃值得告慰父亲与祁家列祖列宗的大喜事。但是，祁寯藻一想起近来发生的事，便心如刀绞。

本来，祁寯藻考中进士，如愿以偿地走上仕途后，家族复兴便指日可待也。未曾想，先是父亲祁韵士客死保定，不几年妻子与大哥也步父亲之后尘，匆匆离世。这几年，祁寯藻时不时在心中呐喊：妻子与大哥都是苦命的人，为何上天待其如此之薄。

妻子曹氏嫁到祁家那会，正是祁家落难、在寿阳老家艰难度日之时。她本是平定州大户人家的小姐，自来到祁家开始，便与整个家族共患难，还不断地从娘家拿来钱物，补贴婆家。等祁寯藻鱼跃龙门，将要发迹之时，她却离开了。她比祁寯藻大两岁，祁寯藻感激她，心中一直敬重这个姐姐。多少年后，祁寯藻只要一想到曹夫人，就会泪流满面，无法释怀。

还有同父异母的长兄宬藻，他早年丧母，本就不幸。可他三十岁时，父亲祁韵士又卷入贪腐大案，于是作为长子，他成了家道中落时的顶梁柱。更不堪的是，为了家计，他无法通过科考，去获得仕途上更高的起点，而只能一辈子充为下僚，奔走于各地。而今，家族渐有起色，他却病疫于河南旅途，享年仅四十有五。

寯藻想起当年父亲在北京被罢官时的情景，就愈发在心中感念长兄宬藻的好。当初，寯藻才十二岁，家里遭遇突变，是母亲与长兄宬藻一道主事，才能临危不乱，抚慰一家老小。当全家都返回老家寿阳之际，宬藻却留在北京，然后竭尽全力，以不多的俸禄，为老家祁氏一门提供吃穿用度。

可以说，祁寯藻能够安心读书，一步步从秀才考中进士，大哥宬藻是一个默默无闻的资助者。如今，祁寯藻有出息，可以回报一二了，可天不怜见，长兄却骤然仙去。闻知此噩耗那会，寯藻刚度过漫长的丁忧，正继续在翰林院做庶吉士，同时襄助老师黄钺办理各种公务。

从北京到河南，路程如此遥远，长兄就这么走了，寯藻无法向朝廷请假前往，只能望着河南的方向，一边发呆，一边凝噎。得知大哥寀藻去世的那个晚上，寯藻想着长兄对家族的奉献，便无法未眠，等到东方发白之时，他才知道一个通宵就这么过去了。

西北叛乱

家事不忍回首，而紧接着的嘉庆二十五年，则国事亦堪忧。这不，就在嘉庆皇帝驾崩的同时，帝国西北边疆再起战乱。原来，乾隆时期平定的"大小和卓"之乱，在嘉庆皇帝去世的这一年，再次死灰复燃。事情是这样，"大小和卓"这两位伊斯兰教叛乱分子死后，新疆太平了一段时间。可好景不长，大和卓有一个孙子，名叫张格尔，他在嘉庆二十五年带领一班人，从中亚的浩罕王国流窜到南疆地区，然后招兵买马，企图分裂新疆，建立所谓的伊斯兰国家。

当然，远在西北边陲的少数民族叛乱，对于身在帝国中央北京的朝廷大佬们来说，还不算太大的事。大家都习以为常了，帝国从乾隆末期以来就没有消停过，总是有人要对这个政权说"不"，反正哪儿有火，就往哪儿派出消防队。就连刚刚登基的道光皇帝，也没认为事情有多严重。但后来这一仗足足打了七八年，再次严重消耗了清帝国的财力与人力。这是后话，暂且不表。

而祁寯藻本人，此刻也只是从庶吉士散馆，按例获了一个七品的翰林院修编职位，有关南疆的叛乱，他也是从黄钺那里得知。黄钺此刻已贵为军机大臣，到了仕途的顶峰。不过，黄钺也没有意识到张格尔叛乱的严重性，只是有些不安地私下对寯藻说："大行皇帝刚刚驾崩，西北就来这么一下，真不是什么好兆头。"

寯藻无言以对，好久才说："老师不用担心，想必应该不会比乾隆朝大小和卓之乱更难对付。"

"但愿如此,可新帝才登基一个多月,年号都还未来得及改,就遇上这档子事,真不吉祥。"

寯藻赶忙劝慰道:"这几十年都是多事之秋,大大小小的事,您也见过许多,不会闹大的,老师请放心。"

黄钺重重叹了一口气,沉默不语。

那天晚上,回到城南宣武的家里,寯藻自己却难受起来,一想到老师黄钺对西北乱局的忧烦,自己却不能稍稍为之宽心,他便如鲠在喉,不知如何消解。

从清帝国建立以来,华夏西北边陲那块巨大但荒芜的国土,就令其格外头疼,直到乾隆时期,彻底剿灭大小和卓之后,新疆全境才得以真正纳入帝国的版图。而站在汉人的立场上,祁寯藻更深知,从汉代经营西域以来,历朝历代的中国人付出极大的代价,才守住这片广袤之地。

"大小和卓"本是信奉伊斯兰教的维吾尔族宗教首领,乾隆二十二年,这对兄弟要在新疆建立一个政教合一的国家,此乃很明显的分裂中国的行为,当然不能为清政府所容忍。所谓的"和卓",其实就是伊斯兰教对领袖的一种尊称,源自于波斯语。

大小和卓被剿灭后,清帝国本来以为除去了一个大患,可这才过了仅仅六十年,大和卓的孙子张格尔就再次强力挑战帝国在西北的统治权。大西北,人迹罕至,与游牧民族打仗,中原王朝要拼的是后勤,毕竟从王朝的腹地到西北太过于遥远。冷兵器时代,中华帝国为守住大西北,消耗了巨大的国家资源。别说乾隆时代,仅稍早一些的康雍时期,蒙古族准噶尔部落首领噶尔丹,还有其侄策妄阿拉布坦,便先后发动叛乱,清政府举全国之力,经过两代皇帝,三十多年的不断用兵征讨,才于雍正初期与新疆的蒙古部落达成某种战略平衡。

祁寯藻的父亲祁韵士之所以流放到新疆时潜心研究西北历史地理,正是有感于西北边疆的复杂性——民族与宗教信仰的多样化，造成了中原王朝治理此地的艰辛与被动。祁韵士当初抓住戍边新疆的大好机会，不辞劳苦，实地考察，掌握了诸多价值极高的第一手资料，并在前人西北研究成果的基础上，写出了很多具有开创性的大著，为后人了解西北、治理西北、守住西北提供了一系列绝佳的参考。可惜，祁韵士的大作笔墨才干，西北就叛乱再起。

祁寯藻听到黄钺老师说起张格尔之时，总是会想起父亲祁韵士，他老人家还真有先见之明，知道西北不会太平的，即便乾隆皇帝铲除了大小和卓，也只是阶段性的胜利，西北永远是帝国的一个火药桶，随时要爆炸。

续娶陈氏

一天晚上，祁寯藻躺在自家的床上，突然回想起当年父亲在兰州授业、襄助总督那彦成时曾对他说过一句话："陕甘其实是新疆的大后方，历任陕甘总督，都要随时关注新疆各民族的一举一动，任何处置不当，都会招来极大的不稳定，接着就会有战争，最后便是消耗国家极大的人力物力财力。"

想到此，祁寯藻叹了一口气，一旁的夫人陈氏见丈夫一脸愁容，也不好问什么，只是轻轻地说道："睡吧，不早了。"

寯藻点点头，想说点什么，又无从对妻子谈起，便闭上了双眼。

陈夫人是寯藻的继室，去年冬天刚刚嫁过来。陈夫人家世显赫，她的父亲正是寯藻会试时的房师陈用光大人。陈家祖籍江西，连续几代人出了七个进士，而陈用光本人不仅是高官，还是当时帝国文化界的大师，乃写古文的泰山北斗，享誉神州。

早在六年前寯藻高中进士之时，陈用光就对这个得意门生格外看重。

后来，闻说他的妻子曹氏病逝之后，陈用光便找到同朝为官的黄钺，请他做个媒，要把女儿陈小姐嫁给寯藻。黄钺当然高兴，寯藻丧妻之后也的确必须有个身边人，就算陈用光不说，黄钺也要为他的高徒物色一个好伴侣。

如此美妙姻缘，对任何人来讲都无话可说，可祁寯藻还是有些犹豫，毕竟亡妻曹氏才去世一年，这样有些对不住曹氏与曹家的人。黄钺也看出端倪，大声说道："寯藻，老夫说一个狂妄的话，大丈夫志在千里，家里必须要有人照顾，陈大人的良苦用心，不可伤，更何况，他还是你的会试的房师。"

寯藻点点头。

"有些家里的伤心事，必须要自己熬过去。"黄钺叹了一口气，"你将来是要做大事的，不可如此瞻前顾后，老叫人担忧。"

寯藻再次点点头。见爱徒不说什么，黄钺笑着说道："孺子可教也，一切由老夫来安排，你就踏踏实实地迎娶陈家小姐。"

寯藻感激地向黄钺一拜，说道："恩师与陈大人的美意，晚生将感念一辈子。"

黄钺颔首一笑，不再说什么。

陈夫人嫁过来时才十七岁，足足小寯藻十岁。新婚当晚，寯藻喝了点酒，洞房花烛之时，他忍不住念起了苏轼的"十年生死两茫茫"，等他把最后的"料得年年肠断处，明月夜，短松冈"一口气说完，陈夫人才轻轻地回应道："我知道，夫君刚刚失去曹姐姐不到一年，这么快就叫我嫁过来，有些孟浪，都怪我父亲，太着急了。"

寯藻大吃一惊："我家的情况，你都知道这么多？"

"黄大人去我家提亲时，对我父亲说了很多你家的事。"陈夫人一边说，脸上一边洋溢着青春的浪漫。她的语速很快，但每一个字都咬得很清楚，说出来像一颗颗珍珠散落在桌面上，令人赏心悦目，又应接不暇。猛然之间，寯藻感到了一种久违的快乐，这种快乐是莫名的，不知来自于何处，他只是在那一瞬间，仿佛获得了一种恰到好处的安慰。

这些年，虽然自己有幸高中进士，还留在朝廷担任翰林院编修，但这期间，父亲、发妻、兄长皆先后离世，整个祁氏家族刚刚看到一丝曙光，却立马又陷入死亡的阴影之中。祁寯藻甚至一度悲观地琢磨，难道自己那些所谓的成功是要建立在亲人接二连三死亡的基础之上吗？

好在，祁寯藻二十七岁时把母亲接到北京，然后迎娶了陈夫人。天可怜见，祁家之前所有的遭遇，陈夫人皆未曾经历，也正因此，陈夫人才能轻装上阵，以她的笑容和青春，给寯藻带来了浓浓暖意，也使得再次团聚在铁门胡同的整个祁家，沐浴在一片全新的气象之中。

是啊，祁家人在铁门胡同有着巨大的心结，当年祁韵士在这里被押入大牢，旋即全家人在泰山压顶的无助与落魄之下，从这里出发返回故乡寿阳。现在全家人居住的房子虽然已不是以前的那栋，但相隔很近，所以母亲每次看到以前所租住的那栋宅子，都会苦辣酸甜一起涌上心头。

有一回，母亲突然问祁寯藻："如果当年你父亲在宝泉局不出事，不知现在我们是个什么样子？"

"母亲不必伤感，我们会一天一天好起来的。"祁寯藻见母亲这么说，心里猛然一缩。

"寯藻，我不伤感，"母亲本有些惆怅，可还是硬撑着露出笑意，她接着说："你实话实说，这些年你是怎样想的，如果当年不出事，你猜想现在是个什么样子？"

"或许还没有现在好，或许吧。"寯藻也跟着轻轻一笑。

"如果你父亲泉下有知，看到我们回到北京，不知他会怎么想？"

"父亲太苦了，如果他能看到我们重回铁门胡同，定然欣慰。"寯藻一边说，眼泪就流出来。

母亲见儿子如此，便沉默了。寯藻本不想弄得这般沉重，但只要提及父亲当年的种种遭遇，他便忍不住悲伤。母亲沉默，寯藻也无言以对，母子俩好像同时陷入深不见底的深渊。

祁寯藻把母亲刘夫人等家眷接到北京时，对到底是住在铁门胡同，还是另寻他地，确实纠结了好久。如果住在铁门胡同，那么旧时风景会触痛母亲，影响她老人家的情绪，有损于身体健康。还好，母亲并不反对，她只是对回到寿阳接她的儿子说了一句话："你的用意我知道，我没有你想象中的那么放不开。"

祁寯藻一听，便下定了决心。但在铁门胡同住下后，他自己却有些后悔，觉得母亲恐怕还是不太喜欢，于是很快提出搬家。但母亲觉得搬来搬去的麻烦，也不吉利，没同意搬。

再说，刘夫人可算女中豪杰，即便有些睹物伤感，也充分理解儿子想要"前事不忘后事之师"的用意。

陈夫人就不同了，铁门胡同的所有东西，对于她来说都是崭新的，她没有亲历过那些惨痛。当年祁韵士事发时所居住的老宅子，她也听寯藻和婆婆说起过，但她总是以自己独有的方式，先仔细轻轻地聆听，再微微一笑，最后轻轻来一句："大家受罪了，受过了也就没罪可受了！"

就这么一句平淡的话，总能把大家的哀愁消解掉很多，连祁寯藻都觉得神奇。他曾问妻子："走过的路，不能多想，一想就恍惚，你有这种感受吗？"

妻子回答："没有，我走过的路，我都会记得很清楚，很多年后都能记得住哪条路是哪个样子，而且只要一想起以前走过的路，我都会很高兴，甚至莫名其妙的感动。"

"我真羡慕你。"

"那你就得向我学。"妻子莞尔一笑。

"的确，不仅是我，还有我们家所有的人，都应该向你学习这一点。"

"别学太多，一点点就够了。"妻子突然笑出声来。

"你呀——"

"好了，好了，不笑你了，你好好的，就行。"妻子深情地看了祁寯藻一眼。

祁寯藻点点头，不知该说什么好。

到现在，陈夫人嫁过来已快一年，她早已成为婆婆刘夫人的得力助手，家里的事，还有寯藻的起居生活，她都安排得井井有条。说到底，她是幸运的，她本是大家族的聪慧小姐，嫁到祁家后，又正处在夫家蒸蒸日上的大好阶段。每个人都有自己的命，这便是陈夫人的命。祁寯藻的第一任妻子曹夫人，就没有陈夫人这般好命，可怜又可叹的人生境遇啊。

入南书房

家事妥帖不说，第二年，寯藻又在官场上得到一次极为重要的提拔。

道光元年，爱新觉罗·旻宁在其父嘉庆皇帝驾崩后，迈进了属于他自己的第一个年份。道光比他父亲更倒霉，帝国在康雍乾三代打下的基础，在他父亲手上还算余温尤在，可到了他的时代，帝国真的已是千疮百孔。尤其是西北伊斯兰教的张格尔叛乱，给这位近四十岁才继位的新皇帝当头一棒。新旧皇帝交替之际，往往总是人事变动最大的时期，一部分人会因为某种缘由，幸得新帝重用，而另一部人就不会那么好运，被新时代所抛弃。

而祁寯藻，毫无疑问，属于前者。

还是在嘉庆二十五年十二月的时候，嘉庆帝刚刚驾崩才五个月，帝国的年号依旧是"嘉庆"。当其时，作为军机大臣的黄钺，被道光帝叫到身边，询问其在朝的年轻人中，哪些可堪重用，可进南书房，可作为重要的后备力量来培养。黄钺在嘉庆皇帝死后，把大行皇帝的葬礼办得非常好，深为道光帝和满朝官员得赞誉，他现在圣眷正隆，每一个建议都会大大影响到清帝国的人事安排。

对于道光皇帝的询问，黄钺早有准备，他毫不犹豫，脱口而出："现任翰林院编修祁寯藻，人品贵重，学问优渥，可堪大用。"

道光皇帝点点头，看了老臣黄钺一眼，突然说道："祁寯藻——他父亲是不是祁韵士？"

"正是，正是，皇上记性真好。"

"祁韵士在嘉庆九年因为宝泉局铜料亏空一案，被流放到伊犁去过，是吗？"

"皇上连这事都知道。"

道光皇帝笑了一下，大声说道："这事的是非曲直，朕知道，祁韵士当年是受牵连了，皇考当时主要是要严惩一下我们旗人的大蠹虫，你也知道，宝泉局这个位置，向来都是留给旗人的。"

黄钺听到道光的话涉及到"满汉"这样的概念，就只能默然无语。在清代，满汉之间的民族关系是汉人极为忌讳的话题——皇帝可以说，满人可以说，唯独汉人最好不要多说。否则，会有麻烦，一旦被别有用心的人所利用，甚至会招来杀身之祸。

道光当然也明白其中的道理，见黄钺不言语，他便看了看远处，叹了一口气，再次大声说道："其实还是和珅的事，虽然当初和珅已被正法多年，但皇考他老人家余愤犹在，宝泉局那些管钱的旗人肯定是要重罚的，祁韵士就只能跟着受过了。"

黄钺听到此言，赶紧跪下，高声对道光说道："老臣代死去的祁韵士，还有他的儿子祁寯藻，叩谢天恩，老臣终于为祁家讨了一个说法。"

道光听他说完，赶紧一边上前扶起黄钺，一边说道："左田，不必如此，你都年过七十了，有很多事你只管说，朕心里自然有杆秤的。"

黄钺一听此言，更是不愿起身，老泪夺眶而出，想再说点什么，却哽嘘不已。

水到渠成，道光元年二月，祁寯藻被正式任命为"南书房行走"。接到圣旨的那一瞬间，祁寯藻还是无法抑制心头的激动，虽然这个消息早已在小范围内传开，黄钺也在第一时间告诉了他本人。

还记得黄钺是这么对他说的："寯藻，看来你正式来澄怀园也就是这几天的事了。"

"老师，我不太明白。"

"这回不同了，是皇上叫你来，与当初我请你来帮我做事，可有天壤之别啊。"黄钺快乐地卖了一个关子。

祁寯藻听老师这一说，就大体上明白他自己要入南书房了。因为，所谓正式来澄怀园，也就是入南书房的意思——作为皇帝的文墨近臣，"南书房行走"一般都被赐住澄怀园。

"南书房行走"是一个没有固定品级的职位，只要是京官，若被皇帝看中，就能入选。南书房是皇帝办公之地，而所谓的"南书房行走"便是皇帝的贴身秘书。能进南书房，是帝国官员无比巨大的荣耀。祁寯藻的老师黄钺，当年便曾在南书房"行走"过。

祁寯藻此刻才二十九岁，比起老师，他入南书房要年轻很多，而且他担任翰林院修编也仅仅两年就获此大任，前途不可限量。

清代中后期，入南书房的官员很多都能做到宰相的位置，而不入南书房者，则做宰相的机会相对而言要小很多。祁寯藻时年不到三十便入南书房，朝野都看得很清楚，此君已进入升迁的快车道。这对祁寯藻个人和整个祁家来说，乃祖坟上冒青烟的大好事。

祁寯藻能被道光选中，除了老师黄钺之外，还有一个重要人物在背后为其奔走，即他的岳父陈用光。陈用光虽然官位没有黄钺高，但他是当时的文坛领袖，而且他们陈家是书香世家，门生故吏很多，所以，在帝国最上层的文人圈子和官场上，陈用光对某个人的推崇，皆有极大的舆论与宣传效应。被选入南书房后，祁寯藻来到陈府，拜见岳父大人陈用光。

一见到祁寯藻，陈用光似乎比女婿还要高兴，他大声说道："贤婿大喜啊，老夫脸上也增光不少。"

祁寯藻赶紧给岳父作揖，谦逊地说道："都是岳丈与黄钺师抬举，小婿何德何能，堪此重任？"

"看来鹤皋先生当年受那么多苦，也算是值了。"陈用光边说，边叹了一口气。

祁寯藻无言以对。

"好了，好了，不说这些了。"陈用光怕勾起寯藻的回忆，赶紧把话题引开，"寯藻，你还年轻，刚入南书房，一定要记住这几点。"

祁寯藻点点头："请岳丈赐教。"

"第一，先不要有太多的想法，多学习，多观察南书房前辈们的做事方法，"陈用光顿了顿，"第二，很多事情不是你想改变就能改变的，我们这个国家就是这个样子，身不由己这四个字要深刻领悟；第三，凡事先要做到心中有数，然后再回答别人的问询。"

祁寯藻听了岳丈这三点，忍不住说道："岳丈大人，说实话，小婿现在似乎有满腔的热情，想马上为朝廷，为国家办点事。"

陈用光微微一笑："你的这种激动，老夫能理解，当初刚走入仕途时，老夫跟你也一样，总是觉得自己能够马上改变很多以前的陋规与行为方式，想通过自己的努力去创造一个属于自己的时代。"

"您后来不一直都做的很好吗？"

"贤婿啊贤婿，你只看到了表面，看到了风光，而没有看到另一面，像老夫与你师傅黄左田大人，有多少隐忍，多少不满，多少彷徨，你其实都无法仔仔细细地瞧见，"陈用光再次一笑，"正所谓人间正道是沧桑，一切都是沧桑，你这才哪到哪啊。"

祁寯藻闻此言，似乎明白，又似乎不明白，只能轻轻点了点头。

"老夫也不多说了，有些东西，只可意会，无法言传，你慢慢去品吧。"陈用光说完，叹了一口气。

可他见寯藻一副不知所措的样子，突然又生出些许不忍与关爱，于是赶紧强调："没事的，没事的，你好好干，不要让老夫把你说的畏首畏尾了，那就更不好了。"

祁寯藻这才有些释然，但脸上依然残留着莫名的伤感，像刚刚锻造好的热铁被投入冷水中的感觉。可不，来见岳丈之前还是春光灿烂一片，而见到岳丈之后却感到了一丝无法捉摸的凉意。

初见道光

三月初一，祁寯藻正式进入南书房。照例，要觐拜道光。以前，寯藻只是一个小小的七品翰林院编修，还没有资格觐见皇帝。现在，他虽然还是七品小官，但身份不同了，成了皇帝的近臣，便可一睹圣容了。

道光见到祁寯藻的第一句话便是："你的名气很大呀，好几位老臣都推荐你，朕想不让你入南书房都不行啊。"

祁寯藻跪在地上，既感激，又惶恐，不知说什么好。道光却继续说道："你平身吧，站着好说话。"

祁寯藻还是跪着说道："微臣获此天恩，只有跪着才能略表感恩之情。"

道光坐在龙榻上，突然笑了，说道："行，你愿意怎么样都行。"

"谢皇上。"

"朕听说你诗写得好。"

"皇上过誉了，微臣不过是喜欢胡诌几句。"

道光一听，又笑了一下："祁寯藻，如果朕记得没错，你比朕小十岁,正是血气方刚的年岁,不必如此拘泥,让你们这些年轻人入直南书房,就是要你们敢于做事,敢于做大事,否则就起不到锻炼人才的作用了。"

祁寯藻点点头说道:"谨遵圣命。"

"那你就站起来回话。"

祁寯藻这才起身,站在道光面前。在站起来的一瞬间,他才抓住机会,仔细看了一眼他眼前的帝国最高统治者。道光时年三十九岁,但祁寯藻觉得他要比实际年龄大,而且有些憔悴。虽然道光总是一脸笑意,可祁寯藻发现他的脸,隐隐约约透着一丝凉意。这种感觉令祁寯藻很诧异,新的皇帝该有新气象啊。从表面上看,道光是踌躇满志的,实则不能细细品味,否则就会发现他心中似乎有无法言说的痛苦与惆怅。

甚至更进一步,祁寯藻第一次面见道光的主要感受,居然是有些同情和不忍。作为皇帝,道光虽穿着龙袍高高在上,但祁寯藻只是在第一时间有些惧怕和不知所措,旋即就愈来愈为道光帝感到难受。这种莫名其妙的感觉,令寯藻一生都无法忘怀。

祁寯藻站起来后,道光倒也没多说别的,只是再次鼓励他,胆子放开一些,不要过于谨慎。

刚离开道光,祁寯藻就忍不住问自己:为何自己对道光的第一印象如此诡异。难道一个国家走下坡路的时候,这个国家统治者也无法抑制地显露出颓败吗?

想到这层微妙的关联,祁寯藻顿时吓了一大跳,他赶紧打住,然后在心里告诉自己,千万不能这样想,此乃大不敬啊。

但是,祁寯藻的感悟是对的。大清帝国的黄金盛世已然成为历史,嘉庆交给儿子道光的帝国,就算不是千疮百孔,也是病得不轻。作为一个近四十岁才登上大位的皇帝,道光在做皇子的时候,就对自己的国家有着较为清醒的认识,也曾为父皇感到过悲哀。现在轮到他当家做主,有关国家大政的柴米油盐酱醋茶，都统统零距离地摆在他眼前——现在，轮到他悲哀自己了。

道光的确高兴不起来，他的臣子也高兴不起来。只要心怀哪怕一丝抱负的官员都心知肚明，国家需要变，需要一点新的气象。但一到实际的操作层面，绝大多数官员还是会习惯性地该怎么办就怎么办。在一个古老的帝国里想要搞某种改革，但又没有外部力量的强大冲击，那么这几乎没有可能；可是，一旦有幸或不幸遇遭遇外部的强大冲击，那么改革成功的可能性又会大为降低——这便是老大帝国的两难。

后来，道光还真是不期而遇地碰上了英国这个强悍且全新的对手。也正因此，中国的历史开始变道，而道光本人则成为一个可怜的帝王。二十年后，他将会极其无奈地对自己的遭遇感到不平。只是此刻，不管是道光本人，还是帝国所有的精英，都只能在历史的长河中，被时代所局限，既无法有先见之明，也没有魄力与勇气，在碰到西方世界的猛烈冲击之前，做好起码的准备。

佺儿夭亡

道光元年，与祁寯藻同时被选入南书房的，还有一位名叫程恩泽的大诗人。程恩泽，号春海，安徽人，他比祁寯藻大八岁，中进士也比祁寯藻早三年。会试每三年举行一次，也就相当于他比寯藻早一届考上进士。程恩泽虽比祁寯藻的资格老，但两人在诗学观念上是铁杆盟友，也正因此，两人后来成为极为要好的朋友。其实，早在入南书房前，祁寯藻便与程恩泽相识相知，尤其是他俩都格外尊崇宋代大诗人黄庭坚，并因此相互勉励，共同进益。

黄庭坚，字鲁直，号山谷道人，晚号涪翁，江西修水县人，与苏东坡齐名，乃宋代诗歌流派江西诗派的开山鼻祖。必须强调的是，早在祁寯藻与程恩泽之前，老一辈的士大夫们就开始不遗余力地向黄庭坚看齐，并逐步在诗坛形成了一股黄庭坚热，譬如祁寯藻的老师黄钺，便以"老涪翁"自况。而祁寯藻与程恩泽的"力追山谷"，则既发扬了老一辈文人对黄庭坚的情有独钟，又奠定了后来晚清诗坛宗宋宗黄的诗学风潮。

程恩泽家世显赫，其父亲程昌期是乾隆四十五年的探花郎。能与程恩泽这样志同道合的前辈在一块共事，对于祁寯藻来说，真是可遇不可求。祁寯藻兴奋不已，甚至有点沾沾自喜。更有意思的是，他们不仅都因入南书房而同在澄怀园办公居住，而且连家眷都安排在同一条街上。原来，祁寯藻把家从铁门胡同迁到南城的槐树街，恰好程恩泽家人也寓居于槐树街。

这下好了，两人几乎耳鬓厮磨，天天在一块讨论诗词创作、为人处世、为官为学的问题。

唐宋之后，中国的诗歌一般可以比较抽象地分为唐诗派与宋诗派。当然，所谓的唐诗派并非都以唐诗为宗。同样的，宋诗派也并非皆唯宋诗马首是瞻。大体上，所谓的宋诗派，就是不同于李白那样的浪漫主义，而是追求沉郁、厚重的诗风，其祖师爷为杜甫、韩愈、黄庭坚、苏轼诸公。而黄庭坚的诗，风格较为统一，特征极其鲜明，便成了后人向宋诗派致敬的第一标杆。

宋诗派要求诗人把传统文化的基础打得非常好，尤其是乾嘉学派的考据功底不可丢，然后将学者之诗与诗人之诗巧妙地结合在一起，实现一种既有文化底蕴，又有美学感悟的博大精深。

祁寯藻与程恩泽两位都是将来帝国诗坛的领袖，他们相互砥砺，皆坚持宋诗派的美学追求。只不过，他俩此刻还无法充分意识到自己在清代诗歌史上的地位。

相对于祁寯藻，程恩泽出名早，年纪轻轻就被诗坛与学界视之为宋诗派的扛鼎人物。程恩泽的父亲程昌期早年是探花郎，做官还算顺坦，所以程恩泽是典型的世家公子，迥异于祁寯藻早年的蹉跎与不堪。程恩泽没有包袱，诗写得好，人也豪爽侠义，他的周围汇集着一大批官员与学者。在京城的高级文化圈子里，程恩泽可以呼风唤雨，其振臂一呼，便应者云集。在他这个年龄段中，其大有"长江后浪推前浪"的势头。

而祁寯藻则总显得有些彷徨，即便诗作得再好，再风流，他自己却难得开口大笑。但是，祁寯藻的这种性格，相反对他的仕途更有利。因为帝国官场上流行的就是三缄其口——少说话，多观察——祁寯藻恰好符合这样一种只可意会、不可言传的官场规则。当然，这并非祁寯藻特意如此，而是本身性格与际遇使然。

道光元年过得很快，尤其对于荣誉与地位猛然到来的祁寯藻来说，这一年简直就是呼啸而过，以至于他回想起年初被任命为南书房行走的那个明媚季节时，都有些梦幻与模糊。每一个人的成长道路上，皆有快意如风的时段，其如汹涌的钱塘江大潮一般，似乎是毫无缘由的爆发。其实，这只是人一种很不客观的感受，因为不管哪个阶段的成功，还是哪种程度的成功，几乎都是多年准备与期待的结果。只不过，当钱塘江大潮退去后，当事人却感到了一种空虚与可怕。

这一年年末的时候，祁寯藻在家对妻子陈夫人说道："不知道为什么，入南书房也快一年了，但很多事情都只是若有所思，可回想起来，竟然没有一个头绪。"

陈夫人温婉地一笑，说道："夫君何必如此伤怀，小女子倒有一问。"

"请夫人赐教。"

"请问夫君，如果刨除你做官的事，你觉得我们家的家务事可有一个头绪？"

祁寯藻想了想，笑着说道："不知你有没有头绪，反正我当然是没有头绪的。"

"不仅你没有头绪，夫君，连我天天在家的妇道人家想起一年的家务事，都觉得毫无头绪。"

祁寯藻终于听懂了妻子的弦外之音，突然就有些惭愧，想了想说道："我明白了，夫人的金玉良言，寯藻铭记在心。"

"其实，夫君为此伤怀，只是因为感觉到自己的才能还没有施展开来，或者说你觉得自己应该有一个突飞猛进的变化，而一年后却感觉没有太大变化。"

祁寯藻点点头："夫人所言极是。"

"大凡人在猛然获取较高地位之后，都希望能够随着这种变化，自己也马上脱胎换骨。"

祁寯藻再次重重地点点头。

"这种想法很正常，但切莫着急，相反，我觉得夫君现在的状况倒是很好，细水长流，慢慢来，总有你崭露头角的时候。"陈夫人顿了顿，"我听家父说起，朝廷同仁对你的印象都还不错，欲速则不达，在南书房必须先熬着，很多东西你比我一个妇道人家肯定要懂得多。"

祁寯藻微笑着点点头："的确如此，我还是期望太高了，有时候太理想化了。"

陈夫人也点点头。

"不是你太理想化，而是很多事情不是你来了就能办得了的。"陈夫人叹了一口气，"我父亲在朝为官这么多年，从我儿时开始，就老听父亲说起朝堂上的事，大概也粗知一二分，南书房这个职位可是所有官员都求之不得的，但若是太着急，反而会给皇上和大臣们留下急功近利的印象，一旦不能继续往前走，而是被弃用，那就很尴尬了。"

祁寯藻摇摇头，又点点头，不置可否，没接着说下去。

这一年的冬天似乎特别冷，好不容易才熬到开春。春天来了，祁寯藻也已调整好心态，他打算戒急戒躁，认真梳理各种政务之间的逻辑关系，以备更好地为皇上分忧，成为皇上与大臣们之间一个不可或缺的中间枢纽。可惜，开春后不久，不幸的事再次降临到祁家。

原来，祁寯藻的第一任妻子曹夫人死后，留下一个儿子，那就是佺儿。刚过十岁的长子佺儿，是祖母刘夫人的心头肉，尤其是他母亲去世后，刘夫人对他更是呵护有加。可天不怜见，佺儿还是只活了十多岁，就匆匆离开了这个大家庭。

起先，佺儿一生病，刘老年夫人便一直寸步不离地守在孙儿身边，祁寯藻见之极为难受，只能一边宽慰母亲，一边在京城寻找水平更高儿科大夫。只要一看到佺儿躺在床上痛苦的样子，他便会想起曹夫人。

这位苦命的女人，在祁家最困难的时候嫁过来，好不容易日子好过一些，她却撒手人寰。更为不幸的是，现在，她唯一的孩子佺儿也要跟随母亲的脚步，远离众多爱他的人。有时候，祁寯藻不忍直视病中的佺儿，他把自己一个人关在书房，唉声叹气，为曹夫人不值，为佺儿不值，为自己不值。

佺儿患的是天花病，正处于"出痘"的时候，与那个年代大多数夭折的儿童一样，他终究没有挺过这个难关，成为古代天花恣意肆虐的又一个牺牲品。那个年月，不管你权力有多大，家族有多么繁盛，皆有可能面临天花的摧残。雄才大略的康熙皇帝，之所以被选中做了继位人，一个重要的原因是他出痘之后，幸运地活下来。而出过一次痘之后，人体就会对天花病毒产生免疫能力，以后就不会被再次传染。

会试考官

佺儿夭亡后，铁门胡同的祁家再次陷入了巨大的悲痛之中。祖母刘夫人已卧病在床，家中所有人唯有泪水，大家一想到曹夫人当年的好，就更是无法自抑心中的忧伤。

祁寯藻跟南书房的领班大臣请了三天假,关在家里,以寄对佺儿的哀思。到了假期最后一个晚上,突然有家人来告,说程大人来访。寯藻一听,就知道是南书房的同僚与前辈程恩泽,于是赶紧说了声"快请到书房"。

一进书房,祁寯藻赶紧向程恩泽作揖。程恩泽还礼说道:"叔颖啊,请节哀,我来得有点晚了。"

"春海前辈,犬子没有这个福气得您如此厚爱。"程恩泽号春海。

程恩泽一听,叹了一口气:"儿孙们的事,各有天命,你尽了人事,也就对得起孩子了。"

祁寯藻听程恩泽这么一说,顿时又难过起来。程恩泽见此,本想赶紧把话题引开,但远远看到书桌的宣纸上有一首诗,便一边走向书桌,一边说道:你又有佳作了。"

祁寯藻一听,也看了看书桌上的宣纸,眼圈却一下子红了。程恩泽见状,心想宣纸上肯定是悼亡诗文,就不再多看,可他眼睛的余光还是窥到了诗的题目:仲春感怀时佺儿殇。

这下倒弄得程恩泽有些尴尬,不知说什么好。

祁寯藻见程恩泽有些不好意思,赶紧说道:"这诗是昨天刚写的,一直就丢在这儿,您倒是可以指教指教。"

程恩泽叹了一口气:"好的,叔颖,不过,今天我们不谈诗,跟你说点别的事。"

"难道是今年会试的考官定下来了?"

"老兄如此伤悲,还不忘国事,真乃国之大幸啦。"程恩泽莞尔一笑。

"前辈过誉了,晚生本不该请假,儿女之事,哪有那么多可以哀伤的。"

"可怜天下父母心,"程恩泽顿了顿,"不过,我要恭喜你,你被选为会试的同考官了。"

所谓的同考官，就是副考官，是会试大典的重要参与者与执行者。祁寯藻刚刚三十而立，入南书房也才一年多，居然担此大任，可见道光皇帝对他的信任与关注有多大。

祁寯藻听到程恩泽带来这个好消息，赶紧向紫禁城的方向拜了一拜，以表达对道光的敬意，然后再对程恩泽一拜，说道："前辈提携，晚生没齿难忘。"

程恩泽一笑："我可不敢贪功，这都是皇上的恩典，还有几位阁老与军机大臣的意思。"

"前辈们的指引与关心，寯藻来日相报。"

程恩泽笑了笑："还有更好的事呢，听说会试之后，各地的乡试，也可能要派你过去做主考官呢。"

祁寯藻一听，大吃一惊，赶忙说道："皇上与各位大臣如此厚爱寯藻，寯藻何德何能，堪此大任？"

"好了好了，叔颖，我们都看好你，你到时候一一去表示感谢吧。"说完程恩泽抬抬手，"那我就先告辞了，老弟你就快点振作起来，南书房的同仁都等着你回去呢。"

"大人请慢走。"祁寯藻一边说，一边把程恩泽送到大门外。

眼望着程恩泽离去，寯藻的心情久久不能平静。程恩泽虽只比祁寯藻大八岁，还未到不惑之龄，但他在清帝国的上层文化圈子里已经是一个旗帜式的大人物。在整个道光朝，他不仅是诗坛领袖，还是文化大师，与当时的另一位前辈大臣阮元，并列为道光时期的两大文臣与儒林领袖。

要知道，阮元比程恩泽要大二十一岁，他与程恩泽相比，几乎是上一代人。而且阮元是一个百科全书式的大学者，程恩泽居然能与他相媲美，可知程氏影响力有多大，亦可见其暴得大名时有多么年轻。

程恩泽虽与祁寯藻同一年入南书房，但他的威望，比当时的祁寯藻大很多。其实刚才，他来祁家探望，也是代表道光皇帝和几位中枢大臣来通知祁寯藻，朝廷对他已经有了新的安排，同时也是让他赶紧做好上任的准备。寯藻当然也心知肚明。

很多年前，祁寯藻就细读过程恩泽的诗，一向自视甚高的寯藻，彻底被其诗才所折服，默默在心里祈祷，将来若有机会，一定要结交这位前辈。未曾想，天公作美，他与程恩泽居然在同一年入南书房，开始朝夕相伴。后来两人终得谋面，程恩泽对寯藻这位后辈相当照顾，也认定寯藻必定前途不可限量，还常带着他走访诸多京城名流大家。这些，都令寯藻感激不已。

此刻，程恩泽借着传达皇上旨意的机会，来探望丧子休假的祁寯藻，给寯藻本人带来了巨大的温暖。二十多年后，程恩泽已然去世，祁寯藻依然记得这个夜晚，还忍不住跟程恩泽的一个学生谈起这位文化大师。

第八章 走出南书房

主持乡试
鸦片之祸
识林则徐
督学湖南

主持乡试

道光二年,在丧子之痛后不久,祁寯藻被任命为会试考官。

三月份,会试开考。祁寯藻因第一次担任考官之职,便格外谨慎,虽然他不是正考官,但依然不可有一丝一毫的纰漏。会试是除了殿试之外,国家最高级别的人才考试大典,亦为全国高级士大夫的一场盛会。

在清代,乃至整个古代,因科考舞弊而引发的大案要案,皆为祁寯藻这样久经科场锻炼的官员所熟知——不管是考官,还是考生,千古留名是常事,但不怕一万,只怕万一,搞不好,也要掉脑袋的。而且,会试基本上就是帝国读书人最后一次大考,之后的所谓"殿试",其形式上的意义远大于其实质：一般会试上榜者，几乎都会在殿试之后中进士。

　　之所以要走这个形式，乃因殿试为皇帝亲自主持，所谓的天子门生，必须要通过殿试来体现。不过，殿试也有其不可或缺的作用，即给所有会试上榜者重新排一个名次，从一甲的状元、榜眼、探花开始，到三甲的"赐进士出身"，都会有一个非常具体的排名。日后，这个"某甲某名"进士，将成为这些幸运儿履历上重要的一环。

　　其实，按照科考三年一大比的制度，道光二年本来不是法定的科考年份，但道光刚刚登基不久，需要广施恩德，便在这一年办了一次"恩科"。所谓的恩科，属于制度化科考的一种补充，历朝历代都有，根据朝廷的特殊情况与皇帝的旨意，皆可恩科取士。

　　担任会试考官，寯藻小心翼翼，终平稳度过。

　　会试结束之后，道光皇帝对祁寯藻说："这次恩科过后，各地的乡试马上也要开始，想必程恩泽已经跟你提前吹风了，朕已决定，派你去广东担任乡试的正考官。"

　　"臣担任本次恩科考官已是天恩，不想再获乡试正考官殊荣，微臣何德何能，获圣上如此厚爱？"寯藻一边说，一边感激地跪在道光面前。

　　"平身吧，叔颖。"道光慢慢走到祁寯藻旁边，"南书房的这几个人，包括你在内，朕肯定是要大用的，只不过你还年轻，既要发挥年轻人血气方刚的优势，也不要过于急躁莽撞。"

　　寯藻还是跪在地上，点点头，不知说什么才好。

　　道光接着还对祁寯藻说了很多贴己的话，并明言相告，让他充任广东乡试主考的目的，是让他一边主持当地的乡试，一边考察那边的吏治民情。道光无不担忧地说道："你们也都知道，目今对我大清祸害最大的莫过于鸦片，而广东则是鸦片走私最猖獗的地方。"

　　寯藻点点头："皇上圣明，鸦片对我大清的毒害，对亿兆百姓的压榨，都是抽骨吸髓的，非大力整顿不可。"

"你也知道，"道光叹了一口气，"皇考在的时候，也曾发过宏愿，要彻底消灭鸦片，可现在情况是愈演愈烈，国将不国了。"

寯藻听道光这么一说，眼泪就流下来："微臣在老家山西读书的时候，就闻诸多鸦片惨剧，鸦片对一个家庭的危害，比起对一个国家的危害，要来的更具体，更触目惊心，可国家是由一个一个家庭所组建起来的——"

道光摆了摆手，说道："好了，今天就说到这里，这些事，朕心里明镜一般，你先历练历练，到时候会有你的用武之地。"

祁寯藻目光坚毅地点点头，看着道光，转身慢慢离去。就在这一刹那，祁寯藻有些难过——想到道光虽然对鸦片如此痛恨，但又表现出满满的无奈与不知所措，寯藻的眼圈便再次红了。

离开道光，回到铁门胡同家里，祁寯藻调整了一下心情，高兴地对妻子说道："这次主持乡试，完全定下来了，是去广东。"

陈夫人一听，笑着说："看来我说得不错吧，让你不要急躁，老在南书房窝着，的确有些憋屈，但你看现在不是可以到外面去大显身手一番了吗？"

"夫人说的极是，我的确是有些急躁了。"寯藻有些不好意思。

"夫君可真算得上与皇上有缘。"陈夫人一边说，一边叹了一口气，"要知道，有很多朝廷官员待在衙门里，慢慢地耗掉所有的青春与热情，即便等到有朝一日能够放到外面和地方上做点实事，也已经老气横秋，没有多大的斗志了。"

寯藻点点头，说道："皇上的确待我祁寯藻恩重如山啦。"

"不过夫君才到南书房一年多，就马上委以重任，"陈夫人的表情有些担忧，"请夫君要更加谨言慎行，有很多人都看着你呢。"

祁寯藻点点头，本想说些什么，但一想到道光对鸦片的无奈，以及对自己的重用，就愈发感到一种莫名其妙的压力，以至于把即将南下充任乡试正考官的喜悦瞬间冲刷殆尽。

可妻子照旧一笑，大声说道："没事的，你别想太多了，也不要担心家里，我会照顾好婆婆的，一切尽力去做就行了，不会有什么事的。"

祁寯藻被妻子感染，也大声道："行行行，夫人，一切趁你吉言。"

妻子向来是聪慧与开朗的，她的性格给整个祁家带来了一股活力。在过去相当长的一段时间里，阴霾与苦楚一直都笼罩着祁家。好在祁寯藻考中进士，又一步步走上仕途的快车道，算是为祁家雪中送炭了。更令人欣慰的是，妻子陈夫人恰好在祁家扭转颓势之时嫁过来，可谓锦上添花。陈夫人的温婉与笑声，正是祁家上下老小的一剂疗伤大补丸，尤其是去年曹夫人留下的遗孤佺儿夭亡后，祁寯藻的母亲刘夫人几乎悲痛到要随佺儿而去，谁劝都没用，只有儿媳妇陈夫人，一以贯之，以令人难以抗拒的亲和力，将婆母刘夫人冰冷的心慢慢焐热，使老太太终于走出痛失爱孙的阴影。

祁寯藻得此贤妻，夫复何求？陈夫人的父亲陈用光大人，对祁寯藻的提携也不遗余力。

陈用光虽一生都没有如祁寯藻的另一位老师黄钺那样，做到军机大臣那样的高位，但他是桐城派的嫡传弟子和文章大家，更是士大夫所推崇的儒林宗师，连道光皇帝都对其尊崇有加。他虽未位极人臣，但在朝中的影响力是巨大的，道光皇帝刚登基之时，很多国事都会单独征求陈用光的意见。道光认定，陈用光所选择的女婿肯定不会差，于是便有心栽培祁寯藻。

后来的事实也证明，祁寯藻果然是青出于蓝而胜于蓝，他不管是在世俗的官品官位上，还是学术与文学上的造诣，都盖过了其岳父陈用光。

鸦片之祸

不久，祁寯藻动身前往遥远的广东，担任南粤大地的乡试主考官。

这一年从五月开始，祁寯藻有近半年的时间在广东度过，直到年底十月份才回到北京。从北京到广州，再从广州回北京，一去一来，算起来都有八千多里地。从帝国的核心到遥远的南方边陲，一路上寯藻算是再次大饱了眼福，当然也写了很多好诗。要说，那个时代的知识分子还真有风雅的条件——交通工具的局限性，使他们的旅途较为漫长，而打发这慢慢时光的最好办法，就是细细品味沿途风光，留下千古绝唱的诗句。

只可惜，风光虽好，但人间疾苦亦历历在目。由京赴粤、经过河北的任丘县时，发生了一个小插曲：一位轿夫抬轿时，不慎摔倒，将坐在轿子里的祁寯藻弄伤。事情不大，祁寯藻只是手臂略微不适，基本无碍，但在古代，这样的"失误"却很严重——抬轿者是当地服劳役的农民，由官府征用，若其提供劳役服务时出了意外，那么轻则必须提供超出常规的劳役量，重则扙击打屁股，甚至入监坐牢。

祁寯藻深谙民瘼，他不仅没有丝毫责怪轿夫，反而安慰他，让他不要害怕，同时吩咐任丘当地的官员，千万不要为难这位轿夫。为记录这件事，祁寯藻还专门写下一首七言绝句："细雨飘零驿路行，夫仆舆覆惹愁生；息翁抚慰怜凄苦，顾念民劬美誉赢。"

诗句中的"息翁"便是祁寯藻自己，他怜惜老百姓的"凄苦"，早年在老家寿阳读书时便如此，在此之后，更是如此。其亲民爱民怜民的本色，一生未变。

当初刚中进士，从北京出发前往保定看望父亲时，祁寯藻屡见河北平原一带采棉花的妇女，他便发出了"可怜辛勤僵食指，半为输官半鬻市"

的同情。只要写到农民与普通劳动者，他这位知识分子便总是文思泉涌，吟咏之，赞美之，祝福之。

爱民暂且不提。作为一个地道的北方人，这是祁寯藻有生以来第一次去往南方，而且一去就是去最南边的广东。这对于开拓祁寯藻的视野，具有很大的作用。毕竟他作为时年才三十岁的京官，还处于像海绵一般疯狂吸收外界讯息的绝佳年龄。

一个人的品行与境界，除了先天的基因之外，后天的经历与际遇，也是相当重要。祁寯藻在一个合适的年龄，碰到了一个赏识他的帝王，并得到了一个合适的外出公干的机会。

无疑，他是幸运的。

在传统帝制时代，与前人相比，乃至与后人相比，祁寯藻都是极其幸运的。会试与乡试为帝国两大人才选拔大典，能充任考官者，皆为皇帝所瞩目的饱学之士。而且，古代讲究门生与老师的关系网络，每一届的新晋举人与进士，都要尊考官为"老师"，一旦有此师生之名，则双方将来皆会在官场及各种场合中互为援引。

这种无形之中建立的人际关系网，盘根错节，看似更有利于"学生"，实则，由师生、同门、同年等各种关系交织起来的巨大文化圈子，对考官而言意义也同样巨大。帝国的文人，向来对科考形成的圈子最为看中，并引以为豪。祁寯藻刚满三十岁，就有会试考官与乡试主考官的经历，其官场生涯何其幸也，其文化交往圈子何其大也。

要知道，会试与乡试的考官身份，不仅是扩大人脉的最好方式，还是一种至高无上的荣耀。所谓的"天地国亲师"，老师的地位可以与"天地"齐名。尤为重要的是，这"老师"不是一般人的老师，乃举人与进士之师，其与"天地"并列的效果，就更为突出。

本来，进士被称为"天子门生"，同时进士又是会试考官的门生，从这个意义上来看，会试的考官似乎可以与天子平起平坐。很多中央官员，一辈子都盼着做会试与乡试的考官而不得,但祁寯藻年仅而立,便获此殊荣,其政治明星的潜质,早已显露无遗,朝中文武百官与各位大佬皆为之侧目。

好在,祁寯藻为人低调厚道,即便仕途如此之畅通,也没有引来过多非议。这是祁寯藻为官的长处,也是其短处。世界上所有的事物,皆有其正反两面,祁寯藻的性格特别适合帝国的官场,但一旦要他具有某种改革家的勇气与魄力,那就略显不足。此是后话,暂且不表。

清代中后期,对于担任会试与乡试考官的人员,已无品阶与资历方面的硬性要求,一般只要是正牌进士出身,并曾入选翰林院的,皆可充任。考官的要求降低之后,谁能入选,就很大程度上要倚仗皇帝的喜好。换言之,如果一个官员有幸被入选担任考官,那么此人必定圣眷正隆,即将被重用。

尤其是对于像祁寯藻这样走入仕途不久的翰林文臣来说,获此荣誉性的职位,格外不容易。要知道此刻,祁寯藻虽然在南书房当差,但他的身份依然还是一个翰林院的七品编修。也就是说,祁寯藻最近虽主要在南书房供职,但其官阶职位还是隶属于翰林院系统——南书房本不提供"法定"的官位与官品。

从广东返抵京城的路上,寯藻想起这近半年朝夕相处的南方民俗民风,再对比一下自己所长期生活的北国,一下子就有点恍若隔世的诧异感。

南方物产丰富,商贸发达,但那种叫作"鸦片"的"害人精",却更加嚣张地在这里贩卖,祸害较之其他省份,真可谓"独占鳌头"——一念及此,祁寯藻心里便生出熊熊的怒火。

刚回到北京,就有很多同侪为其接风洗尘,祁寯藻赴约参加各种宴会足足闹了七八天,这些朋友当中自然少不了田嵩年。

祁寯藻与田嵩年相识于嘉庆九年,到目今已经十三年。当年,恩师黄钺督学山西,他俩是黄钺最中意的山西学子,同为自己所在之县的头名秀才。田嵩年是盂县人,盂县与寯藻的老家寿阳相邻,皆隶属于平定州,他俩算是同一州府的"大同乡"。

两人有着差不多的起点,可仕途之路大不相同。祁寯藻是按照非常传统的"晋升"之阶,从秀才一直考到进士,再选翰林,入南书房。田嵩年则不然,他早早地以秀才的身份,跟着老师黄钺来到京城,然后东奔西走,多年襄助黄钺处理公事,属于先工作历练,再着力于科举的另一种成才之道。

按照黄钺的安排,田嵩年参加了嘉庆二十四年的乡试,并如愿考中。接着第二年,他再接再厉,考上进士,时年三十二岁。田嵩年比祁寯藻长五岁,单以考中进士的年龄来看,他却比祁寯藻晚十岁。

祁寯藻的确是一个特例,他考中进士时才二十二岁,很多学子都难以望其项背。田嵩年得进士虽晚一些,但他已经在官场摸爬滚打十多年,跟着黄钺也学到"一揽子"为人做官的道理,更重要的是,他由此膺获巨大的政治资源——结识了诸多前辈士大夫与官员。

考上进士之后,田嵩年与祁寯藻一样,入了翰林——迟早,他也是一颗政治明星。这是明眼人一看就知道的:黄钺的得意门生,道光皇帝一定会重用。

那天,祁寯藻与田嵩年等多位同僚好友宴饮之后,人皆散尽,唯有田嵩年与祁寯藻留下来——他俩早说好的,要单独聊一会。祁寯藻从去年入职南书房到如今从广东归来,已近两年,他与田嵩年虽老在一块谈天说地,但往往都是聊一些文学上的雅事,极少涉及具体的朝政问题。

这其中的原因,两人都心知肚明:南书房是皇帝办公的地方,具有极强的保密性,而祁寯藻作为最靠近皇帝的南书房官员,必须对自己所闻所办的政事守口如瓶,否则将招来大祸。于是祁寯藻与同僚好友相聚聊天的第一禁忌便是,尽量不提官场"事迹",包括对田嵩年亦如此。非说不可时，亦只是点到为止。好在田嵩年官场行走多年，睿智通达，他十分理解祁寯藻，当然更不会主动去问祁寯藻什么"国家大事"。

可现在，祁寯藻要跟田嵩年聊一聊在广东的感受，他觉得有些事情必须跟田嵩年说一说才好受些。

嵩年倒一如既往，还是那么豪爽，大声说道："老兄，人都走了，就剩下你我了，酒楼的人我也安排他们全都不要再过来，有什么请明说。"

"季高兄，是这样，"祁寯藻顿了顿，"我回来的第一天去觐见圣上，圣上问我广东的情况，我没有实说，只说了一个五六分。"

"是鸦片吗？"

寯藻猛地抬起头，盯着田嵩年，然后重重地点点头

田嵩年叹了一口气，说道："淳甫，左田师傅很多年前就跟你我说过，鸦片必将是国家最大的祸害。"左田是黄钺的字。

寯藻点点头，然后压低声音说道："季高兄，兄弟这次去了一趟广州，算是大开了眼界，以前只是听别说鸦片，恨鸦片，这回终于亲眼看到。"

田嵩年也点点头，轻轻说道："请直言。"

"广州这几年从英吉利进口的货物中，鸦片早已成为第一大宗。"寯藻一边说，一边叹了一口气。

"我的天，这么严重了，在我的印象中，我们从英吉利进口最多的是棉花啊。"田嵩年十分惊讶，嘴都好半天合不拢。

"不瞒季高兄，我在广州，偷偷去码头问了一下水手与搬运工，他们说，从几年前开始，黑货的进口量就已经远远超过白货了。"黑货是指鸦片，白货是棉花。

"开鸦片馆的多吗？"田嵩年似乎下意识地问了一句。

"怎么不多，从广州进来的鸦片，首先就会销在广州本地，烟馆虽不敢公开营业，但都采取各种手段，打着做其他生意的幌子，行销售鸦片之

实。"窝藻继续把语言压得很低，但满腔的愤怒却依旧是呼啸而出。

"朝廷有法度，万岁有上谕，广东的地方官员就这么大胆子，不闻不管？"田嵩年也一脸着急。

"就我在广东的观察，英吉利商人、当地行商、地方官员、码头上的地痞流氓全都穿一条裤子，都是鸦片贸易的获益者，谁都没有执行朝廷的禁令。"

"皇上知道吗？"

"早有人递过折子，说到广州鸦片贸易猖獗的情形，皇上当然知道。"窝藻有些无奈，但说起道光时，依然毕恭毕敬。

"看来，皇上也许是在考虑一个万全之策，先放一放再说。"

"正是，我看皇上肯定有大动作，"窝藻想了想，"只不过掣肘也不小，如果断了鸦片，就等于断了很多权贵的财路，这是明摆着的事。"

田嵩年点点头，哑然无语。

中国与西方的贸易往来，达两千多年，长期以来，中国对外出口的第一大宗商品便是丝绸。到十八世纪初，也就是康熙中晚期，茶叶超过丝绸，成为对外贸易的"头牌"商品，并一直持续到嘉庆年间的十九世纪初，创造了一个所谓欧亚贸易的"茶叶世纪"。

从丝绸到茶叶，商品变了，但西方对中土物产的巨大需求未变，而我们对西洋物品却一直没培养出多大的兴趣，这便造成中国对外贸易的巨大顺差。当时的中国士大夫自然无法意识到这种巨大贸易顺差的危害性，但在西方，尤其是已经贵为海上殖民第一强国的英国，早已无法容忍这种对华贸易不平衡的局面，便开始想办法予以弥补与调整。英国一开始倒没太坏，只是向中国大量出口殖民地印度的棉花，然后捎带着卖一些鸦片。

可惜，中国本来也是产棉之地，对外来的棉花需求没有英国人想象中的那么大，再加上棉花贸易的利润不高，而买鸦片却收益颇丰，于是英国人开始尝到鸦片贸易的甜头。

到了十九世纪二十年代初，也就是道光刚继位之时，英国对华出口的鸦片金额开始超越棉花，而且其增长的幅度势不可挡，迅速成为英国对华贸易的第一大宗商品。从此，英国一举扭转了明清以来对华贸易的长期巨大逆差，并赚得盆满钵满。

广州从清廷立国以来就一直是对外贸易的最大口岸。祁寯藻正是在中英贸易发生翻天覆地变化的关键时刻，前往广东担任乡试考官的。这是他的不幸，他生活在一个中国即将要挨打、却谁都无法清醒预见的时代。这又是他的幸运，他能够在英国正式向中国发动鸦片战争之前，早早地亲眼目睹广州鸦片贸易的实际情况。

其实，有关广州鸦片进口与消费的巨大社会问题，即便祁寯藻没有对道光说透，也挡不住各种渠道的消息传到道光耳中。道光虽不是一代霸主，但亦深知祖宗打下这片江山之不易，岂能让小小的鸦片将手中的江山慢慢侵蚀，最终毁坏殆尽？

道光清楚，鸦片之所以在帝国横行无阻，罔顾从雍正到嘉庆时期的屡屡禁令，原因无他，只有一个：鸦片贸易与很多当权者的既得利益融为一体，各级官员总是对朝廷的禁烟令敷衍了之，而朝廷对违反禁烟令的人，也总是不能施行长期高压态势。如此一来，造成鸦片贸易利益链上的人可以用较小的成本，博取极大的利益。这形成了一种恶性循环：不管朝廷如何三令五申严禁鸦片，帝国鸦片贸易链上的所有人，都会高枕无忧地认为，大不了就先做做样子，收敛一下，等风声一过，该干嘛还是干嘛。

正因此，道光有些犹豫：再次重申禁烟法令很容易，只需"一张纸"，但如果依旧与以往一样，法令归法令，实际归实际——或曰"上有政策，下有对策"——那么势必将本来就严重缺乏的政府公信力进一步掏空。

一旦把朝廷的公信力逼到"死角"，就会形成极其不良的连锁反应，最终毁掉老百姓对朝廷残存的最后一丝希望——这是帝国与道光本人的两难，也是祁寯藻这样欲有所作为之官员所面临的两难。

似乎，在鸦片这种"泰山压顶"的态势下，不管做不做，也不管做什么，帝国都会陷入万劫不复的悲惨境地。不过，此刻，这些事还远非小京官祁寯藻所能参与的，他只是在心里痛苦地琢磨：期待自己有一天能够走上一个更大的平台，直接担负禁烟的伟大使命。

识林则徐

第二年，也就是道光三年，从广东乡试主考官任上回到京城才半年的时间，祁寯藻便再次被道光任命为湖南学政，而此时他才年过三十。整个官场皆洞若观火，这是道光在重点栽培祁寯藻。在祁寯藻之前，乃至在他之后，如此年轻就能担任一省学政的清代官员，凤毛麟角。

清代，一般乡试主考官只需在某省的省会城市待上两三个月，待考试完毕，便回北京向皇帝述职。而学政不同，作为某省的最高教育行政官员，其必须在此地干上两三年，还要巡视全省各地，选拔各府县的优秀学生。当年，祁寯藻在老家山西读书时，就是被当时的山西学政大人黄钺一眼看中的。

相较于会试与乡试的"考官"，学政一职对于结交门生、拓展士大夫与官员圈子、获得人脉关系等，有着更为重大的意义——很多在官场上声名鹊起之人，都曾做过一省的学政。所谓的门生故吏遍布天下，做学政是一个基础。

学政一职，在清代早期受地方督抚管辖，但到了后来，学政便完全独立于地方督抚，直属于朝廷，开始与地方最高长官平起平坐。督抚一般是一二品的大员，但学政往往品级不高，譬如祁寯藻，此刻才区区一个七品官，可地方督抚却没有权力干涉他——学政地位显赫，而且没有品级要求,只要是翰林院的官员,或者是正牌的进士出身,皆能担任此职。当然,最后还是要看皇帝与军机处的几位大佬们中意谁。

祁寯藻三十岁刚出头,便能做到学政一职,可见其深受道光厚爱。遥想当年,他的老师黄钺在担任山西学政时,都已经快六十的高龄。祁寯藻在帝国官场的起步点,委实比一般人要高得多。

道光三年,除了祁寯藻,还有田嵩年碰到好事:他被选中,入了南书房,与祁寯藻一样,成为道光皇帝的文秘近臣。也正是在这一年,道光皇帝决心已定,下诏制定了"失察鸦片烟条例",再次严法禁止种植鸦片、禁开烟馆。

在正式下诏之前,祁寯藻还未前往湖南任职,他与道光有过一次长谈。

道光说:"你上次在广州所看到的鸦片情况,只是点到为止,朕比你更明白其中的关节之所在。"

"皇上圣明。"寯藻点点头。

"其实,这次下诏再次禁烟,朕心里还是没有底。"

"很多事情,都是事在人为,即便屡战屡败,也要一往直前。"

"好个屡战屡败,一往直前,朕也只能走一步看一步。"

"皇上,您一定要坚持,您的态度决定了一切。"望着眼前这位只比自己年长十岁的皇帝,寯藻有满腔的期待。

"朕是要坚持。"道光叹了一口气,"你去湖南好好干,朕还是那句老话,多为当地百姓与读书人办点好事,一切要从最细的地方做起。"

寯藻点点头:"微臣铭记在心。"

"还有,林则徐提任江苏按察使已经四个多月,奏折来的很多,他干得不错。"道光帝突然提到林则徐。

祁寯藻一听,顿时兴趣骤来,赶忙说道:"少穆大人胸怀大志,定有大作为。"林则徐字少穆。

道光微微一笑:"朕看好他,你要多向他学习,不过他性子急,倒是与你完全相反。"

说完,道光看了祁寯藻一眼,接着说道:"林则徐对鸦片看得很透,早就屡次跟朕单独说起过,你上次去广州主持乡试,其实没有必要有所隐瞒,你即便什么都不说,朕亦知其严重性。"

"皇上——"

道光打断祁寯藻,叹了一口气:"你先跪安吧。"他的脸上满是疲惫与忧烦,令祁寯藻不忍直视。

寯藻磕头离去。

离开道光后,"林则徐"这三个字便在祁寯藻的心中发酵开来。

六年前,也就是嘉庆二十二年,祁寯藻丁父忧快结束之时,正坐馆于北京的那彦成家——那年夏天,祁寯藻丁忧,必须暂辞去公职,为生计着想,他便再次应邀到那家教书,以获取一些束脩报酬。

先前,那公因甘肃赈灾贪污一案被判处流放伊犁的重罪,谁知多事之秋,祸不单行,那家太夫人又旋即病故,那彦成却因祸得福,免于流放。不久,他再次起复被重用,使得祁寯藻亦再次有机会来到那家,度过丁忧这段难熬的时光。

那会,田嵩年跟着黄钺学习官场事务,还未考中举人与进士,但他这么多年见识大开,认识了不少刚刚考中进士的新一代帝国官员,还时不时拉着祁寯藻去拜会拜会。

那是一个六月天,北京最热最烦躁的一个上午,田嵩年来到那彦成府邸,找到祁寯藻,大声说道:"今天带你去见一个很厉害的人物。"

祁寯藻笑道:"何许人也?"

田嵩年卖了一个关子,摇头不语。

祁寯藻知道嵩年的性格,他如果明言不说就一定不会说。

可是两人离开那府,走在路上的时候,田嵩年还是忍不住说道:"此人去年曾担任过江西乡试的副考官。"

寯藻想了想，已经猜出是谁，只是没有马上说出来。

田嵩年不管不顾，接着说："此人乃辛未进士中的第一人才。""辛未"意即嘉庆十六年。

祁寯藻见田嵩年都说到这个份上了，赶忙说道："必定是林少穆前辈也。"

"正是，正是。"田嵩年高兴不已。

林少穆便是林则徐，他比祁寯藻大八岁，早三年考中进士，算是比祁寯藻高"一届"跳入龙门。本来，祁寯藻早闻林则徐大名，只是他考中进士的第二年，父亲祁韵士就病故，这一下丁忧三年，奔波于山西与北京之间，失去了与林则徐交往的机会。

其实一直到此刻，祁寯藻的丁忧还未结束——在那彦成家教书，也是为了就近等着丁忧一完，好快速回到翰林院继续任职。

本来，祁寯藻预计丁忧结束后，便可找个机会面见林则徐。未曾想，此刻便有机缘，田嵩年真是一个及时雨。

林则徐二十岁考上举人，但后来的科举之路颇为坎坷，连考三次会试才中进士。不过，他年轻，经得起折腾，考上进士那一年也才二十七岁，正是年富力强之时。

此刻，林则徐与日后的祁寯藻、田嵩年一样，也是一位官居七品编修的翰林官员。田嵩年带着祁寯藻，来到城南宣武一条名为"粉坊"的街巷，然后，嵩年驾轻就熟，敲开林则徐租住地的大门。

林则徐一见到田嵩年就大叫道："季高兄，你来得正好，我正想你呢。"

田嵩年赶忙抱拳说道："让大人挂念，晚生愧不敢当。"

"别一口一个大人的，我跟你老兄说了多少回了，直接叫名字，你比我只小三岁，别弄得我老气横秋的。"林则徐一边笑着说，一边定眼看了看田嵩年身边的祁寯藻。

"喔，差点忘了介绍，这位是我的老乡，山西寿阳的祁寯藻，甲戌科二甲第三名进士。"田嵩年侃侃而谈。

等田嵩年说完，祁寯藻赶忙再次朝林则徐握拳相拜，说道："早闻林大人是辛未科中的第一名士，今日寯藻终于得以一见。"

林则徐哈哈大笑一声："山西寿阳的鹤皋先生想必就是足下的令尊大人？"

祁寯藻谦逊地点点头："正是先君。"

"令尊不容易呀，当年远在伊犁边陲，还能写出那么好的大作，令我们这些晚辈钦佩啊。"林则徐一边说，一边叹了一口气。

祁寯藻一听林则徐说道自己的父亲，便一时不知该如何应答。还是田嵩年善于调和气氛，赶忙笑着对林则徐说："少穆大人，你家今天的茶没有上次的好喝了。"

林则徐一听，端起茶杯，看了一下，轻轻说道："京城居大不易，这次的茶的确没有上次好，两位就将就着些，待有机会我回福建老家，给大家带点铁观音，比今天这茶要好多了。"

嵩年与寯藻一听，都哈哈大笑起来。

从此，一有机会，祁寯藻与田嵩年就跑到林则徐家里坐着聊会天。本来，祁寯藻曾参加过嘉庆十六年辛未科的会试，但他落第了。如果那一科能考上，他就与林则徐是同年。林则徐虽然考上进士时已二十七岁，但他极具人格魅力，分析时政时也往往一针见血，更难能可贵的是，林则徐侠肝义胆，见不平之事，敢于站出来说个子丑寅卯。

林则徐一入仕途，便成为老中青几代官员争相结交的红人。祁寯藻长于分析问题，但缺乏雷厉风行的魄力，与林则徐大刀阔斧的做派完全不同。但正因此，祁寯藻特别喜欢听林则徐谈天论地，仿佛在林则徐身上，祁寯藻看到了另一个似乎永远无法实现的自我。

祁寯藻时常想，如果能有林少穆那样的处事风格该多好。可惜，人的性格是先天资质与后天经历所共同造就的，不是想要怎样就能怎样的。

当然，林则徐之所以在众多年轻一辈的官员中鹤立鸡群，还有一个原因，即他在考中进士之前，便有着非常丰富的人生阅历：其二十一岁第一次考进士失败后，心灰意冷不知所措，可当时的福建巡抚张师诚发现他是一个人才，便招其入幕府，大加重用。张师诚乃嘉庆时期最具才干的地方督抚之一，他看好林则徐，用心培养林则徐。

当时，闽浙沿海一带，以蔡牵为首的海盗集团极为猖獗，张师诚曾亲自下海与大海盗蔡牵鏖战，并让林则徐不离其左右，协助用兵。此等历练，是可遇不可求的。在清帝国众多进士出身的文官中，能够在正式入仕前，就跟随地方督抚上战场杀敌的，少之甚少。

更为特殊的是，在福建做幕僚时，林则徐曾长期在厦门岛公干，其早早就亲眼见到鸦片如何汹涌地从沿海港口倾销到中国，也对地方官员与中外鸦片贸易商相互勾结、欺下瞒上的伎俩，洞若观火。

有一回，祁寯藻与林则徐等人又聚到一块，当时是在一个酒局上，大伙你一言我一语，突然说起最痛恨的东西——鸦片。那天，林则徐酒喝得有点高，突然，他站起身，大声说道："诸位同仁，诸位同仁，老弟曾在厦门待过，你们都知道，鸦片都是从海路进来的，厦门港当然也不会幸免，老弟我今天特别想跟大家交交心，说一说当年的感受。"

众人听林则徐说起厦门的事，顿时安静下来。

之前，林则徐不愿多说，因为其中有太多的官场丑闻，而官场又是一个大网，里面有着旁观者无法想象的盘根错节与利益关联。作为一个朝廷命官，说多了将大大不利于自己仕途。毕竟鸦片走私涉及到很多高官，而世间没有不透风的墙，如若调到其手下当差，那就没好果子吃了。

那天受到情绪的感染，林则徐顾不得这些，他接着说道："诸位仁兄，老弟当年在厦门，见到海关的官员都从走私鸦片中获利，而他们获利，一部分也要孝敬各级衙门里的老爷，其结果便是国家白银大量流失海外，朝廷国库日益亏空，吸食鸦片者家破人亡，而烟贩子和那些跟他们沆瀣一气的混账官员，则发家致富，个个财大气粗。"

众人闻之，皆叹息不已。

林则徐款款说道："鸦片来源于罂粟的果实，罂粟本是一种植物，可现在，它的果实却成为我们这个国家第一大患，说来可笑，古往今来，历朝历代，有亡于民变者，有毁于权臣者，更有灭于天灾人祸者，可目今，我朝难道要葬送在这小小的鸦片烟上吗？"

众人的眼光全都聚焦在林则徐的脸上。林则徐依然愤怒万分，完全沉浸在自己的内心世界中，他突然哽咽，接着泪流满面："诸位同仁，有朝一日，我林则徐若能施展抱负，定将消灭所有烟土，严惩所有烟贩子，虽万丈深渊，我也将一往无前。"

林则徐说完，号啕大哭不已，祁寯藻等一般年轻官员皆跟着潸然泪下。

督学湖南

一晃六年过去，道光三年的五月初，北京的天气已渐热，林则徐不久前由浙江道员升任江苏按察使，离封疆大吏只差半步之遥。而且，道光皇帝登基后，对林则徐一身正气、敢做敢为的性格极为欣赏——林君岂止能坐到封疆大吏的位置，连出将拜相也指日可待矣。

此时，林则徐才三十九岁。

祁寯藻得知林则徐升任江苏按察使的消息时，万分高兴，心想，林大人施展抱负的舞台终于快搭建完毕——这对于林则徐来说是好事，但在祁寯藻看来，个人是小，国家能够启用林则徐这样的人才，才是国之幸事。

林则徐在地方渐成大吏，不仅祁寯藻乐见其成，还有很多意欲有所作为的年轻官员也皆为之一振。所以道光重用林则徐，赢得官场主流舆论的一片喝彩。另一面，仅从林则徐快速成长为地方高级大僚，便可管窥见道光初期的朝廷气象还是相当不错的。而祁寯藻本人，虽比林则徐年轻不少，但也早早得到各种锻炼的机会，此刻他马上就要赴湖南担任学政一职。一开始，道光皇帝的确给很多官员带来了希望。

想起林则徐，祁寯藻自己都踌躇满志不已，而田嵩年自然也不例外，欣喜异常，他第一时间找到祁寯藻，大声说道："少穆升任江苏臬台了，等着瞧，他定有一番大作为。"清代的"按察使"主管一省的刑狱，简称"臬台"，乃三品大员，隶属于各省督抚，但有独立向皇帝奏事的权力。

"皇上慧眼识英才，江苏也是鸦片走私的猖獗之地，少穆大人可以一试身手了。"祁寯藻很兴奋地说道。

"呵呵，这下子江苏的烟贩子们日子可不好过了啊。"田嵩年侃侃而谈。

"不干则已，要干，少穆大人最好弄出一个禁烟的模范省。"寯藻满怀期待。

"好个禁烟的模范省。"

"普天之下，唯少穆大人堪此重任。"祁寯藻把"重任"两个字说得很重。

"重任啦，的确是重任，国家有此重任，民族有此重任，生民有此重任。"

"什么时候，我们也能有此机会，到地方上大干一场？"祁寯藻突然发问。

"你不是马上要去湖南担任一省大员了吗？"田嵩年揶揄道。

"季高兄就别取笑了，"祁寯藻表情悻然，"我这个学政，名义上权力大，实则完全不能与地方督抚藩臬相提并论，只能待有朝一日吧。"

"待有朝一日,待有朝一日——不对不对,老兄,你应该是指日可待矣。"田嵩年笑曰。

"趁季高兄吉言,但愿指日可待,你也一样啊——指日可待。"

"指日可待,好,这个词我说出来好像缺点什么意思,但经你老兄一强调,就有大志气大情怀,什么都不缺了。"

"季高兄就喜欢拿我开玩笑。"

"没开玩笑,实话实话,诚哉斯言。"

祁寯藻忍俊不禁,与田嵩年一起大笑不已。

祁寯藻与田嵩年聊得不亦乐乎,仿佛得到朝廷重用的不仅仅只是林则徐,还包括他俩自己。

几天后,祁寯藻离京前往湖南,田嵩年当然也要来送行。

那天,田嵩年一直把祁寯藻送到卢沟桥。田嵩年有说不完的话,道不完的嘱咐,开不尽的玩笑,立不够的宏愿——毕竟刚入南书房,他正处在一个兴奋期,两人只要一聊,便会冒出思想的火花,尤其田嵩年,天南海北,到处都有他的寄托与构想。

田嵩年叮嘱寯藻,到了湖南,一定要把科考上的一些陋规大力整顿一下。祁寯藻连连点头称是。

祁寯藻与田嵩年一样,都是从最初级的科举考试一步步爬上来的,其中很多盘剥压制学子的陋规,他当然心知肚明——即便田嵩年不说,祁寯藻亦跃跃欲试,想碰一碰这些钉子。

普天之下莫非王土,他俩所熟知的科举弊端,山西老家有,遥远的湖南不会例外,该有的也都有。

当年在山西读书时,祁寯藻与田嵩年分别是寿阳与盂县的头名秀才——他俩似乎是既得利益者,但个中滋味,两人皆一一饱尝。那时候,寯藻就对动辄变相收取考试额外费用的行为深恶痛绝,并曾对田嵩年屡屡提及。此刻,田嵩年再提"旧账",祁寯藻便立马想起在山西读书应试的岁月——过往的一切似乎才发生，令人有一种极为不真实的恍惚感，也使得寯藻突然有些发呆。

嵩年是急脾气，说道："老兄，又想起山西的事了吧。"

"是啊，往事就在眼前，当年谁曾想过你我都能入南书房啊。"祁寯藻叹息了一声，把思绪从山西的山山水水中抽回来。

"人生不就是这样吗？"嵩年微微一笑，"今天无法料到明天，就如同昨天无法料到今天一样。"

"是啊，任何事情，也只能尽力去做，至于好坏，也只有天能定了。"

"罢了，罢了，叔颖老兄，"田嵩年站在卢沟桥头，朝南边无穷无尽的大地望去，"不说了，不说了，今天你去湖南上任，本是好事，不要把气氛弄得太悲壮。"

祁寯藻见田嵩年这么一说，这才笑了一下说道："我此番前去湖南，好几年才能回来，京里有什么事，还恳请老兄多给我写信告知一二。"

"你放心吧，会常写信的，"嵩年点点头，"对了，你多写点诗寄回来，老师每次看见你的诗都很高兴。"

"让季高兄见笑了，这几年愈发感觉诗不好写，"祁寯藻叹了一口气，"有时候会莫名其妙地难过，不写诗的时候还好一些，一旦构思或者动笔的时候，就似乎有千斤重担压在心上。"

"恭喜老兄，你的境界又提升到一个高度。"田嵩年半是赞许，半是伤感。

"何以见得？"

"大凡初写诗者，往往无所顾忌，到了一定阶段，又茫然不知所措，等熬过这个阶段，便回到无所顾忌并随心所欲不逾矩的境界。"嵩年认真说道。

"季高兄高论，只怕寯藻会让你失望啊。"祁寯藻的脸上不见任何自得，只有淡淡的愁绪——莫名其妙，又突如其来，宛如此刻卢沟桥上一阵阵不可捉摸的夏日暖风：令人舒坦，又突兀狂乱，不知其踪迹。

"老兄不必如此，我自己的诗写得很一般，我自己清楚，但评判别人的诗，我还是有一手的，"嵩年顿了顿，"纵观当今诗坛，单就我认识的这几科进士来说，最有诗才的一个是程春海前辈，再一个就是你祁君了。"

程春海便是程恩泽。

祁寯藻一听，赶忙说道："我哪敢望程大人之项背。"

"那就拭目以待吧。"田嵩年再次大笑起来，一副信心满满的样子。

临分别时，祁寯藻再次嘱托田嵩年，让他好好照顾老师黄钺——老人家此刻已然高寿快七十五岁，一直说着要致仕回家养老，可道光皇帝舍不得他走，而黄钺本人也不忍心就这么弃朝廷而去。很多弊政，尤其是鸦片在帝国的泛滥，让黄钺寝食难安，这位历经三代皇帝，并且早年敢于跟权臣和珅叫板的耿直老臣，虽然已古稀之龄，但其雄心未死，依旧殷切期盼着帝国的再度崛起。

其实，黄钺从乾隆晚年步入仕途，亲历帝国一步步走下坡路的颓势，到了晚年，他愈发恐惧：这个国家会不会伴着他本人，一道走入坟墓。

第九章 外放成才

赵二姑案
长沙得子
黄钺致仕
新疆捷报
再见那公

赵二姑案

一年前，祁寯藻去广东担任乡试考官，就已感受到南方夏季的炎热，此番本以为湖南还在广东北面，夏天不至于那么难受。哪曾料湖南毕竟也是南方，七月份刚到长沙的时候，秋老虎还未离开，湘江大地被骄阳肆意揉搓。祁寯藻来不及休整便在全省各地巡考，第一站便是湘省最南边桂阳直隶州。

天虽极热，但南国丘陵地带的风貌依然令祁寯藻诗兴大发，他忍不住吟道："连岗翠织成，熨眼乱纵横；卷入楚天碧，照来湘水清——"

一边吟诗，一边狂想。好久，祁寯藻渐渐心平气静，便忘却了初秋的躁热。诗情画意之外、借景抒情之中，祁寯藻能获取某种源自于传统中国文化的无限慰藉，可作为一省的最高教育官员，他必须随时跳出文人的滚滚热忱与浪漫理想，在关乎世道人心、为国取才的工作上有所作为。

巡考了五个府州之后，祁寯藻便发现诸多问题，紧接着开始在那些他能够动一动的地方进行改革。

首先是童生的岁考。湖南这边新考取的童生参加每年一度的考核时，采用红色的试卷，本意是为了讨一个彩头，但红卷比普通试卷成本要高，于是羊毛出在羊身上，这笔开支便由童生们自己承担——原本科举取才是好事，此举却加重了童生的负担，反而弄得怨声载道。

祁寯藻二话不说，即刻废除此项陋规。

再者，秀才中成绩比较优异，或者年纪较长，但考不上举人的，可以被选拔到北京的国子监读书，此种秀才一般称其为"贡生"，并因之可出来做官。当时湖南选拔贡生的考试过程中，考生要向考官赠送所谓的"考卷费"——或现钱，或财物，反正美其名曰"赞仪"。秀才考取贡生资格的比例很小，乃考不上举人之秀才做官入仕的重要途径。

可见，所谓的考卷"赞仪"，其实就是秀才为考取贡生而向考官变相行贿——即便考生是自愿的，也一定程度上破坏了公平公正的科考氛围。

祁寯藻自然不允许这种藏污纳垢的行为存在，他当机立断，裁掉这所谓的"赞仪"。湖南士绅与读书人闻此，皆深感祁寯藻的善政，风气为之一振。

时光飞逝，在湖南已履职四个月，到这一年十月初的时候，田嵩年给他寄来一封信，祁寯藻见之大惊不已。原来田嵩年告诉他，最近北京发生一起很大的案件，最关键的是，此案与他们山西人有关。

事情是这样，不久前的九月二十日，山西百姓赵添中从老家榆次县来到北京告御状，即当时所谓的"叩阍"。"阍"指皇宫的门，叩阍便是要敲开皇帝家的大门，向皇帝倾诉冤情。古代告御状，成本很大，不管有理无理,还是成功与否,都会先遭到严惩。一般人家,如果不是冤情极大,不会铤而走险,越级去京城告御状。

赵添中究竟有怎样的千古奇冤呢?

这一年夏天的五月十四日,山西省榆次县民家少女赵二姑,在自家被邻居阎思虎强奸。随即赵家将阎思虎告到县衙,结果阎思虎买通县令吕锡龄及相关办案的衙役,造成赵二姑一案无法在县衙得到公正处理。赵二姑为表清白,走了极端,以随身所带的剃刀,当堂自杀——这女子该是多么的万念俱灰。

县令吕锡龄为逃脱责任,居然将"自杀"强行判定为他杀,而且还嫁祸于此刻正在县衙帮助侄女赵二姑打官司的赵添中——吕锡龄采取作假手段,污蔑赵添中当庭杀死了侄女赵二姑。

真是莫名其妙,胆大包天。

不仅如此,吕锡龄为了自圆其说,还用了一计,认定赵二姑的母亲曹氏与阎思虎有奸情,不想丑事被赵二姑撞见,所以阎思虎一不做二不休,先"调戏"赵二姑,并与之发生了男女关系——即所谓的"调奸",非严格意义上的强奸。在吕锡龄的严刑拷打之下,赵二姑的父母只能被迫承认了这个捏造的"事实"。当然,从中获益的是阎思虎——他只被判了一个较轻的徒刑。

县令吕锡龄将自己精心炮制的审案结果,堂而皇之呈送到上级衙门太原府。同时,吕锡龄担心有漏洞,还非常有"自知之明",向太原府知府沈琮略表了一番"心意"。

知府沈琮毫不客气,收下吕锡龄的"礼物",然后一切"水到渠成",他不仅对"一审判决"没有提出任何异议,还在太原府二审的过程中,细致询问阎思虎与曹氏、赵二姑母女所谓的奸情,并肆意调戏曹氏,恶意践踏曹氏的自尊心。

起先,曹氏虽为女流,但她观事态之发展,亦深知县府两级衙门肯定穿了同一条裤子。于是，曹氏打算认了。可当她在府衙大堂亲见沈琮的丑恶嘴脸时，便没忍住，她当堂辩解，一吐胸中恶气。谁知，她一开口，就遭到衙役打耳光的羞辱。气愤之极，曹氏一头撞在府衙的堂柱上，差点当场身亡。

天理何在？

受害人赵家当然不服，在太原知府维持原判两个月后，赵家没有进一步向太原府的上级衙门山西省府上诉，而是直接由赵二姑的叔叔赵添中上京告御状。本来，赵二姑冤案出现后，山西本省的民怨就很大，案件的情况也陆陆续续通过各种渠道流向北京，尤其那些在京的山西籍官员，早已风闻此事，并认定其中必有隐情。可具体情况又无从详尽得知，很多山西籍官员便只能空余愤怒与疑惑，而无法付诸实打实的干预行动。

现在好了，赵添中进京向都察院提交状子之后，整个官场舆论大哗，尤其是山西籍官员更是义愤填膺：明明是强奸，却硬说是"调奸"；明明是原告买通了各级官员之后才"审"出的一个结果，却硬要"倒打一耙"，造出一个所谓的赵二姑母亲曹氏与阎思虎通奸在前的鬼话；明明赵二姑是含冤自杀，却把受害者的死算在其叔叔赵添中的头上。

田嵩年刚听说赵添中上京告御状一事，便立马就写信详细告之远在湖南的祁寯藻。这不仅因为田嵩年与祁寯藻都是山西人，有义务为本省人呐喊申冤。还有一点很关键：榆次县虽隶属于太原府，但它与寿阳县接壤，田嵩年觉得祁寯藻更应该知道这件事，甚至如果有机会，嵩年希望寯藻可以介入此事，利用其担任学政的资源，为那些深受贪官恶吏迫害的乡亲们办点事——即便祁寯藻只能为多灾多难的乡民说上几句公道话，田嵩年也乐见其成。

更何况，祁寯藻人虽不在北京，但作为南书房的宠臣，他若能上奏道光皇帝，甚至哪怕只是稍微提及一二，亦必能起到一定作用。

田嵩年还有一层深意，即让祁寯藻明白，山西老家的司法乱象只不过是帝国官场腐败黑幕的一个缩影而已。其实，各种丧尽天良的官场丑闻，田嵩年早已在多年的宦途中屡见不鲜。先前，他曾给祁寯藻说过不少更为极端的事情，可祁寯藻往往似信不信。

作为一个出身于官宦家庭的子弟，祁寯藻早年虽因父亲远戍新疆而蹉跎困厄过，但总的来讲，他的科举成才之路较为平坦，属于少年得志的幸运儿，外加之走上仕途后，道光对他又格外赏识，屡屡委以重任，使其俨然升腾为一颗熠熠生辉的政治"明星"，此番际遇，好的一面显而易见，但任何事物都有其双刃剑的性质：祁寯藻离真正的底层民间，还有很长的距离。

末世将至。

改朝换代、周而复始的中国式"历史规律"，正悄然降临这个多灾多难的国度，它如某个无形、却始终笼罩大地的恶魔一般，无情地销蚀、打击着清帝国任何一丝渴望"再现盛世"的追求。这是传统帝制的"紧箍咒"，时候一到，魔法便自动显灵。

即便如祁寯藻，虽心态如桃花一般灿烂，也无法认清这种对抗性极强的官民关系究竟病根在何处。所以，对于这种国之大病，他既不知何防范，也不知如何予以祛除。至少相较于田嵩年来说，他还显得很嫩。

对于百姓在专制统治下的苟延残喘，很多时候祁寯藻只能善意揣摩：只要地方官员能够像皇帝一样，爱民如子，一切便可迎刃而解。诚然，如果每一个官员都能做到爱民如子，那么所有呈现出来的乱政苛政败政将不复存在。可这是一个系统性的问题，关键点不是"人"，而是制度。

制度堪忧，则好人易沦为坏人；制度嘉美，则坏人可变成好人。

"制度"姑且不谈，只说赵二姑一案。

正如田嵩年所料，祁寯藻闻此，气得跳起来，不禁骂了榆次县令吕锡龄一声。祁寯藻几乎从不骂人，这一回算是破天荒。接到田嵩年来信的时候，祁寯藻正在衡阳巡考，此前还得到消息，说母亲刘夫人已率领家眷到达长沙,已在学政衙门下榻,专候祁寯藻归来。

衡阳有衡山,乃文人必游之胜地,可惜祁寯藻这一次无心登高怀古。

按照巡考的行程,衡阳的下一站就是长沙府,如此一来,恰好可以公私兼顾矣——虽然长沙事毕,又要马不停蹄地前往湘北的岳阳府,但无论如何,人若置身长沙,总可抽出一点时间跟母亲、妻子团聚。

更何况,三兄祁宷藻也一同来到长沙,祁寯藻可趁机好好问问赵二姑一案的首尾,毕竟祁宷藻是从北京过来的,而且他有朋友是榆次人,了解的应该较为全面。

衡阳的公务很顺利,祁寯藻很快北返省城长沙。与母亲、妻子等一大家子人相聚一堂,祁寯藻的喜悦之情无以言表,尤其看着母亲还算硬朗,他更是暗自欣慰——母亲需要一个安逸的养老休憩之地,长沙的学政官邸,亦未尝不是一个好地方。

妻子陈夫人一如往日,恬淡大度,他待众人离去后,盯着祁寯藻,微微笑曰:"一路上,婆婆还担心你在外地做官人生地不熟,吃不消。"

"人生地不熟倒是真的,只是上次去广东不也一样吗?"祁寯藻反问道。

"上次到广东时间短,这次是长期干下去,能一样吗?"

"夫人说的是,我还好,大家最近都还好吧?"

"家里就不用你操心了,有我呢。"

"夫人辛苦了,母亲大人一生颠沛,也极为好强,一切全仰仗夫人周全。"

"看你说哪儿的话,我们这次来湖南,看到你一切都好,我们就放心了,以后你忙你的,也不用多管家里的事,我们只要不影响你的公务就行。"

"不会不会,你们放心住下,放心住下。"祁寯藻一边说,一边深情地望着妻子。

"再说,还有三哥宷藻,他里里外外,什么事都跑上跑下,让我和婆婆省了不少心。"

"喔，提起三哥，我正有事去找他，"祁寯藻抱拳致歉，"请夫人稍等，我去去就来。"

"没事，没事，"陈夫人也嬉笑着作揖相对，"你们兄弟这么长时间不见了，该聊聊，该聊聊。"

祁寯藻于是点点头，转身离开，大步走向三哥寀藻的卧房。

长沙得子

寀藻比寯藻大七岁，此时已近不惑。寯藻永远无法忘记，当年父亲被贬谪到新疆后，全家老小回到老家寿阳，但同父异母的大哥祁宬藻为了生计，要在外地做小官，家里就靠母亲与三哥支撑着。母亲毕竟是女流之辈，主要照顾全家人的生活起居，可迎来送往、撑起门面的"外事"，便全都落在三哥寀藻头上——那时候，寿阳家中只剩寀藻一个成年男人，他勉力为之，终不负厚望。

目今，祁寯藻早已成家立业，而三哥寀藻也似乎习惯性地充当了家中大管家的角色。舍他其谁，这么多年过来了，有他当家，母亲舒心，大伙省心，祁寯藻在外地为官，亦放心。

只是令人伤感的是，大哥祁宬藻已去世多年，而二哥与四弟不提，早已夭亡。祁寯藻的同胞兄弟中，只剩下三哥寀藻与六弟宿藻。

寯藻一想到亲兄弟只余两个，便戚戚然，心有余悸。此刻两人坐到一起，寯藻更是动容，他轻轻地对寀藻说道："三哥，有一件事情，你还记得吗？"

"愿闻其详。"寀藻莞尔一笑。

"当年我的恩师黄左田大人派衙役到寿阳平舒村，叫我前往太原见个面，然后你要打赏前来的衙役，我还当众反对，认为没有这个必要给衙役送礼，这事你还记得吗？"

宷藻皱了皱眉头，想了想，说道："五弟还记得这档子事，你若不提，我早就忘记。"

"寯藻岂敢忘怀，当年家事艰辛，全赖三哥操持，寯藻与六弟宿藻才得以长大成人。"寯藻一边说，一边眼圈就红了。

"五弟言重了，好在你现在给我们都长脸了，父亲的在天之灵也一定会欣慰无比。"

"可是，"寯藻顿了顿，"你与大哥为整个大家庭做出的牺牲太大了，我觉得有愧于你和大哥。"

"说起大哥，真是太可惜了，"宷藻听见寯藻说起大哥宬藻，也欲坠泪，"好日子刚来，他却走了，大哥才是家里的功臣。"

"是啊，大哥毕竟跟你我不同，他不是母亲所出，从小就失去生母，"宷藻泪流满面，"他在地下若与父亲相见，该是多么凄凉的一种场景。"

寯藻闻此，也哽噎无语。

这是长沙冬季的一个夜晚，话罢家常，祁寯藻还有要紧的事询问三哥，那便是赵二姑的案件。

果不其然，宷藻对此案非常了解，一听五弟寯藻提起，便大声说道："榆次知县吕锡龄太不像话，拿了姓阎的钱，便不顾天理王法，现在这事在榆次、寿阳一带都传开了，人人皆知，吕锡龄都成了过街老鼠。"

寯藻点点头："还好，我看到朝廷邸报，说皇上已经下旨让山西巡抚邱树棠重新审理此案。"

"官官相护，够悬的，榆次乡党都觉得不一定有好结果，大伙都等着这个邱巡抚最后的判决。"

祁寯藻思索片刻，猛然对三哥说："按照惯例，明年开春之后，邱树棠大人一定要有个说法，且等着。"宷藻见寯藻如此一说，便不再多说什么。寯藻看着兄长一脸的怀疑，亦哑然，他也担心山西巡抚难以秉公执法。

窗外，北风正呼啸着，湖南虽地处长江以南，但冬天的凄凉与萧瑟也丝毫不亚于北方，甚至令人更添突如其来的寒意。好在，母亲、妻子和三哥等家人的到来，最大限度地抵消了这无法言传的愁绪。

冬去春来，湘江水渐暖，第二年正月，遥远的山西那边，赵二姑案的再审结果出来了。正如祁寯藻所料，山西巡抚邱树棠居然维持原判，坚持认为赵二姑不是被阎思虎强奸，而是所谓的"和奸"——男女双方自愿发生的性行为。

赵家人悲愤异常，再次上京告御状。

闻此，祁寯藻再也坐不住，马上给道光皇帝上书，希望朝廷能撇开山西地方官员，让刑部来主导此案。其实，在祁寯藻上书前后，早已有各路官员——尤其是科道御史——向道光进言。而远在湖南的祁寯藻也加入他们的行列，这无疑提高了此案在道光与几位重臣心中的分量。

奏折递上去后，祁寯藻开始苦苦等待，一直拖到四月份，刑部终于将此案相关人员全部押解京城，全面重审。希望之门终于打开。

到五月，刑部始认为赵二姑有巨大冤情，一举推翻山西三级地方政府的判定结果。天理昭昭，赵二姑的确先是被强奸，后来又蒙冤自杀。

真是大快人心。

旋即，巡抚邱树棠等山西各级牵涉此案的官员与小吏，皆受到严厉惩处。此案昭雪，不仅山西榆次一带的百姓如沐春风，就连远在湖南的祁寯藻也手舞足蹈，大叫一声："苍天有眼啊。"

此案了结，祁寯藻终于可以放下包袱，全身心投入湖南教育与科考的公务之中。要知道，从去年田嵩年来信告知他赵二姑一案开始，他就天天记挂着此事，如鲠在喉。

同时，通过此案，祁寯藻开始全面思索"社会的黑暗"。以前，田嵩年老跟他说起这些，现在他亦逐渐明白，赵二姑案并非只是一个特例，而是常态，也是国家吏治腐败的一个集中体现。田嵩年之所以不远千里，要将此案第一时间告知祁寯藻，也是期待祁寯藻能与他自己共勉：要以此为戒，既做一个清官，也做一个能官，成为一方百姓真正的父母官。

祁寯藻深知嵩年之意。念及此，他就更加思念这位老乡兼老友。

因田嵩年此刻正在南书房当差，祁寯藻还专门写信问询他，自己上书给道光的奏折究竟起到了多大作用。田嵩年则回信告诉他一个细节，道光拿着祁寯藻的奏折发了好久，才慢慢说道："你们着急，朕何尝不急，吏治坏到什么程度，你们知道，难道朕不知道？"

寯藻得知道光这么说，心里一阵悲凉。他想，这个国家的皇帝、官员与子民一样，皆显得格外的无能为力。难道真的是一个国家到了走下坡路的光景吗？

好在，对于祁寯藻个人而言，一切还算不错。

这年秋天的一个晚上，祁寯藻刚从外面回到学政衙门府邸，刘老太太便把他叫到身边，高兴地说道："老五啊，你媳妇有喜了。"

寯藻一听，赶忙说道："与母亲同喜。"

这的确是一个莫大的好消息，但寯藻却是半喜半忧。

与父亲祁韵士儿孙满堂决然相反，祁寯藻几乎陷入后继无人的险境。先是曹夫人留下的唯一儿子俖儿早夭，然后陈夫人的两个儿子竟然也如此。现在陈夫人再次怀孕，若能养大，当然是好事，对得起祁家祖宗了。可如果还是不济，那就真的令人无语——别说有愧于祖宗，就连母亲刘夫人那里都说不过去。

很多时候，祁寯藻心想，难道他自己真的就命中无子？虽然他此刻也才三十多岁，但连丧三子的痛楚与尴尬，严重地打击了其自信，使得母亲刘夫人都不忍再对自己的儿子说起有关子嗣的事。

刘夫人已经有好几个长大的孙子孙女，但唯独老五寯藻这一支却不见孙子，老太太着急，却又说不得。祁寯藻深知老太太的心事，自己却更不好说什么。如今，祁寯藻是家里的顶梁柱，全家人都紧密地围绕在他身边，刘老太太希望他心爱的五儿子不仅官能越做越大，而且也能早日后继有人，以慰其先夫祁韵士对老五的一片殷切之望。

祁寯藻常想，自己从未做过有伤阴鸷的事，为何上天就不能给他一个健康的儿子呢？连好友田嵩年都曾安慰过他，说不打紧的，还有的是时间，六十岁生子也不稀奇，更何况才三十多岁。闻此，祁寯藻只一笑，无言以对。

现在，新的生命已经孕育，希望再次降临。

祁寯藻听母亲说完这个好消息之后，便走进卧房。陈夫人笑盈盈地看着他。虽然连续丧子，但陈夫人依旧那么娴静与淡然，仿佛那些惨痛已是遥不可及的模糊记忆。

祁寯藻笑曰："我刚听母亲说夫人又有喜了，真好，但也委实太辛苦你了。"

"夫君需要孩子，这是我的本分。"陈夫人语速很快，脸上洋溢着喜悦。

"要是在京城，有岳父大人那边的人照料，你到时候生产会更舒心一些。"寯藻叹了一口气，"只可惜我们在长沙，你娘家人也是鞭长莫及。"

"有婆婆，你，还有一家人的照顾，没事的，你就放心去做你自己的事，家里不用你分心。"

寯藻点点头，再次看了看妻子。虽然她刚怀孕不久，但也格外小心，不像平常那样随意走动。

陈夫人活泼好动，但这次怀孕她也格外重视，不敢有掉以轻心。对于她自己和整个祁家来说，这个在长沙怀上的孩子，太重要了。

道光五年六月，孩子降生，他排行老四，只是他前面的三个哥哥皆已早夭。祁寯藻为他取名为祁世长，但愿他能人如其名，世事长久。后来，祁世长果然不负祁家厚望，不仅安安全全地长大，还中了进士，成为寿阳祁家"一门四进士"中最后一个大人物。

祁世长出生三个月后，又有好消息传到湖南，祁寯藻的六弟——老幺祁宿藻考中了举人。

这是家族兴盛的一个好兆头。本来祁寯藻有亲兄弟六个，两个早亡的不谈，剩下的，大哥祁宬藻已经去世，也未曾取得太高的功名，三哥祁宲藻因为要照料一大家子人，早早放弃了科举的想法，并尽全力培养两个弟弟寯藻与宿藻。

而今，寯藻官运亨通，前途不可限量，老六祁宿藻也不辱使命，再接再厉，拿起五哥祁寯藻的接力棒，完成了一次华丽的人生飞跃。不久的将来，祁宿藻还要继续考中进士，成为祁家"一门四进士"中的一员。

传统社会，一个钟鸣鼎食之家的诞生，虽有极大的运气在里面，但亦须好几代人不懈的奋斗，才能集家族所有人的力量，最终成大气候。

祁家在祁韵士这一代开始"发迹"，其进士出身，虽然官只做到五品，但祁韵士给后人留下的精神财富与动力是无限的。然后，祁寯藻经大哥与三哥的全力扶持，才得以脱颖而出，渐入佳境。此种大家族之于个人的恩泽，一直惠及祁寯藻儿子祁世长，最终使寿阳祁家荣获"一门四进士"的美名。

黄钺致仕

道光六年，祁寯藻结束近三年的学政生涯，离开湘江大地，向北京进发。

一路上，他都在想，自己督学三年，为湖南读书人做的事并不多，但湖南士子给他留下的印象却是深刻的，譬如很多秀才的文章，写得很独特，很开阔，有见地，既符合儒家的规范，又有自己的真知灼见，且不温不火中带着很深的个人情绪。

祁寯藻认为，湖南士子也读圣人之言，但从来不迷信圣人之言；他们相信圣人的一片苦心，但从不唯圣人马首是瞻；他们认为读书不仅仅只是为了做官，更多是为了做事，做有利于国家和百姓的善事。

湖南的秀才，爱思考，喜动手：他们往往能从一点一滴的小事做起，看到不合理的地方，就通过自己的观察与思考来予以解决——尽自己最大的努力，能解决多少算多少；解决不了的，再待以时日，从长计议，等将来有机会再解决。

当初刚来湖南，陆续接触了不少湖南士人之后，祁寯藻就隐约感觉到，湖南读书人的文章与整体士林风貌，跟其他省份相比，差别巨大，但他又琢磨不出这其中具体的奥秘。

此时此刻，北归的路上，他想起这二三年与湖南秀才们打交道的点点滴滴，更是久久无法平息，他在心里再次感叹：湖南读书人不简单，既有倔强彪悍的一面，又能把书面的经典知识与民间苦厄融会贯通，还总是身体力行，践行自己的读书心得。

湖南人真不可小觑，他们离政治中心北京那么遥远，可他们的想法与做法都极为大胆与务实，给人一种振奋人心的快意。诚哉，湖南读书人给这个暮气沉沉的老大帝国带来了一阵沁人心肺的新鲜空气。

回朝第一件事便是觐见道光皇帝。望着道光，祁寯藻有些难受，他说道："这才不到三年，皇上您怎么又添了这么多白发？"

道光的确有些显老，他比祁寯藻道年长十一岁，此刻不到四十五，从他一登基，新疆的张格尔叛乱就爆发，一直到现在还未平息，令其寝食难安。其实，道光与他的父皇嘉庆一样，都想做一个不亚于祖先康熙、雍正、乾隆的好皇帝，可正所谓时势造英雄，在清帝国整体国力不断下滑的大环境下，即便皇帝本人再有斗志，也做不出什么伟大的功业——日落西山，谁都挡不住。

道光是着急啊，西北的张格尔一天不除，他就没好日子可过，头发变白也就再正常不过了。道光虽是大清帝国的最高统治者，但他看祁寯藻的表情，就如同兄长一般，这令寯藻总是想起自己的大哥祁宬藻。人与人之间的情感是讲一个缘分的,即便皇帝与大臣这样的君臣关系,也有缘分在里面。祁寯藻与道光,便相当投缘。

道光待人平和,喜欢祁寯藻稳重老成的风格。祁寯藻呢,深信只要道光锐意进取,即便国事艰难,也还是大有可为。更何况,"明知不可为而为之",也是儒家一种极为鼓舞人心的精神动力——想到这句话,再稍稍回顾一番道光皇帝的忧郁,祁寯藻便生出几分"壮士一去不复返"的悲壮之情。

三年后重见道光,祁寯藻见他愈发憔悴,怎不伤怀?

道光听到祁寯藻说他老了,只是一笑:"好了,就不说朕了,你先讲讲你在湖南这几年的感受。"

"湖南士子书读得好,而且他们不死读书",祁寯藻突然话匣子打开了,"他们往往能够从圣人之言中发掘新的内涵,尤其是能够把圣人的话与目今民瘼相结合,堪为天下人读书人的榜样。"

"湖南读书人有如此造诣,真难能可贵。"道光亦有些兴奋。

"臣斗胆预言一下,照湖南人读书的风气,日后必将出大人才。"

"看来你是不虚此行啊。"道光一脸的憧憬。

"是啊,臣本人也学到了很多东西,对读书这件平常事,也有了一些新的看法。"

道光点点头,叮嘱祁寯藻再多想一想,有什么心得,下次面呈。说完,道光便让祁寯藻先下去了。

见过道光,祁寯藻当然要去拜访他的恩师黄钺。未曾想,田嵩年赶来,他要作陪,与祁寯藻一道去见黄钺。看着田嵩年,祁寯藻心中一阵暖意,他抱拳说道:"你可把我想坏了,季高兄。"

"叔颖老兄,你可回来了。"田嵩年还是一脸的笑意。

"本来应该我去先拜见季高兄的,可——"

田嵩年摆摆手,大声说道:"咱们俩,谁先拜见,有区别吗?"

"也是,也是,反正季高兄不计较我这个小兄弟的失礼。"祁寯藻一脸歉意，"寯藻三年在外，恩师全赖季高兄照料，心中实在有愧。"

"叔颖兄不必如此，你远在湖南为宦，有心无力，"田嵩年一笑，"老师说你从湖南寄回来的诗愈发有骨气，如果不出去走走，难有此长进。"

"让季高兄见笑了，老师总是表扬为主，很少批评的。"

"不过，你的诗的确比我写得好，这是老师明确说过的。"田嵩年还是一笑。

"季高兄妄自菲薄了，更何况写诗乃雕虫小技，你根本没当回事。"

闻此，嵩年突然叹息道："老师去年就要致仕，皇上没有准，今年还要继续再辞，或许他老人家真的要告老还乡了。"

寯藻一听，顿时一阵难受，却无言相对。

黄钺历经乾隆、嘉庆、道光三朝，时年已双七的高龄，该回家养老了，可他依旧担任着军机大臣兼户部尚书的重要职务——道光皇帝还不能马上失去这位老臣。从道光继位以来，很多军国大事，他都要咨询黄钺。毕竟，姜还是老的辣，黄钺几十年的宦途，本身就是一笔巨大的财富，如同"家有一老，如有一宝"。对于整个国家来说，黄钺的存在，有一种莫大的象征意义，即老臣不老，社稷有老成之人守护着。

见到黄钺，祁寯藻赶忙下拜，黄钺笑着走过来扶起他，大声说道："寯藻啊，在我归隐之前，还能在京师见到你，算是你我师徒有缘了。"

祁寯藻本有些伤感，但看到老师身体状况还算不错，一点都不像快八十的人，便心有温馨，回道："您看看，我刚回京，您就要归隐山林，不能再等两年吗，皇上需要您，大清需要您，我们也需要您啊。"

黄钺摆摆手，虽有些动情，但还是强行压住，然后轻轻说道："今天高兴，就不说这些了，嵩年，你给寯藻讲一件最近朝中的大事。"

一旁的田嵩年知道老师的意思，赶忙说道："最大的事就是漕运，今年将试行海路运漕，前期准备得差不多了，皇上很支持，列位大臣也觉得可行。"

黄钺气定神闲，边听边点头，显得很自豪。

祁寯藻忙问道："难道河运要废除吗？"

黄钺摇摇头："这难说，先得看看海运的效果。"

寯藻点点头，他这几年不在朝，但漕运的情况还是略知一二的。

自隋唐以来，南方丰富的粮食与物产就必须通过京杭大运河调运到北方，以满足北方，尤其是京城的巨大需求，此即所谓的漕运。历朝历代，漕运皆为国家政治与经济生活的大事，清代自不例外。以往，漕运都是走运河，即水运，可从道光初年以来，黄河屡发大水，泛滥的黄河泥沙淤塞于运河河道，造成运河不畅，而治理运河淤沙的成本过高，且短时间内也无法清淤，便只能试着走海运。

黄钺是军机大臣兼户部尚书，管钱管粮是他的主要责任，推动漕粮走海路，便是他主导的。

这是道光六年帝国非常重要的一项决策，对后来南北物质的运输方式产生了深远的影响，也是黄钺在归隐之前的最大政绩，不怪他要在刚刚回京的爱徒祁寯藻面前说道一番。

更有趣的是，无巧不成书，多少年后，祁寯藻也担任了军机大臣兼户部尚书，也与漕运息息相关。此时的祁寯藻自然不会料到这些将来之事，他只是在听说漕运有所变革后很激动，也为老师黄钺的政绩而由衷地兴奋。

这年冬天，一代名臣黄钺正式告别官场，为自己的官宦生涯画下一个圆满的句号。他后继有人，其学生祁寯藻，在不久的将来，也会入军机，做宰相，比老师还要风光。不过此刻，祁寯藻还得慢慢熬着。

新疆捷报

第二年，道光七年，祁寯藻被朝廷任命为"日讲起居注官"。这个官，本来属于一种兼职，进士出身的中央官员皆可充任，无固定品级要求。但此官的实际意义很大，其主要职责便是陪着皇帝读书，记录皇帝生活中的一言一行，做其最贴身的秘书。

如果说"入值南书房"已经离皇帝很近，那么"日讲起居注官"便可谓跟皇帝朝夕相处矣。与此同时，祁寯藻还兼获"文渊阁校理"一职。与"日讲起居注官"一样，"文渊阁校理"的职位从表面上看是一个虚职，无固定品级。获此两个"兼职"，就可以认定皇帝要加紧提拔某个官员，即便这个官员目前的品级还不是很高，也预示其马上要飞黄腾达。

祁寯藻便是如此，他此刻的官衔依旧是七品的翰林院修编，但仅仅几个月后的道光八年，他就被授予正六品的"右春坊右中允"之职。所谓的"左春坊"与"右春坊"，在早期是管理太子生活与读书的机构，但清代自雍正以后便不设太子，故其实际意义不大，但这个机构被保留下来，主要作为翰林文官升迁的一个渠道与跳板。又过半年，祁寯藻再次被任命为翰林院侍讲。所谓的"侍讲"，其性质也是陪着皇帝读书，但属于翰林院中的固定官职，与"右春坊右中允"同级，都是正六品，但意义重大，可作为皇帝的后备教师。

除了祁寯藻本人好运连连之外，国家也收获不小：西北回疆用兵八年、征讨张格尔叛乱的战争，终于以叛匪张格尔被清廷活捉而告终。

普天同庆。清初以来，经过康雍乾三代帝王的不懈努力，到乾隆中期，以剿灭"大小和卓"为标志，清廷始得统一新疆，形成大一统的可喜局面。怎奈好景不长，六十多年后，当乾隆的孙子道光刚即位时，大和卓的孙子张格尔便卷土重来，再次挑战清廷在西北回疆的统治权威。而今，八年过去，清廷在付出巨大的代价、甚至大伤元气之后，才再次将统一西北的丰碑，树立在天山南北。

当张格尔被生擒的"八百里加急"奏折送到道光的手上时，道光的眼睛湿润了。两百年前，他的祖辈问鼎中原的时候，便念念不忘把西域纳入帝国的版图。六十年多年前,这个梦想本已实现,可在他手中又差点毁于一旦,他怎能放弃?

这是道光八年初春的一个上午,满朝文武官员皆向道光皇帝致以祝贺。道光接到活捉张格尔的消息都已好几天,当初的兴奋与喜悦之情逐渐退散,他只是平淡地看着众多臣子,突然大声说道:"张格尔叛乱已平,下一步就是鸦片。"

他说完,下面的大臣都屏息凝气,好久大伙才异口同声说道:"皇上圣明。"

当然,祁寯藻这时还只是一个小京官,没有资格与朝廷重臣站在一起向皇帝表示祝贺。不过,道光帝不会忘记他,马上命他撰写平定张格尔叛乱的纪念文章,并刻在石碑上,置于紫光阁的武成殿。

武成殿,即清廷西北统一战争的专用纪念堂。古人常曰,做大事者要有"三不朽",即立德、立功、立言。祁寯藻撰写的纪念文,亦为另一种意义上的"立言"——为"平定回疆"立言,为国立言。同时,他作为道光最信赖之翰林文臣的地位,至此已完全确立。

无论职位如何升迁,祁寯藻还是一如以往的谦逊谨慎,不管是对上级,还是对晚辈同僚,他皆平和以待。对于看不惯的人与事,他往往只是一笑而过,不逞一时之快。

清帝国自从乾隆晚期以来,各级官员大都因循守旧,毫无奋发开拓的精神与魄力。这死气沉沉的氛围,令祁寯藻揪心,不过,他倒是看得很清楚:仅凭一己之力就想改变这种"作风",是绝难实现的,必须团结一大批志同道合的官员,并假以时日,待自己有一个更为广阔的平台之后,才可能找到突破口。

而他的老友田嵩年则性子比较急,老对寯藻发牢骚,大骂官场的恶习。祁寯藻屡屡相劝,让嵩年不要着急,先问心无愧就行了,因为很多官员的做派并非一天两天形成的,你让他们立马有所改观,那简直就是缘木求鱼,只能走一步看一步,尽量去影响他们,感化他们,慢慢或许就会有转机。

田嵩年闻此,大都只是苦笑。

他有自己的主张与想法,这一点祁寯藻说服不了他,他也影响不了祁寯藻。所谓朋友,正如孔夫子所言,"和而不同"才是最高境界。

其实,得知张格尔叛乱彻底平定之后,祁寯藻比起其他人更为激动,因为他们祁家的大恩人那彦成大人,此刻正在新疆处理戡乱之后的各项事宜。祁寯藻希望这位清帝国的柱石取得更大的功业,更希望他早日归来,好好听他讲讲新疆的事情。

新疆啊,父亲祁韵士的流放之地。当年,祁寯藻主动提出要陪伴父亲一道去新疆,可父亲却不想他受这般苦,坚持让他随母亲回到老家山西寿阳。如果当初父亲答应他同去新疆,他就能早早亲身接触到这片令中原王朝浴血奋战两千多年的土地。想到这,祁寯藻又忆起了兰州。兰州也是大西北,虽然它不是新疆,但一路朝西北方向走去,便离新疆不远了。

兰州,祁寯藻曾有幸前往。当初,也是因为父亲,更是因为那彦成大人对父亲的鼎力资助,祁寯藻才得以在十九岁的时候远走兰州,陪着父亲在兰州的书院教书授业。而今,十七年过去,父亲早已仙逝,那彦成大人又再次前往比兰州更遥远的新疆任职,想来真是如一梦。

再见那公

本来两年前,祁寯藻结束湖南学政的任期,回到京师时,那彦成正再次担任直隶总督。从直隶总督署所在地保定到京师,其实也没有多远,但祁寯藻公务繁忙,居然未能与那彦成见上一面。去年,也就是道光七年,眼见西北的张格尔已成强弩之末,那彦成又被任命为钦差大臣,前往新疆，稳定多年战乱的回疆局势。这样一来，祁寯藻更无机会面见那彦成。

好在，那彦成终归是要回来的。

道光九年，那彦成圆满完成钦差大臣的使命，载誉归来，继续担任直隶总督。这一回，那彦成要先进京向道光问安，再去保定，祁寯藻终于可以在京师见到他心中的大英雄与大恩人。

那是一个秋高气爽的上午，那彦成回到北京才两天，祁寯藻就来到那家在北京的府邸。一见那彦成，祁寯藻便下拜作揖。那彦成赶忙走过来扶起祁寯藻，高声说道："寯藻世兄，别来无恙啊。"那彦成还是老样子，说话掷地有声，干练异常，虽然人苍老了很多，但精气神还是一往如故的好。

"祁寯藻拜见制台大人。"寯藻动情地说道。

"寯藻，多日未见，我一入朝就听很多人说你大有长进啊。"

"托大人的福，晚辈尽心做事罢了。"

那彦成微微一笑，说道："家里都还好？"

"都还好，犬子都已经四岁了。"

"就这一个儿子吗？"

"是的，前面三个都已早夭，独剩这一个。"祁寯藻有些伤感。

"唉——"那彦成也叹了一口气，"掐指算来，你今年也三十七了，虽不至于到无法生养的程度，但还是多些子嗣好。"

寯藻点点头，却不知如何说起。

那彦成接着说："至少，你故去的令尊大人若泉下有知，也一定希望你多为他生几个大孙子。"

听那彦成如此一说，祁寯藻的眼圈顿时红了。

"寯藻的确有愧于先君大人。"

"也不能这么说，"那彦成突然微微一笑，"子嗣的事情，非人力所能强为，也只是听天由命罢了。"

祁寯藻也跟着一笑，换了一个话题："制台大人这次钦差回疆，功勋卓越，寯藻深表钦佩。"

那彦成摆摆手，说道："不值一提，回疆多事之地，目今也找不到一劳永逸的办法，只能走一步算一步。"

"浩罕汗国到底有什么企图？"所谓的"浩罕汗国"，就是紧邻新疆、并支持张格尔闹独立的中亚穆斯林政权。

"回疆的战事，从乾隆爷时期平定大小和卓后，就埋下祸根。"那彦成顿了顿，"当年，大小和卓虽被除，但准噶尔残余的贵族都逃到西边的浩罕汗国，这些人一旦窥见机会，就设法鼓动回疆叛乱。"

那彦成所说的"准噶尔"，在清初是一个独立的汗国，清人称之为回疆，而大小和卓则是其政教合一的两个首领。乾隆打败大小和卓，标志着回疆成为中国不可分割的一部分，大清帝国的版图也定型于此。也正因为回疆统一的时间比较晚，故命名为"新疆"。

祁寯藻的父亲当年戍边新疆伊犁时，苦心研究西北历史地理，留下很多有关准噶尔的原始资料。父亲后来曾对祁寯藻说："若国家再出几个将才，能一举踏平浩罕，则西北回疆就彻底无事了。"

想到父亲说过的话，再听那彦成刚才这么一说，祁寯藻突然有些激动，忍不住对那彦成说道："为何不直接讨伐浩罕，一劳永逸？"

"谁又不想这样呢？"那彦成重重地叹了一口气，"西北打仗太难了，一个骑兵要好几人供养，浩罕以逸待劳，我们胜算的把握太小。"

寯藻点点头。

"你想一想，仅仅一个浩罕扶持的张格尔，回到新疆搞独立，朝廷就花了这么多年，打掉了那么多银子，死了那么多的将士，更何况对付更西边的浩罕，"那彦成眉头紧皱，"况且，现在的国力也远非乾隆爷时期可比，这一点你我都心知肚明。"

祁寯藻再次点点头，却无言以对。

那彦成也觉得自己的话有些犯忌讳，便转移话题："你的字现在愈发有长进，这次回京，我听人说你的字在翰林院中算一等一的好手了。"

"大人过誉，说来惭愧，我的字，当年是您在兰州手把手教的，可到现在快二十年，离您的境界还差很远。"

那彦成是儒将，他的字在满人中位列前茅，颇得时人称赞。

"老夫都是过气的人了，数风流人物，还要看你这样的后进之才啊。"

祁寯藻见那彦成的脸上闪过一丝惆怅，也不好再说什么，便问起了他的好友容安："大公子在回疆一切都好吧？"

"犬子也记挂着你啊，时常说起你。"那彦成又是一叹，"本来，你是知道的，他不愿意做官，可谁叫他是老夫的儿子，谁叫他是满人，那就由不得他了。"

"却也为难静止兄了，"祁寯藻若有所思，"未曾想，他不做官则已，一做便去了最苦寒的边疆。"

容安字静止，是那彦成的大儿子，当年祁寯藻跟着父亲祁韵士在兰州时，他与容安结下深厚的友谊。快二十年过去，祁寯藻还清楚地记得，有一回九九重阳节，他俩站在兰州的望河楼上远眺黄河，祁寯藻兴致大发，现场作诗一首，开头两句便是"昆仑虚接大荒西，极目长空尽处低"。

未曾想，容安居然真的去了昆仑山核心区域的回疆——时至今日，不知那"昆仑"与"大荒"，还依旧能叫人"极目长空"吗？

那时候，容安向祁寯藻表露心迹，说自己不愿做官。可时势不容他如此。张格尔叛乱爆发后，容安便入伍，随大军开拔到回疆。目今，他已担任朝廷驻伊犁军队的"参赞大臣"——品级颇高，亦为镇守回疆的要职。清代，满族官员的升迁速度比汉人快很多，但这也不是白给的，很多八旗子弟都是武将，战场厮杀、为国捐躯是常态。

战争往往风云突变、起伏不定，大胜之后当然是大赏，但稍有闪失，惩罚力度也相当大。所以，上层满族武官的荣华富贵来得快，失去的往往也很快。享受特权的人，亦要承担相应的风险。那彦成就是一个鲜活的案例，他是乾隆朝名将阿桂的孙子，乃典型的满族武官世家子弟，很早便位极人臣，并陆续担任各地的总督与顶级军事长官，但他从来没有一帆风顺的时候，而且恰恰相反，屡屡被开缺，屡屡又获重用，甚至一度牵涉甘肃省的赈灾款贪污一案，被嘉庆皇帝打入死牢。

这些往事，祁寯藻皆历历在目。尤其甘肃贪腐大案爆发时，那彦成已调任直隶总督，而祁寯藻恰好就在保定襄助幕府。当年，他才二十四岁，考上进士才两年，人微言轻，但也用尽绵薄之力，在那彦成被押解入京后仍坚守保定总督署，于危难之中做好各项应急准备工作，给那彦成一家带来莫大的安慰。

后来，那彦成的母亲遭遇如此大的变故，在京师一病而逝，但那彦成当时还继续被关押在大牢，而祁寯藻则再次责无旁贷，为那太夫人的丧事奔走忙碌。

什么是人情，什么是感恩，此之谓也。

那彦成的祖父阿桂是统一新疆的大功臣，其后人那彦成与容安父子，居然也都要参与回疆事务，想来真是天命。

离开那府之时，那彦成深情地对祁寯藻说："令尊有大志，可惜不会做官，也不钻研做官的事，你有大才，切莫辜负令尊大人对你的殷切希望。"

祁寯藻点点头，看着眼前这位坚强如铁的一代名臣，眼泪忍不住流下来。

第十章 平步青云

张穆来见
二品大员
禁烟难题
勉励兄弟
那公病故

张穆来见

时光如梭,祁寯藻待在道光皇帝身边,如一块大海绵,疯狂吸收各种做官为人的经验。他细心观察朝政,留意每一位重臣的办事风格。

道光十年七月,早已回到老家寿阳的刘太夫人染病多日,始终不见好转,无奈之下,祁寯藻向道光请假,回山西老家探母。人到寿阳,母亲病情却依然如故,似有不虞之兆,而假期肯定不够,必须延长。祁寯藻当机立断,在老家给当时的大学士、军机大臣曹振镛写信,央他向道光说明老母似来日不多,并打算延期回朝。道光听曹振镛一说,很体恤,告知老曹,叫祁寯藻好好在家伺候母亲,假期不限时日,把母亲照顾妥当,再回来。

祁寯藻在寿阳得知圣谕，极为感动，赶紧遥对京师，叩谢皇恩。古代以孝治天下，更何况祁寯藻与母亲感情深厚，不管滞留在老家多长时间，他都必须跟道光开这个口。别的情况，他绝对不会如此。

第二年，母病未愈，祁寯藻还得坚持。

故乡的山川河流依旧，祁寯藻的心情却有些异样。只要深情远望平舒村周边的每一片土地，他便无法抑制地憧憬：这个地方应该出现更多的有识之士。一方水土养一方人，这里的"乡土"不仅养人，更可养浩然正气啊。

祁寯藻此刻官虽不大，只是个六品，但作为皇帝信赖的贴身翰林文臣，他突然有一种强烈的使命感，何不趁着在老家照料母亲的机会，好好发掘一下这边的人才呢？

山西人经商的多，铜臭味弥漫，这有好的一面，即务实，亦有很坏的一面，即唯利是图，不择手段。可无论如何，考科举、走仕途是为国效力、实现最大理想抱负的唯一手段，如果能发现几个好苗子，并竭力栽培，那既是积德的善事，又是士大夫为家乡传承文脉的最佳途径。

平舒，乃晋中一带很普通的小山村，没有震撼人心的峭壁山崖，更无世外桃源一般的神仙洞府。但是，祁寯藻幼时随母亲回到此地，度过了最艰难的一段时光，让他一辈子都难以割舍这份乡情。

世间万事就是这么不可捉摸，当年祁寯藻的父亲若按部就班，不出什么岔子，恐怕祁寯藻就会一直待在北京，稳稳当当地做一个京官子弟，即便达不到养尊处优的地步，亦不会有大难临头、骤然回到老家寿阳那般的蹉跎。

一个十二三岁的少年，在家族危难之时，惨兮兮地拥入故乡的怀抱，这能不叫当事人祁寯藻刻骨铭心吗？尽管在此之前，他对故乡几乎是陌生的，但这恰好是一个崭新的开始，令他耳目一新，以一个少年的眼光，来打量此地的每一块石头、每一棵树木、每一栋瓦房，并赋予它们蓬勃的激情与不朽的生命。

正是在这种二十年前就生根发芽的乡土情怀之下，祁寯藻迎来一位日后必定扬名于学界的大人物。

此人便是张穆。

说起来，张穆与祁寯藻还算姻亲，张穆之兄娶的夫人，便是祁寯藻的亲妹子。这个妹子，比祁寯藻小四岁，比最小的老六祁宿藻大四岁，正好排在这兄弟两人中间。嘉庆九年，父亲祁韵士在宝泉局因铜料亏空一案被革职查办时，祁家这个闺女仅仅七八岁。二十七年过去，当日的艰辛似乎都已化为过眼云烟，但祁寯藻还清楚地记得，当年全家唉声叹气、返回寿阳故里的路上，妹妹便一直问："怎么还没有到家啊，我不想坐车了。"

委实，妹妹还小，她不懂父亲与家族究竟遇到了怎样的难处，也不知为什么要走这么长的路。祁寯藻虽只有十二岁，但他早熟，对刚刚发生的困厄，有着不亚于成年人的认识，所以他听见妹妹这么问的时候，便轻声地说道："妹子，快到老家了，等到了老家，你就不用再坐车，老家有好多姊妹可以陪着你玩呢。"

妹妹问："她们玩的东西跟我们京城有什么不同吗？"

闻之，祁寯藻一时语塞，一旁的母亲刘夫人抱着才四岁的六弟祁宿藻，眼泪忍不住流下来。

这些年，祁寯藻忙于考科举、走仕途、行四方、见世面，很少有机会与妹子相聚。尤其当妹子嫁到平定州的张家后，更是难得谋一面。

好在去年七月盛夏，祁寯藻从京城回老家探母不久，妹妹也抽空归家省亲。见到五哥祁寯藻，她喜极而泣。祁寯藻赶忙抓住妹妹的手，动情地说："四妹，别这样，你回来就好，母亲想你了。"

祁家这个闺女在女孩们中排行老四，也是最小的，她的大姐已故去，二姐嫁到平遥，三姐七岁便早夭。

"五哥，"四妹泪流满面，"又是多年不见，你都快到不惑之年，而我也是一个垂垂老矣的中年妇人。"

"快别这么说，"寯藻笑着劝慰道，"我都没说老，你才三十五，正是享福的时候呢。"

四妹闻之，这才微微笑了一下。

可是，四小姐刚才那么一伤感，却让祁寯藻想到他同父异母的大姐，她是祁韵士最大的孩子，乃弓夫人所出，早年嫁给寿阳本地的王家，二十一岁就早逝，生前只遗一个女儿。

大姐比祁寯藻大二十四岁，她亡故之时，祁寯藻还未出生。关于她的事，祁寯藻都是从父亲哪里知道的。可怜，弓夫人去得早，她所生的闺女也不长寿，更令祁寯藻唏嘘的是，大哥祁宬藻也是弓夫人生的，居然亦早逝。

这就是命啊。

伤感只是暂时的，慢慢地，四妹在母亲与五哥面前开始有说有笑起来。祁寯藻也不愿过多回忆过去的事，便与四妹说了很多家常话。突然四妹谈起她婆家的小叔子"张家老四"。四妹说，她家老四特别仰慕五哥祁寯藻，这次听说祁寯藻回到老家，他就老说要来拜访拜访。可惜不巧，他这段时间刚好有点急事要外出，便只能再找机会。

四妹所说的老四，便是张穆。

张穆生于嘉庆十年，比祁寯藻小十三岁，其原名张瀛暹，字石州。张穆的父亲张敦颐与祖父张佩芳皆进士出身，祖父还官至知州。四妹所嫁的张家，乃书香门第的世家，根基很深，是平定州数得上的大户人家。

张家早年本居于平定州城里面，到了张穆的祖父张佩芳手里，举家迁徙到州城以北二十多华里的大阳泉村。虽从城里迁到了郊野，但张家的名望丝毫不减当年。到了张穆这一代，文脉依旧不断，最终还出了张穆这个家族历史上最大的才子。

姻亲是古代社交关系网中的重要一环，祁寯藻早就听家人说起妹夫家这位四公子，此君为人处事极为豪爽，只要身边的人有难处，他便责无旁贷，尽最大之力帮到底。他的书也读的顶呱呱，只不过格外厌恶八股文，曾对朋友大呼，八股文把人的精气神都弄没了，读书人生来不是写八股的，只有写出有利于国家社稷、能打动人心的文章，才是真本领、真性情。张穆唯一的遗憾便是举业颇为不顺。

这个张穆，侠肝义胆，文章飘逸，风采有如唐人李白。此刻，听四妹说到张穆，祁寯藻就更加期待见到他。四妹说张穆这段时间不得空，但祁寯藻可以慢慢等，因为道光给了他一个不限时日的假期，他有的是时间。

道光十一年二月，在老家侍奉母亲七个月的祁寯藻，终于等来张穆。

这是晋中一带很平常的一个早春，天刚下过雪，寒风更显嚣张，张穆似乎一点都不怕冷，坐着马车，兴致勃勃，赶了一百多华里的路，从大阳泉村来到寿阳平舒村，敲开了祁家的大门。祁寯藻正"躲"在书房练字，远远听到家人说四妹的小叔子张家老四来了，他便丢下笔，跑出去迎接。

在祁家那个简单朴素的庭院里，张穆一见祁寯藻，便赶紧下拜："晚生张穆拜见祁大人。"

"快快请起，你我不是外人，不必客气。"祁寯藻高兴地看着张穆。

"久仰前辈的文章人品，今日始得一见。"张穆说话铿锵有力，举手投足之间尽显名士风范，要知道他此刻才仅仅二十六岁。

"四公子才是我久仰的平定名流啊。"祁寯藻十分谦逊。

"前辈别叫我四公子，"张穆谦虚中仍显豪气，"您就直接叫我石州吧。"

"好，我叫你石州，你也可以叫我叔颖。"祁寯藻一笑。

"那可不敢。"张穆很坦诚，"我虽放浪形骸，但基本礼仪还是不能全都放浪掉的。"

祁寯藻哈哈一笑。

张穆接着说道:"晚辈就直接称呼您五哥吧。"

"也好。"祁寯藻点点头,"你家三嫂是我妹子,她叫我五哥,你也叫我五哥,应该一点都没错。"

"当然没错。"张穆说完,大笑不已。

院子里冷,两人一边说,一边走进祁寯藻的书房。

"对了,你最近读什么书?"入座之后,祁寯藻关切地问道。

"什么都没读。"张穆抬头瞧了瞧祁寯藻留在书桌上的字,"跟五哥你卖个关子,等会我们细聊。"

"好好好,一会细聊。"

"我听人说,五哥当年习字的老师可是那公绎堂大人。"张穆一边说,一边盯着祁寯藻刚刚写成的几个"慎"字。

"是啊,当年跟随先君去往兰州,便授业于绎堂大人。"那彦成字"绎堂"。

"五哥当年的经历可谓奇哉。"张穆一脸的羡慕。

"对我来说,的确是增长见识的好事,只是先君颠沛流离,何其苦也。"祁寯藻有些惆怅。

"这些事,我们平定那边的人都知道,当年令尊大人真冤啊。"

"说起来,我比先君要幸运一些。"祁寯藻一边说,一边用手指着桌上的字,"绎堂大人真是个好人,对我和先君可谓恩重如山,我这字,的确跟着他大有长进,只可惜现在,我辜负了那大人的一片厚望。"

"五哥何出此言?"

"石州你看看,这字写了这么多年,亦不过如此。"

"五哥太过谦了,"张穆边说边走到书桌旁,"我看这'慎'字就写出了你的心声。"

"难道我这一个字,便叫石州你看出端倪?"祁寯藻眼前一亮。

"我与五哥只谋此一面,便大抵知晓五哥的脾气秉性。"张穆盯着祁寯藻，如窥探到祁寯藻内心最深处的秘密一般。

"是吗？愿闻其详。"

"五哥少年遭厄，养成了谨言慎行的作风，其稳重老练，非我张穆可比肩。"

"嗨，好个张石州，快言快语，又一语中的。"祁寯藻面露赞许，却又猛然生出一丝悲凉。

"我就信口开河，五哥见谅。"

"我自己的性格，我最清楚，守旧有余，开创不足。"

"五哥妄自菲薄了，妄自菲薄了。"

"好了，先不说这些了，不说了，往事不堪回首。"祁寯藻轻轻说道。

张穆闻之，也顿时默然。

当晚，张穆在平舒村住下，祁寯藻与他聊了一个通宵。从朝政到民瘼，从书法到文章，从平定州到京城，从官员趣事到历史掌故，他俩无一不谈。最令祁寯藻惊喜的是，张穆读书的兴趣主要集中在西北史地这一块。

当年，祁寯藻的父亲祁韵士在伊犁戍边时就发了宏愿，要以西北历史地理研究作为余生最重要的事业，并开始撰写多部具有开创性的学术大作。殊为遗憾的是，这些作品只是手稿，还未刊行。父亲去世后，这一直是祁寯藻的一个心结。他曾发誓要将其全都付梓刊行，但直到此刻，还空留遗憾。父亲的著作，不仅对他本人意义重大，更为关键的是，西北历朝历代屡屡用兵，乃多事之地，故而欲更好地治理西北回疆与蒙古一带，必须先了解此地的历史与现状，然后对症下药，方可长治久安。

诚然，祁韵士的书，是治理大西北的一剂良方。但是，出版这些书，对于现在的祁寯藻来说，经济负担是无法承受的。此外，手稿还需"懂行"的人来校勘，甚至纠错，方能达到当初的写作目的。否则，即便有钱刊印，其内容也会漏洞百出，既有负作者，更有负社稷。

此时此刻，一听说张穆喜读西北边疆史地，祁寯藻便立马问道："我家先君便矢志于西北史地研究，不知你听说过没有？"

"令尊大人的事迹与学问，晚辈怎么可能不知道呢？"

"家父生前，仕途不顺，除了讲学，就只剩下这点喜好。"

"其实我挺羡慕令尊大人的，他老人家有机会亲临西北，能获得第一手资料，"张穆突然叹了一口气，"我恐怕只是叶公好龙罢了。"

"切莫这么说。"祁寯藻鼓励道，"凡事皆有机缘，每一个人都有自己独特的经历，不一定非要去西北，才能做西北的史地研究。"

张穆点点头。

夜已经很深了，两人对坐于书房，毫无睡意，几盏烛光把他俩的脸照的格外通透。这个深夜，似乎永远不会天亮。这个深夜，在寿阳县平舒村的祁家老宅，祁寯藻猛然意识到，这个国家其实更需要的是像张穆这样的豪迈之士，而非一心只知考科举、做大官之人。

祁寯藻看着张穆，居然生出许多自责。当年，科举摘冠的荣耀，是他心中唯一的灯塔，至于做学问的宏大理想，他从来就未曾有过，即便偶尔灵光一现，想搞点什么研究，也被来势汹汹的科举之梦给淹没。

相比张穆，祁寯藻甚至有些自惭形秽。科举虽为正途，但一个人若为了科举而科举，为了做官而做官，那就把自己困在一个牢房里了。祁寯藻心想，张穆日后如果能做官，绝对要比自己的眼界更开阔，为政更灵活，做事更有气魄。

在与张穆结识之前，祁寯藻就感受到，绝大多数朝廷官员，包括大学士、军机大臣曹振镛在内，大都老态龙钟，严重缺乏活力，而他自己，也比这些人好不到哪儿去。他认为自己严重缺乏青年人的血性与胆识，老早就学会了帝国官场最精最妙的自保之道，即隐忍与韬晦。

张穆让祁寯藻看到了读书人的霸气。而他本人与很多同僚，缺乏的正是这个霸气。

一直到天边发白，太阳快要钻出地平线时，他俩才上床入睡。整个通宵，自始至终，张穆没有谈一句有关科举的话题，不知他是有意为之，还是一贯如此。祁寯藻倒是想给传授一点八股文的写法，但见张穆只字不提，也就不好主动说起。

张穆此时已经二十六七岁，只得一个秀才的功名，反观祁寯藻，二十二岁便已高中进士。若是其他晚辈秀才见到祁寯藻，肯定要先恭维一番老前辈的科举辉煌之路，可张穆毫无此举，仿佛他自己在科举路上比祁寯藻走得更顺一些。这就是性格，不过张穆也有资本避谈科举，因为他家父祖皆为进士，即便他自己科举惨淡，也可安心逍遥地做他的大名士。

祁寯藻当年却因父亲被贬戍边，压力委实太大，必须为家族争口气，从科举上把父辈的遗憾补救回来。除此之外，他实难再有他法。对于祁寯藻来说，考中进士做大官是对父亲最大的回报，亦是他重振家门的一条捷径。科举考试虽然很难，但的确又是一条捷径，在传统帝制时代，没有任何其他的路子，能有科举这般牢靠与直接。

这既是古典中国之不幸，又是其最幸之处，更是祁寯藻本人必须直面的时代背景。

后来的岁月中，祁寯藻老想，如果自己的父亲能一直官运亨通，甚至做到一二品的大员，那么他自己的心态是否与现在完全不同。他还忍不住憧憬，如果条件具备，或许自己也能潇洒不羁，做一个张穆式的才子。

只是此刻，天刚亮，张穆躺在床上，意犹未尽，还继续来了最后这么一句话："五哥，说一句你不爱听的，当今这个时代，做官是个最苦的差事，没有任何人格的自由，您应该更清楚，现在做官就是做奴才。"

祁寯藻一听，吓了一大跳，赶紧说道："罢了罢了，天都亮了，咱们赶紧眯一会吧。"

张穆闻之，莞尔不已。一会，两人便昏昏睡去。

张穆在祁家一连住了三天，分别的时候，祁寯藻赠他一首诗，其中一句"回头笑问张公子,本色豪端已如此",令张穆哈哈大笑。

笑罢,他说道:"五哥,你高看我了,哪有什么'本色'啊,大千世界里的一个小卒,若能随心所欲而不逾矩,那便是我张穆最大的幸运。"

祁寯藻闻之,沉默片刻。他本不愿"劝"张穆什么,此刻临别之际,他还是不禁说道:"石州,忍字头上一把刀,凡事多忍忍,多磨一磨,以你的才学,功名利禄皆可手到擒来。"

张穆似乎不太赞同祁寯藻这句忠言,但他依旧点点头,重重说道:"谨遵五哥教诲。"说完,他拜了拜,便走进马车厢,依依不舍地离去。

祁寯藻望着那辆马车,久久不能回头,故乡平舒村的那些山峦也都默默无语。太阳在这个清晨时分还没有机会完全露出真容,它正被群山强势阻挡。一切都显得极为宁静,仿佛有一种无形的力量,给这个小村庄施以无限的肃穆与惆怅。

半年后的秋天,祁寯藻见母亲大体病愈,便带着母亲,回到京师。母亲这次虽有惊无险,但祁寯藻总有不好的预感,恐老母在世之日不多,所以这次必须跟在他身边,好好奉养一段时间,否则"子欲养,而亲不在"矣。

二品大员

第二年,道光十二年,也就是祁寯藻整整四十岁的时候,他再次迎来官场的一个丰收期。之前,他已被授予从四品的翰林院"侍讲学士"一职。四个月后,即这年的二月份,他做了"国子监祭酒"。再过四个月,他又升一级,为正四品的"通政使司"副使。不想,仅过三个月,即道光十三年二月,祁寯藻再次如火箭般上升,被任命为从三品的"光禄寺卿"。这还没完,两个月后,祁寯藻已担任"内阁学士"一职,并兼礼部侍郎。

清代不设形式上和名义上的宰相职位,但相当于宰相的职位肯定不会缺。早期,"内阁大学士"一职实有宰相之权,雍正爷以后,"军机大臣"其实就是宰相,而且,若某人是军机大臣与内阁大学士双肩挑,那么此人便稳坐宰相之位矣。

而祁寯藻此时充任的"内阁学士",正是"内阁"里的重要官员,相当于"候补"内阁大学士,或者"副"内阁大学士。从某种意义上讲,他已进入宰辅集团,未来极有可能做宰相。"礼部侍郎"则是二品大员,乃中央六部之一礼部的二把手。可见,祁寯藻已快到清帝国官阶金字塔的最顶端,而且此时他正值壮年,才四十有一。

获此大任,祁寯藻立马给老师黄钺写信,表达感激与思念之情。黄钺致仕后,归隐老家安徽芜湖,获知祁寯藻的近况,他万分欣慰,立即写回信告诫祁寯藻,一定要稳住,越是到了这个阶段,越是要忍着,对任何意见都应该虚心接受,只有这样,才可登宰辅之位。

读罢恩师的殷切嘱托之语,祁寯藻陷入了深思。老师还未辞官时,便总是教导他要"忍着",不可强出头,但他老人家当年在乾隆朝就能高调反对权臣和珅,为何复出之后,便把"韬晦之策"时时放在嘴边?其实,不用黄钺教导,他的学生祁寯藻本身就有一个能忍得住的性格。

祁寯藻能在年富力强之时显达于官场,除了有才有运之外,他自己的性格亦"发挥"出很大作用。但是,祁寯藻绝对不是刻意如此,只是父亲早年在官场的遭遇,及其带来的一系列家族变故与困顿,才造就了他稳重、冷静的风格。当然,这与母亲刘夫人的严格管束,亦有很大关系,甚至,祁寯藻自打娘胎里出来,便藏着这种秉性。

祁寯藻倒是一直暗羡那些豪爽的读书人,如田嵩年与张穆,还有多年未见的林则徐。他总觉得,要干大事,必须具备主动开朗、不拘一格的性格,但像他自己这样的文弱做派,即便日后能做到宰相的高位,也难以做出一些开创性的事业。

为此,祁寯藻很矛盾,很痛苦。

为什么老师黄钺一直到现在还在信中强调"隐忍"？难道他老人家有微言大义，未直接说出。所谓"不鸣则已，一鸣惊人"，老师也许是期盼着，等祁寯藻获得一个更大的舞台后，再大刀阔斧地干点事。

有时候，祁寯藻很痛恨自己早年的遭遇把他变成了现在这个模样，虽然他已贵为朝廷二品大员，且深得道光信赖，但如果不能奋发图强、有所作为，那这高官厚禄对他又有什么意义？甚至，与其让自己尸位素餐、"窃取"高位，毋宁叫张穆这样有朝气有胆魄的人入阁拜相，轰轰烈烈干出一番大事。

他想，入仕以来，除了在广州两个多月担任乡试的主考官，以及外放三年到湖南任学政之外，自己似乎没有多少较硬的资历，就连地方州府县的父母官都未曾做过一任，仿佛从二十二岁中进士到现在，差不多二十年过去，自己依旧还是那个只知读书、写诗、练书法的"学生"，既无波澜，更无多少为民请命、造福一方的善举。

不过，他转而又一想，何谓大事业？譬如他的上司，同时也是比较器重他的宰相曹振镛，外人都说老曹只会做官，不会做事，可事实上，处在他那个位置，他又能做什么？国家的制度法规，士大夫的心态，还有社交的潜规则与官场的习惯，早已非常顽固地摆在所有官员的面前，任何一个人，即便再有想法，也难以有所突破，即便有所突破，也往往只是昙花一现，甚至不仅无法扭转乾坤，反而会"打草惊蛇"，招致顽固势力的巨大反扑。

要知道，在祁寯藻逐渐成为一颗政治新星时，清帝国早已是一团死水。祁寯藻跟着道光皇帝的时间不算短，虽然他官愈做愈大，对道光的勤政爱民也深为感佩，但仔细捋一捋，似乎所有的国家资源都只在做一件事，即不出乱子。

对于这个停滞的帝国而言，所有该做的事情，似乎都已在前辈人手上做完，甚至做得很好，现在，只要西北回疆再无反叛，汉人不闹事，周边儒家文化圈的那几个属国能表面上尊大清皇帝为天下共主，并不时来北京进贡称臣，还有百姓能解决基本的温饱问题，就够了。甚至，帝国只需做到这几点，便善莫大焉。

可是，独处一室时，祁寯藻还是会感到莫大的悲凉。

他很迷茫，自己看起来一帆顺风，惹人钦羡，但猛然间，他又觉得身轻如羽，找不到寄托，更难得发自内心地一笑。这个国家亦同样如此，老态龙钟，丝毫不见"快乐"的氛围。官场的作风与人际关系，皆使他有一种无处使劲地强烈压迫感。

甚至，即便他疯狂一些，做点出格的事，也难以引发众人的关注。很多官员根本不思考，根本不说话，根本不懂憬。情况便是这样，如果你愿意，请你一个人随便在舞台上跳舞，反正他们看到了也当没看见。在一个看似繁华的时代，只需稍稍用心体会一下就会发现，其实身边全都是寸草不生的沙漠。在这个荒漠中，你甚至连狂吼一声都不敢，因为所有的景象似乎都是命中注定的，你早已丧失改变的欲望，就算你一个人发出一点声音，也不会有任何回应，即便有回应，那么招来的极有可能只是"沙尘暴"。

故而，与其沙尘暴袭来，还不如死守着这片宁静的沙漠，至少人还能暂时不被沙漠吞噬埋葬。这便是绝大多数帝国官员的想法，很平庸，却很实用。不过，当祁寯藻想起一个人的时候，便仿佛在这沙漠中看到了一片绿洲。此人便是林则徐。

禁烟难题

林则徐初出茅庐，便一鸣惊人，那时候祁寯藻还未考中进士。人跟人就是不同，林则徐无疑是幸运的，他很早就以敢于做事、雷厉风行而闻名于京师。此刻，他早已升任封疆大吏，位居江苏巡抚。

就在几天前，林则徐与两江总督陶澍一同奏请朝廷：立即严禁鸦片，并自铸银币，以解决银贵钱贱的经济难题。陶澍比林则徐大六岁，比林则徐中进士早九年，是林则徐的前辈，当时被誉为封疆大吏中的能臣与楷模。在林则徐开展轰轰烈烈的虎门销烟运行之前，陶澍的名望要高于林则徐。此刻，陶澍驻南京，是管着江苏、安徽与江西三省的两江总督，而林则徐抚江苏，驻地在苏州，他俩皆在帝国最富裕之地担任督抚要职。

鸦片要禁，这个道理谁都明白，自从张格尔叛乱被平定以来，这个问题就成为朝野的共识，并被提到解决的日程上。道光自登基以来，就屡屡下诏禁止鸦片的种植与贸易，但效果却总是雷声大雨点小。鸦片这种毁国坏家的毒品成了大清帝国的一个魔咒。

道光能动用上千万两白银去维护新疆的稳定与统一，也能将帝国南方一系列的少数民族叛乱彻底镇压，但唯独这个鸦片，令他与整个朝廷都伤透了脑筋。禁烟的诏书总是沦为一纸空文，仿佛一个黑色的幽默，愈是天天挂在嘴边，要把这个毒瘤割掉，愈是挡不住帝国众多官员和百姓把它当"神"一样供着。必须承认，很多人必须将鸦片烟吸进自己的口腔，才能苟活于人世，还有一部分人，已习惯于攫取鸦片相关利益链上的果实。

鸦片像一个幽灵，成为大清帝国无法逃避的梦魇。

当然了，陶澍与林则徐奏请的另一件事——自铸银币——亦为当务之急。清帝国的鸦片，绝大多数从英属印度进口而来，而我们要付出的则是大量白银。如此一来，白银大量流失到海外，造成多个世纪以来中外"贸易顺差"的局面发生改变，即中国对外贸易的强势地位，因鸦片进口而快速减弱，而以大英帝国为代表的西方，正通过鸦片这种邪恶的商品，慢慢缩小对华"贸易逆差"的额度。

洋人扩大对华出口的后果便是，中国市面上流通的白银逐渐减少。银子少了，其"含金量"便相对提高，购买力亦大大增强，换言之，银子愈来愈值钱。同时，与银子搭配使用的另一种通货"铜钱"，则愈来愈不值钱。这就是银的价值畸高所引发的连锁反应。

白银与铜钱在市场上可相互交换，其价值成反比：白银涨几分，铜钱便跌几分。这本不打紧，但恰恰中国普通老百姓衣食住行的消费，基本以铜钱为主，而非白银。铜钱可谓老百姓的"活命钱"，购买力的日见下降，直接关乎亿兆百姓的温饱，使他们苦不堪言。

这就是陶澍与林则徐所谓的"银贵钱贱"，其后果是严重降低老百姓的生活水平。为了提高铜钱的购买能力，就必须先控制白银价值的过高上涨，其手段则必须效法西方，铸造国家法定规格的银币，并严格管控银币与铜钱的比价，以此扭转"银贵钱贱"的不良局面，达到提高百姓生活质量、稳定金融市场之目的。

道光皇帝读罢陶澍与林则徐的奏章，轻轻叹了一口气，对一旁正站着的祁寯藻说："叔颖，陶子霖与林少穆的折子，你也看看吧。"陶澍字子霖，林则徐字少穆。

祁寯藻闻之，恭敬地接过奏折，仔细阅览。

祁寯藻一边看，道光一边又慢慢说道："他俩都是有大才的，朕又何尝不焦心鸦片与白银这两个大难题。"

"皇上您也不要过于担忧，身体——"

道光摆摆手，示意祁寯藻不要再说："大家都很清楚，鸦片与白银其实是一个问题的两个方面而已，解决了鸦片，白银就不会外流，而白银不外流，则银贵钱贱的难题便迎刃而解。"

祁寯藻点点头。

"关键是怎么才能一劳永逸地予以解决？"道光抬头望了望窗外，仿佛一个囚徒渴望着自由。

"皇上，依微臣看来，不如让这两位大人在江苏先重法治一治鸦片。"祁寯藻看完奏折后说道。

道光却摇摇头："有些事情，你还不太清楚，这些年朕屡屡禁烟，为何屡屡不见成效，这其中的水太深了，不光是各级地方官员，单说朝廷的很多大臣，也只是阳奉阴违，就算是陶子霖与林少穆在江苏搞出一点成绩，也没有多大的用，若釜底不抽薪，鸦片立马会卷土重来。"

"皇上，可咱们也不能眼看着鸦片把大清给毁了啊。"祁寯藻有些激动。

"叔颖，朕比你还着急，但你要知道，即便江苏那边能做出很大的成效，也只是头疼医头，脚疼医脚，未达根本。"

祁寯藻点点头。

"鸦片的要害其实不在江苏，而是在广东，你知道这个道理吧？"

"微臣知晓，那为何不从广东开始呢？"

道光又叹了一口气，轻轻地说道："有些事，朕也需要再想想，该采取哪些方式，该走怎的几步棋，其实我们还未找到一条通行全国又行之有效的做法，就先让林少穆他们再等等，再等等吧。"

祁寯藻静静听道光说着。

道光见祁寯藻无语，便再次强调："决心，朕和朝廷还是有的，关键是必须雷霆万钧，不做则已，做则必须成功。"

祁寯藻再次点点头。

"否则，若亮出禁烟的利剑，却没有斩杀那些魑魅魍魉，或者最该除掉的人成了漏网之鱼，那以后的局面就更难收拾，甚至禁烟将沦为朝廷的一个笑柄。"道光这个比喻很生动，但他脸上的惆怅，浓如千年的墨汁。道光今年五十多岁了，他生不逢时，如自己的帝国一样，显得暮气沉沉，极为苍老。

祁寯藻听道光说完这番话，更加难受。他为赏识自己的道光感到无限的悲哀，也对自己的国家充满无限的愧疚。他是饱读史书之人，自三皇五帝以来，中国还没有遇到过鸦片这样的顽疾，而帝国似乎早已成为鸦片的玩物，失去抵抗的意志力。

祁寯藻为自己不能为道光分忧，不能为国家百姓做点实实在在的事而问心有愧。当他转身离开道光的时候，眼睛湿润了。

勉励兄弟

早在祁寯藻被正式任命为内阁学士兼礼部侍郎的当天晚上，他便一个人静静地坐在书房，心中骤起波澜：自己未能在地方上担任一回封疆大吏。如果能像陶澍与林则徐那样，扎根于地方，造福一方百姓，那该多么畅快。

很多时候，他觉得，老呆在京师中央朝廷里，对很多问题的看法都是隔靴搔痒，总欠缺地方督抚大员那样解决问题的魄力与手段。甚至，在朝廷里时间长了，人都变得格外封闭与愚蠢。尤其现在，被任命为内阁学士后，他愈发惶恐：自己将再次被关进一个巨大华美的笼子里，对外面的世界只能大大咧咧地张望，无法看清楚这个世界的本质与细节。

他多么希望自己有一天也能外放到地方，即便不是做督抚这样的封疆大吏，只担任一个知府，甚至知县，也心满意足。其实祁寯藻还年轻，外放坐镇一方的机会肯定还是有的，但他此刻的焦虑并非"杞人忧天"。从严格意义上来讲，终祁寯藻一生，他都无缘真正在地方担任大僚。人总是有遗憾的，一如人总是有许多机遇。祁寯藻科举与仕途一帆顺风，但亦空留"常驻中央"、无地方任职经历的遗憾。

正当祁寯藻漫无边际地苦思冥想时，突然，他唯一的儿子祁世长走进书房，对祁寯藻说道："老爷，娘让您过去一趟，说有事跟您说。"

祁世长此时九岁，聪明通透，一脸的求知欲，但这孩子话不多，喜欢独处，善于思索，与他父亲祁寯藻性格很像。祁寯藻子嗣艰辛，只余一个祁世长，陈夫人自然宠爱有加，祖母刘老太太亦在世长身上寄托无限的家族希望。

看到世长一脸的乖巧，祁寯藻和颜悦色地说道："我知道了，你先过去，我马上就来。"

一会，妻子陈夫人见祁寯藻走进卧房，便说道："其实也没什么事，叫老爷过来，只是怕你一个人待在书房，想得太多，伤身。"

"夫人好意，寯藻心领了。"祁寯藻叹了一口气，"但到了我现在这个位置，必须得好好想一想，以后该怎么做官了。"

"老爷这话，我不敢苟同，该怎么做官岂是想出来的？你现在虽做到内阁学士的高位，也无非就是参与朝廷大政的机会更多了，事情都是做出来的，到了什么时候，就做什么事，老爷想多了，反对以后办事不力，更别提将来大刀阔斧、雷厉风行地办事了。"陈夫人噼噼啪啪，一口气说了这么多。

祁寯藻苦涩地一笑："夫人说的有道理，只是我性格本就如此，喜欢瞎想。"

"我知道老爷在想些什么，你是翰林出身，即便现在坐到这个位置，即便以后使劲折腾，也脱不了、逃不出台阁文臣的宿命，对吗？"

祁寯藻点点头："我还是想到地方上去走一走，做一任实差，仔细看一看这个国家的百姓到底生活得怎么样？"

"老爷不必如此，你常跟我说起林少穆、陶子霖等前辈，总是羡慕他们能够在地方保民兴利，还说当官就该如此。"陈夫人顿了顿，"可是，每一个人的际遇是不同的，千万不可强求。"

"我有时候的确会有些矫情。"祁寯藻很无奈。

"老爷，这不是矫情，你跟我父亲一样，我父亲一辈子也没担任过地方实缺，也老羡慕那公绎堂大人的丰功伟绩，但现在他老人家也明白了一个道理，不管是在庙堂，还是在京外，每一个人都有自己的本分，尽心做好自己的事，那就无愧于朝廷与百姓了。"

祁寯藻点点头，又叹了一口气，轻轻说道："时候不早了，那咱们就睡吧。"

陈夫人俏皮地一笑，就没再说什么。

这年金秋九月，母亲刘太夫人强烈要求回寿阳老家。老人思乡，情难自禁。本来，祁寯藻想着让母亲长留北京，亲自奉养，但刘太夫人态度坚决，不容商量。她预感自己恐不久于人世，便期盼着落叶归根，安安静静地在老家走完人生最后的旅程。

刘太夫人向来都是说一不二的，祁寯藻只得答应。刚好六弟祁宿藻也在京师，就由他陪着母亲回乡里。

说起祁宿藻，他比起兄长祁寯藻的科举之路要走得艰辛。原本，道光五年，他五哥祁寯藻还在湖南做学政的时候，他便在老家考中了举人，可一晃八年过去，他还是未能殿试摘冠，考上进士。不过，必须强调的是，他只是相对于其兄二十二岁便进士及第来说，稍显跌宕。如果放眼全国的读书人，那么祁宿藻还算走运的，毕竟那么多寒窗苦读的学子中，亦有到耄耋之年依旧为一介秀才者。

祁宿藻现年三十三岁，进士未中，难免着急，作为兄长，祁寯藻也看在眼里，记在心上。但他从未主动跟兄弟宿藻说起科考之事，怕宿藻多心，有压力。祁寯藻对这个幼弟有着无限的希望，在他们亲兄弟中，也只有这个弟弟才可能步祁寯藻之后尘，科举夺魁，为家族再创辉煌。可即便有此厚望，祁寯藻也绝不直接督促弟弟，只是在各个方面，尽量给予他无微不至的关怀。

母亲刘太夫人心疼她这个最小的儿子，老对祁寯藻说："老五啊，老六是不是命不好，考了这么多年，都三十好几了，还不能如愿，你说该怎么办啦？"

祁寯藻只要闻之，便安慰母亲说："没事的，现在家里养得起他，不比从前，我们都不要催他，也不要说太多，让他继续考，即便考不上，也没什么大不了的，这个弟弟我管定了，就行了。"

每次刘太夫人听到祁寯藻这么说，都会很安慰。

这次，祁宿藻陪送母亲回寿阳，临别之际，兄长祁寯藻吩咐他："母亲在老家就全都拜托兄弟你和三哥了，回到老家，代我向三哥三嫂问个好。"

祁宿藻点点头，大声说道："五哥，你就放心吧。"

"六弟，你科考的事，我今天忍不住想跟你说说。"祁寯藻带着商量的口气。

"五哥但说无妨，我听着呢。"祁宿藻很镇定的样子。

"其实，也不该跟你多说什么，这事你心中有数，说了恐平添你的烦恼。"

"我知道五哥的良苦用心，不过我没那么脆弱，你想说什么就说什么，以前是这样，现在是这样，将来也是这样。"祁宿藻一脸坦然。

"那好，"祁寯藻关切地望着六弟，"既然如此，我就趁着你带母亲回老家的机会，随着性子说说。"

祁宿藻点点头，虔诚以待。

"你的科考，你自己掂量着用功，切切不可太过劳累，更不要着急，父亲在世时，经常跟我说起这样的话，做官则已，若不做官，那么躲于山野乡间做一个绝世独立的读书人也行。"祁寯藻一边说，一边回忆，"更何况，你现在至少也是孝廉一个，没什么大不了的，一切都会水到渠成。"

"孝廉"为明清时期对举人的雅称。

"嗯，既然五哥今天说到这个份上，我也造次一回。"祁宿藻定了定气息，"我春闱再考两次，若考不上，就彻底放弃。"春闱即会试，因其在春天举行，便有此谓。

祁寯藻闻之，心有不忍，不好再说什么。

祁宿藻也不再多说一个字，显得异常悲壮，令整个氛围一下子变得很无趣，甚至很尴尬。看来，科考的确是祁宿藻的一个痛点，也是兄弟之间交流谈心的一个雷区，不能碰的。

那公病故

祁宿藻陪着刘老夫人离京后不久，那彦成大人去世的噩耗骤然传来，祁寯藻赶紧前往那府吊唁。本来，道光九年，那彦成从新疆凯旋后继续担任直隶总督，但没过多久，他又被撤职查办。

原因很复杂。在新疆时，那彦成坚持实行"坚壁清野"的经济策略，与新疆以西的浩罕汗国断绝一切贸易往来，造成其社会生活受到巨大影响，进而迫使"浩罕"不敢再次怂恿新疆境内的分裂势力发动叛乱。长久以来，浩罕汗国严重依赖中国的物产，这一招，发挥不错的效果，断了浩罕汗国的物质生活必需品，打击了他们的嚣张气焰，使其暂时失去挑战大清帝国权威的物质基础。

可是，事情往往物极必反，浩罕汗国见清帝国掐死他们的命脉，于是干脆一不做，二不休，再次挑唆新疆境内的分裂分子，以暴力和恐怖主义对抗清廷。清廷闻讯，立即对那彦成制定的政策进行大讨论。结果大多数人认为，正是因为那彦成的极端隔离做法，才诱发浩罕的"斗志"，使得好不容易恢复安宁的新疆再起烽烟。随后，道光下旨，革去那彦成现任的直隶总督一职。

国家需要有担任、有智慧、有谋略、有吃苦精神的文武全才，譬如那彦成。但追究所谓的责任时，对那彦成这样的官员又极其苛刻。这是中国历史的一种规律，清代亦概莫能外。这一回遭贬后，那彦成便再也没有等来起复的机会，此乃其官场生涯中最后一次惨烈的跌落。之后，他只能赋闲于京，又挨上几年，他带着极大的委屈，溘然长逝，享年七十岁。

那彦成是一代名将，好结交汉族文人，一手字写得令汉族顶级知识分子都自叹不如，朝野皆以认识那彦成为荣。可就是这样一位清帝国的股肱之臣，却死的很凄凉。不仅如此，那彦成的大公子容安，都已擢任为伊犁参赞大臣，但新疆再次叛乱后，两个重要的战略据点被围困，容安却未能及时解围，造成很不好的连锁反应。道光大怒，将容安革职查办，最终判其流放东北苦寒之地吉林。容安本不愿做官，但为了国家，走上新疆的战场，结果却比他父亲还惨。

有清一代，满族将领往往官升的很快，但从高处摔下来也快。他们是满人中的精英，但做官的风险恐怕是汉人无法想象的。祁寯藻与那彦成父子结识二十多年，对满人上层人物的悲喜，有着深刻的认识。

当初，得知容安被遣戍吉林后，祁寯藻想着这位在兰州与他一道读书嬉戏的老友，便一晚都未能入睡，只是一遍又一遍地在宣纸上默写着那首《九日兰州望河楼上登高》。二十多年前、西北重镇兰州、容安的激励、重阳节、诗歌、黄河、落日、高楼，等等这些皆历历在目，容安的快意洒脱，相隔多年也鲜活如初，可现在，斯人已远去吉林。清代道光年间的吉林，苦寒不亚于大西北。那彦成、容安父子，出生入死，为清帝国四处奔波卖命，哪儿有火，就去往哪儿扑火，可他们身后留下的皆为苍凉与落魄。

而今，那彦成大人在北京病逝，容安却还在吉林受苦。好在道光还记得那彦成当年平定天理教叛乱的盖世功勋，这才给了他一个"文毅"的谥号，而容安也因父亲的病故，获得道光的宽宥，被释放，正走在回京的路上。这一如当年，那彦成自己因西北赈灾贪腐案被打入死牢，后来因其老母去世，才得以逃脱重刑。

祁寯藻为容安的"因祸得福"而暗自欣喜，可没过多久，噩耗再次传来。这回是他自己的家事，母亲刘太夫人在寿阳病故。祁寯藻虽知母亲来日不长，但闻讯之后，依旧难以接受。父亲坎坷一生，早早离世，只留母亲一人可尽孝道，但天不怜见，有心尽孝，却无人可奉矣。

祁寯藻再次面临丁忧守孝的漫长假期。离京丁忧时，田嵩年与张穆来相送。

原来，张穆一年前从老家平定州来到北京，以秀才的身份考取正白旗"学官教习"，这样他就与前辈田嵩年差不多走上同样的仕途之路，即一边做吃皇粮的教师，一边继续参加科考。

与当年的田嵩年一样，张穆不用回原籍参加举人与进士两级科考，而是先直接在京师"顺天府"就地入乡试之闱，若顺利，则继续在京谋取进士之身。明清时期，秀才又称生员，他们考举人的乡试，录取名额每省皆有定额，考生按省份籍贯回省府入试。但也有例外，像张穆这样来京城担任满族官学教师的秀才，便统一就地在京师顺天府参加乡试。

张穆刚入都，便以其风趣幽默与疾恶如仇的豪侠风度，引得士大夫一片喝彩。虽只是一介秀才，定居京城也才一载，但张穆很快"晋升"为京城文化圈子里令人侧目的名士。田嵩年是盂县人，盂县与寿阳县一样，也隶属于平定州，故而张穆也是田嵩年的平定老乡。在祁寯藻的介绍下，张穆与田嵩年也成为挚友。这两人性格相投，交谈之间皆有思想的火花闪耀。

此刻，祁寯藻丁忧回乡，田嵩年与张穆约好前来相送。见到祁寯藻，他俩自然先慰问再三。接着，张穆冷静地对祁寯藻说道："五哥，此番丁忧回乡，我看倒是前辈您一个好好再读读书的机会。"

"石州说的有道理，足足二十七个月，倒可以安排一下，第一是读点书，第二是写点东西，第三是见一见以前的故人。"祁寯藻边点头，边回应。

田嵩年一听，问道："听你这么一说，看来是要筹划写什么大作吗？"

田嵩年比祁寯藻大三岁，但考中进士比祁寯藻晚六年，故此刻的官位不及祁寯藻，乃从四品的翰林院侍讲学士，升迁路数与祁寯藻大体相仿。

大清帝国，翰林出身的精英，一部分下派地方做官，如林则徐与陶澍等人；一部分则如祁寯藻与田嵩年，在中央文官系统按部就班，熬年头混资历，能否有朝一日入阁拜相，那就看机遇造化。

祁寯藻望着这位与自己宦途相似的老乡，慢慢说道："倒没想好写什么，只是有一个初步的愿望而已。"

"愿闻其详？"田嵩年很好奇。

"这些年，忙于公文案牍，该写点真正有利于百姓、有利于家乡的东西。"祁寯藻一脸憧憬。

"难道五哥是要效仿令尊大人，也搞一点西北史地研究？"张穆抢着说。

"我没这个才能，要说搞史地研究，只能看石州你了。"祁寯藻突然有些伤感，"家父毕生的事业，恐怕要靠你来继承了。"

"五哥太过于自谦了。"张穆回应道。

田嵩年却道："叔颖说得有道理，我俩整日混迹于官场，搞学问的灵气早已被消磨得差不多了，石州你有这个志向，又有大才，也读了诸多相关书籍，定能不负叔颖一片厚望。"

"季高兄说的好，"祁寯藻赞许地看着张穆，"你天性敏锐，读书总能读出新的滋味，这一点，我与季高兄都不如你，切不可荒废了。"

张穆赶紧抬手，朝眼前这两位同乡前辈拜了一拜，大声说道："承两位大人厚爱，张穆定不负所望。"

祁寯藻与田嵩年忙着也抬手回拜。田嵩年还不过瘾，一边回拜，一边说道："石州，这不是你的风范，在我和叔颖面前就没必要拘泥于这些虚礼了。"

张穆却说道："今日送五哥回乡丁忧，不能造次。"

寯藻点点头，叹息道："石州算是有心人。"

说完，祁寯藻想起母亲，便默然无语。

第十一章 销烟前夜

访张观藜
马首农言
嵩年早逝
游昭化寺
张穆善举
督学江南
乐府禁烟

访张观藜

道光十四年九月，金秋时节，三晋大地一年中最好的日子，祁寯藻已在寿阳为母丁忧七个多月。这几天，他兴致不错，便安排好家事，去了一趟省城太原。当然，作为中央六部的二品侍郎，他有义务，甚至有责任参加省城的很多应酬。在职官员一向都是家乡士大夫群体中的领衔人物，而且官愈大，则声望愈高，号召力愈强。

既然来到太原，那么城外西南方向的晋祠要去看看。

晋祠，古名唐叔虞祠，或晋王祠，建于北魏之前，乃纪念周代晋国第一任诸侯王唐叔虞及其母后邑姜的大型祠堂。经历朝历代的扩建与修缮，晋祠规模愈来愈大,到清代,其成为太原,乃至山西全省的第一品古怀旧之地。尤其是晋祠建筑群中的主殿,即建于北宋初年的圣母殿,乃唐叔虞母后邑姜的纪念殿,其右侧的两棵古柏,树龄已超过两千五百年,是天下皆知的奇树。

二十年前,即嘉庆十九年,祁寯藻才二十二岁,刚考上进士不久,便从北京赶往保定府,在保定那彦成总督署与父亲相聚。然后,父子一道回到老家,共享科考喜事。父子同为进士,虽非格外稀奇,但光耀门楣、锦衣于桑梓亦自不待言。

那年冬天,祁寯藻就来过晋祠。而今,站在这两棵古柏面前,祁寯藻感慨万千。二十年过去,父母皆已仙逝,连大哥宬藻也亡去多年。古柏是长寿的,但人的生命却极其有限。虽然阳光和煦多姿,秋色荡漾迷人,但祁寯藻心有戚戚焉。他轻轻地走到那棵斜着生长的古柏旁,抚摸一下它的躯干,仿佛向古人握手致敬。

他想,这棵柏树从周代开始,就一直顽强地活着,这预示着我们这个国家和民族有多么的坚韧,不管遭遇怎样的大灾大难,我们都能延续自己的文明,源源不断地创造新的活力,波澜壮阔地屹立于世间。

多少年来,多少仁人志士,他们全都死去,但他们的精神,就如这两棵古柏一样永垂不朽,成为后人前进的动力与楷模。由此,祁寯藻想到目前的朝廷。此刻已不是康乾盛世,反而如一个老人,正在走向落寞,可是,我们只有这一个国家,无论如何,即便是它真的已经重疴缠身,甚至快要一命呜呼,但我们也不能自暴自弃,任其自生自灭。祁寯藻一边抬头仰望着秋阳高照下的古柏枝干,一边在心里默念一句:我们只有这一个国家,弃之,我们将安在?

几天后,找了一个空闲,祁寯藻又特地从省城驱车近百里,来到太原府西南部的清源县,拜见自己早年的启蒙恩师张观藜。一路上,祁寯藻思绪万端。那些艰难的岁月里,师生之间的细语与默契;多少个日夜;张先生的笑容；深夜的灯光；黎明读书声；五颜六色的小山村；长久回荡的乡音；母亲的严厉；张先生的耐心引导等等——涌上心头。

目今，张先生已然五十七岁，科举之路颇为坎坷。二十七年前，他便中了举人，可后来会试连考三次，都未能中进士，好在朝廷有规定，三次考不中进士的举人，可以直接授予官职，而且还按照成绩与综合素质将其分为两等，好一点的担任知县，次一些的去做县学的教育官。

张观藜本可去当知县，他却以家母年事过高，亟须奉养为由，选择去晋西南的垣曲县做了县学"教谕"。道光七年，也就是七年前，他改任清源县学"训导"。明清时期，每一个县都有教育机构，即"儒学"或"县学"，其设主政的"教谕"一人，正八品，副职"训导"二人，从八品。这两职皆七品以下的小官，虽已"入流"，但亦只稍稍超过"九品"的入流最低标准。

在科举做官为读书人第一要务的时代，张观藜虽大小是朝廷命官，但从他做了多年"教谕"之后反降为"训导"，便可知其仕途之坎坷。祁寯藻想到自己在科举做官路上的顺达，再比较一下老师，便大有不忍。

在清源县学，祁寯藻一见到张观藜，便赶紧下跪作揖。张观藜大惊，三步并作两步，走上前，将祁寯藻扶起，大声说道："寯藻啊，你我虽早年有师生之谊，但你现在已经是朝廷二品大员，这个礼老朽可受不起。"

"恩师——"寯藻说不出话来，泪水早已打湿了他的脸颊。

"好了，寯藻，你能大老远过来看我，便是我们师生还有缘，"张观藜笑着，"不要这样，本来是很高兴的事嘛。"

祁寯藻这才笑着对张观藜说道："老师身体还好吧？"

"好不好也是快到花甲之年，倒是你，可要注意身体，丁忧虽是孝道之首，但你现在也是朝廷大员，不能辜负了朝廷与皇上。"

"老师当初为了照顾母亲，而不去做县令，一直任教职到现在，真是委屈您了。"

张观藜摆摆手，说道："也没什么，大概我就是教书的命，有你这个好学生，也就无憾了。"

"老师，"寯藻有些激动，"真是难为您了。"

"别说我了，说说你，现在朝廷有什么大事？"

"也没有什么大事，还是老问题，自从张格尔叛乱平定之后，鸦片的泛滥依旧毫无改观。"祁寯藻叹了一口气。

"皇上他老人家心中有什么章法没有？"张观藜也很揪心。

"有，但屡屡禁烟，屡屡失败，皇上也很痛心，关键是朝廷中有些大臣对禁烟有不同的看法，再加上沿海的商人与洋人勾结，有些地方官也欺上瞒下，不顾国计民生，只图中饱私囊，其中还牵连诸多朝中大员，错综复杂，很难办。"

张观藜一听，大声说道："那就有一个查一个，查一个重惩一个。"

"查不胜查，罚不胜罚呀。"

"那总不能眼看着国家百姓都死在这个害人的东西身上呀。"

祁寯藻想了想，说道："老师，我揣摩圣意，皇上还是有些犹豫，怕因为禁烟伤了国本，因为朝野上下多少人与鸦片戚戚相关，靠它发财致富。"

"可如果不以雷霆万钧之势，重惩这些人，那么所谓的国本不就伤得更深，百姓不就更难活命，国家不就更快要病入膏肓吗？"

"老师，"寯藻点点了头，"学生又何尝不是这个想法，可其中掣肘的地方太多，皇上他老人也是万般无奈啊。"

张观藜闻之，不知该说什么好，祁寯藻也相对无言。

好在张观藜不愿意让丁忧中的祁寯藻过于哀伤，便提起精神说道："寯藻，我好久没有见到你的笔墨了，写两个字给老夫看看。"

"那学生就献丑了。"祁寯藻忙说道，"就写十年前我在湖南任学政时，写的一副楹联吧，这副楹联我印象还很深。"

祁寯藻一边说，一边走向案牍，然后拿起笔，稍稍在砚台里润了润笔头，便挥毫而就，写下一副字：

气凌衡岳三千丈
心托离骚廿五篇

等祁寯藻写完，张观藜便问道："不知这副楹联是为何处所作？"

"为湖南衡阳的船山祠。"祁寯藻突然有些怅然。

船山祠是纪念王船山的祠堂，王船山便是王夫之。此公乃清末民初的大思想家，与顾炎武、黄宗羲齐名，是湖南衡阳人。

"船山先生若听到你对他的这种评价，也会很高兴的。"

祁寯藻闻之，一笑："岂敢，岂敢，船山先生的人品与学问，恐怕我一辈子都学不来。"

"船山先生祖上本出于太原王氏，他的祖先在前明永乐时期因为军功显赫，到衡阳去做官，他们这一支才留到衡阳。"

"想不到老师对船山先生还有如此深厚的了解。"

"我们师徒说一点不可外传的话，"张观藜停顿了一下，"船山先生等清初三大名儒的思想，早就湮没了，我辈读书人谁都心知肚明，如果稍微改变一下当前死板的学风，天下读书人何至于灵气皆失，前明再不济，读书人还能有他屹立于世的气度，可现在——"

祁寯藻听老师这么说，赶紧岔开话题，问道："老师，这个事我们就不说了，您还没有评价我的字呢。"作为朝廷二品大员，祁寯藻委实不能听太多这样的话，不在其位不谋其政，在其位就不能听、更不能说那些犯忌讳的话。

张观藜当然知道学生的立场，觉得自己委实有些唐突，便赶忙回道："你的字，就不用说了，是老朽见到的最好的字，当然不包括魏晋唐宋那些大家。"

祁寯藻握拳一拜:"老师过誉了。"

"你知道老师的性格,我从不乱夸人的,"张观藜一边思索,一边又看了看祁寯藻刚写完的这副楹联,"你写的本是行书,但仅从这十四个字里,又能看到草书与隶书的影子,三者融合,一派大气。"

"老师抬举了。"

"你令我刮目相看啊,寯藻,往后的书坛,必定有你一席之地,反正我的字肯定是写不过你。"

祁寯藻再次向老师一拜:"老师太自谦了,学生得此评价,日后会更用心练字的。"

张观藜笑了笑,却突然问道:"对了,老朽从未去过湖南,正好你曾在湖南任过学政,你觉得怎么样,与我们北方晋省的民风有何差别?"

"不瞒老师,湖南与山西竟然完全不一样,我省读书人的确如您所说,太读死书,而湖南人则不同,总是能发挥圣人未发之言,大有王船山先生遗脉的味道。"

张观藜点点头:"可惜,我不在湖南做个教职。"

"老师也不必伤感,我们山西读书人也有自己的长项嘛。"祁寯藻话锋一转。

张观藜哈哈一笑:"山西人读书有一个最大的特点,那就是喜欢追问圣人的本意是什么,总是追寻所谓的学理,不求致用,难以裨益于世事,你说是好是坏?"

"毫无疑问,是坏的。"

"可惜,山西读书人自己不会认为是坏的。"

"老师刚才说的那句话,很有道理,这不仅是山西士人的毛病,也是普天之下十八省读书人普遍的问题。"

"我在山西这么多年,读书人一心只为做官,苟且、萎靡、冷血。" 张观藜一脸不屑。

"我刚才说到的湖南人,便或许是一个例外。"

"但愿如此,若果真如此,那是国家之幸。"

"我在湖南两三年,观察当地士人很久,应该不会太走眼。"祁寯藻语气很肯定,但谦逊的态度依旧。

张观藜点点头说道:"你说是不是历史的规律又要起作用了,或者说不大改一下,难得有新气象。"

祁寯藻心头一惊,轻轻问道:"您指的是——"。

张观藜打断祁寯藻,很严肃地说到:"寯藻,你知道我说的是什么意思,你这是明知故问。"

"老师——"

"难道汉人就一直要受命于满人吗?"张观藜脱口而出,仿佛发泄一般。

祁寯藻尴尬地笑了笑,不置可否,只是赶紧再次把话题引开。

马首农言

从清源县回到寿阳后,祁寯藻久久琢磨着张观藜的话:山西读书人读死书,不求致用,难以裨益于世事。其实,山西这个地方,很早就有学以致用的先辈,绝对不是一贯的死读书、读死书。遥想三百年前,明代万历年间,寿阳知县蓝尚质重视"实业",教乡民纺织技术,其厚德之举造福至今。可祁寯藻又心想,自己丁忧这段时间,总是在为家乡父老写一些应景的墓志铭,或者题写一些楹联。这些是他作为二品大员的一种义务,不好推辞,但委实毫无新意,皆为文字游戏,难浇心中之块垒。

祁寯藻早有夙愿,要写一部对老百姓有用、对农耕有裨益的书。怎奈入仕后，公务烦琐，竟全然无法集中时间与精力予以实现。渐渐地，就仿佛以前的想法从未存在过。其实，祁寯藻的父亲祁韵士，以"实学"西北历史地理研究，作为其晚年最大的人生追求，这对祁寯藻为学为人的影响很大，但祁寯藻本人志不在"历史地理"。虽然祁寯藻在祁韵士身边耳濡目染多年，历史地理的知识储备丝毫不亚于专业方家，但他还是放弃了这方面的研究。他想写点相关的东西，既是地理方面的实学，又不仅仅拘泥于历史地理。只是，具体的写作方向，他还一直没有定下来。

这次回老家寿阳为母丁忧，算是给了祁寯藻一个天赐的突破口，他猛然来了灵感：何不在家乡的农耕技术上面做点文章？

这天，祁寯藻突然自言自语说道："对，就写农耕，把寿阳一带的农业谚语与技术都记录下来，还有周边地区的农耕知识与气候规律，都值得一录。"

想到此，这部书的名字都呼之欲出了，祁寯藻接着兴奋地念道："就叫《马首农言》吧。"

妻子陈夫人听到祁寯藻在书房一个人"偷着乐"，便走进来，问道："你在干什么呢，这么高兴？"

陈夫人说这话的时候，已是道光十五年九月，伉俪二人在老家为刘太夫人守孝一年半多。

祁寯藻大声说道："夫人，我想马上写一部有关寿阳农耕的书，连书名都想好了，刚才兴奋了一些，有些失态。"

"先父在时，就常说读书人如果能写点致用的书，那就更好了，看来夫君是要践行家父的遗愿。"

原来，陈夫人的父亲陈用光大人在今年八月刚刚去世，可她要在寿阳老家跟着丈夫祁寯藻丁忧守孝，没有太多时间陪着父亲走完人生最后一程。

祁寯藻一听说岳父大人，顿时安慰妻子说道："真是难为你了，岳丈大人仙去，却刚好碰到我丁忧，寓藻心中愧对岳丈啊。"

陈夫人倒是很爽朗，直接说道："好了，好了，我没有你这么婆婆妈妈的，我父亲享年六十七，也算高寿了，我作为闺女，虽然刚听说他老人家去世的消息时心如刀割，但我告诉自己，切莫过度悲伤，毕竟老人们总盼着孩子们愈来愈好，若是他们的离去会给孩子们造成这么大的负担与压力，那就违背他们的原意了，而违背他们的原意，就是最大的不孝。"

祁寓藻点点头："还是夫人解读得妙。"

陈夫人不愧为才女，总是能说出一些令祁寓藻惊叹的话，有时候她说的道理，丝毫不亚于饱读诗书的须眉。其实，陈夫人有言外之意，是叫祁寓藻不要因为母亲的去世而太过于悲伤。

这次，祁寓藻丁忧刚回到寿阳时，的确消沉了好久，整天看着母亲的遗像发呆。陈夫人瞧着，心里也怪不是滋味，但又不好相劝，只好等了这么长时间，才逮住这个机会，"狠狠"地宽慰了一下丈夫。

祁寓藻心想，妻子的父亲才刚刚去世，她心里本来特别难受，可她还是强忍着，来开导祁寓藻。贤妻如此，祁寓藻反倒有些惭愧。

突然，陈夫人又问道："对了，你刚才说连书名都想好了，是何名，说来听听。"

祁寓藻一笑："马首农言。"

"为何叫这个名字？"

"我们寿阳古称马首，是春秋时期晋国大夫祁奚的封地之一，所以马首就是寿阳，寿阳也是马首。"

"名字有些怪，'马首是瞻'不也有马首两个字吗？"陈夫人一笑。

祁寓藻明知夫人是在打趣自己，却也忍俊不禁，说道："是马首是瞻的马首，但正如此，才可见这马首的重要性——不是'唯某某马首是瞻吗'，准确地讲，是唯'马首'马首是瞻。"

"好个唯'马首'马首是瞻。"陈夫人提高了几分嗓音。

"居然被夫人弄出一句妙语。"

"都是夫君诱导的。"陈夫人俏皮地说道。

祁寯藻哈哈一笑，突然又严肃地说道："而这所谓的农言，虽然是时下的农耕谚语，其实已经在我们这里流传了几百年，甚至几千年。"

"农言，其实也是一个地方最原始的民间记忆。"

"是啊，我们汉民族以农业立国，农言代代相传，比书本上的历史要来得真切，来得具体，来得鲜活。"

陈夫人点点头，说道："这下你可又有得忙碌了。"

祁寯藻一笑："该找点事做了，虽然是丁忧，孝道要尽，但若荒废了该做的事情，那也不是孝顺之道。"

陈夫人再次点点头，体贴地看了丈夫一眼。

决定了写这部书之后，祁寯藻马上给张穆与田嵩年去信。一边给这两位同仁写信，他一边想，这两位朋友得信后，不知道会高兴成什么样子。毕竟他俩都是寿阳周边的人，对家乡农耕与物产有着很深的感情。

结果，张穆很快就有回函，对《马首农言》的写作大为赞许，但同时，他带来一个很不好的消息：田嵩年最近身体非常不好，太过于劳累，样子很是憔悴。祁寯藻读到这段，顿时就有些紧张。如果不是很严重，张穆绝对不会在信中专门提及此事。

嵩年早逝

原来，这一年，田嵩年外放担任顺天府丞，才干不久，他便再上一个台阶，直接提任顺天府的最高长官——"顺天府尹"。表面上看，顺天只是一个"府"，但它是京畿所在地，其"府尹"级别就很高，乃正三品，离封疆大吏的品级已经很近。可"顺天府"是个苦差事，需要办理协调的公务很多，而田嵩年又是一个急性子，身体就有些吃不消。正如张穆在信中所说，"季翁"一个人干着几个人的活，却从来不知养生，饮食起居皆无规律，日渐消瘦。

祁寯藻感觉很不好，当晚便给田嵩年去信，叮嘱他此刻是冬季，最是养生的好时候，该补一补的一定要补一补，该休息的时候一定要休息，劳逸结合乃第一要务，等到来年开春，便可起大作用，身体会如春天一样，全都复苏活泛。

没过多久，祁寯藻收到田嵩年的回函。嵩年首先表达了歉意，说实在是太忙，书信恐怕都有些文辞不通。谈起他自己的身体状况，田嵩年只是说，忙过这一阵子，应该就可以好好调养休整一段时间。

祁寯藻见田嵩年在信中这么一说，更为担忧。

他自言自语道："季高兄看来是真的欠安了。"

祁寯藻心想，又一个不巧，自己如今在老家丁忧，无法去探望，只能望着北京干着急。他掐指一算，从做生员时一同拜在黄钺老师的门下，一直到现在，已近三十年。三十年的心心相印，砥砺共勉，季高兄啊，你可千万要保重身体啊。

祁寯藻默默地为老友祈祷一番。

可惜，第二年正月十五元宵节的前一天，田嵩年担任顺天府尹才两个多月，便无病而亡。他是活活给累死的。

祁寯藻闻讯，号啕大哭不已，一句话也说不出来。站在旁边的陈夫人一边流泪，一边握着他的手说道："夫君，季高大人走的委实太快了，你想说些什么，就都说出来，别闷在心里。"

祁寯藻听妻子这么一说，又是一阵心痛，泪水再次喷涌而出，却还是说不出一个字。陈夫人也不好再说什么，只是一直紧紧地握住丈夫的手。

好久，祁寯藻才喃喃地说道："季高兄一去，我有顿失臂膀之痛，多年的友谊，一瞬间就灰飞烟灭了。"

"快别这么想，夫君，你们的友谊怎会因为季高大人的去世而消失呢？"陈夫人一边说，一边走到书桌旁，拿起丈夫刚刚写好的《马首农言》初稿，大声说道："至少你的这部《马首农言》，可告慰季高大人的在天之灵。"

祁寯藻泪眼婆娑地盯着自己所写的这部《马首农言》，久久无语。

过了好几分钟，祁寯藻才悠然说道："夫人啦，你说的有道理——"

祁寯藻再次哽咽说不出话来。

又过了好一会，祁寯藻才集中精神，慢慢说道："可是，季高兄啊，你本来可以多多发挥自己的特长，为国家为百姓多做一点事的，我这部《马首农言》写得再好，也是纸上谈兵，哪比得上你为百姓做实事、做好事、做大事的福祉。"

陈夫人闻之，也再次跟着堕泪，不知如何宽慰丈夫。

祁寯藻继续喃喃而语："季高兄是实干家，不到五十就走了，苍天太薄情，太嫉恨英才，这个年龄，正是他治国平天下的黄金时期啊。"

是啊，大清朝廷何其不幸，道光皇帝何其不幸，刚要重用一个能力超群、品行亦堪为楷模的好官，却无可奈何，甚至"听天由命"，听到其死于任上的噩耗。这难道也是大清帝国走下坡路的一种暗示吗，不，不是暗示，直接是一个不小的明示。

好久，陈夫人才说道："季高大人的老家是盂县，从咱们平舒村往北走上几里地，就到盂县地界，我们就在这里等着他魂归故里吧。"

祁寯藻点点头，却又重重地叹息了一声，说道："可惜啊，我这本《马首农言》他却不能亲眼一睹，怎么就这么天不假年呢，再等等就不行吗？"

说完，祁寯藻再次泪流满面，陈夫人也跟着哽咽无语。

田嵩年亡故不久的四月份，悲伤依然笼罩着平舒村的山野大地，但大自然年复一年的草长莺飞却是无法阻挡的，它就这么春暖花开了。为了排遣心中的郁闷，祁寯藻决定去一趟寿阳以北的盂县。此行除探访亲友外，更重要的是到田嵩年的老家去走一走，看一看。离结束丁忧的日子也不远了，祁寯藻心想，若这次不去，他日不知何时有空闲。

盂县啊，你生养了一个难得的人才，却又让他匆匆离开你的怀抱，你到底是有情，还是无情。在盂县的土地上，祁寯藻忍不住发问。很多时候，他总是在心里对老友说道："嵩年兄，你客死他乡，不知心中何等凄凉，我祁寯藻为你走一次家乡的路，权当你自己又走了一回。"

游昭化寺

离开盂县，回寿阳的途中，经过本县的名山——方山。祁寯藻觉得机会难得，便在这里的昭化寺住了一晚。

方山乃寿阳境内东北角落的游览胜地，位于寿阳与盂县交界处，离祁寯藻老家平舒村有五十华里的路程。大概三十年前，祁寯藻十七岁的时候，他与父亲祁韵士、恩师张观藜，还有众多祁家亲友，结伴在方山游玩过一回。三十年之后，祁寯藻欲追寻一番当年的记忆。

昭化寺分上下两座寺院，上院始建于唐代，最是忧古思今的好去处。祁寯藻作为朝廷二品大员，当然受到了寺庙的隆重欢迎，只是三十年前的主持方丈早已圆寂。新一代的方丈陪着祁寯藻在寺庙里走了一圈。此刻是黄昏，太阳早已在周边高大的山峰面前失去了光彩，祁寯藻借着微弱的光线，抬头看了看寺庙内的一棵树，突然就有些伤感。他对老方丈说道："三十年前，这棵树还很幼小，而今却已成参天大树矣。"

方丈一笑，回应道："祁施主好记性啊。"

"方丈，我有一个好友，是盂县人，他家离方山这边很近，只可惜他两个月前去世了。"

"贫僧知道施主难受。"方丈睿智地回应道。

"是啊，一直到现在，我心里总是像被掏空了一般。"

"施主是想求得心中安宁吗？"

祁寯藻点点头："是啊，究竟该如何缓解呢？"

"施主，正如你看到的这棵树，贫僧见到它时，比你见到它时还要小，而今它长这么大了，可将来终究有一天，它会死去，如同您的那位故人一样。"老方丈望着那大树，轻轻说道。

"方丈，我——"祁寯藻说不出话来。

"施主，您是干大事业的人，乃朝廷的栋梁之材，不可如此消极。"老方丈加快了语速。

"罢了，罢了，不说这些了。"祁寯藻换了一个话题，"三十年前，我与先君，还有恩师来此游憩，可如今先君早亡，恩师科举不利，去年才考中进士，年岁却已近花甲，这其中到底是怎样的一种际遇呢？"

原来，张观藜去年终于以五十六岁高龄中了那一科的进士，只可惜他不愿再次奔波，到外地去做知县，依旧留在太原府清源县担任教职。

老方丈闻此，突然大声说道："还是这棵树，施主，你看它周边的树，大部分栽种的时间比它要早，可你现在看看，这棵树长得这么粗壮，而比他更老的那些树，却长得没它好，有的甚至快老死，马上就要成朽木了。"

祁寯藻略知方丈的深意，但不知如何作答。

老方丈接着说道："《金刚经》所谓，一切如梦幻泡影，如梦亦如电，就譬如施主你眼前的这棵树，虽然长势喜人，但最终还是难逃一死，不是吗？"

祁寯藻这才点点头，道了一声谢，马上又换了一个话题。

他不愿多听这些禅语，作为朝廷大员，再说下去就造次了。更何况，他本人正处于仕途的上升期，日后大有可能入阁拜相，不可涉入佛理太深。祁寯藻是一个典型的传统官员,他饱读儒家经典,也对佛学偶有心得,但他又如所有官员一样,只是在逆境中才会想到一些禅机。即便如此,对这些禅机,也只能浅尝辄止,稍微浇刷一下心中的块垒,便罢了。过多地谈论佛学,会使他们丧失儒家那种"为天地立心、为生民立命、为往圣继绝学、为万世开太平"的冲劲与担当。祁寯藻深知此点,便不再跟方丈多说些什么。

方丈也是聪明人,他知道刚才的话,让祁寯藻感到了一丝尴尬,或曰不快,但他是高僧,在达官显贵面前说几句禅语,亦是常理。道理虽如此,老方丈的情绪也受到了影响,仿佛被人戳了脊梁骨一般。

换了一个话题后,老方丈还是显得很不自在,祁寯藻倒不好意思,赶忙说道:"方丈刚才那番话,我明白,日后再找机会向您讨教。"

老方丈颔首远望,没再说什么。

丁忧结束回京之前,祁寯藻收到北京来的庭寄,他已由礼部侍郎改任兵部侍郎。

张穆善举

返抵北京的第二天,张穆便来拜访,两人说起田嵩年,又都伤感不已。还好,张穆有好消息,他笑着对祁寯藻说:"五哥,我已着手修订令尊大人的书稿。"

祁寯藻一听大喜。本来,祁寯藻早有此意,想委托张穆整理父亲的遗稿,却不好意思说出口。因为,张穆虽有这方面的专才,但他要准备日后的乡试与会试,恐耽误他的时间,毁其前程。再者,张穆如今远离山西老家单过,做满人官学教习的俸禄又很少,于是经济压力颇大,而祁寯藻委实给不了他多少报酬。

现在他主动提出来，祁寯藻格外兴奋，大声说道：石州兄，那就有劳了，需要什么帮助你就直说。"

张穆哈哈一笑："也没什么需要帮助的，反正我就多来找五哥，让五哥请我吃饭。"

"当然，当然，这是应该的。"

其实，祁寯藻想到了报酬一事，但想着张穆定然会拒绝，祁寯藻便不好主动开口提这档子事。像张穆这样的世家子弟，读书人的风骨永远排在第一位，钱财是次要的。更何况，张穆校订祁韵士的遗稿，其主要动力是他本人与祁韵士有着相同的学术爱好与追求，而一旦把金钱掺杂在里面，那就严重侮辱了张穆的学人风范。

张穆见祁寯藻如此兴奋，接着说道："想来鹤皋先生的遗书，应该不日将会付梓刊行。"鹤皋是祁韵士的字号。

祁寯藻忙感激地说道："书的体例，还有刊印，那就全仰仗石州兄你了。"

张穆摆摆手："这都是小事，五哥，你忙你的事，你现在是朝廷的二品大员，哪有精力鼓捣这些个事？"

"说来惭愧，本来先君的遗书应该是我来校订的，但一是我没有这个才能，二是早就发现你是最佳人选，我便推诿犯懒了。"

"五哥严重了，你我既是亲戚，又是挚友，不必客气"，张穆一边说，一边想了片刻，"放心，五哥，至少今年《西域释地》可刊行，明年的话，《西垂要略》也应该能付梓刊印。"

祁寯藻闻之，忍不住握住张穆的手："可惜啊，先君若能结识你，该有多好。"

张穆哈哈大笑："鹤皋先生仙逝之时，我才十岁，毛头小子安敢拜见前辈大学人。"

祁寯藻听他这么一说，也乐了。

几个月后，道光十七年正月，祁寯藻又以兵部侍郎兼任户部侍郎。半年后，祁寯藻以户部侍郎兼管"钱法堂"。

说来似乎命中注定，户部钱法堂乃铸造与管理钱币的中央机构，宝泉局就归其管辖。嘉庆六年，祁韵士曾作为户部郎中，兼管宝泉局，而今三十五年弹指一挥间，其第五子祁寯藻作为户部官员，也要直接管理铸造铜钱的事。唯一不同的是，父亲祁韵士只是一个五品郎中，而他的儿子祁寯藻则早已是二品侍郎。

想来真是如一梦，祁寯藻得此任命后，大为感慨：父亲当年就是因为宝泉局铜料亏空一案，无辜受到牵连，被发配新疆，结束了官宦生涯。而他们全家，包括祁寯藻在内，命运皆因此发生翻天覆地的变化。而今，祁寯藻自己已然四十五岁，居然兼管钱法堂，他仿佛是跟着父亲的脚步一样，偏偏要与铜钱打交道。

父亲当时一失足成千古恨，自己可不能重蹈覆辙。

不过，祁寯藻的担忧是多余的，马上他又被任命为江苏学政，不日便启程前往江南。

督学江南

十四年前，祁寯藻就曾在湖南担任过学政，但那个时候他还只是一个七品翰林院编修。可今时不同往日，还是做学政，他的身份却早已不是普通的翰林官员，而是堂堂的二品大员。

清代中后期，做学政一般无品级要求，但学政能与当地督抚平起平坐，这是一种特别有意思的制度设计。尤其江苏不是湖南，它可是帝国最重要的赋税与漕粮来源之地。帝国最富裕的六个府——"苏松太杭嘉湖"——江苏与浙江分别占三个。除了有钱，江苏也是帝国进士的摇篮，江苏籍的科举名士从明代以来，就冠于全国其他省份。所以，往往担任过江苏学政的官员，其出类拔萃的门生就会特别多，官场的关系网就会扩展得更大更强。简而言之，江苏学政是个肥缺，不是谁想去就能去的，而道光皇帝偏偏就是让祁寯藻去。

江南处处好风光。美则美矣，但祁寯藻无心游玩，反而有些担忧，这次外放学政两三年，等他回来，朝中的事情恐怕又将如上次为母丁忧一样，全都生疏。只是有一个事恐怕不会陌生，即从很早开始，大清帝国便被鸦片绑架，面临着无处不在的烦恼，这一点万变不离其宗，只是表现形式有些变化而已。

道光皇帝与很多朝廷大员都想一劳永逸，除去鸦片之害，可最终的结果往往叫天下百姓与读书人失望。只要一想到此，祁寯藻心中便空荡荡的，他只好安慰自己：反正我人在江南，朝局晴朗也好，阴郁也罢，只能远观，不能亲历，反倒少了烦恼。

可未曾想，第二年，道光十八年，朝政却出现了巨大的转机。

这一年的六月，正是江南最热最烦闷的日子，作为一个长期生活在北方的人，祁寯藻很难适应这里的气候。可遥远的北京却传来好消息，时任鸿胪寺卿的黄爵滋，奏请以最严厉的方法禁止鸦片流通：凡帝国臣民，吸食鸦片者皆治以死罪。道光皇帝见此奏折，怦然心动，觉得是一个釜底抽薪之法，但他依然有些犹豫。毕竟，普天之下吸食鸦片者，不仅仅只有小民，还有那些维护帝国根基稳固的士大夫与官员，甚至还有朝廷重臣与封疆大吏。如果重法惩处这些所谓的"国之栋梁与股肱"，恐将伤及国本。

更何况，有关禁烟，朝廷本来就有不同的声音。两年前，以当时的太常寺卿许乃济为代表的一批官员，奏请对严厉的禁烟政策进行所谓的变通，即允许民间种植鸦片，以此抵消英国对中国的鸦片出口，减少白银流失海外。同时，承认中英鸦片贸易的"合法性"，但禁止使用白银进口鸦片，而是以物易物，课以重税。这便是当时对鸦片采取"弛禁"的策略，而太常寺卿许乃济，则为"弛禁派"官员中的代表性人物。

客观上来讲，弛禁派官员的做法也不是没有任何道理。他们绝对不是放任鸦片在中华大地上泛滥，反而是想以一种提高鸦片进口税的经济策略，来对抗英国的对华鸦片贸易，让英国人渐渐认识到鸦片贸易无利可图，最终放弃倾销鸦片。当时，弛禁派并非绝对的少数派，反而在朝廷内外大有援引者，甚至相对于"强硬派"，他们更容易获得人们的共鸣。这些年来，较为严苛的禁烟制度与法律并未起到人们所期盼的作用，鸦片反而如韭菜，割一茬长一茬。

但中国久罹鸦片之苦，早已满目疮痍，如果不对鸦片贸易施以重法，恐怕任何所谓的变通与弛缓，都只会让鸦片以加速度的方式贻害中华。另一部分有志之士对此看得很清楚，因为，虽然严禁鸦片贸易的基本政策并未取得很好成效，但若走回头路，放松对鸦片贸易的管制，那么后果将更为惨重。

事实也正如此，朝廷只要有一分的懈怠，西方鸦片贩子与中国的烟商就会猖狂十分。人都是经济动物，鸦片贸易的巨大利益，本身就能让中外不法商贩敢于铤而走险，更何况走回头路。一定不要让这些人觉得朝廷开始放水。

其实，许乃济的想法还是好的，只是实际操作起来，会让走私鸦片的商人看到光明的前景，然后以各种隐秘的手段，继续贿赂勾结沿海的部分官员，与他们结成牢不可破的联盟，从而更多地进口鸦片，赚更多的黑心钱。他们是此中高手，从鸦片向中国倾销以来，他们就是这么干的。

许乃济太理想化，就算中英鸦片贸易可以按照他的想法，以物易物，白银可避免流失，也挡不住中国人的身心健康依然要遭受西方的荼毒。更何况，在实际操作过程中，严格意义上的以物易物，根本无法实现，因为白银是天然的硬通货，只要鸦片贸易存在，那就会继续有大量白银落入英国人的口袋。

正因此，许乃济的"馊主意"一经提出，便遭到林则徐、黄爵滋、祁寯藻等中央官员和地方督抚的全面反对。不过也有一些重量级官员赞成这个主张，弄得道光很矛盾。两年之后的夏天，也就是祁寯藻在江苏任学政之时，黄爵滋提出吸食鸦片者处以死刑的呼声后，大批官员快速跟进，尤其是任湖广总督的林则徐，立马上奏表示强烈赞同，并呈上禁烟的具体条例六则。林则徐不仅声援黄爵滋，而且经道光同意后，他就地在湖北焚烧鸦片和吸食鸦片的器具，以雷霆万钧之势，整治湖北鸦片之害。

而道光皇帝经过两年多的观察后，终于发现所谓的"弛禁"，并没有太多的民意基础，严禁鸦片依然是不可动摇的基本国策。于是，朝廷很快就罢免了弛禁派重要官员许乃济的一切职务，并下旨给地方督抚大员，禁烟刻不容缓，弛禁便是不禁，严禁鸦片没有商量的余地，国策不变。祁寯藻接到北京来的廷寄，跳起来大叫一声："天朝有幸，万民有福了。"

旁边坐着的一位幕僚也大声说道："叔翁，大喜啊。"

"唐突了，让莲翁见笑了。"祁寯藻嘴上虽如此说，可脸上依旧神采飞扬。

这位莲翁何许人也？

他正是祁寯藻的老乡、平定州的许长庚。三十多年前，嘉庆十二年，祁寯藻才十五岁，与许长庚同一年考上秀才，两人脾气相投，遂成挚友。徐长庚字莲西，故而被祁寯藻尊称为莲翁。三十多年前，许长庚也是意气风发的青年才俊，但此刻略显苍老。他的科举之路，与祁寯藻的恩师张观藜一样，极为不平。二十二年前，许长庚考上举人，之后就再难更上一层楼，始终求不得一个进士，只能与帝国大多数举人一样，从教育官开始干起，再熬足资历之后，或可提升为知县。

去年九月，祁寯藻刚到江苏任学政，缺一个文案师爷，恰好几年前在寿阳为母丁忧时，听闻老友许长庚官场不如意，他便想着有机会助他一臂之力。少年时代在寿阳苦读时，许长庚与田嵩年是祁寯藻最好的两个朋友，而现在，嵩年已作古，唯剩许长庚一人。古代的幕僚，虽不是正式的官员，但往往掌握着很多官场信息，甚至可以为其幕主做决策。尤其在"多事之秋"，幕僚表面上为顾问的性质，但亦有相当大的实权，而且他们一旦为国家做出巨大贡献，还能经幕主的推荐，进入仕途的快车道。

祁寯藻正是基于此，才有心襄助老友的。他决定之后，就便立马给许长庚去信，邀他来江苏。许长庚倒是非常爽快，二话不说，快速赶来。

作为祁寯藻的主要幕僚，许长庚当然也看到了北京来的廷寄。此刻，见祁寯藻如此兴奋，许长庚再次动容不已。过了一会，他才缓缓地对祁寯藻说："叔翁啊，令弟今年登顶进士，现在朝廷又倾全力整治鸦片，看来你是家事国事皆大欢喜啊。"

原来这一年的春闱，祁家老六宿藻终于兑现了他五年前的承诺，连考两次之后，终于如愿以偿。寿阳祁家又出了一个进士，祁寯藻与六弟祁宿藻本来感情就最深，祁宿藻人生的每一次飞跃，祁寯藻都功不可没。有这样一位人品学问俱佳的兄长在背后支持，祁宿藻可谓幸运至极。尤其现在，祁寯藻已然是朝廷二品大员，他所有的人脉资源，皆可与兄弟祁宿藻共享。虽然祁寯藻是一个从来不谋私利的大清官，但毕竟前人栽树后人乘凉，其兄弟祁宿藻至少可以近水楼台先得月。

"宿藻考上进士，与朝廷的禁烟大业相比，根本不足一提。"祁寯藻很谦虚。

"也不能这么说，国家是国家，个人是个人，家国家国嘛，个人好了，国家也就好了，更何况，宿藻本就是一个人才，他若不为国家所用，不也是国家的损失吗？"许长庚一口气说了这么多，激昂中略带伤感，他或许想起了自己科举之路的坎坷。

"但愿宿藻是一个人才，对得起朝廷的栽培。"祁寯藻突然一脸严肃，本来是很高兴的，但说起他这个六弟，祁寯藻便无端有些担忧。

"如果我记的不错，令尊大人是乾隆戊戌年的进士，到令弟夺魁，正好六十年一个甲子。"许长庚侃侃而谈。

"想不到莲翁还记得我家这点事，想来如一梦啊。"祁寯藻说到此，忍不住眼眶湿润。几个月前，当祁宿藻中进士的消息从北京传到江苏时，祁寯藻立马掐指一算，父亲与六弟中进士正好隔了一个甲子年，若父亲泉下有知，定能开怀大笑。

许长庚见祁寯藻快要堕泪，赶紧大声说道："好了好了，都是我的不是，勾起你的伤心事。"

"不怪莲翁，不怪莲翁，是我自己不争气。"祁寯藻一边说，一边笑了。

许长庚却说道："你还不争气，都已然是朝廷二品重臣了。"

"罢了罢了，让你取笑了。"祁寯藻的心情终于平复如初。

乐府禁烟

不久，祁寯藻接到圣旨，命他在江苏也要主动积极禁烟。作为学政，本只管一省的教育与科举，但而今是特殊时期，祁寯藻虽是学政，但同时也是朝廷下派的大员，他有这个责任与义务，与林则徐等封疆大吏一道，坚决除掉鸦片这个贻害国人的大毒瘤。

可具体该如何禁烟，祁寯藻心中有些茫然。毕竟他不是督抚，学政手中的行政权力极为有限，很多政策的执行，还得督抚来协调落实。真要祁寯藻出面的时候，也只是辅助督抚办事而已。幕僚许长庚见祁寯藻有些犯难，便找了一个机会说道："叔翁，你的文采超群，何不先写点通俗易懂、朗朗上口的东西，来宣传禁烟。"

"莲翁的意思是，写点诗词。"祁寯藻觉得许长庚的想法不错。

"诗词歌赋都行，最好是长诗，乐府那样的。"

"好主意，好主意，就写乐府诗，简单明了，便于诵读，而且育化百姓，授以歌赋，本是学政之职责。"祁寯藻一边说，一边向许长庚一拜。

"叔翁，这可不行，没有这样的礼数，你我虽是总角之交，但幕主与幕僚的上下级关系还是要放在首位的。"许长庚边说边还礼。

"莲翁不必如此，你知道寯藻的为人，再说你原来在老家读书时不是这个样子啊。"祁寯藻半是真诚，半是调侃。

"此一时也，彼一时也，再说几十年的蹉跎，少年郎的莽撞与豪侠，早已消磨殆尽。"许长庚也半是悲伤，半是调侃。

"老兄啊，时光的确不饶人，转眼你我都快要到知天命的年岁。"

"叔翁不必如此，你今年才四十六，朝廷与皇上还有很多事情等着你去做呢。"许长庚一笑，"对于我们这样的人来说，可勉强算作知天命了，而你，天命还会一个接着一个的下达，现在或许仅仅是个开始，更大的天命还在后面呢，何敢说知天命。"

祁寯藻也一笑："老兄过于抬举，目今这个世道，走一步算两个半步，国事愈发艰难，这大半年你都看到了，鸦片的事情，多少年了，皇上着急，列位臣工也着急，士大夫在野更着急，可闹了这么多年，终于到现在才看到这么一点曙光。"

"叔翁忧国忧民，天可怜见。"

祁寯藻摆摆手："只要对得起读书人的良心，也就够了，别的无所求。"

许长庚赞许地点点头，不再说什么。

几天后，祁寯藻创作出禁烟的乐府诗三篇，名为《新乐府三章》，其中的"不知何物阿芙蓉，阑入包甀充药材，蜃楼云烟从此起，世上纷纷鸦片鬼"，生动形象，读来使人立马联想到鸦片对传统农耕文明的破坏。

许长庚初读后大呼："叔翁，你这三篇乐府，可入寻常百姓家，可上大雅之堂，流传千古，亦自不待言。"

祁寯藻闻之，也忍不住哈哈一笑。

果不其然，《新乐府三章》甫一问世，便通过江苏的士大夫之口，流传于千家万户。"尔之金尽骨髓枯""坐使黄金化为土"等名句，正说到了老百姓的心田里。

年底,北京的好消息再度传来,林则徐在湖广总督任上回京述职,道光皇帝连续召见他八次,商讨禁烟方略。这样的奇遇与圣眷,世所罕见,文武百官皆侧目不已。更令人雀跃的是,道光终于被林则徐彻底说服,同意以更强硬的方式禁烟。旋即,林则徐被任命为钦差大臣,前往禁烟的前沿阵地广东,节制包括两广总督、广东水师提督等在内的地方官员,欲一鼓作气,痛剿烟商,让那些来往于海上的鸦片贩子们,知道朝廷禁烟的决心,不敢再存侥幸。

朝野闻讯,皆奔走呼告,异口同声曰:"终于有个盼头了,林少穆早该钦差广东。"其实,林则徐并非钦差广东后才有后来的销烟之举,单说之前坐镇湖北时,他就在武昌总督署附近的"校场"立威——当众烧毁鸦片及烟具,轰轰烈烈地为后来的虎门销烟预演了一回。

湖北的禁烟,祁寯藻当然也通过各种渠道,了解得很清楚。但令人没有料到的是,道光皇帝这么快就派林则徐前往广东。众所周知,英国人的鸦片主要通过广东的港口进入中国市场,所以治鸦片,首当其冲在广东。广东是心腹,全国其他地方则是四肢,治病要先从心腹之患开始。广东能禁住鸦片,则全国都能禁住。

巧的是,林则徐被任命为全权钦差大臣之时,祁寯藻禁烟的《新乐府三章》正在江苏广为传诵。那天,远远见许长庚步入书房大门,祁寯藻便叫道:"莲翁快来,林少穆前辈果然好样的,我们今天必须痛饮几杯。"

"叔翁真像返老还童了。"许长庚边走边说。

"大快人心,大快人心。"

"也怪不得你高兴,江苏全省官员,也不知通过什么渠道,都知晓林少穆大人钦差广东,像过年一样庆祝呢。"

"必须庆祝,走走走,我们也要庆祝。"祁寯藻一边说,一边拉着许长庚走出门外。

第十二章 钦差大臣

虎门佳讯
钦差福建
海防妙招
对英和谈
厦门大捷
狱中伺父

虎门佳讯

道光十九年的春天,钦差大臣林则徐经过两个多月的远途跋涉,从京师抵达南国广州。紧接着,在他的感召之下,原先对禁烟还所有保留的两广总督邓廷桢,开始改变态度,全面支持林则徐。农历四月二十二,林则徐带领两广总督邓廷桢、广东水师提督关天培等大员,浩浩荡荡,正式在珠江入海口东岸的虎门海滩销烟。熊熊大火烧了整整二十三天,共销毁缴获的鸦片237万余斤。一时间,火光冲天,广东如一个火势猛烈的大鼎,烧得民心高涨,烧得国人扬眉,烧得举国欢腾。

喜讯传来,祁寯藻立马身朝北京跪下,连磕三个头,说道:"吾皇万岁。"接着，他又站起来，转身向南，朝广东的方向弯腰一拜，说道："少穆前辈，功在当代，利在千秋，晚辈这边有礼了。"

中国人普天同庆之际，英国人当然不高兴，他们发起多次武装挑衅，皆被林则徐一一化解，重重打击了英人的嚣张气焰。同时，林则徐宣布停止与英商的任何贸易往来。到年底，林则徐大受道光赞誉，被就地任命为两广总督，继续领导广东的禁烟运动，并维持抗击英人的高压态势。而原总督邓廷桢，则调往福州任浙闽总督。

祁寯藻闻讯，再次击掌相贺，心想，自己若能在虎门亲眼目睹林少穆硝烟的壮举该多好。什么时候，自己才能有机会如林少穆那样，独掌一面，站在硝烟的第一线，立于抗击英国人的前沿阵地，为朝廷分忧，为社稷百姓做出一点实打实的贡献？每念及此，他便遗憾无穷。

对于自己的仕途经历，祁寯藻也曾对好友许长庚谈起过心中的不平。

许长庚倒是很直接，说道："叔翁，这当然是你的短板，但亦是长处，如果不出什么意外，按照你目前的圣眷，你应该是宰辅的后备人选。"

"莲翁高看我祁寯藻了，这才哪到哪呀。"祁寯藻微微一笑。

"叔翁切莫谦虚，咱们就说林少穆林大人，这才短短几年啦，谁能料到他这么快就被皇上委以如此重任，在广东长我大清威风，泄我百姓怨愤。"

"人跟人不同呀，林大人有此际遇，不一定别人也有。"祁寯藻边说边叹息了一声。

"叔翁，只是熬上五年还是十年的问题，你有宰辅之貌，更有宰辅之才。"

"莲翁说笑了，这事不能看长相的。"祁寯藻不禁莞尔，"再说，能不能做宰辅是一回事，能不能如林大人那般做一个万人敬仰的钦差大臣，做一个造福亿兆百姓、利国家于千秋万代的封疆大吏，那又是另一回事。"

"说到这个事，我倒有一番说法。"许长庚的语气有些神秘。

"请莲翁明示。"

"是这样的，如果我猜得不错，将来你得宰辅之位应该没有太多波折，但反观林少穆大人，他做封疆大吏的确扬我国威，可要到宰辅之位，比你难。"

"何以见得？"祁寯藻一脸疑惑。

"封疆大吏久在朝外，深谙地方民情风俗，是治理地方、稳定地方的首要人选，"许长庚一笑，"说得不好听一点，他们基本上要在地方干到死，我朝从乾隆爷开始到目今，汉人地方督抚，能升任宰相者，屈指可数。"

"话不中听，但理是这个理。"

"你再看看那些入阁拜相的汉人名臣，大多是从翰林院、南书房这一条路上走过来的，他们大都没有治理地方的经验，但却可以做宰相。"

祁寯藻微微点点头。

许长庚接着说："如果是满人，即便没做过地方督抚，到了一定的资历，也有登上宰辅之位者，他们的路，跟我们汉人官员的路完全不一样，他们的升迁之道更灵活，朝廷亦可为他们多变通。"

祁寯藻再次点点头："可是，干到我这个位置，如果不到地方上历练一下，不任几年巡抚和总督，那总觉得是不圆满的。"

"世上本无完美之事，亦无完美之人，规律如此，制度如此，没有在地方担任过督抚，的确是一种遗憾，但对于叔翁你这种天子近臣来说，亦是一种幸运。"

"此话怎讲？"

"一旦外放，恐怕就很难有机会登上宰辅之位，"许长庚侃侃而谈，"譬如林少穆大人，他就早早外放，做宰相的机会也就渺茫了。"

"的确是这个规律，我记得很清楚，少穆大人嘉庆二十五年外放到浙江，担任杭嘉湖道，那年他才三十六岁。"祁寯藻一边回忆，一边说道。

"对了哟，叔翁你可以想象一下，如果你在三十六岁就外放，现在会怎样？"许长庚意味深长地笑了一下，"你今年贵庚四十有七，如果也像林大人那样三十六岁就外放，到现在也十多年了，十年内，你的成就会不会大于林少穆大人，叔翁你自可尽情地设想设想。"

祁寯藻叹了一口气："我若十年前外放，绝对超不过少穆大人。"

许长庚却摆摆手，大声说道："叔翁不必妄自菲薄，林少穆大人早年外放是他的福气，而你没有外放，也是你的福气。"

祁寯藻无可奈何地点点头。

许长庚接着说："寸有所长，尺有所短，林大人的长处便是有地方治理的手腕，而叔翁你则适合在朝做官，运筹帷幄，决胜于千里之外。"

祁寯藻忍不住回应道："我还是觉得有遗憾，觉得有所欠缺，不如林大人。"

"叔翁此言差矣，你俩完全是两种不同的性格，也有不同的际遇，少穆大人最适合做事无巨细皆要管的地方官，而你则适合坐在庙堂之上，行中枢指挥之权。"

祁寯藻再次点点头。

"你和林少穆大人是两种类型的官员，你们两者相互配合，朝廷才能把国家治理好呀。"许长庚说道妙处，自己都忍不住把声音提高了很多，"国家既需要你这样的人才，也需要少穆大人那样的人才，两者不可偏，不偏不倚才能天下大治。"

祁寯藻闻此，便不再说什么。而许长庚也停下来，回归了平静。好久，祁寯藻突然又问道："那莲翁怎么看你的同乡张石州呢。"

之所以祁寯藻会猛地提到张穆，是因为就在此前不久，人在的京师的张穆参加这一年的顺天府乡试，却一时性急发火，对考官无礼，闹得不像个样子，结果被逐出考场，不仅被取消考试资格，还被处以"枷杖"的体罚。

读书人的脸面是最重要的，被取消考试资格也就罢了，毕竟张穆是名士，功名不要，也无足挂齿。但若真的带上枷锁，再被杖打，那就太不堪，会严重伤及其自尊心，甚至会毁掉他搞搞学问的斗志。祁寯藻闻讯后，马上写信给顺天府尹等京中大员，给张穆说情。好在祁寯藻从入仕以来就谨小慎微，人缘很好，活动了一番后，张穆的"枷杖"之刑被免，但以后的科举考试他永远不得参加。这个惩罚，祁寯藻依旧觉得有些重。不过他想着，待有朝一日，看有无转圜的机会。

不过，对于张穆本人来说，他倒觉得不考就不考，没什么大不了的。

张穆是平定州人，与许长庚是正宗的小老乡，同为本地名流，他俩当然认识。前几天，祁寯藻为远在京师的张穆解围之后，还是有些不忍，便与许长庚叹息了很久。

这回再说起，许长庚便大声回应道："还是那句话，石州兄弟乃狂士，与叔翁你不同，他根本不适合做官。"

祁寯藻说道："我还是觉得可惜了。"

"没有什么可惜的。"许长庚一脸的淡然，"我知道，叔翁是为石州的才华感到可惜，其实大可不必，石州这样的人，如果真考上举人，再考上进士，也肯定最终还是会若有所失，不得快乐，其实石州一心去读书做学问，才是最不可惜的。"

祁寯藻叹了一口气："想我寿阳县、盂县还有平定州走出来的这些人，一个田季高，本来前途无量，却活活累死在任上；一个张石州，天赋超群，读书求知的悟性远远高于我，却是个如此的暴脾气；一个你，科场总不得意，都老了，还屈居我幕府之内。"

许长庚大笑道："这话你就说对了，日后成大事，就看老兄你的能耐了。"

祁寯藻摆摆手，谦逊地说道："我不过是机会运气稍微好一些罢了，可怜石州，听说他这次还真顺坡下驴，既然朝廷不让他考了，他还真下定决心，不再应试，一心读书立著。"

"是有些叫人伤感。"许长庚叹息了一声，"不过这样的处罚结果还算不错，叔翁你尽力了。"

"莲翁你也知道，先君的几部书，都是仰仗石州之力，才得以顺利刊行的。"

"我当然知道。"许长庚也有些动容，"令尊大人的遗书，有石州校订，算是一段缘分，不过你放心，我认为照石州的才学与灵气，他将来在西北边疆史地上的研究造诣，应该不会亚于先君大人。"

"但愿如此，这样也算对得起石州了。" 祁寯藻说完这句话，反而更加难受起来。

好在，许长庚"以貌取人"的预言很准，祁寯藻很快被远在北京的朝廷再次加官，补授都察院左都御史一职。之前，他是二品侍郎，此刻升为一品大员。江苏主要官员闻之，皆来向祁寯藻表示祝贺，祁寯藻表面上热情接待了同僚，内心深处却心有不甘，甚至幻想着朝廷能立即委任他担任一次督抚，即便内陆苦寒之地的省份，他也愿意一试。

钦差福建

这是祁寯藻一生的纠结。转年正月初二，他似乎得到某种变相的补偿：军机处发来道光的圣旨，任命他为钦差大臣，并与黄爵滋一道前往福建，会同浙闽总督邓廷桢，共同查办福建的禁烟与海防。

原来，去年四月虎门销烟的同时，浙江与福建等沿海各地也群起相应，形成举国上下结成一条心的硝烟盛况。福建、浙江同广东一样，拥有大型港口，虽然闽浙两地的鸦片进口数额远不及广东，但亦为走私的重灾之地。既然广东有钦差大臣林则徐，那么福建与浙江，也要派钦差大臣检查先前禁烟效果，并进一步严查鸦片走私。

外加之，随着虎门销烟后英国人在广东沿海不断闹事的严峻局面，道光皇帝认为福建毗邻广东，英人的战舰在广东达不到恐吓朝廷的目的后，便极有可能沿着大海北上，在福建挑衅。而祁寯藻与林则徐一样，坚持高压禁烟，恰好他又身在江苏，离福建较近，可快速前往福建禁烟一线。

正是基于多方考量，道光先升了祁寯藻的官，让他有一个较高的身份，好在福建竭力办差。祁寯藻的副手黄爵滋，当然也是禁烟派官员中的翘楚，他此刻担任刑部侍郎，乃朝中坚秉高压严法禁烟的推手与骨干。

道光的这项任命，的确很合理，他虽明知祁寯藻是"严禁派"的主力，但亦深晓祁寯藻太老实，更没有太多在地方任职的经验，怕他被人蒙骗，便找了办事能力很强的黄爵滋做他的副手。祁寯藻受命之后，便焦急地等待黄爵滋的到来。正当此时，祁寯藻再接圣旨，命他为兵部尚书。都御史与六部尚书一样，都是从一品，但从官场的排位顺序上来看，六部尚书还是更胜一筹，尤其是兵部尚书。

当然，黄爵滋也是钦差大臣，他与祁寯藻皆有独立办事的钦差权力，表面上不存在谁主谁辅的问题，但实际上，因为此刻已担任兵部尚书的祁寯藻官阶比黄爵滋高，那么按照帝国官场的惯例，祁寯藻在某种程度上拥有主导权。

道光为祁寯藻把一切都安排好了，祁寯藻当然亦深谙道光的用意。他在内心告诫自己，千万不可辜负皇恩。当然，祁寯藻还感到几分莫大的欣慰，在此禁烟高潮的关键时期，他能独当一面，前往禁烟前沿的福建，也算稍稍弥补未能做封疆督抚的遗憾。

是啊，于国家，与百姓，于自己，他都不能有辱使命。

旋即，黄爵滋从京师火速赶到江苏，一见祁寯藻，他赶忙下拜："给祁大人请安。"

"德翁不必拘泥于官职，你我同为钦差，共克国难，没必要这么客气。"黄爵滋字德成,祁寯藻称其为德翁。

稍稍客套一番,黄爵滋便迫不及待地说:"叔翁不在京城,真有些可惜。"

"是啊,我知道你们干得风生水起,把高压禁烟的舆论氛围给造出来了,这对少穆大人的支持该有多大,也使他有了钦差广东的机会和动力,更使皇上坚定禁烟的决心。"

"叔翁夸奖了。"

"不是夸奖,我虽人在江苏,但无时无刻不为你们自豪呐喊。"

"没想到我们也随着林大人要钦差地方。"

"是啊,我也没想到会被任命为钦差,看来朝廷这回真是要发大力了。"祁寯藻一边说,一边朝北京的方向作揖一拜。

"江苏这边的禁烟效果怎么样?"黄爵滋换了一个话题。

"时好时坏,但鸦片泛滥的程度要低于广东,这是肯定的。"

"我想,福建的情况应该介于广东与江苏之间。"

祁寯藻点点头。

黄爵滋接着说道:"广东那边现在禁烟大有收获,但福建这边的鸦片走私依旧猖獗,必须去看一看,至少做到心中有数。"

"德翁说的是,咱们抓紧时间,即日就走。"祁寯藻见黄爵滋斗志昂扬,心中甚喜。

黄爵滋与祁寯藻同岁,都是乾隆五十八年出生。那一年,英国的马嘎尔尼使团到华访问,乾隆皇帝拒绝了与英人平等贸易往来的请求。现在,近五十年过去,乾隆的子孙,还有华夏亿兆百姓,即将要付出惨重的代价。只是这一点,不管是林则徐,还是祁寯藻与黄爵滋,都无法看清楚。

黄爵滋中进士比祁寯藻晚了将近十年,他是江西宜黄人,此刻官职也不及祁寯藻,所以他要尊称祁寯藻一声大人。虽然祁寯藻官职高于黄爵滋,但黄爵滋办事能力颇强,大有林则徐的风范,所以这两人一个老成持重,一个雷厉风行,绝对是最佳组合。

很快,两人同行,一路南下,六天后,抵达福州浙闽总督衙门,而迎接他们的则是刚刚履新不久的总督邓廷桢。十个多月前在广东虎门,正是有邓廷桢、关天培等广东地方大员的全力协助,才让焚销鸦片的熊熊火光点燃了中国人的希望。正因此,道光才把林则徐留在广东,而调邓廷桢前往禁烟的另一个重地福建。

邓廷桢生于乾隆四十一年,时年六十五,比祁寯藻与黄爵滋大十七岁。他又是嘉庆六年的进士,乃祁、黄两人不折不扣的老前辈,但因为祁寯藻与黄爵滋是钦差大臣,直接代表道光,所以一见面,倒是邓廷桢先向祁寯藻和黄爵滋一拜,并大声说道:"两位钦差大人远道而来,老夫未能远迎,请恕罪。"

祁寯藻和黄爵滋赶忙回拜,祁寯藻说道:"前辈这样,倒是令晚辈惶恐了,请大人直呼名字。"

一旁的黄爵滋也说道:"邓大人,您是老前辈,真的不必如此。"

邓廷桢哈哈一笑:"朝廷的礼数在,老夫岂敢造次。"

祁寯藻也笑道:"第一次见面,这个礼数也就做完了,以后干脆这样,您就直接叫我们的名字。"

邓廷桢看了祁寯藻与黄爵滋一眼,轻轻地说道:"也行,做大事者不拘小节,老夫就造次了。"

黄爵滋笑着说道:"对了,大人本是豪爽之人,本该如此。"

祁寯藻点点头,接着问道:"大人,福建这边情况到底如何?"

"老夫不来则已,来了吓一跳,福建的鸦片走私,比起广东有过之而无不及,广东的走私是众所周知的,而福建的走私则藏得很深,外人知道的少,便以为福建的情况比广东好很多。"邓廷桢一边说,一边重重地叹了一口气。

祁寯藻与黄爵滋闻之,心情格外沉重,一时沉默不语。他们本以为福建的鸦片走私肯定大量存在，但比广东要好一些，可实际情况远远超出了他们的意料。

紧接着，邓廷桢重重地说道："你们不知道，老夫与林少穆大人在广东销烟后，原以为其他沿海码头的鸦片走私会消停一些，未曾想，福建这边依然我行我素，毫不收敛，似乎广东的高压之举，对他们没有任何警示作用。"

祁寯藻点点头："少穆前辈在广东能干出如此漂亮的事，还真多亏大人鼎力相助，大人与少穆前辈一样，都是国家希望与柱石之所在啊。"

邓廷桢摆摆手："叔颖，广东都已成过去的事，目今我人在福建，若不能继续施行广东的硝烟之举，那么第一对不起皇上，第二对不起黎民百姓，第三也对不起林大人。"

黄爵滋还不等祁寯藻回应，便抢着问道："大人，晚辈有一事不明？"

"但说无妨。"邓廷桢真诚地望着黄爵滋。

"为何您不效林少穆大人，在福州或者厦门也来一次大规模的集中销烟。"

"德成啊，老夫实言相告，广东虎门的硝烟，虽大快人心，但你们想到过没有，英吉利人是不会善罢甘休的，现在他们在广东沿海还只是小打小闹，如海盗一样，发泄一下怨恨，还没有大规模的舰队开过来。"邓廷桢越说越伤感，"但是，若战事扩大，英吉利能派多少远征军攻击我沿海要塞，真的未可知晓。"

黄爵滋听这么一分析，马上回道："大人的意思是，不可过分刺激英吉利人。"

邓廷桢点点头。

祁寯藻说道："大人说得有理，不过鸦片还是要彻底禁止的，如何掌握这其中的度，还真是一个难题。"

邓廷桢无奈地一笑："其实老夫也想在福建搞一个虎门销烟第二，可是皇上没有任何这方面的表示，你们也都知道，朝中局面瞬息万变，更何况中枢大臣们的意见并不统一，皇上也很为难，谁敢为皇上当这个家？"

祁寯藻与黄爵滋闻之，不知作何回答。

的确如此，虎门销烟战果辉煌，但朝中还是有人给出不同的看法，认为林则徐的行为过于极端，恐招致英人的报复。这些，先前在京师的黄爵滋是知道的，祁寯藻也通过各种渠道听到朝廷的不同声音。但此刻，这两位严禁派钦差根本不去想这些事情，他们只愿意看到福建的硝烟成果能够青出于蓝而胜于蓝，超过广东。

邓廷桢见两位后辈钦差有些失落，连忙说道："老夫这么说，并非不再力主销烟，你们不要有任何顾虑，该怎么做还是怎么做，老夫鼎力相助，万死不辞。"

祁寯藻说道："我们不是不相信大人禁烟的决心，您在广东与林大人一起销烟，功德流芳千古，我们晚辈是来协助您禁烟的，也想效法您和林大人两位前辈的英勇之举，做一些力所能及的事情。"

"叔颖客气了。"邓廷桢一脸忧愁，"你们放心，老夫在广东怎么做，在福建也会怎么做，只要皇上恩准，即便声势闹得比虎门还大，老夫也乐见其成。"

祁寯藻与黄爵滋点点头，同时向邓廷桢一拜："有大人的支持，我们算是吃了定心丸。"

邓廷桢轻轻点点头，不再说什么。

海防妙招

随后，祁寯藻与黄爵滋两人开始四处走访，实地调查鸦片在福建泛滥的症结之所在。祁寯藻暗访福州本地很多百姓和士绅，大家几乎异口同词，认为鸦片屡禁不止，主要原因是汉奸烟贩与外商的勾结，而地方官员的稽查力度时紧时松，某些得利的官员往往视而不见，甚至为走私活动提供方便。最可恨的是，福建这边的非法鸦片走私，比广东隐蔽，从中渔利的奸商和官员相对来说很低调，属于闷声发大财，叫人难以抓到把柄。

祁寯藻想，江苏那边的"鸦片利益共同体"也是这样。看来，东边沿海一带的大体情况皆如此，唯一不同的是，看谁藏得更深。

祁寯藻将详情上奏道光，然后与邓廷桢、黄爵滋一道，严查福建沿海各地的中国船只，在其出海与回港这两个阶段，都实行最严格的检查制度。其次，严令中国船只不允许靠近游弋在近海的外国商船，否则将按照海盗船予以缉拿。再有，福建所有渔船必须编立船号，记录在册，并责成地方州县，对所有等待出海或入港的船只每日盘查一次。任何中国船只，如果不遵守上述规定，则毁船示众，以儆效尤。

对于游荡在近海的英国商船，祁寯藻的态度与邓廷桢一样，那就是，只要发现，就予以痛击。

这几项措施行之有效，极大地遏制鸦片在福建的走私蔓延。

一天早上，祁寯藻在福州贡院的住所刚吃完早饭，突然接到一封匿名举报信，上面告发泉州府惠安县知县陈偕灿，其罪状一是他吸食鸦片，二是他放任门丁为非作歹。祁寯藻读完，三步并作两步，赶到隔壁黄爵滋的书房，大叫一声："德翁，你看该怎么办？"说完，他把那封举报信递给黄爵滋。

原来祁寯藻认识这个陈偕灿，他比祁寯藻还大几岁，乃一位名士，只是老不中进士，后来熬到一定资历，才被派到福建惠安做了代理知县。而且，陈偕灿乃江西宜黄人，与黄爵滋是老乡，并常有来往。故而，祁寯藻要第一时间告诉黄爵滋这件事。

黄爵滋看完检举信，沉默了好久说道："叔翁，陈少香是我宜黄老家的大才子，也是我的前辈，这你都知道，可如果这封信所言属实，那该怎么办,就怎么办,我怎敢以私人之谊而坏国家的禁烟大计。"陈偕灿字少香。

祁寯藻赞许地看着黄爵滋,抬手一拜:"德翁大义,令人钦佩。"

黄爵滋摆摆手:"这件事,我要避嫌,叔翁你去查,我就不参与了。"

"这一点当然不用说。"祁寯藻突然也有些难受,"我这就去告知邓大人,看他是个什么章程。"

黄爵滋点点头,祁寯藻便不再说什么,转身离开,去找邓廷桢。

邓廷桢二话不说,表示一查到底。很快,调查的结果与举报信所言相差无几,陈偕灿得到应有的处分。只是祁寯藻没有任何成就感,反而愈发忧伤。陈偕灿,一个好好的读书人,文章诗词都是一流的,祁寯藻早闻此君,可他为何年过半百还做这等蠢事。鸦片真是一个害人的鬼东西,硬生生把一个学富五车、才高八斗的老县令给毁掉。

同时,祁寯藻向朝廷提出多项改革建议。首先是官办船厂的问题。祁寯藻发现,新建战船时,船厂偷工减料的问题极为严重,且未能按时按量造好预订的船只,故而必须采取最严厉的"责任制",督促相关船政官员保质保量地造船。

再有,他在沿海检查炮台时发现,福建沿海不同于广东,海岸线较为平直,无内港可守,炮台只能建于海边,但海边沙地极为松软,造成炮台座基不稳。

那天是一个万里无云的好天气,祁寯藻站在海边,看着眼前的炮台,对一旁的邓廷桢与黄爵滋说道:"两位大人,这里的炮台座基不牢,而且无法移动,一旦遇到英人的攻击,根本抵挡不住。"

黄爵滋跟着说道:"福建这边内港太少,这些炮台直接暴露在英人的火力范围内,根本不堪一击,要是能移动,随机应变,或许会更好些。"

邓廷桢点点头:"的确如此,老夫也觉得这些炮台的实际作用不大,英国人的船舰和铁炮老夫在广东见识过,更何况这回他们是来真格的,派的是真正的海师。"

祁寯藻说道:"这样,大人,容我想一想,刚才德成兄说得非常有道理,最好是能移动,变死的炮台为活的炮墩,这样我们就可以化劣势为优势了。"

"可究竟如何改造呢?"邓廷桢一边点头,一边显得有些迷茫。

邓廷桢已六十五岁,这么多年地方督抚的任职经历,让他显得很十分老练,但毕竟年事已高,从容之中还是略显疲态。尤其从协助林则徐虎门销烟开始,到现在守护福建,虽也只有一年多的时间,但这一年似乎要比之前所有的官宦生涯还要长。这位老人的确累了,无论他怎样硬撑着,这一年多以来的风风雨雨与夙兴夜寐,已让他有些吃不消。

封疆大吏权势很大,同时责任也很大。偶有闪失,革职处分还是轻的,搞不好会掉脑袋。

此刻,正当邓廷桢发问之际,一阵海风吹乱他雪白的长须。祁寯藻刚好看到这一幕,突然就有些心疼,于是轻轻说道:"这样吧,大人,明天我与德成兄再来海边走一走,找一找感觉,您太辛苦,就不用一同过来了。"

邓廷桢点点头,没再说什么。

第二天,祁寯藻与黄爵滋按计划再次到海边视察炮台。这一天,两人的交流很少,都在冥思苦想该如何改造炮台。今天海边的天气不是太好,有一些乌云,但乌云下面的海浪,依旧涛声震裂。千百年以来,巨浪就在这儿不断地拍击着海岸,它们也无法预料,马上就会有从未见到的坚船利炮,在这儿发起攻击。而使用这些坚船利炮的西洋人,黄发白脸,如中国民间传说中的鬼怪一样。他们此前也偶来中土,但从未用这种方式敲开中国人的大门。

海浪、海滩、海鸥,你们都会惊呆的。

这真是三千年未有之大变局。

只是，这时的祁寯藻，没有时间和心思想观看海景。当然了，与大清帝国所有官员和知识精英一样，祁寯藻无法意识到英国人即将发动的鸦片战争，在不久的将来，会给整个大清帝国与中华民族带来多大多远的影响。

这个时候，祁寯藻只一心想着如何改造炮台。他与黄爵滋一前一后走在沙滩上，身后远远地还跟着一队随行人员。

突然，祁寯藻扭过头，对走在身后的黄爵滋大声叫道："德翁，有了。"

"什么法子？"黄爵滋一边问，一边快步走上前，与祁寯藻并排站在一起。

"我们何不就地取材，"祁寯藻指着沙滩上一些废弃的小渔船，"可以充分利用这些小船。"

"怎么讲？"

"我们可以先往麻袋里装满沙子，再层层累积起来，然后将废弃的小渔船立起来，把沙袋全都绑在船舱内，然后船底向着大海，船舱向着内陆，这样就做成一个炮台，不不不，不是炮台，现在应该叫作炮墩，而且是变炮台为炮墩。"

黄爵滋闻之，兴奋不已，说道："再把大炮放到这个炮墩上，就可以了，对吗？"

"对呀，"祁寯藻多日以来的愁容为之一展，"如此一来，这个炮墩可以移动，可以随时调整位置，而且兵勇可以躲在炮墩后面，减少伤亡，再者就地取材，可以节省人力物力，做炮墩的速度会很快。"

黄爵滋大叫一声："妙矣。"

回到福州城里后，祁寯藻便马上与黄爵滋、邓廷桢联名上奏道光皇帝，改死炮台为活炮墩。道光大为赞赏，很快准奏。紧接着，福建沿海所有易受攻击的地方，尤以厦门、台湾的海防线为重点，全都行动起来，将死炮台改为实用、高效、可移动的活炮墩。

对英和谈

不过，还未等祁寯藻等同僚高兴太久，禁烟局势却风云突变。

这年五月，英国正式发动侵华战争，其海上远征军到达珠江口，第一次鸦片战争就此爆发。好在两广总督林则徐早有防备，致使英国人在广东没有尝到多大甜头。气急败坏之余，英国军舰便挥师北上，开始攻击福建与浙江，并借此恐吓讹诈清政府。

此刻，镇守福建的邓廷桢，也没有让英国人占到便宜。因为邓廷桢、祁寯藻与黄爵滋三人联手，做好了充分的应战准备。

六月初四，英国军舰第一次向厦门岛发起进攻，祁寯藻当时人在福州。结果英人不敌我厦门守军，灰溜溜地遁走。闻知战况，祁寯藻与黄爵滋都高兴地跳起来。看来，大伙的苦心经营，没有白费。

英人在广东与福建都未能取得预期战果，便继续北上到浙江。然而，浙江舟山群岛的定海却不争气，失陷了。祁寯藻闻之，立即与黄爵滋、邓廷桢等人联名向道光上折子，提出绝不妥协，全面防御、处处抵抗的战略。

只可惜，从定海开始，英国人继续拔船北上，一路高歌猛进，如入无人之境。沿海各要塞形同虚设，丝毫不能阻挡侵略者的步伐。事态的发展已完全超出祁寯藻这些主战派官员的意料。七月，英国军舰以迅雷不及掩耳之势，抵达天津近海的大沽口外。

天津与北京咫尺之遥，为京畿重地。道光震动，朝廷震动，举国震动，中华帝国的首都第一次遇见来自海上的巨大挑战。这一下，残局不好收拾，即便英国人不攻打大沽口，仅仅只是赖在天津洋面不走，也会极大地威胁这个古老帝国的安全，打击其威严。当然，英国人作为远征之师，其战术乃速战速决，打到帝国最核心的地带，就是为了恐吓清政府，迫其赶紧让步。英国人自己拖不起，他们担心与中国发生持久战，将陷入中国反侵略战争的泥潭。

祁寯藻与黄爵滋闻之天津大沽口洋面已有英国军舰，好似五雷轰顶，皆相对无语。好久，祁寯藻才流着眼泪说道："德翁，朝廷危矣。"

"危矣，危矣。"黄爵滋也潸然泪下。

"恐怕朝局有变。"

"我明白叔翁所思，我也早就有些不好的预感。"

"主战派的日子恐怕不好过了，我们的日子恐怕不好过了。"

"可怜呀，这么好的形势，却遭此重创。"黄爵滋一脸哀愁。

"朝中那些反对禁烟的人，倒是有得一说了。"祁寯藻忍不住有些气愤。

黄爵滋点点头："暂时的失败我倒不怕，只怕受那些贪生怕死之辈的怂恿，皇上会退缩。"

"我们的船舰和大炮的确不如英吉利，"祁寯藻抹了一把眼泪，"但如果洋人胆敢上岸，也叫他有来无回。"

"话虽如此，但我还是担心皇上会受到影响，放弃这几十年以来最好的禁烟形势。"

"机不可失，失不再来。"祁寯藻深表赞同，"如果这次不能叫英吉利人低下头，彻底丢掉幻想与侥幸，那么来日恐怕鸦片的毒害只会比今天有过之而无不及。"

"英人的舰队从广东一路沿着海路北上，一直开到天津，几乎没遇上什么像样的抵抗，可怜我大清，从未遇此羞辱。"

"奇耻大辱啊，不仅我大清，历朝历代，我华夏何曾遭此羞辱。"祁寯藻的声音提高了很多。

说这番话的时候，祁寯藻与黄爵滋已离开福建，身在浙江。因为早在三月份,道光就曾下旨,命祁寯藻与黄爵滋待福建禁烟一事处置妥当之后,便北上赶往浙江。

原来,浙江也是鸦片泛滥的重灾之地。祁、黄奉旨移镇浙江,主要是为了调查温州与台州两地私种罂粟、熬制鸦片的详情。此外,台州知府潘观藻早先被揭发吸食鸦片,道光便在圣旨中同时强调,要把潘观藻一案弄个水落石出,不许冤枉他,但更不能姑息养奸。

八月,祁寯藻一到浙江,就发现温台两州本身就鸦片走私猖獗,再加之温台虽然是沿海地区,但其内陆也多为偏僻之乡,而这些山高皇帝远的地方,居然种植着大量罂粟。

祁寯藻得知实情后,便大骂一声:"如此特殊时期,如此全国高压禁烟的大势之下,温州与台州还敢私种鸦片,地方官到底在干什么,看来朝廷得到的消息一点都不假。"

黄爵滋一听,说道:"肯定还是地方官员与烟贩子勾结在一起,否则断不敢这般顶风而上。"

果然如黄爵滋所言,浙江的地方官员勾结鸦片贩子的行径,还有那些汉奸的丑陋嘴脸,比起福建更为不堪。尤其台州知府潘观藻,他比祁寯藻年长六岁,也是进士出身,诗词与书法造诣皆为人所知,可他与福建惠安知县陈偕灿一样,都为鸦片所误。一个知府,连自己都毒瘾缠身,更遑论带领士绅百姓一道厉行销烟之国策。

真是触目惊心,地方官员如此麻木不仁,把国家禁烟的决心与勇气抛之于脑后,在民族危亡时刻依旧只顾自己的烟瘾,圣贤之书算是读到小腿肚子里去了,朝廷的守土重托也早就抛到爪哇国去也。

可是,正当祁寯藻在浙江一门心思为国除奸,高举林则徐、邓廷桢等大人的禁烟大旗时,京师的局面却真的如他自己所料,发生了翻天覆地的变化。早在五月,鸦片战争正式爆发后,朝廷大员就分化为主战派与主和派两个针锋相对的阵营。主和派严厉指责林则徐、邓廷桢等人的高压禁烟之举，并把战争爆发的首要责任都推在这两人身上。主和派表面上说的似乎有些道理：英国远征军已如泰山压顶，堵在天津大沽口外，弄得朝廷惶惶不可终日。

道光皇帝这个时候退缩了，他性格中的软弱、多疑、无主见、当断不断的一面完全暴露出来。可悲可叹啊，仅仅持续了一年多时间，朝廷与地方同仇敌忾、销烟保国的大战略就此变向。氛围猛然大变，林则徐受命为钦差大臣时的那种群情激昂，似乎从来就没有出现过。

道光开始犯下他一生中最大最致命的一个错误：内阁大学士兼直隶总督琦善被任命为钦差大臣，前往广东调查销烟相关事宜，而林则徐被革职查办。旋即，琦善代替林则徐出任两广总督，负责与英国议和。

其实结果早已注定，根本不用琦善去广东实地调查些什么，道光求和之心已决。八月初，早在琦善作为钦差大臣赶赴广东之前，道光已命他与英人在天津大沽口先行谈判。英国人答应军舰返回广东，尔后详谈各项事宜，但条件是必须立即惩办林则徐与邓廷桢等主战派官员。

道光居然同意了。

琦善，博尔济吉特氏，满洲正黄旗人，乃主和派的代表人物。先不论琦善本人对鸦片战争的看法具体如何，单说道光皇帝临阵换将，把他派往广东，并代替林则徐出任两广总督，就已经宣告朝廷已调整对英强硬政策。

琦善其实也是一个颇有作为的满族大员，他曾担任过多地的督抚，为人为官皆有好名声，脑子也活，敢于做事。从道光十一年到十六年，他在直隶担任总督，其缴获的鸦片数额仅次于鸦片走私重地广东，远超林则徐在湖广总督任上的禁烟成果。那时候，离虎门销烟还有二三年的时间。

历史有很多诡吊之处，虽然琦善是主和派官员，但并不能表示他就一心投降英国。恰恰相反，琦善也是带着巨大的使命感前往广东的。换言之，后来事态的发展，甚至丧权辱国，不能算在琦善个人的头上，当然也不能全部算在道光的头上。

道光的确犯下了严重的错误，但是，这个错误，除了他的性格使然，更为重要的是，英国已经决定通过战争手段，解决鸦片贸易争端。而当时的中国打不过英国，至少海战，我们根本不是其对手。

这个惨痛的现实，主和派与主战派都看不清楚，甚至主和派有时候要比主战派显得更务实一些。中国已然自我封闭太久，世界大趋势我们根本不知道，那个早已是西方资本主义第一强国的大英帝国，我们大概只知道它叫"英吉利"，其他有关英吉利的具体国情，鲜有人知。就连林则徐本人，对于敌国英吉利的了解程度，也令人不敢恭维。当然，祁寯藻与黄爵滋等人，那就更是对西方一抹两眼黑。

厦门大捷

而祁寯藻这边，本来浙江的禁烟调查取证完结后，他与黄爵滋就要赶紧回京师陛见道光。但九月初二，一行人北上刚走到江苏常州，又接圣旨，命祁寯藻和黄爵滋南下再回福建，彻查浙闽总督上报的"厦门大捷"是否属实。

原来朝局变化之后，很多主和派与妥协派官员认为，既然防御条件很好的浙江定海都守不住，那么福建的厦门就一定如邓廷桢所言，取得了抗击英舰的赫赫战果？他们认为上报的大捷有假，是为了虚名而邀功，更是为了鼓动，甚至蛊惑主战派官员继续抗敌。

这不是小事，如果厦门大捷乃是造假，那么邓廷桢等一干福建的大员，就有欺君之大罪。

其实，所报的大捷，毫无虚假的成分。厦门对英军的抗击，前后有两次，皆取得胜利。第一次六月初四开始交战时，祁寯藻人还在福建，他很清楚，的确是把英人赶跑了。第二次七月二十日，逗留在厦门洋面的几艘军舰，再次发动攻击，结果英人还是未得逞，福建阖省皆争相告捷。厦门第二次抗敌，祁寯藻虽已离开福建前往浙江，但他相信，邓廷桢大人不会造假，厦门的战况应该如他所奏，的的确确是让英国人两次不能得手。

祁寯藻与黄爵滋接旨后，都十分气愤，邓大人怎么会谎报大捷呢？

等传递圣旨的官员一走，祁寯藻就忍不住大声斥道："这到底是怎么回事，第一次我们都在，乃千真万确的事实，英吉利人被打跑了，第二次我们虽不在，但照邓大人的为人，也不会有假。"

实际情况是这样，鸦片战争爆发后，英国的舰队在广东捞不到便宜，就北上重点攻击厦门岛，同时在台湾西南部的鹿耳门洋面窥伺挑衅，意欲打击清政府抗击侵略的斗志。当时，主政福建的邓廷桢，全面指挥福建与台湾的防务，他早已造好大船，铸成重炮，增募水兵，正以逸待劳，等着英国侵略者的到来。而台湾镇总兵达洪阿、台湾兵备道姚莹，也是主战派中的铮铮好男儿，他俩与上司邓廷桢同心抗敌，隔着台湾海峡，在厦门港与台湾西南的鹿耳门港形成掎角之势，让英国舰船无机可乘，只得继续向北寻找中国海防的薄弱点。

黄爵滋也很愤慨："可不是，第一次我们都在啊，朝中那些人睁眼说瞎话的功夫，可真了不得，怎么不把这股子劲用在打英国人上面？"

"朝中这些人简直是疯了，什么事情都干得出来，连邓大人都诋毁。"祁寯藻声音很大，比黄爵滋还要动气。

"叔翁消消气，反正皇上让我们再回福建，那我们就回呗。"见祁寯藻都开始有些不冷静，黄爵滋只好降了降火气。

祁寯藻叹了一口气："也只能如此，国家正是用人之际，像邓大人这样的国之脊梁，他们都不放过，可悲啊。"

黄爵滋闻之，也是一肚子不平，却不好再说什么。

皇帝已发话，不管心中有何种不平，此刻必须按照圣旨的要求来办。

九月二十八日，祁寯藻一行人再次抵达福州。而此刻，浙闽总督一职早在九月初就已换人，原总督邓廷桢与虎门销烟的主导者林则徐一道被革职。福州虽是南方，但秋日的气温也降下许多，与春天第一次来到此地已有很大不同，尤其是邓廷桢已然去职，福州的氛围就更是今时不同往日。

第一次来福州，乃早春二月末，此地莺歌燕舞，充满禁烟救国的高涨气氛。而现在，仅仅七个月过去，祁寯藻与黄爵滋再来福建，却有寒意浓浓的秋风呼啸而过。不管别人的感受如何，他们这两位曾与邓廷桢并肩作战的钦差大人，顿生一种大势已去的无力感。是的，邓廷桢与林则徐被撤职后，广东、福建、浙江沿海一带，皆弥漫着无以复加的哀伤与颓废。

祁寯藻与黄爵滋在福州驻足三天。为了避嫌，他俩也不能面见邓廷桢。邓大人此刻已然是"坐以待毙"的罪臣。皇命紧迫，祁寯藻一行人从福州继续南下，在泉州府同安县渡海，登上厦门岛，查看、探访三四个月前厦门两次抗击英国军舰的具体情形。厦门岛是福建沿海的重要军事要塞，景色亦为海天绝佳之处。

祁寯藻站在海岸边，朝东边的金门岛方向望去，然后对一旁的黄爵滋说道："德翁，厦、金两岛守得住，还算幸事，如果当时守不住，那么孤悬海外的台湾，恐怕会马上被英吉利人攻破。"

"可不是，我们的海防委实太差，即便厦门赢了两次，似乎只是特例，"黄爵滋叹了一口气，"若真与英人撒开了对攻，我们这些岸上的火炮，根本对付不了英国人的舰船。"

祁寯藻点点头："大不了等英人上岸后，我们再与他决一死战。"

"谁不想这样呢，关键是朝中那些怕死的人，还没有等英人上岸，就吓破了胆。"

"形势就是如此，还没有等英人上岸，朝中那些人就会夸大其词，怂恿皇上求和。"祁寯藻重重叹了一口气。

"局面如此，令人痛惜。"

"只是委屈了邓大人与林大人。"祁寯藻一边说，一边望着海面发呆，仿佛自言自语一般。

"天可怜见，那些诋毁邓大人与林大人的小人，最终会遭到报应的。"黄爵滋愤怒不已。

祁寯藻默然无语，海风把他的胡须吹乱了，他却懒得捋一捋。从四十岁开始，祁寯藻便开始留须，今早在行馆对着镜子整理官服时，他发现颔下已有不少白色的须发，再想起林则徐与邓廷桢的遭遇，便不禁悲从心生。很久，他才回过神来，对着镜子自言自语喃喃说道："大概真是年近半百，该如此了。"

说这句话时，祁寯藻四十八岁，正是一个朝廷一品大员的黄金年龄。可惜，他碰上了一个很不好的时代，他自己亦愈发深刻地意识到，官做的再大，却不能干一番大事业，不能有利于社稷百姓，那么其意义就极为渺小。

此刻，闽南一隅的厦门岛，金秋十月的海边，风依旧带着极大的潮气吹拂着祁寯藻的脸庞，他微微发白的胡须也跟着海风随意颠倒。厦门的海景本是美轮美奂的，可祁寯藻没有一丝感觉，他与黄爵滋对局势的发展忧心忡忡，无心观景。

明摆着，英人两次攻击厦门岛，皆被我军打退，此乃千真万确的实情，毫无作假之嫌疑。第一次，祁寯藻还在福建，当时，大队英舰进入厦门外港，其中一艘名为"布郎底"的兵船，携几条小舢板，驶入厦门内港，并声称要向福建水师提督递交"英国外交大臣致中国大臣"的信件，接着要求上岸。我守军告之，提督等相关大员皆不在衙门，不敢擅自做主。上岸的非法要求被拒之后，英舰便封锁了厦门岛。第二天上午，在"布郎底"号的掩护下，一只载有三十多名英国士兵的舢板开到岸边，强行登陆，于是战争打响，双方相互炮击，战斗持续近五个小时，最后英国舰队无法攻破厦门港，遂退走。

"布郎底"号在厦门未得逞,便随舰队北上浙江,可英国人仍然对福建不死心,留下几艘战船在厦门港外伺机而动。旋即,英船"布麻林"号与"鳄鱼"号驶入厦门内港,发起第二次攻击。结果,我守军依旧威武,击伤英船,并炮中敌人舢板上的五个士兵。英人见厦门固若金汤,便灰溜溜彻底离去。

其实不用调查,厦门抗英的辉煌战果,乃不折不扣、刚刚发生的事实。祁寯藻立即给道光上奏,说明这一切。可惜,邓廷桢早已被撤职,厦门大捷即便属实,也只能减轻其罪责,而不可能一举为其正名。朝局已然变向,非祁寯藻的一片良苦用心可扭转乾坤,但他默默地告诫自己,能做多少算多少,只要是自己力所能及的。

很快,在完成道光吩咐的各项工作之后,祁寯藻便与黄爵滋起身回京复命。途经山东泰安县,祁寯藻还祭拜了孔庙。泰安县的孔庙是天下读书人的圣地,祁寯藻当然要去看看。山东位于北方,隆冬腊月,一切都似乎凝固,冷风如幽魂一般,在孔庙里游荡。孔夫子的塑像巍然挺立,但他不知道,他的中华与他的徒子徒孙们,正经历着三千年未有之大变局。他如果在另一个世界看到这般惨烈的变局,该如何教导自己的后辈呢?祁寯藻望着孔子的塑像,心里默默祈祷:"孔圣人啦,请保佑我大清,请保佑我神州亿兆百姓。"

道光二十年的腊月二十六,祁寯藻回到北京,结束了他将近一年的钦差大臣之行。他筋疲力尽,深感无力,太多的事情,都没有按照他的美好愿望而发生,但至少现在,他可以在北京的家里过一个春节了。

第十三章 入驻军机

触怒龙颜
夫人病重
户部尚书
宿藻成才
悲林则徐
初入军机
穆党新人

触怒龙颜

道光二十年底,祁寯藻结束有关福建、浙江的钦差皇命,回到京师。从道光十七年祁寯藻担任江苏学政离京,到现在,他已三年不在朝。而正是在这三年中,朝廷由全面严厉禁烟的喜人态势,猛然急转直下,变得模棱两可,严禁与弛禁似乎都有其致命的短板。反正,当初禁烟的勇气与决心成了强弩之末,似乎先前的努力与进取,都不值一提,朝野一片唉声叹气,如丧考妣。

这种空气,实在叫祁寯藻难以忍受。他三年前离开京师时,各级官员对鸦片同仇敌忾的声音还犹在耳边,此刻回京,世界却变了一个模样。

虽然离春节只有几天了，但必须在第一时间向道光复命。内廷乾清宫西侧的养心殿，从雍正开始，便是皇帝日常起居办公之地。祁寯藻在养心殿耐心地等着道光。一见道光，祁寯藻便有说不出的委屈涌上心头，眼眶瞬间湿润。

道光已五十九岁，作为一个守成的皇帝，他的运气极其不好，恰逢英国要用大炮轰开中国大门的历史最坏时期。他不知道，世界的大趋势早已是以英国资本主义为佼佼者的全球化、殖民化与近代化。他只知道，他的帝国被鸦片毒害得奄奄一息，但又打不过"送来"鸦片的英国人。

巨大的矛盾与踌躇依旧写在道光那张冷若冰霜的脸上。祁寯藻知道，除了说一说福建与浙江的硝烟战果之外，他不能犯龙颜。而且祁寯藻自己也于心不忍，道光毕竟已经是一个年近花甲的老人。可是，汇报完闽浙两省的事，祁寯藻还是忍不住对道光说道："皇上，臣以为，对林则徐与邓廷桢两位大人革职查办的处罚过重，可否让他们戴罪立功？"

祁寯藻的用词即便如此小心谨慎，道光却骤然变色，大声说道："寯藻，这你不用管，林则徐与邓廷桢，先前说得多么好，多么振奋人心，可结果你看看，英吉利的军舰一直都开到天津，开到大沽口了。"

祁寯藻沉默片刻，忍不住说道："皇上，战事瞬息万变啦。"

"销烟是硝烟，打战是打战，这是两码事，叔颖你难道不知吗？"道光加快语速，他显然不愿谈论这个话题。

"有些情况，林少穆与邓维周两位大人不一定都能料事如神啊。"祁寯藻有些不顾道光的感受，一心想把嘴边的话道尽。

"我可从来没指望过他俩能料事如神，但你要搞清楚，这不是料事如神，而是恰恰相反，事与愿违，处处受制于人。"道光依旧焦急。

"的确是事与愿违，也的确是受制于人，可皇上，我们是以逸待劳，英吉利人是远隔万里，渡海而来，"祁寯藻稍稍稳定一下情绪，"更何况，我泱泱中华，人力物力财力，皆强于英人，只是枪炮舰船、武器装备落后于英人。"

"照你的意思,英国人打不过我们,是这样吗?"道光逼问祁寯藻。

"可以这么说。"

"胡说,"道光一脸不耐烦,"要是我们能打,也能打得过,那他们怎么能一路从广东打到天津?"

"假以时日,跟他耗下去,说不定我们就能让西洋人处处受制于我们。"祁寯藻把道光刚才所谓的"处处受制于人"也拿出来用了一下。

"假以时日?怎么个假以时日?你倒是说说看。"道光能明显感到祁寯藻的不满情绪。

"我们不要怕打仗,打就打,既然都在虎门烧了那么大一把火,那就继续烧下去。"

"呵呵,"道光冷笑了一声,"烧下去,拿什么烧,大炮一响,黄金万两。"

"可我们是防御敌人,不是进攻,不是攻城略地,不是逼到人家的家门口啊。"

"叔颖啦,你真是不当家,不知柴米油盐酱醋茶。"道光话题一转,"你知道,这么些年,平定张格尔花了多少钱,打白莲教余孽,还有平定南北东西、层出不穷的叛乱,开销了多少了银子,你知道吗?"

"皇上,就算财力再吃紧,也得打下去啊。"

"打下去?朝廷有多大的人力物力财力,能继续打下去?非要等到洋人攻破紫禁城的时候,才算假以时日了吗?你刚才所谓的继续烧下去,难道是要把紫禁城都烧着吗?"

祁寯藻闻之无语。道光也因勾起无数的痛苦往事,而一时语塞。

好久,祁寯藻才轻轻说道:"至少大沽口易守难攻,当时可以一战啦。"

道光却大声训斥道:"你不用说了,朕意已决,你若有意见,请保留,如果还想说什么,那么你就不用呆在京城,回老家读书耕作去吧。"

祁寯藻见道光如此动怒,便只好谢恩离去。

其实,道光对形势的悲观是有一定的道理的。

春节刚过完不久,正月底,英国人就强占香港,后来还一度溯珠江口而上,攻打广州城。英国军舰虽从天津沿海撤回到南方,但他们依旧在不断闹事,让清政府疲于应对。而且,谁都不会意料到,从此之后,大英帝国的野心将阴魂不散,像如来佛祖的神掌一样,举在中国人的头顶,羞辱与欺凌这个东亚的天朝上国,并一直持续长达半个多世纪。甚至在到大清业已倒下后的几十年时间,中国这片土地上的政治、社会、经济、文化的方方面面,都有英吉利的身影。

当然,这是后话,英国人恐怕都不能预想到自己的这种"辉煌"。历史就是这个样子,皆为后来者的哀叹与反思,尤其碰到中国历史上这个前所未见的变局。其实,包括祁寯藻在内,所有的中国知识精英即便再有远见,也在这个大局面前,沦为井底之蛙。

夫人病重

急着陛见道光之后,祁寯藻便赶回家,与家人团聚于即将到来的辛丑牛年春节。那天,儿子祁世长正在家门口等着他。祁寯藻的轿子还没在家门口落地,祁世长就跑过去,大叫一声:"老爷,您可回来了。"

祁寯藻走出轿子,一脸疲惫,但看到儿子边跑边叫自己,便突然有些振奋。家,永远是漂泊者的港湾。他一边走一边说道:"世长,外面天太冷,你怎么出来了。"

祁世长说道:"我知道老爷有家规,不许家人在门口接迎,可我今天实在是忍不住,听人说你今天进宫见了皇上就会回来,我就老早等着,我想您了。"

祁寯藻闻之,眼泪就快流出来,可他忍住了。马上要过年,从小父亲祁韵士就教他,过年的时候千万不能哭,否则会不吉利的。

等祁世长与他面对面站在一起,他才猛然意识到,这个孩子的个头又长高了许多。再仔细一端详,他发现,儿子的身高却早已超过自己。祁世长是祁寯藻在湖南任学政时所生,此刻十六岁,翻年就十七。

祁寯藻离开京城时,他十三岁,正是青春期生长最快的年华。目今再看到儿子,祁寯藻发现他嘴唇上细细的绒毛开始有些变粗,这似乎预示着它们在不久的将来会瞬间变长,如同他自己颔下的长须一样。祁寯藻望着儿子,突然又是一阵难受,自己年近半百,只剩这一根独苗。更不堪的是,这几年,妻子陈夫人的健康状况令人堪忧,几乎总是在吃药。

祁寯藻一边走进大门,一边问儿子:"你母亲身体这段时间可好?"

祁世长突然沉默不语,好久才说:"母亲这几天又不太好,老是没有精神。"

祁寯藻闻之,心中不是滋味,却不知说什么。走进内室,祁寯藻看见妻子正躺在床上。妻子也兴奋地望着他走进来,急着要下床相见。祁寯藻三步并作两步,来到床头,一边把妻子扶起来,一边轻声说道:"夫人就请好好躺着,见到你们母子,我就放心了,我——"

祁寯藻突然说不出话来。

陈夫人却硬撑着笑了笑,说道:"也没什么病,就是体力不支,你说也奇怪,现在又不用我干什么重活,可就是老感觉没有力气。"

祁寯藻叹了一口气,看着妻子蜡黄的脸,痛苦地说道:"这才三年多未见,你怎么就瘦成这个样子了。"

"没事,瘦一点好,胖了多累赘啊。"陈夫人还是一笑。

"让你受罪了,夫人,我祁寯藻愧对你,愧对岳丈啊。"

"好了,老爷,马上就要过年了,别说这些丧气话,好好过个年。"陈夫人似乎又恢复了她那种给家人带来无数欢笑的爽朗，可是此刻很明显，她虽笑容依旧，但却徒有表面，让人很容易看穿她的无力与无助。可不管怎样，她还是要留给丈夫与全家人一个美好的笑脸。这不仅仅只是一个笑脸那么简单，而是她要祁家人，以及所有的亲朋好友、门生故吏、师长恩人，皆看到一个充满希望的祁家。

陈夫人原本身体不错的，关键是她又性格外向，此时也才四十岁不到，但是多年前，婆婆刘太夫人长期卧病在床，她作为儿媳妇，当然得亲自动手，夙兴夜寐，竭尽全力照顾婆母的起居吃穿，这才毁坏了身体。其实，对于照料婆婆，陈夫人本不必如此亲力亲为，他们家早已有能力让仆女来充任此事，但陈夫人深明大义，将"孝"字牢记在心，不让仆女干，只叫她们打打下手，自己能动手的，就绝不托付他人。

虽然刘夫人已离开人世近七年，但陈夫人的身体严重透支，此后亦无法恢复，只能日渐其衰。

她是活活被累病的。一个书香门第出身的大家闺秀，知道"孝顺"对一个家庭的重大意义。她父亲陈用光是祁寯藻会试的房师，官至侍郎，其家学有渊源，乃江西赣南新城县的名门望族。她带来的嫁妆与陪嫁丫头都堪为豪华阵容，而且她嫁入祁家后，祁寯藻便屡获升迁，在官场可谓一帆风顺。

当然，并不是说祁寯藻的仕途功名皆受惠于陈夫人，但她的确给祁家带来无以复加的好运与快乐。陈夫人集才貌、富贵、贤惠、开朗于一身，是那个年代极其罕见的优秀妇女。更难能可贵的是，她深知婆家与娘家皆为令人敬仰的家族，而一个家族得以凝聚人心的首要条件便是孝顺，于是她在照顾婆母一事上处处身体力行，以彰显孝道。

婆婆在世时，连祁寯藻都劝她，不必事事亲恭，该让下人干一些的，就让他们代劳一下，想必母亲是能够谅解的。

可是陈夫人却坚决不同意，她回应道："何谓诗书礼仪之家，孝道是第一要务，否则，不仅有失我们祁家的风范，就连我娘家，也被辱没了。"

祁寯藻耐心听完，无法反驳。

而今，陈夫人病怏怏地靠在床头，早已失去往日之神采。

户部尚书

家事如此，国事更不堪。不久，代替林则徐担任两广总督的琦善，也因与英国人草定协约，割让香港，被逮捕入京问罪。两广总督之职，再改任他人。本来，祁寯藻对琦善的妥协态度深恶痛绝，可现在就连妥协派大员也被道光拿下，弄得祁寯藻心中更不是滋味。与朝中很多更为激进的主战派官员不同，祁寯藻对于琦善的遭遇，并无"看好戏"的幸灾乐祸，恰恰相反，他由此对琦善本人及其妥协求和的策略，有了一些新的认识。

至少，国遇大难，不是一两个大员找英国人谈判谈判，或者继续打几仗，就能解决这前所未见的全新问题。当然，他依旧还是不能理解琦善当初力主求和的行为，但他也明白，事已至此，若揪住琦善不放，又有什么意思呢？更何况，琦善本人也走了一个大麦城。大家同朝为官，外加之琦善本有盛名，也曾高举严禁鸦片之大旗，所以，即便只是基于对同僚的关爱与怜惜，也不能过多苛责琦善。

两广总督这个职位，现在可是一个火山口，谁坐着，都面临着天崩地裂。在深深同情林则徐与邓廷桢的同时，祁寯藻对琦善，也生出些许不忍。他突然隐隐约约意识到，中英之间的这场战争，并非一般意义上中华帝国所面临的那种外敌入侵，而是一种与之前决然不同的两国交战。而且很明显，所有中国的官员，不管是主战派，还是妥协派，都没有做好充分的准备。这与其说是清廷入主中原两百年以来，自我封闭、自我隔绝于世界大潮流之外的恶果，毋宁说全体中国人都因为某种历史的必然与偶然，而丧失了建立理性世界观的机会，陷入实学知识严重匮乏的深渊。

一直以来，大清帝国的确可谓两眼一抹黑，但自我感觉却超级好。

琦善本心当然也是好的，南下到广东后，他也尽量采取不激怒英国人的手段，试着将中国的损失降到最低程度。

但是，一想到林则徐、邓廷桢等主战派大人的惨况，祁寯藻又对琦善被撤职拿问的遭遇充满了矛盾。其实，有一点祁寯藻意识不到，与林则徐、邓廷桢一样，琦善注定是要失败的，因为大清帝国还没有经验与能力，跟大英帝国采取双方皆认同的外交、贸易与国际法规则，来避免和结束这场战争，从而取得双方都满意的结果。祁寯藻依旧认为，还是有办法解国之倒悬的，甚至有灵丹妙药还魂之方，只是目前还未找到——毕竟老学究遇到了新问题，必须从长计议。

祁寯藻与当时所有的抵抗派官员一样，不知西方人武器的先进，更不知这先进武器背后所代表的新型文明。他们只知，要么继续以强硬的手段对抗到底，期待通过人心的力量，把英国人赶走；要么软硬皆施，胡萝卜与大棒同时奉送，以对付北方游牧民族的传统方式，将英国人制得服服帖帖，认同我大清皇帝为天下共主。

事实上，英国人是不会走的，而且从此以后，他们会一直逗留在中华帝国，似乎比中国人自己还眷恋这个国度。他们也不会服软，认同大清皇帝为天下共主的地位。

祁寯藻满肚子焦虑与矛盾。但作为帝国的高级官员，他人在北京，手头上自有一摊子事，广东毕竟离得太远，渐渐地，琦善被拿问的事，也就成为大波澜中的一个浪花，很快翻起来，又更快地沉入冰冷的海底。

不过，对于道光来说，琦善还是有贡献的，能够把英国人控制在南方一隅，也算善莫大焉，即便琦善干了奇耻大辱的事，草签了割让香港的协议。

不说琦善，只说祁寯藻，很快，他的职务再次发生变化，他由兵部尚书调任户部尚书。无论如何，道光还是信任祁寯藻的。

父亲祁韵士当年曾任职五品户部郎中，此刻，祁韵士算是后继有人——儿子祁寯藻做到户部的最高位。仿佛"前人种树，后人乘凉"这一说法，还真的在这对父子身上灵验了。而且，在将来愈加显赫的岁月里，祁寯藻坐在户部尚书的位置上居然长达十余年之久，这当然也是祁寯藻本人始料未及的。

宿藻成才

刚调任不久，张穆前来拜访。他在两年前大闹顺天府乡试考场，并决意不再敲科举的门。但北京城，他倒是喜欢，遂依旧定居于此。毕竟是天子脚下，文化鼎盛之处，他虽断了科举的念头，可京城那些文化大佬，或藏卧于街巷深处，或高居庙堂之上，他还是要交往的。此刻，他在山西平定老家过完春节，刚回到京师，便急着来拜访祁寯藻。

见面第一句话，他就开门见山："五哥，两年前我大闹顺天科场，本将受枷杖之辱，幸有五哥保全，才得幸免。"

"石州啊，快别提这事了，我还心中一直有愧，未能让你继续有资格参加科考。"祁寯藻边说，边叹了口气。

"不说科考，不说科考。"张穆挥挥手，"我免于枷杖，都是你远在江苏运筹帷幄的结果，我始终没有机会当面一谢，今天算是可以略表谢意了。"

祁寯藻大笑一声："你是名士，不用来这谢不谢的俗套。"其实张穆比祁寯藻小十二岁，但祁寯藻一直都对他礼贤有加。

"五哥有所不知，都过了两年，还有人拿这件事当作新鲜事来问我，非得刨根问底，把我烦得不行。"

祁寯藻坐着点点头，又笑了笑，没说什么，只是请张穆坐下喝茶。

张穆一边坐下喝了一口茶，一边大声说道："好了好了，不提这档子事了，没意思。"

"没事，你说我就听，你不说，我就不听。"祁寯藻又是一笑。

"好了，五哥，还是别说我了，"张穆望着祁寯藻的眼睛，"说说您自己吧，去年在福建与浙江，干得很漂亮，我们坊间都说您为邓廷桢大人出了一口恶气。"

祁寯藻叹了一口气："邓大人指挥的厦门与台湾防务，前有充足之准备，后有辉煌之战果，邓大人丝毫没有夸大其词，我与黄德成大人都是见证人，我俩当时十分气愤，为何朝中这些人要如此诋毁邓大人？"

"他们不想打仗呗，看见邓大人打了胜仗，就眼馋嫉妒了呗。"

"不过，石州，"祁寯藻脸色骤然凝重，"其实别人不太相信厦门的两次大捷，也是情有可原，毕竟英吉利人的舰船与大炮确实是厉害，我们招架有余，还手无力啊。"

张穆点点头："看来，我搞的这点西北史地学问，方向是弄错了，该关注一下从海上来的英吉利强盗。"

祁寯藻微微一笑："一通百通，以后有机会，你倒是真可以多了解一下西洋这些个国家，不过，说起你的学问，我还得再次感谢一下，先君的几部书，要没有你校勘，恐怕到现在还藏在府中，不能广为人知。"

"五哥跟我有什么客气的，更何况我自己也喜欢读这些书。"

祁寯藻闻之，从椅子上站起来，对着张穆一拜，说道："不管怎样，我代先君一谢。"

张穆赶忙也站起来，抬起祁寯藻的双手，大声说道："见外了，五哥，你对令尊大人的一片孝心，我知道，但我做的这点事，并非只为令尊大人一人。"

祁寯藻点点头。

张穆继续说道:"鹤皋先生的书,对于我们认识自己国家,了解西北方向的游牧民族,有着巨大的开创性意义,我辈责无旁贷啊。"

祁寯藻闻之,再次弯腰一拜。张穆再次把他拉起来。

正当两人相互客气之时,六弟祁宿藻却大踏步走进客厅,宿藻一见是张穆,便高声说道:"我说是谁呢,原来是石州先生,我五哥回来,你就不找我了,直接找他,对吧?"

祁宿藻比他五哥祁寯藻小个七八岁,此刻也四十不惑,他三年前刚考上进士,正意气风发,外加上他从小有几个哥哥庇护,即便在老家最苦的岁月里,也没有让他受过什么罪。更何况,父亲祁韵士刚被遣戍伊犁那会,他还小,没有切身感受到家族的不易。所以,他没有五哥祁寯藻那般的家族包袱。

宿藻显得很年轻,一双虎虎有神的眼睛,正散发着前程无限美好的惬意与豪情。他考上进士后,便带着家小住进五哥祁寯藻在北京的宅邸。无疑,他是幸运的,父亲与兄长,都已经为他的人生与事业打下坚实的基础。而且,他争气,考了几次后,终于兑现了自己对五哥的承诺,中了进士。平舒村的祁家,现在已经是父子三进士,此番盛景,不独在寿阳故里,就算是在整个三晋大地,也早已成为书香门第之家的楷模。

因为是姻亲,祁家老六祁宿藻与张穆也早已熟识。

此刻,张穆与祁寯藻见祁宿藻走进来,这才停止"对拜"。张穆站在座椅前,笑着对祁宿藻说道:"六哥的精气神愈发的好了,看来在翰林院干得不错啊。"

祁宿藻中进士后,与兄长祁寯藻一样,先从翰林院的低级文臣干起。

祁宿藻闻之,一笑:"石州,你先坐着说话,你这么站着,搞得我都不好意思坐了。"

张穆却戏谑地说道:"你比我年长几岁,论礼,我本来就该站着回话。"

"你这个张石州，不厚道。"祁宿藻笑侃不已，"以前我俩单独在一起的时候，你什么时候讲过这个礼，今儿我五哥在，你便装出另一副样子，还亏你自诩为名士，我看不过如此。"

张穆哈哈大笑："六哥，我今儿还真的就告诉你，既然五哥在，那我就得跟你讲讲这个礼数。"

"你可是名士啊，不是平常的书生啊。"祁宿藻笑曰。

"还真不瞒你说，所谓的名士做派，我今天就收敛在肚子里了，看你怎么办？"

祁宿藻大声回道："行行行，今儿就看你怎么演，可别演砸了啊。"

说吧，两人放声大笑起来。

一旁的祁寯藻看着他俩，一直微笑着。好久，等他俩终于闹完了，祁寯藻才意味深长地问道："宿藻，你在翰林院也待了三年，你说说，你们这一科的进士，有什么像样的人才吗？"

祁宿藻想都不想，大声说道："还真有一个人，说话办事都有大气象，我看此人就不错。"

张穆插口道："能让六哥瞧得上，不容易啊，难道他有三头六臂？"

祁宿藻点点头，又摇摇头，说道："他倒没有三头六臂，可心里总装着五湖四海。"

张穆见宿藻灵机一动，说出这一句妙答，忍不又哈哈大笑。

祁寯藻却赶紧问道："此君祖籍何地？"

"湖南湘乡人。"宿藻回道。

"喔，原来是个湖南人。"祁寯藻若有所思地点了点头。

张穆问道："五哥不是一直对湖南读书人大好感吗？"

"是的，石州，我以前就跟你说过，当年我在湖南任学政三年，对湖南读书人有一个整体印象，他们读圣贤之书，总能得出别人意想不到的东西，而且，他们说出的道理，即便与你之前的认识有很大差距，但你愿意听，即便你还是不赞同他们的说法，但至少你能有兴趣听完。"

祁宿藻一听，兴奋地大叫一声："五哥，你说得太对了，我这个湖南的同年，就是这个样子，总能把圣人之言换成一种很贴切的方式讲出来，还针砭时弊，头头是道。"

张穆笑道："那你还多说些什么，你五哥一贯提携后辈，找机会，你带他来见见五哥，不就得了。"

"那是当然，这不我五哥从南方刚回来不久呗，等五哥歇段时间再说。"

祁寯藻点点头，就不再说什么。

悲林则徐

两个月之后，夏天到来，京城的一草一木一瓦一楼，皆被骄阳所炙烤，人也跟着心浮气躁，甚至癫狂。而有关林则徐的坏消息，也不期而至，或曰祁寯藻残存的一丝幻想，就此破灭——林则徐最终遭重惩，遣戍伊犁。说到林则徐，就必须提及道光朝的一个重要人物，即穆彰阿。

本来，琦善在广东私自割让香港岛给英国，被朝廷逮捕之后，对英强硬派官员似乎看见了一丝曙光，觉得林则徐又要被委以重任。可结果却是恰恰相反，道光认为林则徐与琦善都未能圆满完成使命，辜负了他的重托。

当时的首席军机大臣正是穆彰阿，他乃真正意义上的宰相，对道光皇帝处置林则徐有着决定性的影响。早在道光七年，穆彰阿就入了军机，到道光十六年，他坐上了头号军机的位置。现在，五年又过去，穆彰阿在首席军机的位置上坐得很稳。

穆彰阿，郭尔佳氏，满洲镶蓝旗人。嘉庆十年，二十四的穆彰阿就考中进士。而且难能可贵的是，一般满人入仕，都有内廷捷径可走，但穆彰阿却偏偏要与汉人一道考进士，走科举正途。嘉庆十年，在所有考上进士的一百二十多人当中，八旗子弟才占四个，穆彰阿便是其中之一。可见，他是有大才的，与汉族知识精英同台竞争，他毫不吃亏。

入仕后，穆彰阿大受嘉庆与道光两代帝王的宠幸，步步高升。他最大的特点是办事干练，从来不搞和稀泥那一套，严格执法毫不留情，宛如包拯。穆彰阿的能力与文采，皆为满族官员中的佼佼者。道光六年，清廷第一次试行漕粮海运，并大获成功，其得力干将便是穆彰阿。

鸦片战争打响后，作为首席军机大臣，穆彰阿的焦虑与烦恼丝毫不亚于一线作战的林则徐、邓廷桢等封疆大吏。其实，刚开始，不管是严禁鸦片，还是抗击英人，穆彰阿与林、邓等强硬派官员相比，无本质区别。只有一点不同，即穆彰阿认为，不管严禁，还是弛禁，也不管主战，还是主和，政局的主导者与操盘手应该是满人，而永远不应该是汉族大员。

换言之，以穆彰阿与琦善为首的满族权贵，不愿意看到林邓等汉族官员获取过大的政绩，唯恐他们盖过满族官员的风头。

早在道光十八年，林则徐进京被道光连续召见八次，并在当年年底被任命为钦差大臣，立刻赴广东禁烟的时候，穆彰阿就感到深深的不安。站在满族权贵的立场上，穆彰阿开始对林则徐视如仇敌。

而且，正是心态大变，才造成日后这位首席军机大臣人格的扭曲，尤其在鸦片战争以后，他采取各种不光彩的手段，打压一大批支持林则徐的地方大员。包括少数的满人抵抗派官员，也成为穆彰阿搞权力斗争的牺牲品。

当去年七月英国人的军舰抵达天津大沽口外之前，穆彰阿便揣摩到，道光皇帝的抗英意志有些动摇。于是，他与时任大学士兼直隶总督的琦善一道，诋毁林则徐等人，抨击主战派官员对英国的强硬立场，认为这才是造成如今被动局面的首要原因。从很大程度上来说，穆彰阿打压林则徐，源于政治斗争，而非他本人就是一个彻底的投降派。

为了遏制汉人股肱之臣，为了他个人的官位，为了满族人能继续压倒性地统御汉人，穆彰阿罔顾禁烟大业与民族危亡，不惜自毁长城，除掉林则徐这样的国之柱石。穆彰阿作为宰相，严重缺乏一个大政治家该有的风范与胸怀，目光着实太短浅。

清朝立国都已近两百年，满汉之间的种族对立本趋于缓和，但到了中英鸦片战争这个势必引发猜忌的关键时刻，两者的矛盾之火便死灰复燃，以至于愈演愈烈，形成熊熊燎原之势。在此背景下，穆彰阿利用其对道光的巨大影响，使出黑手，打压包括林则徐在内的所有汉族抵抗派官员，也就在所难免，理所当然矣。

表面上，穆彰阿也是为了满族的长久统治权，但实际上，他的行为从根本上讲，反不利于满族政权。很明显，在西方海盗英国用鸦片与大炮敲开中土大门之际，满人与汉人更是不可分割的利益共同体，两者必须尽最大可能，抛开民族成见，处处精诚团结，各尽其责，各尽其能，方可形成巨大的合力，不给英人可乘之机。正所谓，兄弟不阋于墙，才能外御其侮。

可穆彰阿既疯狂，又愚蠢，这是他为政生涯中最大的污点，也是其作为一个满族官员最大的悲哀。他只看到眼前，没能看到对英妥协的严重后果。当然，就如同对待琦善一样，亦不可过分谴责穆彰阿，任何人都有其历史局限性。更何况，如果非要为对英妥协求和找一个责任人，那么此人与其说是穆彰阿，毋宁说是那个高高在上的最高权力拥有者：道光皇帝。

道光的犹豫与动摇，才让满族权贵能见机行事，肆意抨击林则徐诸人。如果道光坚持抗英不动摇，力挺林则徐、邓廷桢、黄爵滋、祁寯藻等抵抗派大员，那么就算穆彰阿再怎么挑拨离间，也只会徒劳无功。

祁寯藻作为一个户部尚书，眼看着林则徐遭到遣戍伊犁的重惩，却无能为力，只得唉声叹气，在心中痛斥穆彰阿，鄙薄满族妥协派官员。只可惜，现在朝中已然是穆彰阿的天下，没有人能撼动其地位，他俨然快成为另一个和珅。不过，他与和珅有一个最大的不同，即和珅贪财又贪权，而穆彰阿主要是贪权。

道光的确是一个严重缺乏领袖气质的皇帝，总是摇摆不定，当断不断。但他对祁寯藻的重用，却是一以贯之。马上，祁寯藻将有机会在官场上更上一层楼。如果道光把对待祁寯藻的态度施于林则徐诸人身上，那么历史是否会是另个走向。后人多有善良的愿望，可历史不能假设。

初入军机

这一年秋天的九月八日，祁寯藻奉旨在军机处行走。所谓"行走"，就是一种说法而已，并非仅仅"走一走"，而是真正的军机大臣。

军机处自雍正爷创立以来，就很特殊，甚至很怪异，因为它的设立，是雍正为了绕开内阁与六部这样的法定最高行政机关，而组建的私人顾问班子，目的是把权力高度集中在皇帝一人手中。可雍正之后，他的子孙也没有给这个实际上的最高行政机构"转正"，其依旧是临时性的，无固定编制与名额、未予以法定化，但它与皇帝个人一道，组成了国家实际上的最高权力中心。

故而，能进入这个机构的官员，皆为事实上宰相，而宰相从某种意义上说，居然是帝国公务员系统中的"临时工"。这也是清代皇权极端化、不设法定宰相、一切权利皆归皇家的表现形式。

道光二十一年，当鸦片战争还打得正欢的时候，祁寯藻做了清帝国的宰相。不过，清代实行的是群相制，祁寯藻作为新进军机大臣，排名当然是最靠后的。而当时的领班军机大臣不是别人，正是一手遮天、权倾朝野的穆彰阿。

得到圣旨的那天晚上，祁寯藻一个人待在书房，他想起了父亲与祖父。父亲祁韵士到了五十岁才熬到一个五品郎中，祖父祁文汪一辈子都只干做个县教谕，连七品都不是，勉强算入流。轮到他自己，年仅四十九岁，便登宰辅之位，父祖若泉下有知，该欣然而笑。

祁寯藻又想，富不过三代，贵不过五代，他与六弟祁宿藻这辈人，已然可算烈火烹油的辉煌，但不知，儿孙辈将来又会如何。君子既要为自己存身，更要为子孙留福。毕竟积善之家，必有余庆。

作为一个朝廷重臣，祁寯藻自己该如何积善？当他的头脑中闪现出"积善"这两个字时，他猛然发觉，自己一贯的小心谨慎，表面上是对任何人都友善，但如果不能态度鲜明地针砭时弊，不能大刀阔斧地进行一些有益的变革尝试，那么自己所谓的小心谨慎，其实就是有害于国家和百姓的自保行为。如此一来，何谈为子孙积善。连国家大义都不顾，怎是为子孙积善，那是积恶。

接着，祁寯藻又想到曹振镛。

曹振镛六年前去世，是穆彰阿之前的首席军机大臣。从嘉庆朝到道光朝，曹振镛一直是官场的不倒翁，八十岁病故，道光帝还亲自去吊唁，并将其尊入京师贤良祠，永享国祭。但是，曹振镛的名声并不好，朝野上下皆认为他做宰相有六字诀，即"多磕头、少说话"。的确如此，曹振镛在世时，虽从来没跟祁寯藻具体说过什么为官之道，但是老前辈的一言一行，都是在告诉祁寯藻那"六字诀"。

祁寯藻扪心自问，自己与老前辈曹振镛又有何区别呢，可这位老上司待自己不薄，自己对于曹振镛也一向很敬重。矛盾啊，人的感情是复杂的，做人为官的道理，又往往非圣人的几句话就能讲清楚。

当年，恩师黄钺还未致仕之时，倒是很明白地告诫祁寯藻，不可强出头，万事皆要三思，再做决断。黄钺也是做过宰相的人，难道这个国家的官场，只容得下此种所谓的隐忍与韬晦吗？

祁寯藻轻轻地在心里说了一句：不行，不行，我不能做这样的宰相，会被人戳脊梁骨的。他想，真是可悲啊，当林则徐与邓廷桢大人因主导禁烟运动，而招致穆彰阿一系人攻击时，自己并未做出过什么惊天动地的声援与义举。从福建回来第一次陛见道光时，自己仅仅只是稍稍为林邓两位大人说了几句公道话，就偃旗息鼓，不再据理力争。虽然自己之前在南方上了好多个折子，对禁烟的成果大加赞誉，对邓廷桢等福建官员抗击英人的斗志，做了详细汇报，可这些又算得了什么呢？抵抗派官员还不是一个个被打压，被革职？自己虽为朝野敬仰的主战派，但现在看来，自己与穆彰阿又有什么不同呢？

更何况，自己现在也入军机做了宰相，别人肯定会认为，自己原来也是穆彰阿一伙的。甚至自己是一个穿着主战派外衣的妥协派，比一心搞所谓"羁縻"政策的穆彰阿之辈更可恶。

想到此，祁寯藻不寒而栗。

突然，六弟祁宿藻从外面走进书房。宿藻刚做京官，性格又比祁寯藻外向，喜欢在外面结交各路朋友，往往回来的比较晚。他一进家门，就听家人说他五哥已入军机，便急匆匆跑到书房来。

宿藻见兄长满脸愁容，说道："五哥，怎么回事，入军机做宰相可是天大的喜事，你为何不太高兴？"

祁寯藻看了一眼满头大汗的宿藻，轻轻说道："都四十多岁的人，怎么还这么着急，不会慢慢走过来啊。"

宿藻不好意思地一笑："五哥教训的是，但今天特殊，你做了宰相，我必须跑过来恭喜恭喜。"

祁寯藻摆摆手，说道："六弟啊，这个位置不好坐啊，穆相权倾朝野，我即便入了军机处，又有何用？"

宿藻点点头，又摇摇头，说道："五哥你做好自己的事就行了，穆相应该不会为难你。"

祁寯藻却说:"他要是为难我,倒是好事,否则,我该被人骂成投降派了。"

闻此,宿藻一脸不屑地说道:"五哥,你管别人怎么说呢,现在满朝文武,有几个不依附于穆相,你自己做到问心无愧就行了。"

"目今,南方沿海的战事越发不利,英人想怎么样就怎么样,我做这个宰相,又有何用?"祁寯藻边说,边摇头。

宿藻听兄长把话题转移到对英战争,便很着急地说:"五哥,这又不是你的错,长着眼睛的人都看得出来,这都是穆相的羁縻政策给羁縻出来的,他们老是危言耸听,对皇上说英国人有多厉害,武器有多先进,生生把皇上给吓住了。"

祁寯藻一听弟弟说起这些,赶紧打断他,很严厉地说:"好了好了,宿藻,今天也不早了,不说了,明天我还要起早去谢恩,有些事,你对我一个说说就行了,切不可在外面胡说。"

宿藻赶紧点点头,他终究还是敬畏兄长的。

临走时,祁寯藻再次嘱咐弟弟:"我刚才的话,你听好了啊,切记切记,不可在外面瞎说。"

"五哥,我知道了,你放心。"说完,宿藻转身离开了书房。

穆党新人

其实,祁寯藻还未充分意识到的是,道光之所以选择他入军机,恰恰主要是为了制衡穆彰阿。因为此时,汉族主战派大员一个个被穆彰阿扳倒,造成满族妥协派权臣一家独大。道光虽对穆彰阿言听计从,但他也不愿看到决策层都是妥协派,毕竟他还是希望听到一些不同的声音,哪怕这些声音对朝局起不到实质性的作用。同时,道光也要以此警告穆彰阿,汉族主战派官员并非一无是处,不要得寸进尺,做得太过分。

再者,林则徐与邓廷桢被同时革职,发配新疆后,汉族主战派的头号人物便非祁寯藻莫属。道光虽对英妥协,但也不能彻底伤了汉族强硬派官员的心。他们毕竟代表着朝野巨大的民意。

道光重用祁寯藻,既有平衡与调和派系之争的用意,也有消除满汉官员之隔阂的考量。道光明白,如果中枢之地完全不用强硬派的汉人,那么诸如祁寯藻这样的大臣会消极怠工,以无言的方式来抗拒各项政令。此时乃多事之秋,如果迫不得已,必须调整对英策略,让主战派官员出山收拾残局,那又该找谁。毕竟,满人可做宰相,甚至可以趾高气扬,但真要办实事,办大事,在地方上守土安民,还是得倚靠汉人。道光心里很清楚这一点。

这是帝王的御人之道,而穆彰阿在朝三十多年,世事洞明,人情练达,当然深谙道光之用意,于是他毫不犹豫地赞同道光对祁寯藻的提名。

穆彰阿比祁寯藻年长十一岁,他俩的关系照说很不错,至少没有任何公开的矛盾。这主要源于祁寯藻的性格与经历:父亲祁韵士的磨难,以及前辈名臣那彦成的起起伏伏、屡屡革职又屡屡起复的官场生涯,恩师黄钺与岳丈陈用光的谆谆教诲,皆让祁寯藻更趋低调——任何时候,对任何人说话,办任何事情,都必须谨慎,切莫把情绪放在脸上,否则,便会引来不测。官场如战场,甚至比战场更瞬息万变,任何不得体的言行,都会得罪人,都会招致意想不到的责难。

所以,不管是之前,还是现在,祁寯藻即便心里有再多不满,对首席军机大臣穆彰阿,也总是恭恭敬敬的。这么多年以来,祁寯藻虽然不是所谓的"穆党",但他能被穆彰阿所接受,而穆彰阿也正是因为祁寯藻的"温顺",才没有什么意见,赞同他入军机。

军机处是帝国权力的核心,听起来很唬人的,但实际上,军机处设在紫禁城内的一栋矮小房子里,地点位于皇帝办公的养心殿一旁,其办公条件很差，根本不像一个中枢机构，甚至比太监宫女的居所都差。说来可怜又可笑，皇帝办公的养心殿巍峨高耸，处处体现着威严与壮美，而宰相们，却挤于一隅的小平房，如同打杂的。帝国的中枢部门如此"简陋"，可谓奇葩。清代皇权专制的登峰造极，亦可见之一斑。

这天，祁寯藻在宫人的指引下，第一次朝军机处那栋低矮的平房走去。此刻，天还未亮，秋日的星空很晴朗，风倒是吹得有些紧，但不碍事，反使人格外温暖与惬意。作为后进的军机大臣，祁寯藻第一个早早来到军机处的小平房，他本来清苦惯了，在什么地方办公都无所谓的，但走进军机处大门的那一瞬间，他还是感到了一种莫名其妙的别扭与怪异：早闻其简陋，今儿亲眼见之，原来比想象中的还要差。不过，这种别扭与怪异并未持续太久，紧接着，便是一阵恐惧：伴君如伴虎，更何况是做军机大臣。

军机处的几位前辈大臣陆续到来，祁寯藻给他们一一请安。最后一个进门当然是首席军机穆彰阿。祁寯藻见他进门，正要向前拜见，可穆彰阿却远远地大声说道："叔颖来了吧？"

祁寯藻闻之，赶紧走过去，一弯腰，一抬手，大声说道："晚辈祁寯藻拜见穆中堂。"

穆彰阿笑容可掬地拉起祁寯藻的手，亲切地说道："叔颖啊，你来军机真是天大的好事，你看我们这几位老家伙，都不中用了，以后中枢这点事可全都靠你了呀。"穆彰阿一边说，一边朝里面其他的军机大臣拜了拜。

其他军机大臣见穆彰阿这么说，也都异口同声附和道："是啊，叔颖来了，我们这帮人就可以偷偷懒了。"

祁寯藻赶紧再次对所有人鞠躬，说道："各位前辈言重了，寯藻还要多多仰仗各位大人，向各位大人学习为官理政之道。"

穆彰阿笑着说："叔颖啊，老夫不瞒你说，也不瞒着在座诸位中堂，你去年在福建的时候，老夫便建议皇上叫你入军机，这下可好，如愿以偿

了。"

"多谢穆中堂还有各位中堂大人的栽培，寯藻永远铭记在心，虽无以为报，但一定会尽量做好各位中堂的助手，为皇上分忧，为万民谋福。"祁寯藻大声说道。

"好好好，叔颖的为皇上分忧，为万民谋福这十个字，都可以写成条幅，挂在我们这儿了。"

穆彰阿这句话很真诚，可祁寯藻听了却有些不舒服，说不清是自己有些不好意思，还是觉得被人愚弄，反正他一瞬间悻悻然不知所措。好在众位军机大臣都你一言我一语，笑着说穆中堂这个主意甚好，于是祁寯藻的尴尬也就马上被众人的声音所掩埋。

不过，穆彰阿的每一个神态，皆为一副很欣赏祁寯藻的样子，根本没有任何调侃的意味。祁寯藻心想，也许是自己多心。穆彰阿比祁寯藻年长十一岁，此刻正好六十整，以往，他清瘦的脸上总是带着一种高深莫测的笑容，而今天，祁寯藻觉得，他完全不像以前那种状态，反而处处和蔼，时时关爱。

其实，穆彰阿此刻的确是真诚的。很早以前，他就对祁寯藻的书法赞赏有加。道光十六年的夏天，祁寯藻丁完母忧，刚从寿阳老家回到北京，正担任兵部侍郎的时候，穆彰阿还专门派一个心腹来祁寯藻家里，对他说："穆相很喜欢大人的字，特来一求，望大人惠予。"

祁寯藻二话不说，马上就写了一个一尺的大"福"字，交给来人。其实，穆彰阿的用意并非仅为要字，而是要笼络祁寯藻，而祁寯藻亦心知肚明。之后，祁寯藻便与穆彰阿走得勤一些，但也保持着一定的距离，毕竟不管是做人，还是为官，祁寯藻都与这位宰相有着较大的不同。

当初，穆彰阿也常对祁寯藻说，自己是禁烟的，更是支持严禁派官员的。这令祁寯藻大受鼓舞，因为有他这个首席军机大臣支持，禁烟必定大有可为。后来，祁寯藻前往江苏担任学政，接着又奉旨钦差，到福建与浙江调查鸦片走私情况，再后来，鸦片战争爆发，禁烟大业毁于一旦，祁寯藻这才在遥远的南方意识到，穆彰阿并不是林则徐与邓廷桢那样的严禁派，而是首鼠两端，为了个人政治利益，不惜葬送禁烟的大好前景。他在福建时，几乎都对穆彰阿绝望了。

但人这种动物又是极其复杂的，此刻在军机处，他看到穆彰阿的笑脸，感觉他并非那么令人讨厌。一个宰相，即便做了有损国家的事，也不仅仅只是为了一己私利。如果设身处地，那么他或许是到了那个位置，不得不为他那个集团的人谋福祉，才干出一些蠢事。

穆彰阿其实对同僚都很客气，即便有人觉得他的笑容总是高深莫测，不可只看其表面。作为帝国的宰相，还有人说他是口蜜腹剑，但祁寯藻以往与他在一起，却感到他未尝不露真情。毕竟，穆彰阿也是正宗的进士出身，年轻时也曾刚正不阿，干过很漂亮的事，为官场上的汉族大员所瞩目。

祁寯藻突然有些茫然。所谓的人情世故与国家大政，都难以捉摸啊。

晚上回到家，祁寯藻看到会客厅里，六弟宿藻正和一个年轻人高谈阔论着。那年轻人一见祁寯藻，赶紧站起来拜道："晚辈曾国藩见过中堂大人。"

祁寯藻一笑，也回拜了一下，发现此人一脸书卷气，很是文雅，但又不失精明。

祁宿藻在一旁介绍道："五哥，这就是我跟您提起的湖南同年，上个月，我就带他来过，您刚好有临时有事，不在家。"

祁宿藻一边说，一边略显愧疚地看了一眼曾国藩。

祁寯藻点点头："原来是涤生啊，久仰久仰。"

涤生是曾国藩的字，他今年才三十一岁，比祁寯藻小十八岁，也比宿藻小十岁。

"早就要来拜见中堂大人，今儿终于有幸一见。"曾国藩很谦逊。

"你是道光十八年进士中的大人物,老夫今日也有幸一见啊。"

祁寯藻原本就听人提起过曾国藩这个名字,没想到六弟说的同年就是他。道光十八年,祁寯藻在江苏担任学政,当年那一科的会试主考官正是穆彰阿。而穆彰阿非常喜欢曾国藩这个得意门生,私下常说,此人前途不可限量。

曾国藩上次跟着宿藻来求见,扑了个空,这一次趁祁寯藻刚入军机便来求见,其用意十分明显,即表示仰慕,日后可用作援引。这是帝国官场的惯例,对于那些刚入仕的进士来说,这种走动尤为重要。更何况,曾国藩与祁宿藻是同年进士,有了这层关系,他更有必要结交已然贵为宰相的祁寯藻。

离开祁家之前,曾国藩还请祁寯藻赐他几个字,并说道:"这几年,朝野内外,以得到中堂大人的字为荣。"

祁寯藻笑了笑:"都是虚名在外,那老夫就献丑了。"

等曾国藩高兴地拿着一幅字走了之后,祁寯藻若有所思地对宿藻说道:"我本就格外看重湖南士人,未曾想,此君比我当年在湖南任学政时所接触的读书人,还要特别。"

宿藻点点头:"五哥说的是,我们这一科,就属他最为穆相所关注。"

"我观此君,说话有条不紊,多余的话,不说一句,句句都说到对方心坎上,仿佛知道对方心里在想什么,而且既恭恭敬敬,又不失读书人的傲骨,不过六弟啊,"祁寯藻话锋一转,"我听说此君特别会走穆相的门路,你至少在这一点上不如他。"

宿藻笑着说道:"个人有个人的活法,他如此,我也知道,但我做不到。"

祁寯藻点点头,轻轻说道:"你在仕途上恐怕没有你这个同年走得顺,更何况曾国藩比你还小个十岁。"

宿藻却不以为然,说道:"五哥,我不太喜欢在翰林文臣上熬着,有机会，我希望更快到地方去任职，哪怕任一个小县的知县，也行。"

祁寯藻点点头，微微一笑，未再说什么。

夜已经很深，帝国的一草一木似乎全都进入了梦乡。宿藻见兄长有些累乏，便劝兄长早点睡觉，自己则轻轻离开。

祁寯藻等宿藻离开会客厅之后，还是一头扎进书房，坐在椅子上，想着刚才那位年轻的湖南翰林。一边想，他一边在纸上写下"长江后浪推前浪"七个字。写完，却发现这七个字没有往日写得好。甚至，在那还未完全凝干的墨迹中，透露着一丝惶恐。

第十四章 寿阳相国

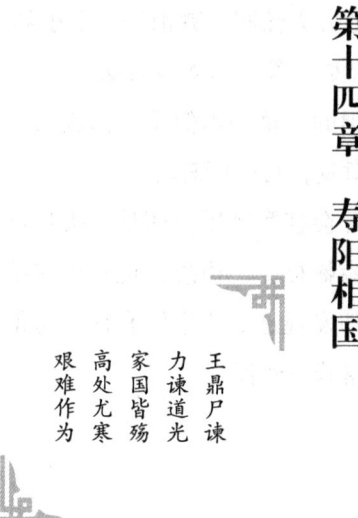

王鼎尸谏
力谏道光
家国皆殇
高处尤寒
艰难作为

王鼎尸谏

道光二十一年底,军机大臣祁寯藻被任命为"经筵讲官",这再次让他多了一份荣誉与资历。所谓经筵讲官,就是御前讲座老师。中国自汉代以来,就有专门给皇帝讲课的制度设计,只不过,随着时间的推移,皇帝的"讲官"这一职位愈发务虚,往往只是皇帝对翰林文臣的一种肯定与褒扬。从广义上讲,祁寯藻先前所担任的侍讲学士、日讲起居注官等职务,皆可算作给皇帝讲课的老师。不过,经筵讲官属于其中最高等级的"帝师"。虽然这种所谓的"经筵",一年到头也举办不了一两回,但能够做这个讲官的,可不是一般人,皆为文臣精英中的精英。

清代经筵讲官总共十六人，汉八人，满八人。做过经筵讲官的人，才有真正的资格说自己是帝师。但这种帝师依然只是形式上的，比起教太子或小皇帝读书的老师，还是有很大的差别。当然，只要形式上做了帝王的老师，依旧可流芳千古，荣耀家门。

　　可惜，祁寯藻个人不管获得怎样的荣誉和地位，也抵挡不住朝局进一步堕入深渊。第二年四月初夏，军机处排名第三的汉族宰相王鼎在圆明园官署上吊自杀。老臣王鼎时年已七十五岁高龄，是林则徐等抵抗派官员的坚定支持者，与穆彰阿水火不容。鸦片战争打响后，王鼎屡犯龙颜，劝道光不可偏信穆彰阿，必须重新起用林则徐，更不可对英国妥协，签订丧权辱国的条约。可道光不听，王鼎便采取了这种极端的尸谏，并给道光留下遗言：条约不可轻许，恶例不可轻开；穆不可任，林不可弃。

　　穆彰阿得知王鼎死讯后，通过首席军机的有利条件，赶紧第一时间派心腹改动了王鼎的遗书，并向道光汇报说，王鼎乃死于暴病。道光将信将疑，但他不喜欢王鼎，也就未做深究。但天下哪有不透风的墙，更何况是朝廷重臣尸谏于圆明园。祁寯藻很快知道事情的真相，他觉得这是一个天大的好机会，可以趁机打击穆党等投降派的气焰，为前辈王鼎讨一个说法。

　　于是，祁寯藻决定给道光上折子。正要动笔，突然六弟祁宿藻走进书房，轻轻说道："五哥，陈子鹤求见。"

　　子鹤是就是陈孚恩，他与祁寯藻的关系很奇怪。三十多年前，陈孚恩的父亲陈希曾在山西做学政时，提选祁寯藻中了秀才，成了祁寯藻的座师。照这层渊源，陈孚恩与祁寯藻是同辈人。可是，后来祁寯藻成了陈用光的女婿，而陈用光又是陈孚恩的堂祖父，这样陈孚恩就得管祁寯藻的妻子陈夫人叫一声姑妈，祁寯藻则成了陈孚恩的姑父。陈孚恩比祁寯藻小九岁，与祁宿藻年龄相仿，是穆彰阿的嫡系死党。

　　非常有意思，即便祁寯藻看不惯陈孚恩与穆彰阿走得太近，但两人还是常有往来。很多事情,并非仅仅由政见不同所决定。中国是一个人情社会,尤其祁寯藻与陈孚恩之间还夹杂着科考门生、姻亲血缘等多重关系。而且,陈孚恩是书法高手,常与祁寯藻切磋书艺,两人相互欣赏砥砺,曾经一度不分彼此,融洽如一人。

可最近这些年,陈孚恩紧追穆彰阿,成为朝廷中一颗冉冉升起的新星,但祁寯藻心里即便有些不舒服,也并未将陈孚恩据于千里之外。道光中晚期的政治生态就是这样,从地方督抚到中央六部大员,很少有人不是穆彰阿的亲信。如果远离穆彰阿,也很难坐到高位上,即便侥幸得一要职,也会被穆彰阿赶下台。

祁寯藻对陈孚恩终究还是理解的,年轻人想要上进,必须攀一个牢靠的高枝。比陈孚恩更年轻的曾国藩,不也一样如此吗?只不过,最近发生的那件事,令祁寯藻愤愤不平,如鲠在喉——篡改王鼎遗书的人,正是陈孚恩。不知是受到穆彰阿的指使,还是陈孚恩自己邀功心切,反正他跑到王鼎府上,巧言令色,威迫利诱,诈骗王家人,获得王鼎的遗书,"润色"之后上奏于道光。

他的恶行,早已成为京城官员圈子里一个公开的秘密,并为朝野绝大多数士人所不齿。或许,就连道光皇帝也对穆彰阿与陈孚恩的所作所为了如指掌,他只是装作不知道罢了。祁寯藻心想,即便倚靠穆彰阿,也不至于做得如此不堪吧。

此刻在书房,祁寯藻听说陈孚恩前来造访,便忍不住皱了皱眉头,说道:"他来做什么?"

祁宿藻轻蔑地一笑:"他能来干什么,还不是给穆相递话,要封住你的嘴,不让你向皇上说出王定九大人死去的真相。"王鼎字定九。

祁寯藻叹了一口气,让宿藻请陈孚恩进来。

陈孚恩一进书房,便拱手说道:"孚恩拜见中堂大人。"

祁寯藻笑着说道:"是子鹤来了啊,不知这么晚,有什么事吗?"

"我与中堂大人相识相知多年，"陈孚恩脸上有些愧色，"有什么，我就都直言不讳了。"

"请赐教。"

"王定九大人的事，请大人不要管。"陈孚恩倒是很直接。

"那子鹤你给我说说为什么不管。"祁寯藻还是一脸笑意。

"第一，皇上本就不喜欢王定九大人，第二，如果非要较真，那么不知有多少无辜的官员会被牵连，被革职，被发配，甚至杀头，第三，即便王定九大人所谓的遗书是真的，也没有任何作用，朝局不会因此而有任何改变。"陈孚恩倒真是直言不讳，差点说改遗书的人就是自己。

祁寯藻见他说到这个份上，也明说道："我也不管王定九大人的遗书到底是什么内容，我只问你，子鹤，国事愈发糜烂，穆相难道就不愿意做哪怕一点点改变吗？"

陈孚恩沉默了好半天，祁寯藻也没有其他话可说，书房内的空气仿佛已冰冻凝固。好久，陈孚恩打破沉默，轻轻说道："中堂大人，您应该知道，有很多事情，嘴上说说可以，但操作起来难于上青天，鸦片不是禁了这么多年吗，我们也与英吉利人打了这么久，但您看看现在的结果，英吉利人打得我们毫无还手之力——"

"事在人为，如果让林少穆与邓维周两位大人继续镇守南方沿海，说不准就能迎来转机。"祁寯藻忍不住打断陈孚恩，大声说道。

"中堂大人啊，如果把林少穆与邓维州两位大人放在海疆，的确比现在的继任者强，可皇上已调整了对英策略，认为林邓两位大人才是首开边衅的罪人。"

"皇上调整了策略，还不是有人天天说英吉利人如何如何厉害，他们的大炮如何如何威力大才造成的。"祁寯藻还是没忍住，与陈孚恩激烈地争辩起来。

"好了好了，大人，我不愿意跟你争这些，所有的争论，自有后人来评说。"

"后来人——我说子鹤,当下的事情就是由当下人来操控,来权衡,来完成,甚至力挽狂澜的,也只有当下人才能负这个责,后来人皆为看客,他们的评说又有何用?"祁寯藻很生气。

"我不是这个意思,大人——"

"什么大人不大人的,"祁寯藻怒不可遏,"子鹤,你还不如直接叫我的名字,你以前不是就这么叫的吗?怎么现在一口一个大人,我听着不习惯,不不不,应该是说是很不习惯。"

是的,很久以来,陈孚恩皆称祁寯藻一声叔颖兄,或者叔翁,甚至特殊情形下,还尊祁为姑父。

"此一时也,彼一时也。" 陈孚恩针锋相对。

"彼一时我是祁寯藻,此一时我还是祁寯藻,而彼一时你是陈子鹤,此一时你已经不是陈子鹤。"

"大人啦,你为什么就不能心平气和,体谅一下我的难处。" 陈孚恩一边说,一边叹了一口气。

"体谅?体谅你的难处?"祁寯藻重重地看了一眼陈孚恩。

"在朝为官,大家都不容易。"

"是啊,都不容易,那林少穆、邓维周、王定九三位大人容易吗?"祁寯藻严词反问。

"不容易——"陈孚恩点头答曰。

"那么,他们三位有没有难处?"

"有。"

"那该不该去体谅他们三位?"

"该。"

"这不就得了?"

"好了,好了,大人," 陈孚恩虽有些窘迫,但依旧不卑不亢,"这样,我们不说人，只说事。"

"那好，说事，难道皇上就不该听一听主战派官员的心声吗？"

"主战当然可以，但王定九大人不该挑拨皇上与大臣的关系。"

"只听你们的一面之词，继续夸大战争的后果有多么多么严重，才算不挑拨皇上与大臣的关系吗？"

祁寯藻正在气头上，且有些观点，愈说似乎分歧愈大。陈孚恩深谙其理，便马上改变话题，问道："我姑妈最近身体怎么样了？"

陈孚恩口中的姑妈，便是祁寯藻的夫人，她其实比这个堂内侄还小一岁。

祁寯藻听陈孚恩这么一问，也知道，刚才的争论绝对是徒劳的，便叹了一口气说道："你姑妈还是老样子，总不见起色。"

"唉——"陈孚恩点点头，眼眶也红了，"可怜我姑妈，怎么身体就这么不争气啊。"

"好了，好了，再说我更难受。"祁寯藻也快流出眼泪。

"行行行，我不说了，"陈孚恩继续大打感情牌，"带我去看看姑妈吧。"

祁寯藻不再说什么，抬起头，引着祁寯藻朝外走去。出书房大门的一瞬间，他发现陈孚恩的神态与刚刚到来时完全不一样。也许，他是真诚的，为自己姑妈的病情而感到揪心。祁寯藻猛然意识到，只有以亲人的身份来进行交谈时，陈孚恩才显得那样的真诚无私，甚至极讨人喜欢，与二十多年前，祁寯藻第一次在岳丈陈用光家里碰到的那个陈孚恩，毫无二致。

送走陈孚恩，祁寯藻再次走进书房，呆呆地坐在书桌旁。他不断地想起陈孚恩说的话。的确，就算把前辈军机王鼎的真实死因和遗书详告之道光，那也只会让穆彰阿打击更多敢于说出不同意见的人，而他自己势必与穆彰阿彻底决裂。此刻正是国家抗击英人最关键的时刻，如果倒穆不成，那么穆彰阿将会对朝廷依稀尚存的主战派官员进行更大规模的清算。到时候，对战事就更不利。

只能妥协。祁寯藻原本非常反感对英妥协派，可现在，他也必须向穆彰阿妥协了，甚至比以前还要隐忍。一切为了大局计，为了保存实力。与其说王鼎是尸谏而亡，毋宁说他是被穆彰阿一系的人逼死的，不能再有主战派大员步他之后尘。

力谏道光

可惜，妥协也是无用的，几天后，英军攻入长江口，紧接着，吴淞口要塞沦陷，朝廷再次战栗不已。旋即，盛夏六月，当道光和主和派官员还心存一丝幻想之时，英国舰队却逆江而上，攻陷镇江。一败再败，六月底，英国远征军兵临南京城下。至此，江南震惊，举国震惊，朝廷一片哀怨，却毫无良策。

道光二十二年的中华大地，春有明媚，夏有晚风，与一万年以来的样子毫无二致，但英国人似乎来到一座黄金花园，他们很兴奋异常，绝不会停止他们的侵略。

穆彰阿一如既往，把这所有的战败责任，都一股脑地推在抵抗派官员身上，继续强调这些惨剧都不出他所料：正是林则徐首开边衅，才有今儿愈演愈烈之祸。历史是诡吊的，穆彰阿在鸦片战争的历史关键时期，扮演了一个反面角色，但他的观点，尤其是认为林则徐过分自信、轻敌和冒进，的确有几分道理。当然，历史人物是复杂的，要看其主要功绩，故而不能苛责林则徐，更不能为穆彰阿的投降主义开脱责任。

道光则如一个老年丧子的大财主，只知临朝叹息，而穆彰阿只能在言语上为道光分忧，稳定满朝文武的惶惶之心。有一天，或许是为了调节一下紧张的氛围,穆彰阿回到军机处后,大声邀请其他大臣一起去赏花咏诗。大臣们一听,都纷纷附和,唯有祁寯藻站在一旁沉默,他骤然想起前辈军机大臣王鼎的尸谏之语:穆不可任,林不可弃。正当他发呆之际,穆彰阿却走到他身边问道:"叔颖难道有更好的建议吗?"

祁寯藻本打算找个理由说去不,此刻被逼急了,忍不住对穆彰阿说道:"皇上都已经焦头烂额,穆中堂作为军机首辅,还想着游玩之事?"

祁寯藻平时是老实人,很少说难听的话,即便再有怨言,也总是说话留有余地,不让人难堪。可这回,他突然当众让穆彰阿下不了台,令穆彰阿与所有在场军机大臣皆呆若木鸡,像吃了一记闷棍。一时间,穆彰阿错愕不已,半天都说不出一个字,其他人也不知说什么,似乎连打一下圆场的补救之举都忘了。

大家不欢而散。

祁寯藻愤怒归愤怒,但对时局没有任何裨益。英军攻破镇江后,逆江西进,抵达南京城外的下关江面,而清帝国则继续采取妥协的态度,以至于到了八月九日,中英《南京条约》的文本已摆在道光的案头。打不过,只能讲和,如果再打,英国人或许会再一次直接扬帆北上,开到天津大沽口洋面耀武扬威。毕竟,南京离北京还很遥远,如果一旦敌舰再次逼近京畿重地,那么道光和整个国家就更是寝食难安矣。

条约签订之前,道光帝一宿未睡,直到清晨,他才把同意签约的上谕交给太监,并悲痛地说道:"直接交给穆彰阿,不可让祁寯藻知晓。"说罢,道光老泪纵横,望着遥远的南方发呆。

等祁寯藻发觉时,上谕已悄然寄向南京。为时已晚,他痛苦地大叫一声:"天不助我大清乎。"说完,号啕大哭不已。一边哭,他又一边告诉自己不能哭,不能哭,不能一哭了事,不能坐以待毙。于是,他还来不及哭个够,便跑到道光的寝宫外,跪在地上呼喊道:"请皇上收回成命,条约不可签,国权不可丧,条约不可签,国权不可丧——"

祁寯藻一遍一遍地叫着，道光躲在里面听得一清二楚，但他早已下旨，今日不见大臣，尤其不见祁寯藻。而祁寯藻就那么跪着，不停地叫喊，让道光收回成命。凄凉的声音回荡在宫殿的上空，也回荡在古都北京的上空，更回荡在这个古老帝国的上空。

大局已定，《南京条约》成为中国近代史上第一个不平等条约，后来更为耻辱的种种条约皆肇端于此。只是在当时，不管是道光，还是穆彰阿，甚至是祁寯藻自己，谁都没有料到这居然是大清帝国与西方列强签订不平等条约的开始，而绝不是结束。一如两年前，不管是道光本人，还是以穆彰阿为首的妥协派，甚至以地方大员林则徐挑大梁的抵抗派，都没有料到自己的国家在面对英吉利人时，是那么的不堪一击。

至此，起于道光十九年四月，以虎门销烟为高潮的全国大规模禁烟运动彻底失败。一个时代落幕，中国被西方用大炮打出来的近代正式开启。而鸦片，这种毒害中土无穷的超级怪兽，将继续有恃无恐地侵蚀清帝国的每一个细胞，直到吸干她身上最后一滴血，使其轰然倒下。

祁寯藻生不逢时，谁叫他在这个时代做宰相？他无能为力，但无能为力的并非他一人，而是整个帝国。连林则徐、邓廷桢这样精明能干、有大智慧的禁烟干将都早已折戟官场，更何况乎他人。

这天，祁寯藻力谏道光，却毫无成果。夜晚，他返回宅邸，却发现一群人都挤在会客厅，正等着他。大家群情激奋，哀声一片，见到祁寯藻，便都开门见山，大声说道："中堂大人，条约辱国辱民，实我中华三千年未有之惨剧，请大人再劝皇上收回成命，与英吉利人再战。"

祁寯藻流着泪，点了点头，大声对这些爱国的青年官员们说道："你们的心，我祁寯藻都明白，我尽力了，但结果就是这样，上谕已经同意与英吉利人签约，南京的事，我管不了了，请诸位原谅。"

说完，祁寯藻便失魂落魄地走进内室，只余会客厅的这群人哭声震天不已。

家国皆殇

第二天，祁寯藻告病在家，何绍基前来拜访。

何绍基何许人也？他是湖南道州人，家中四兄弟皆为地方名流，其中有一位还与何绍基是孪生兄弟。何君比祁寯藻小六岁，乃道光十六年的丙申恩科进士。何绍基这一科的会试主考官是平庸无为的军机大臣潘世恩，副主考则为四个多月前尸谏道光的王鼎。这就注定了这一科只能是"哑榜"。

当时，每届科考，有"响榜"与"哑榜"两种说法，前者是指某一科的进士入仕后便可飞黄腾达，后者则空有进士称号，官场难有作为。穆彰阿当权时期，只要是他主持的科考，甚至他只是一个副主考，那么这一科也会有幸成为"响榜"——曾国藩便因此受益匪浅。而同时期其他大臣主持的会试，则几乎都是"哑榜"——何绍基便是其中"受害者"之一。

穆彰阿当政时，其他主持会试的大臣，要么只能眼睁睁看着自己选拔的进士沦为"哑榜"，要么紧随穆彰阿的脚步，作为配角，跟着捞取一回"响榜"的荣耀。祁寯藻本人也不例外，终其一生，他也多次担任乡试与会试的考官，可他提拔的诸多人，后来能掌大权的，寥寥无几，根本无法与穆彰阿的门生相媲美。

科考的同门与同年，是士大夫最为重要的人际交往圈子。穆彰阿的势力遍布朝野，从他个人与后进官员的这种门生的关系，便可见一斑。真可谓一人得道，鸡犬升天。

何绍基是典型的"哑榜"中人，此刻在国史馆坐冷板凳。他既不是穆彰阿的门生，又从不攀附穆系大佬，结果便是官场郁郁不得志。而祁寯藻是军机大臣里的反穆领袖，何绍基便围绕在他身边，取暖发泄了。当然，这是次要的,关键是何绍基以诗词与书法见长,是文坛名流,为士林所瞩目。

更重要的是,何绍基与祁寯藻一样,也是宋诗的拥趸者,而且他的老师是大名鼎鼎的程恩泽——嘉庆、道光时期的大学者、大诗人。道光元年,祁寯藻与前辈程恩泽同时入职南书房,而这位前辈也是宋诗派的大家。正是有着相同的文学价值取向,这三人才成为挚友。还有一点,祁寯藻是书法名家,而何绍基也是丹青笔墨高手,尤其何的一手草书,融各家之长,独树一帜,深为祁寯藻青睐。

而今,何绍基的老师程恩泽已去世五年。遥想道光二年的仲春时节,祁寯藻入南书房不久,亡妻曹夫人留下的独苗佺儿不幸夭折,祁寯藻太哀伤,实在撑不住,便请假在家休息。结果,前辈程恩泽特意来家造访,给祁寯藻带来诸多升迁路上的好消息。祁寯藻永远记得,自己为佺儿写的那首悼亡诗"仲春感怀时佺儿殇",被程恩泽一眼看到的情景。当时,程恩泽颇为尴尬,他本以为祁寯藻又写了什么其他的好诗,可走近一瞧,才知自己有些唐突。

一晃二十年过去,好在程恩泽已于五年前去世,否则他也要亲睹鸦片战争、签订《南京条约》等一系列惨祸。而他的得意门生何绍基,此刻则作为靠边站的官员,被穆彰阿打压得够呛,在官场碌碌无为,毫无建树。

一见祁寯藻,何绍基便大声说道:"中堂大人啊,我昨天之所以不来,是知道很多人都要来找中堂大人哭诉。"

何绍基语速很快,一脸的淡定,没有太多的义愤填膺。昨晚,一大帮年轻京官不满朝廷同意签订《南京条约》,便集体跑到主战派军机大臣祁寯藻府邸,希望祁寯藻能够力挽狂澜,再谏道光皇帝。可祁寯藻没说什么,便打发这帮群情激奋的年轻京官离开——他宁可让他们失望,也不能害了他们。

今天,祁寯藻见何绍基很淡定,觉得有点奇怪——何绍基一向反对穆彰阿,可昨晚他不仅没来祁寯藻家,今天还安之若素。签订"南京条约"的上谕已经发出,何绍基不该如此平静啊。

见此,祁寯藻直截了当,说道:子贞,你今天一反常态啊。"

"中堂大人,昨晚他们约我一块来见您,可我没有来,"一开口,何绍基的脸还是无法避免地渐渐暗下来,"我知道昨天大家肯定哭哭啼啼的,可这又有什么用呢,事已至此,中堂大人您也没有办法啊。"

祁寯藻闻之,赞许地看着何绍基,点点头,有叹息一声:"子贞,你的老师春海前辈去世都已经五年,我这几天还梦到二十多年前与他同时入直南书房的情景。"何绍基字子贞,程恩泽号春海。

"老师去得太早了,要不然,他老人家还会写出更多的好诗。"何绍基一边说,一边望着远方发呆,仿佛老师就在那不可捉摸的远方。

"我记得那时候,我家犬子病亡,他还来家里探望我。"祁寯藻也深情地望着远方,"想来如一梦,犬子夭亡时,我整好三十岁,如今弹指一挥间,二十年过去。"

何绍基闻之,陷入了沉思,祁寯藻也不知该如何谈下去。好久,何绍基突然说道:"其实,春海师还算有幸,我今天造次一回,如果他老人家还活着,看到当今这个局面,看到穆彰阿主政后的种种弊端,恐怕日子会很不好过。"

祁寯藻无奈地点点头。

何绍基继续说道:"现在,至少他老人家不用像我一样,满腔愤怒却无所作为。"

祁寯藻定眼看了看何绍基,他突然发现,自己不能与面前这位大才子继续哀怨,必须给何绍基一点希望。于是,祁寯藻微微一笑,大声说道:"子贞,切莫太过于悲伤,此一时也,彼一时也,更何况事在人为,总有机会的,朝廷不可能永远是现在这个样子。"

何绍基苦笑了一下,没说什么,他很清楚,祁寯藻不愿谈国事。临走时，何绍基嘱咐祁寯藻多保重，不为自己，也要为朝廷百姓。

祁寯藻感激地点点头，便送走了何绍基。

国事已不可为，家事则凄凉有过之。三年之后，道光二十五年，陈夫人病情突然加剧。初冬十月，北京城早已冷如冰窖，任何火热的东西，似乎都与这个世界无关。尤其此刻，鸦片战争失利、对外不平等条约接踵而至，帝国更显一股行将毙命的暮气。虽然冬天过后，必定有春天固执地降临人间，但祁寯藻恐怕也难以感受到丝毫的暖意和生机。

那天一大早，天还没亮，祁寯藻一起床，便深情地看着陈夫人。她已奄奄一息，唯一的儿子祁世长也坐在床前掉泪。祁世长已二十一岁，他盯着母亲的脸，泪流满面地说道："母亲，您真是受活罪，拖了这么多年，都瘦成这样了。"

陈夫人早已说不出话来，她努力地伸出手，想要抓住儿子，可未能成功。祁世长知道母亲的意思，赶紧握住母亲的手。一旁的祁寯藻叹了一口气，轻轻对祁世长说："世长，赶紧给你娘喝点参汤，让您娘舒服一些，好说说话。"

祁世长闻之，赶忙端起床头柜上的参汤，舀了一勺，送入母亲的口中。

一会儿，陈夫人果然好些，她挣扎着要坐起来。祁世长不忍心，怕她累着，对身体不好，但又有一丝高兴，仿佛看见母亲大病痊愈一般。祁寯藻见儿子很犹豫，颤抖着说道："让你母亲坐着说说话吧。"

祁世长便将母亲的身子轻轻拖靠在床头，祁寯藻也向妻子靠拢一些。陈夫人重重地呼吸着，攒足了劲，才悠悠地说道："老爷——不早了——你该去园子里了。"

陈夫人所指的园子就是圆明园，从雍正以后，清代帝王在圆明园设有行宫，一部分时间在此办公，大臣们便也要跟着常往圆明园跑。当年，祁寯藻刚考中进士，便住在圆明园的澄怀园，襄助恩师黄钺处理政事。

此刻，祁寯藻听夫人说起圆明园，突然就忍不住又流下泪来。当年，他二十多岁，正是意气风发之年，与黄钺、田嵩年一块，在圆明园漫步攀谈，苦苦思索严禁鸦片的对策。而今，田嵩年已去世多年，而黄钺也在四年前病逝于安徽芜湖老家。

此刻，妻子病入膏肓，眼看着不行，却还提到圆明园，惦记夫君祁寯藻的事业。祁寯藻在这一瞬间猛然感到这个世界太无情，也太荒唐，为何这么多给他生命留下温情的人，全都要一个个远离自己呢？他们真的就离开了吗？或许，他们永远不会离开，只是换了一种方式，围绕在自己的身边。

作为道光不可或缺的股肱大臣，祁寯藻今早必须赶往圆明园，若再不动身，恐怕就要迟到。今天，道光将要与军机大臣们商议财政上的事，祁寯藻作为兼任户部尚书的军机大臣，首当其冲，必须全程参与。

只是陈夫人这么一催，他更为焦躁难受。夫人明摆着只剩最后一口气，将不久于人世，他不愿意最后那一刻自己不在她身边。

儿子祁世长见父亲眉头紧锁，满脸不忍，便说道："父亲，您快回园子里吧，料想母亲还能熬着，您再不动身，就要误事了。"

等儿子说完，陈夫人也无力地说道："老爷——你就走吧——我一时半会死不了。"

祁寯藻闻之，心如刀绞，但又没有别的办法。他想了想，满脸愧疚地握住妻子的手，轻轻地说："你一定要等我回来，一定啊，我办完事马上就回来。"

说完，他把儿子叫道一旁："唉——事情就是这么不巧，刚好你六叔外放湖北，你母亲的病这回又来得如此之急，家里就你一个主事的人，也真是难为你了。"

原来，两个多月前，祁宿藻在翰林院编修的任上被道光看中，一下子便擢升为湖北黄州府知府。祁宿藻得偿所愿，他原本就想早点去地方任职。祁宿藻能很快获外放，自然有祁寯藻的提携与促成，以至于祁宿藻的同年曾国藩等一班新进翰林，都暗羡不已。

此刻，祁世长听父亲说起外放的六叔，才猛然感觉自己成了家里的顶梁柱，他大声回道："父亲，您放心，我都已经二十多岁了，早不是小孩子，您就一心去圆明园办事去吧，千万不能误了军国大事。"

祁寯藻点点头，再远远看了妻子一眼，叹了口气，便起步离去。

这一天是如此漫长，让祁寯藻都快绝望，等公事办完，他便马不停蹄往家里赶，可直到日落西山，他才从西郊圆明园回到城里。祁寯藻第一次发觉，圆明园与这北京四九城离得竟如此遥远，仿佛比京师到寿阳老家还要远。

的确是远，当他火速进城，赶到南城宅邸时，夫人已仙去。

屋子里面，祁世长跪在母亲的床前，哭得都已快背气，一旁的张穆与何绍基正劝他止哀。

原来，张穆被禁止科考后定居北京，可京城居大不易，他生计日艰，见此，祁寯藻便请他入幕襄助公事。这么多年，祁张两家亲如一家，陈夫人刚一离世，祁家的下人就赶紧把张穆请来。

除了张穆，何绍基也闻讯赶来。最近这几年，张穆与何绍基也因祁寯藻走得很近。现在，何绍基也站在祁世长的身旁，不住地劝道："世兄，注意你自己的身体啊，令堂虽已仙逝，但中堂大人与令堂就你这一根独苗，可不能哭坏了身子，那就对不住先人了——"

祁寯藻走进卧房的时候，正好听到何绍基苦劝世长，便先忍住悲痛，沙哑地说道："子贞与石州都来了啊。"

何绍基与张穆连忙转过身，向祁寯藻一拜，说道："中堂大人节哀。"

祁世长听到父亲的声音，便跪着移到父亲身边，大喊一声："父亲，母亲走了，她老人家生了五个儿子，目今就独留我一个，我何以为依，何以为靠？"

此言一出，祁寯藻再也忍不住，蹲下身，与世长抱在一起，大哭起来。一旁的张穆与何绍基此刻也乱了阵脚，跟着哀痛。

高处尤寒

家事如此，国事更别提。

道光朝晚期，当权者穆彰阿的一系列不作为，造成帝国死气沉沉，连那些一贯敢于说话的言官也闭嘴了。谁都惹不起穆彰阿，而穆彰阿又有一套常人远远不及的本领，来维持与道光的亲密关系。穆彰阿深谙道光的喜好，乃察言观色的顶级高手。他从来不在道光明说之前表态，总是等着道光，然后再按照道光的意思来办。或者，他通过巧妙的办法引导道光，让道光按照他的想法来下旨意。

道光朝晚期的社会与政治风气，比乾隆晚期和珅当政时更为萎靡与守旧。乾隆朝至少还未有被英国人打得那么惨那么痛的遭遇，而道光朝晚期，西方用大炮强势介入这个老大帝国，使得本来就很脆弱的政局更加险象环生。

墙倒众人推，破鼓万人捶，不仅英国人破门而入，美国人不久也跟着到来，要分食一杯羹。这不，道光二十三年签订的《中英五口通商条约》，紧接着道光二十四年的《中美望厦条约》，彻底让中国成为西方商品的倾销地，中国几千年形成的小农社会结构被强行打破，而中国内部，还根本来不及做应有的调整与改革。当时的中国人，包括祁寯藻在内，面对西方人的强势"破门"，都远未储备好应有的知识与世界观。

道光晚期的社会，既是那样的手足无措，又显得极为虚幻与变态。

因为打不过英国，财政就更为捉襟见肘。而除了战争的开支与赔款，还有鸦片一如既往地在倾销，国内外的鸦片贩子一如既往地发国难财。再者，更多的西方商品通过所谓的"协约关税"，涌入这个本来对西方物产没有多大兴趣的古老国度。与之相辅相成的是，大量雪花花的白银，呈加速度流出中土，落入西方人的口袋。

财政吃紧，祁寯藻压力最大，因为他本人刚好是兼管户部的军机大臣。这么多年，帝国年年缺钱，年年想尽千方百计去开源节流，最后还是缺钱，还是发愁，如平常老百姓家等米下锅一般难堪。

早在道光二十一年，祁寯藻刚从福建钦差办事回到北京，被调任户部尚书后不久，他便写信给林则徐，讨教财政之道。那时，林则徐已踏上遣戍新疆的遥远路途，但其担任地方督抚与布政使多年，有丰富的理财经验，也算半个财政专家。但是，林则徐那时也无法给祁寯藻一个清晰的理财蓝图——国事不可为，清廷一日穷甚一日。

多事之秋，一切全得靠自己苦撑着。

祁寯藻心里琢磨，他自己或许与穆彰阿一党的人有千万种不同，但有一点是相同的，即大家都明白，朝廷缺钱，而各级官员中饱私囊比比皆是，"开源"也好，"节流"也罢，似乎最终结果只是为某一部分官员谋利——改变现状的唯一办法就是推倒炉灶，重新开火，而这是不可能的。

而穆彰阿对于所有需要改革的东西，只有一个口诀，那就是"拖"，拖得大家都没脾气为止。满朝文武习以为常，祁寯藻也洞若观火。稍有良知的人，都盼着道光朝赶紧结束，但道光本人不会因为人们的迫切期待而骤然驾崩。

到道光二十九年，祁寯藻已五十七岁，在军机处都干了八年。穆彰阿依然岿然不倒，祁寯藻也熬到了官场的新阶段，被任命为上书房总师傅，教皇子皇孙读书。这些皇子皇孙中，当然有日后将在历史舞台上扮演重要角色的咸丰帝奕詝与恭亲王奕？这个时候，他俩一个是十九岁的四皇子，一个是十八岁的六皇子，同为最有可能继承大统的人。

不过，与祁寯藻同时担任上书房总师傅的，还有一个人，名为杜受田。他倒是与后来登上皇帝宝座的奕詝，早就建立起亲密的师生关系——

在咸丰六岁的时候，杜受田就开始做他的启蒙老师，一直到现在。

三年前，道光皇帝按照祖宗家法，秘密立储，而这个幸运的储君便是日后的咸丰。不管道光选择谁做皇帝，祁寯藻还是一贯的不选边，不站队。这是他能立朝这么多年的重要原因，但也同时也是他的短板。一般情况下，不选边，便意味着没有拥立新帝的"老资历"，这样日后即便没有太大的损失，也会失掉一些机遇。

祁寯藻当然也明白这一点，但人的性格是天生的，很难撼动。道光此刻已六十八岁的高龄，他正走向死亡，朝中大臣，包括穆彰阿在内，都在猜测谁将是帝国新一任的主宰。清代从雍正皇帝开始的秘立储君制度，让每一个大臣都没有百分之百的把握，押中谁是将来的新帝。不过，这对于祁寯藻来说，反倒是好事，因为他从来就不押这样的宝。他这一辈子，从来不赌博，总是小心谨慎，做牢靠的事，说无可辩驳的话。对于道光晚年这场所有高官都必须面对的豪赌，祁寯藻仿佛置身事外，从来不表现出自己看好哪个皇子能继大位。

相对于杜受田来讲，祁寯藻无疑是不幸运的。杜受田比祁寯藻年长五岁，可他比祁寯藻中进士要晚九年，虽名门出身，但杜的资历比祁寯藻要低很多。可他有幸，早早就做了咸丰的启蒙老师，此乃他人永远无法比拟的一层关系，即便此刻祁寯藻是上书房排在第一的总师傅，也根本无法撼动杜受田的地位。

当然，祁寯藻一般不去想这些东西，想了亦无用。更何况，道光虽老，但外人谁要参合皇位继承的事，下场也是很惨的。

同年七月，道光再次给祁寯藻加官，封他为协办大学士。在此之前，祁寯藻在内阁的职位是"学士"，现在一"协办"，就相当于做了"副"大学士，离大学士仅半步之遥。清代前期，军机处还没有设立的时候，内阁大学士就是清代的宰相。所谓的"内阁"，准确地讲应该叫"殿阁"，即"三殿"与"三阁"，其按地位高低依次为保和殿、文华殿、武英殿、文渊阁、体仁阁、东阁。虽然雍正以后，军机处是中枢之所在，但殿阁大学士，依旧是形式上的宰辅。

乾隆以来，被授予保和殿大学士的，只有弘历本人的小舅子傅恒一人。傅恒是满人外戚勋贵，而汉人能坐到的最高职位便是文华殿大学士——从乾隆定"三殿三阁"，到清代覆灭，也只有一个汉人享受过这个待遇，即后来赫赫有名的李鸿章。

汉人得到高位不易，但满人就相对容易很多，譬如穆彰阿，他早在十多年前就是文华殿大学士。祁寯藻所担任的协办大学士，在很大程度上应该算候补"殿阁"大学士。祁寯藻在军机处都待了八年，该享受到待遇迟早会来，不该来的额外惊喜，也不会来。官场还是一如既往，按部就班，穆彰阿牢牢坐在头号军机的位置上岿然不倒，整个国家也得过且过，毫无新气象。

艰难作为

秋冬之交的十月，祁寯藻获旨，命他前往四川查办案件。临行之前的一个黄昏，何绍基前来送行。一见面，何绍基就说道："中堂大人赴川办案，可一定要小心啊，地方上那些官员，关系错综复杂，弄不好又会得罪人，尤其是涉及到穆相的人，您一定更要小心啊。"

祁寯藻点点头，大声说道："这些年，我也有些心灰意冷，譬如三年前，我去天津查案，李白龄大人明明一个大清官，差点被他们冤枉。"

祁寯藻所说的天津之事，是指道光二十六年长芦盐政的亏空大案。"长芦"本是一个产盐区的总称，在沿渤海一带，乃古代中国北方最重要的产盐区，管理此地盐务的官员被称为"长芦巡盐御史"，其衙门驻地则在天津。

盐税是清帝国一项极为重要的税源，而盐的生产与销售，则采取非常严格的国家垄断专卖制。所以盐政官员，皆为肥缺，稍微做点手脚，便可大捞特捞。

盐政隶于户部，祁寯藻兼管户部，所以从某种意义上说，帝国管盐的第一人便是祁寯藻。但就是在祁寯藻任户部尚书的这些年，帝国盐政的亏空愈来愈严重，一度高达6000万两白银，远高于清帝国一年的岁入。因为管钱，盐政反而成了帝国贪腐的重灾区，各级盐政官员都靠山吃山，靠盐吃盐，发家致富了不得。此虽骇人听闻，却是官场公开的秘密。长芦盐政亏空案只不过是帝国盐政腐败的冰山一角，它起于长芦盐政的一把手士魁告发前任李百龄。

此刻，何绍基听祁寯藻说起几年前的旧事，也依然难以抑制内心的愤懑，大声说道："当时我们在京的人都知道李明伦大人是被冤枉的，您去天津一查，果不其然吧。"

李百龄字明伦，广西梧州人，比祁寯藻大四岁，他担任最肥的盐政官员，却依旧清廉俭朴，堪为帝国楷模，被世人所褒扬。可就连他，居然在卸任之后被告发了。

祁寯藻看着何绍基的脸，叹息道："谁说不是，李明伦大人居然都被他们告发，当时真是没想到的事，该告发的不告发，不该告发的却被告发，看来，清官也不好做啊。"

"还不是穆相那边的人捣的鬼。"何绍基还是愤愤不平，"李明伦大人如果走一走穆相的门路，也不至于如此。"

祁寯藻点点头："好在因此查出一大批蛀虫，总算还了他一个清白。"

"可不，当时我们一听说您去天津查案，就知道李明伦大人有希望了。"

"哎——"祁寯藻叹了一口气，"我是管户部的，我不去行吗？"

"不是这样说的，大人，如果您不管户部，那么李明伦大人很有可能就会遭千古之冤。"

祁寯藻笑了笑说道:"好在皇上还不至于专听一面之词。"

"不过,您趁那时的机会,好好整顿了一下盐政,让所有盐商都能自由购盐,可谓善举。"

祁寯藻闻之,领首而笑。原来,借此案,祁寯藻对盐政大力整饬,改革长芦盐务的章程,并仿照淮北盐政的办法行之,即盐商到盐政衙门交纳盐税、领取凭证后,准许其前往全国各个产盐地购进食盐,再自由销售。之前,盐商都是对应到严格指定的产盐区购入食盐。现在祁寯藻这么一改,表面上动作不大,却使得盐商之间出现竞争的局面,打破了以前各地盐商的垄断,让食盐的价格走向合理正常的区间,同时也使得各级盐政官员贪腐的机会大大降低,消除了诸多陋规恶习。

此外,打破盐商对某地食盐的垄断后,官盐畅销无阻,私盐非法销售的情况也相应地大为减少。同时,为防止偷税,祁寯藻命各地加强稽查私盐的力度,取得较好的成效。随后,河东、两广、闽浙、四川等地的盐政均仿照此法施行,清廷的盐税收入增加不少,一定程度上缓解了朝廷的财政压力。

这已是两三年前的事,何绍基猛然提起,使祁寯藻唏嘘不已。他说道:"盐政的事,没什么好说的,这些年你们都清楚,朝局就是如此,没有什么可做,做了不见得有什么成效,还得罪人。"

何绍基大声说道:"不,中堂大人言重了,您入军机以来的善政,我们都记得一清二楚。"

祁寯藻摆摆手,说道:"乏善可陈。"

"不不不,去年,您主导的漕粮海运,也必须记上一笔。"

祁寯藻闻之,笑着说:"漕粮改水运为海运,是大势所趋,即便阻力再大,也要试一试,更何况,我们还有前例可引。"

原来,道光二十八年,鉴于东南河道不畅,祁寯藻决定把漕粮由河运改为海运。漕运与盐政一样，皆为户部要管的重要事务。这些年，沟通中国南北的大运河似乎也病入膏肓，淤塞愈发严重，弃河道，改海运，亦为不得已之举。

其实早在道光六年，朝廷就实行过海运。当年，从东南沿海港口出发，沿着东海、黄海和渤海，把粮食运抵天津港口，再由天津上岸，走陆路到达北京的通州。此法畅行无阻，颇有成效，但道光六年这次的漕粮海运只是昙花一现，因为明清四百多年来，南北之间的漕粮运输皆仰仗大运河，于是以传统漕运为生的人们结成一个历史悠久、势力巨大的群体，即所谓的漕帮。一旦废水运，改海运，这些人就骤然丢了饭碗，极易引发较大的社会冲突。清政府已到走下坡路的时期，一切以求稳定为主，国家承受不了这种改革所付出的代价，遂施行一年就作罢。

二十多年后，到了道光二十八年，大运河的河道更是不堪使用，祁寯藻便顶住巨大的压力，又搞了一回海运。虽然这次海运同道光六年一样，还是未能年年持续，但为咸丰以后的海运固定化提供了很好的经验。

何绍基提起的就是这件事。祁寯藻回想起去年办理漕粮海运时的种种掣肘，忍不住叹了一口气，说道："子贞，我其实是有些私心的。"

"此话怎讲？"何绍基一脸诧异。

"你有所不知，我家先君大人当年在户部任职时，就研究过海运，写了好多文章，我也是偶然在户部查档案的时候才找到的。"

"还有这等佳话。"

"我也未曾想到的，看见先君大人藏在户部档案里的文字，更坚定了我再次试一试海运的决心。"

何绍基大笑一声："看来，是故去的鹤皋先生在冥冥之中嘱托大人弄这次海运啦。"

祁寯藻也笑了："也是无巧不成书，先君大人在户部任职多年，我如今也管着户部，算是两代人都与钱粮脱不了干系。"

何绍基闻此，沉默了片刻，突然他换了一个话题："听说林少穆大人在云贵干得不错。"

祁寯藻骤然无语，好久，他才点点头，脸上渐露笑意："说起这事，我才有些高兴，委屈少穆大人了，他本该入军机施展更大抱负的，可现在的军机处，哪容得下他？"

原来，林则徐早在四年前，即道光二十五年，就被朝廷重新起用，旋即他离开新疆，署理陕甘总督，到今年，又调任云贵总督。

此刻，见祁寯藻对林则徐的遭遇依旧惋惜不已，何绍基便鼓舞他说："中堂大人不必如此，留得青山在，还怕没柴烧，假以时日，待朝局有所变化，少穆大人必定有更大的作为。"

祁寯藻点点头，又摇摇头："老夫愧对少穆大人，这么多年，实在没为他做什么，就算是他起复获任，也是他人之功，我没半点可以对他，对诸位同仁可说的。"

何绍基急着劝道："大人不必如此，我们皆知中堂大人一心护着少穆大人，只是您的难处，众人也皆知，您在中枢，不太好说话，说了有时候不仅不管事，反倒害了少穆大人，甚至有更多无辜的人会受到牵连。"

闻此，祁寯藻突然弯腰抬手一拜，激动地说道："感谢你们的谅解，老夫做不了一代名臣，也至少不愿意被千夫所指啊。"

何绍基赶忙上前，扶起祁寯藻，大声说道："大人言重了，真的，您的一片苦心，朝野皆知，只是时势如此，凭您一己之力，也扭转不了中枢的一贯做派。"

祁寯藻点点头，眼圈却红了。

何绍基叹了一口气，然后抬起手拜道："大人明天就要前往四川，我就不打扰了，就此告辞，您也早点休息，绍基再次祝大人一路顺风。"

祁寯藻赶紧回拜。

正当何绍基要转身离开之际，祁寯藻突然想到一件事，便赶紧叫道：

"子贞,石州这段时间身体不适,我这次奉旨去四川,急着动身,就没有时间再过去探望,你多去看看。"

何绍基点点头:"不用中堂吩咐,我知道的。"

祁寯藻接着说:"还有,你帮我问一问石州,田季高大人府上的钱,都按时送过去没有。"

何绍基再次点点头:"大人风范,真是令我等无地自容,田大人都去世十多年,您还一直不忘给他家送钱。"

原来,田嵩年去世后,他几个儿子都不太会过日子,闹得家计艰难,不可度日。祁寯藻见之可怜,便年复一年资助田家,一直未曾间断。这些年,他在军机大臣任上比较忙,送钱这个差事便委托张穆来办,但这段时间张穆卧病在床,祁寯藻担心他把这事给忘了,便请何绍基前去问问。

祁寯藻见何绍基如此赞誉自己,反倒不好意思起来,便说道:"不算什么大事,我与季高兄相识于山西老家,几十年的交情,是应该的。"

何绍基叹了一口气,说道:"大人您自己也不富裕啊,您也是铁杆铮铮的清官啊。"

"没事,我家少吃点,我少买一点书,就可以了,没事的。"祁寯藻一笑置之。

何绍基望着眼前这位朝廷重臣,眼圈突然红了,他已无话可说,只是在心里祈祷着,希望祁寯藻能保重身体,为朝廷、为士大夫留下更多的浩然正气。

道光二十九年十月初,正当祁寯藻走在前往四川查办案件的路上时,又得到新的圣旨,道光帝命他改道甘肃,并会同新上任的陕甘总督琦善,共同调查甘肃的另一件大案。

真是山不转水转,祁寯藻居然要与投降派,或曰主和派大佬琦善共事了。

《南京条约》签订后不久,琦善被赦免,然后,抵抗派大员邓廷桢、林则徐也先后在新疆遣戍地起复出山。林邓两位大人重返仕途，并随即担任地方督抚，是鸦片战争以来最令祁寯藻欣慰的朝局亮点。在道光朝晚期一片凋零的局面下，能看到这一丝曙光，也算给祁寯藻这样的主战派官员继续干下去的动力与勇气。

不过，首先被赦免的是琦善，而非林邓二公，这是所谓的亮点中依旧令人不忍多想的无奈。如果琦善不被赦免，那么他的保护人、首席军机大臣穆彰阿，会同意道光起用林邓二公吗？尤其林则徐，他在南疆搞水利与屯田卓有成效，再次为时人所传颂，也充分显露出他作为一个治世能臣，不管身在何方，都能做出一番事业。但饶是如此，他也是蹉跎了多五年才得以起复任职。

穆彰阿当然不希望看到林则徐走得太顺。而祁寯藻，不管是在林邓二公遣戍新疆之时，还是在他们起复前后，都不停地为他们摇旗呐喊，用愚公移山的苦心，影响着朝局与官场舆论。

可是，祁寯藻在军机处的权力，与穆彰阿根本不能相提并论。很多时候，他只能予以消极抵抗，默默地为那些获罪于穆彰阿的主战派官员做点力所能及的事，能补救一点，就算一点。能力不济之处，他会祈求士林的谅解，即便士大夫不谅解，他想，千秋万世的历史，总会有公道，公道也自在人心。

第十五章 宦海之巅

兰州查案
道光驾崩
咸丰倒穆
天灾人祸
六弟归来

兰州查案

道光二十九年十一月底,祁寯藻带着属员,改道甘肃,风尘仆仆赶往兰州。此时的兰州到底出了什么大案呢?原来是前任陕甘总督布彦泰,被下属岷州知州陈昌言等人告发贪污白银十万两。清代,下属控告上司,有悖常理,会把下属本人陷入一个很不利的位置,风险很大。但正因此,以下告上反而能得到朝廷和皇帝的重视。更何况,陈昌言早已被革职,所以他对前任总督的控告,无疑又为其增添不少同情。

而陈昌言所控告的总督布彦泰,又是何许人也?

布彦泰,颜扎氏,满洲正黄旗人,比祁寯藻年长两岁,此前三十多年皆在新疆任职,是治理新疆的一把好手。布彦泰比那彦成晚生近三十年,是继那公之后,满人中又一位声望极高、功勋卓越的将才。更为重要的是,布彦泰还一直以来享有廉洁之名。

祁寯藻在前往兰州办案的途中,就满心疑惑。他知道布彦泰大人的人品,并心存感激与钦佩。因为当初,林则徐戍边新疆时,新疆的最高军政长官伊犁将军正是布彦泰,而布彦泰则有心保全林则徐,适时伸出援手。林则徐能获起复,并再得重任,与布彦泰向朝廷大力赞誉林则徐的才干有着重要的关系。

这些,作为军机大臣的祁寯藻,自了如指掌。布彦泰对林则徐的保举,正是祁寯藻想干而未能干的事。因为,他与穆彰阿同在中枢共事,不能时时公开与穆彰阿唱反调,否则很多可办之事,也将办不成。而且,即便他本人力劝道光起用林则徐,也未必有多大的作用,但如果是地方督抚,尤其是伊犁将军"现身说法",那将事半功倍。当时的伊犁将军布彦泰就高调站出来,做了这等大好之事。

天可怜见,林则徐有幸在新疆碰到布彦泰。布彦泰是满人,素有好名声,他挺身而出,为林则徐说几句公道话,能叫穆彰阿不至于联想太多。其实,布彦泰不仅仅如此,而是全方位给予落难的林则徐无微不至的关爱,令朝中那些还没有被扼杀殆尽的抵抗派官员,尤其是祁寯藻,深为感动。

布彦泰贪腐一案爆发后,祁寯藻甚至怀疑这是穆彰阿为了打击布彦泰而授意他人这么干的——穆彰阿惯用此道打击政敌。虽然布彦泰是满族将领,而且与穆彰阿也没有明显的龃龉,但布彦泰之举,穆彰阿一系的人是看在眼里,急在心上,即便布彦泰还不至于是他们的眼中钉,也是为其不喜。

这些年,穆彰阿不喜欢的人,下场都不会太好。可不管怎样,皇命难为也得为,祁寯藻必须再次高质量完成这项钦差使命。

兰州，三十八年前，祁寯藻才十九岁，跟着父亲来过。一直到现在，那彦成与容安父子在兰州的笑容，皆犹在眼前。还有父亲在兰山书院对他字字珠玑的教诲，也犹在耳边。三十八年后，祁寯藻再临金城，身份却有天壤之别。那时候，他只是一介年轻举人，现在，他贵为协办大学士、军机大臣，是办理兰州贪腐大案的钦差大员。

车马已走到兰州城外。祁寯藻一见雄伟壮阔的城墙，立马想起当年容安带着他，在北城墙"望河楼"登高望远的那一幕。那时，祁寯藻即兴吟诗一首，但容安没让他把最后的尾联念完。此刻，祁寯藻忍不住，自言自语地将这首诗的下半段完整地念出来："凉天佳节酬尊酒，落日边城静鼓鼙；不用登临更搔首，青云已蹑谢公梯。"

念完，祁寯藻重重叹了一口气。

此刻已是深冬季节，比当年重阳节那会要冷多了，边城还在，望河楼还在，汉代赵充国修建的黄河浮桥遗址还在，落日还在，头顶的青云还在，兰山书院还在，总督署还在，但容安与那彦成父子皆已逝去，父亲祁韵士也早已离开人世，空留祁寯藻一人。此诗该对何人吟唱？

再回兰州，不堪回首。一如祁寯藻即刻要写诗句：四十年来人事异，白云变幻如苍狗。不过，祁寯藻没有多少时间缅怀过去的岁月，他必须赶紧入城，与新任陕甘总督琦善碰面，然后展开案件调查。

站在陕甘总督衙门的大门口，祁寯藻记忆犹新，一种巨大的惆怅感再次无法抑制，全部的血流在体内汹涌澎湃，几乎要喷薄而出——想到父亲与自己当年常常结伴出入此地，他的眼圈忍不住红了。

琦善早已领着一帮人，站在总督署门口迎接祁寯藻。一见面，琦善便笑容可掬地说道："祁中堂奉旨钦差查案，琦善有失远迎，恕罪恕罪。"

琦善比祁寯藻年长七岁，此刻已六十有四了，显然，他的资历比祁寯藻老。作为一个满族大员，琦善待人接物比穆彰阿还要讲究，也比汉族士大夫更显儒雅。人是复杂的，琦善的言谈举止，使人完全想不到他在鸦片战争时对英国的妥协态度。站在当时主战派的立场上看,琦善罪大恶极,但平心而论,琦善力主谈判求和的外交策略在今人看来,无疑是有道理的。而且,琦善顶着求和卖国的巨大民意压力,毫不爱惜羽毛,将个人名声置之度外,乃中国近代弱国外交的第一个高手。至少,琦善十分清楚,依旧处在中世纪的中国,绝对打不过已然近代化的英国。

其实,中英交战中国必败这一点,不仅琦善心里明镜似的,而且林则徐也不是不知道,但林则徐在朝廷清议舆论的巨大压力下,选择了对英强硬。甚至,作为传统士大夫的林则徐,在某种程度上是为了自己的声誉,而不惜与西洋强敌一战。从这一点上看,林公有些"冒进"和"保守",反不如琦善——这是林则徐的局限,也是包括祁寯藻在内所有主战派的局限,更是"历史"的局限。

孰是孰非,自有更多的后来者评说。反正,琦善个人的功劳与罪责,是一个硬币的两面,很难说清,而民族大义与务实求真,军事力量与精神斗志,也一样的叫今人很难严格区分——连概念都混淆不清,更遑论孰是孰非。

当然,这不是在讲历史的虚无主义,而是强调:祁寯藻对主战派与主和派的认识,有着巨大的历史局限性。不过,我们绝对不能因之苛责历史人物,正如我们今天的每一个人也有其不可避免的局限性一样。

祁寯藻见琦善如此客气,赶紧回拜道:"大人严重了,都是为皇上为朝廷办事,让静翁久等了。"琦善字静庵。

"叔颖这一路上还好吧?"琦善一脸真诚。

"托静翁的福,一路平安。"

对于眼前这位鸦片战争中的第二号投降派官员,祁寯藻依旧对他存有不小的芥蒂。当初,庙堂上最大的投降派是穆彰阿,而穆彰阿最得力的干将,便是琦善。两人一内一外,合作默契,令祁寯藻深恶痛绝,却无处发泄。现在好了,与琦善面对面寒暄,虽谈不上什么冤家路窄,但亦的确别扭。但作为宰相，祁寯藻必须肚里能撑船，按照官场惯用的套路，或曰礼仪程序，来面对琦善。

只是，想到布彦泰这样清廉有为的守边能臣也被下级告发，祁寯藻还是有些愤慨，于是等没有旁人的时候，他问琦善："子谦大人难道真的如陈昌言所说的，贪了这么多银子？"布彦泰字子谦。

琦善闻之，轻轻一笑，回应道："老夫只知皇上让我俩来查，实在不敢先妄下结论。"

祁寯藻闻之，哈哈一笑，说道："还是您有章法，寯藻造次了。"

琦善却突然皱起眉头说道："叔颖，你也知道，子谦与我都是正黄旗，同朝为官这么多年，无论如何，不管这其中牵涉到朝局的事有多么扑朔迷离，也不管子谦到底得罪了谁，我也是希望子谦老弟是无罪的。"布彦泰比琦善小五岁。

琦善说完，无奈地叹了一口气。祁寯藻望了他一眼，猛然发现，琦善大有不忍，极为真诚。以祁寯藻多年的宦海经验来看，此刻的琦善，说的都是大实话，就差直接明言：布彦泰被属下告发只是一个表象，其根源还是因他为穆彰阿所不喜。

祁寯藻心想，官场上的公论一点都不假：琦善为人还算磊落，不像他的铁杆联盟穆彰阿那般，永远皆以假面示人。公论的确是公论，相对于穆彰阿城的城府深如大海，琦善可谓大有真性情。

见琦善有感而发，祁寯藻立即生出一丝莫名其妙的关爱之心："静翁放心，我俩尽心查案，真相定会水落石出。"

琦善抬手一拜，没再说什么。而祁寯藻心中对这次查案又多了几分把握，至少琦善不会掣肘。人真的是很奇怪的动物，看到琦善如此坦诚，祁寯藻反倒有些困惑。甚至有那么一瞬间，他认为琦善应该也有他的苦衷与悲哀，毕竟朝中大局也是他本人无法掌控的。其实，即便是穆彰阿，也必须完全听命于那个高高在上、如神一样存在的道光皇帝。

祁寯藻更深切地领悟到，判断一个人，绝对不能只听别人怎么说，而要与这个人打交道，才能弄清其底细。正如做学问一样，必须自己去研读第一手资料，否则，得到的结论必定是抽象与片面的。这些年，他与琦善的确严重缺乏沟通。祁寯藻自我反省，也许是大家对琦善苛责过多，至少此时此刻的琦善，不是清流言官眼中那个人人皆可得而诛之的卖国贼与投降派。

紧接着，在琦善的大力协助之下，祁寯藻亲自阅读所有相关控告材料，再经过两个多月的明察暗访，获取了大量第一手证据。这些证据皆充分表明，有关布彦泰侵吞白银十万两的说法，纯属诬告。琦善也对这个调查结果没有任何异议，祁寯藻便据实上奏道光，获得朝廷清流们一致喝彩。

不过同时，祁寯藻也向道光指出，布彦泰虽无贪腐情节，但他身为封疆大吏，却约束下属不力，造成财政账目上的一些歧误混乱，亦难辞其咎，必须受到相应的惩罚。

祁寯藻就是祁寯藻，他对布彦泰大人心存同情，但查到的事实真相，他也会毫无隐瞒地报于道光和朝廷。正是如此，他才能作为穆彰阿的政敌，却待在中枢军机处近十年，岿然不倒。所谓无欲则刚，公则不偏，祁寯藻在官场几十年坚守此道，不怪穆彰阿奈何不了他。当然，更为关键的是，道光认为他是一个老实人，值得委以重任。

这不，此一牵涉到功勋老臣布彦泰的案子，道光第一个便想到了祁寯藻。

在钦差办理布彦泰一案的同时，祁寯藻又陆续查明甘肃多个悬而未决的贪腐案。他均如实上奏道光，并按旨意，一一做了处理，使甘肃全省的吏治为之一新，令朝野为之一振，实属甘肃多年以来未曾一现的官场快事。

道光驾崩

可甘肃的案子虽查得颇顺,但期间依旧有噩耗从京师传来——这次并非朝局的事,而是儿子祁世长来信告知,张穆去世了。

祁寯藻接信之后,呆了,眼泪不知不觉流下来,好久他才自言自语道:"石州啊,你为什么不等等我,等我回来送送你再走啊,你们怎么都这样,季高兄死的时候,我为母丁忧,不在京师,而今你也这样,我人在兰州,你叫我如何寄托哀思——"

感怀一番后,祁寯藻立即写信,叮嘱儿子祁世长,先去张家协助办理丧事,然后一定让张家把张穆的遗稿都收拾好,千万不可遗失,尤其是他集大成的地理学著作《蒙古游牧记》,更得好好收藏,以备日后补充整理出版。

《蒙古游牧记》,听起来像一部文人的游记,实则不然,它是以当时最开放的眼光编写的一部划时代的地理学巨著。张穆作为道光朝与魏源媲美的两大地理学家之一,其著作对于这个老大帝国认识自己的国土和疆域,意义十分重大。祁寯藻在张穆动手写《蒙古游牧记》时就鼓励他,支持他。祁寯藻曾对张穆说:"这样的书,中国太少了,国人欲全方位了解屹立于中国北方上千年的蒙古,更须以此作为切入口,每一个中国知识分子,都必须以更开阔的视野,来审视我们这个国家的版图是如何形成的。"

那时候,张穆点点头,回应道:"但愿在我有生之年能把它写完。"

祁寯藻道:"不急,欲速则不达,你也要注意身体,别太过于劳累。"

"怎么不急,魏默深的《海国图志》早已刊行,我辈不甘落人之后啊。"魏默深就是魏源。

"石州,《海国图志》我常翻阅,但魏默深这本书能写得如此之快,是有现成资料做支撑的,你的"游牧记"可是要查阅浩如烟海的书籍才能写上几句呀,你与魏默深不可同日而语。"

张穆闻之,没再多说什么。

委实,道光晚期,魏源研究世界地理,给封闭几千年的中国人带来一个全新的世界观,而张穆则主攻西北地理,其目的是谨防西北的分裂和沙俄的觊觎。张穆与魏源堪为当时的两大地理学泰斗,一个盯着国内,一个着眼于西方,同为祁寯藻所赞誉。

此刻,祁寯藻身在西北,而老友张穆却在京师驾鹤西去,享年仅四十五岁。事实上,即便张穆对《蒙古游牧记》如此执着用心,前后整整花了十年撰写此书,但直到死,他也未能完成。真是天不假年,祁寯藻为此感到巨大的惋惜与悲凉——这不但是张穆个人的损失,更是亟须睁眼看中国、看世界的国人,又一学术上的不幸。

祁寯藻在经历福建的禁烟运动与抗英国战争之后,早已深刻地意识到,国人必须更加重视地理学,这种"实学"对古老僵化的中华帝国有着对症下药的功用。不管是魏源的西方地理,还是张穆的中国地理,都是国人改变原有儒家知识体系的突破口。中国人对地理学并不陌生,其并非士大夫闻所未闻的纯粹"科技知识",相对于来说易于接受。

当然,张穆与魏源的地理学,已迥异于传统中国的"沿革地理学",他们两位是站在鸦片战争失败后民族求自强的高度上,将地理学与保国保民保疆土的宏大主题紧密相结合,开拓国人的疆域大视野,号召国人奋起保卫中国的每一寸疆土,热爱这个文明悠久的国家。

张穆写的这本《蒙古游牧记》,实在是太重要,日后中国北部边疆不断遭到沙俄帝国的蚕食,就是以一种不忍卒读的方式,印证了张穆的先见之明。不过此刻,祁寯藻还意料不到这种巨大的危机,他只是在心里默默地告诫自己,一定要找人把张石州的书续完,否则哪天自己到了九泉之下,也无面目见老友。

张穆这些年一直视金钱如粪土，对谁都豪爽大方，造成他死后家中贫厄，于是祁寯藻收养张穆的女儿，为其招婿，并不断资助张家。当然，这是后话。

只说现在，已翻年到了道光三十年正月二十二，祁寯藻一路向东，走在从兰州回京的路上。这天，祁寯藻走入山西省介休县境内。此地离祁寯藻的家乡寿阳已不是太远，而祁寯藻早就向朝廷请假五天，打算回寿阳为父母和祖先扫墓。可未曾想，故乡就在前方，他却无法归去。因为，就在这一天，人还在介休县的祁寯藻，却接到朝廷寄来的加急信件：道光皇帝驾崩。

闻之，祁寯藻朝着京师的方向跪着大哭一场。他心中五味杂陈，理不出一个头绪。本来，道光对祁寯藻不薄，他有今日显赫之地位，多拜道光所赐，可道光朝最后十年，也就是从鸦片战争开始到如今，祁寯藻既竭尽所能，为道光分忧，为朝廷办差，又对他处处偏听偏信穆彰阿感到无奈、愤慨和压抑。

不过，归根到底，祁寯藻同情道光。这个倒霉可怜的皇帝与他的臣民一道，遇此三千年未有之变局——以英国为领头羊的西方世界，叫大清帝国逐步丧失自信。这又不能怪道光，中华帝国还远未做好应对西方世界挑战的准备。可不怨他，又怨谁，他是帝国说一不二的决策者，他那软弱的性格，最最不适合这个大变局时代，还有他的多疑，与这个大变局时代该有的领袖素质与魄力完全不搭。

祁寯藻也知道，很多时候，道光是揣着明白装糊涂，他对于穆彰阿的所作所为基本了解，但他还是放手让穆彰阿去做。更要命的是，穆彰阿从不僭越皇权，他总是按照道光或明或暗的指示去办差——他俩其实是一体的。譬如《南京条约》签订后不久，台湾将士屡屡遏制住英国人攻占台湾的企图，可为了所谓的"和平"与"安宁"，穆彰阿居然对守护台湾的将领大为不满，进而栽赃陷害，使多位爱国将士丢官去职。而道光皇帝明知这样做不对，会大伤士气，但他还是对穆彰阿的行为未加阻难。

这些，祁寯藻皆历历在目。此刻，道光死了。正因为他死了，又让祁寯藻想起他苦苦支撑清帝国三十年的好——也许，他与穆彰阿一样，残留着一个满人权贵皆有的心理矛盾与隐忧：他们不敢与英国人抗争到底，是由于他们担心一旦战事扩大，国内就会乱，而国内一乱，他们满人的统治基础就岌岌可危矣。

毕竟，满人是以绝对少数来治理如此之大的一个多民族国家。尤为关键的是，汉族这个国家的主体民族占有人口的绝对优势，满人在客观上也必须时刻防着汉人。就像当初，林则徐在广东风风火火禁烟时，穆彰阿就感受到了汉族大员对满人统治的巨大威胁。穆彰阿如此，更遑论道光本人——至少道光不可能从未想过这层微妙之处。

祁寯藻亦早就揣摩过道光与穆彰阿等人的"心病"。而今道光轰然逝去，祁寯藻对此更为纠结。站在满人的小立场上予以观之，道光与穆彰阿的忧虑是可以理解的，但是站在中华帝国的大立场上看，他们小肚鸡肠的后果却极其严重：坏国家大事，苦亿兆百姓，害千秋万代。

唉——

对于道光的驾崩，祁寯藻想了很多。他心里空荡荡的，格外不是滋味，这里是山西，回京的路还远着呢，即便失去就近回寿阳扫墓的机会，他也无法快速赶回北京。心急，心酸，心闷。他稍稍远离随从护驾的官兵，找了一块僻静的地方，一个人抬头望着天空，重重地叹了一口气。正逢国丧，他得赶紧给老家写信，托付三兄寀藻代为祭奠先人，自己则必须日夜兼程，赶往京师。

不过，离京师愈近，祁寯藻却愈发莫名地轻松——他暗自揣摩，一朝天子一朝臣，穆彰阿的好日子恐怕快到头了。

咸丰倒穆

果不其然，这年盛夏六月，刚登基不久的咸丰皇帝任命祁寯藻为体仁阁大学士。至此，祁寯藻由"协办大学士"晋升为大学士，官居正一品，外加之原有的军机大臣职务，使其成为真正的宰相。同时，咸丰开始着手收拾穆彰阿。

本来，咸丰在做四阿哥的时候，就看不惯穆彰阿对父皇的哄骗欺瞒，对穆彰阿在鸦片战争中的投降卖国之举，更是深恶痛绝。而且，穆彰阿也的确站错了队——在道光末期，咸丰与他的六弟恭亲王奕?早早便明争暗斗，剑指皇位，可穆彰阿棋错一着，没有与咸丰结成同盟，反而与六阿哥奕?走得更近。

虽然穆彰阿也是咸丰的师傅，但这只空有其名，正如祁寯藻也是咸丰的老师一样。自始至终，咸丰真正的师傅，只杜受田一人。而杜受田与穆彰阿又格格不入，几为水火不容——道光一死，穆彰阿的下场便已注定。

咸丰并非毫无经验的愤青，在处理穆彰阿之前，他首先把已然为军机大臣的陈孚恩赶出军机处。陈孚恩是穆彰阿的死党，虽然他的先行出局对于祁寯藻来说是好事，也是扳倒穆彰阿的必然举措，但他毕竟是祁寯藻的堂内侄，更是当初选拔祁寯藻做秀才的恩师陈希曾之子。更何况，陈孚恩世代书香，家学渊源，又是与祁寯藻齐名的书法名家，若不是一心紧盯着穆彰阿，陈孚恩或许会成为士林与清流的铮铮领袖。人是感情动物，无论如何，祁寯藻还是心有不忍。

同时，咸丰令各级官员上书言事，引导他们检举揭发中枢的小人恶行，制造强大的倒穆舆论。很显然，随着新皇帝的登基，穆彰阿在道光晚期十多年秉政所淤积的朝野怨愤，得以充分发泄。这一幕，同咸丰的皇爷爷嘉庆皇帝在亲政后处理和珅一党如出一辙。这也从另一个角度说明，专制时代，不管权臣的势力有多大，依然也只是皇权的一种延伸，新帝登基，要收回其权利，那也是易如反掌。

咸丰帝有条不紊，因势利导，几个月后，也就是这一年的秋天，等先帝道光的丧事全部办妥，穆彰阿便被革职永不叙用。咸丰在公布穆彰阿罪行的上谕中，用词非常严厉："保位贪荣，阴柔以售其奸，伪学伪才，揣摩以逢主意。"上谕还详细指出，穆彰阿在咸丰登基后，还"屡言林则徐柔软病躯，不堪录用"，造成林不能立刻获以重用。

上谕下达后，朝野皆争相捧读，天下齐呼快哉。咸丰终于以上谕的法定形式，为林则徐等主战派官员说了一句公道话。只可惜，留给林则徐的时间不多了。上谕颁布九天前，林则徐再次作为钦差大臣，带病从福州起程，前往广西督办军务，中途停驻在广东省东南部的普宁县行馆时，病情加重，旋即一代伟人，抱憾而亡，享年六十六岁。

噩耗传来，祁寯藻忍住悲痛，为林则徐题写挽联："帝鉴臣忠，历艰危不敢爱身，一字定千秋史论；公为民望，想魂魄犹堪破贼，八闽系四海讴思"。是啊，"千秋史论"自有评说，国人心中自会为林则徐点上一盏万年灯。林则徐的死，从某种意义上说，标志着中国近代第一次顽强抵御西方入侵的精英人士，整体谢幕。国人同悲，朝野皆哀，就连此刻还远未发迹的一代名臣左宗棠，也写出流传千古的挽联："附公者不皆君子，间公者必是小人，忧国如家，二百余年遗直在；庙堂倚之为长城，草野望之若时雨，出师未捷，八千里路大星颓。"

左宗棠这副挽联，流传甚广，祁寯藻也很快读到，并自叹不如。其实，祁寯藻本人早已是当时写挽联的一代宗师。

平心而论，虽然林则徐在鸦片战争中未能充分了解敌情，便主动开启战端，甚至有过激与过失之嫌，但他的确是"庙堂倚之为长城"的全才。道光晚期，祁寯藻兼管户部时，多次写信向林则徐讨教理财之道，而林则徐总是知无不言，言无不尽。而今，少穆大人去也，祁寯藻依旧作为军机大臣、体仁阁大学士管理户部，将来再有什么难处，该与何人说？

林则徐去世没多久，恰好黄爵滋来京，祁寯藻便约上他，还有其他几个志同道合的朋友聚谈，共同遥悼念林则徐。

原来，七年前，即道光二十三年，户部库银亏空九百余万两的惊天大案被揭发，道光帝大发雷霆，决定严惩相关人员。而黄爵滋曾作为御史，专门核查过户部库银的管理情况，却没发现任何问题。首席军机大臣穆彰阿便抓住这个千载难逢的大好机会，把黄爵滋以失职的罪名赶出朝廷，并永不叙用。谁叫黄爵滋是林则徐的铁杆支持者与追随者呢？

此时，恰逢黄爵滋从外地游历归来，祁寯藻想起十年前，自己与黄爵滋一同担任钦差大臣，参与福建的禁烟运动与海防建设，后来又一起核查时任浙闽总督邓廷桢抗击英人的战果是否属实。往事袭来，一一在目，只是眼前这位老同僚、老朋友早已布衣一介，闲云野鹤多年。祁寯藻心中有千言万语，却难以对黄爵滋说出一二。

在京城一家酒楼，大家围坐在一起，说着说着，又忍不住为林则徐的逝世伤感惋惜。突然，黄爵滋大声说道："诸位不必悲伤，少穆大人病故于广东，也算有幸，十一年前，他人生的最高点就是站在广东的虎门，而今，他依旧对广东恋恋不舍，弃身于此，可谓是另一种方式的回归。"

大家皆以为然，连忙点头称赞。祁寯藻一边站起来，一边说："德翁此言妙哉，我等也应该为少穆大人感到高兴。"

大家见祁寯藻站起来，也都跟着站起来。

黄爵滋又说道："叔翁已贵为体仁阁大学士，而穆党已倒台，现在叔翁已为领班军机大臣，日后必将大有作为。"

事实也正如黄爵滋所言，自打今年二月份，祁寯藻从甘肃回到京城开始，他就在军机处排名第二，仅次于穆彰阿，四个月后，他又被新帝咸丰擢为体仁阁大学士，然后再过四个月，到此刻这个颇让人兴奋的冬季，穆彰阿倒台，祁寯藻遂自然而然荣升为首席军机大臣，即黄爵滋所说的领班军机大臣。清代实行群相制，故很多时候，所谓的"宰相"，其实只是"副宰相"，但此刻祁寯藻不再是"副相"，而是坐到帝国文臣第一人的位置上。

见黄爵滋说起所谓的官位，祁寯藻赶紧谦逊地说道："诸位，我祁某人自知才疏学浅，难以望林公之项背，只能勉为其难，尽量不辱皇上的厚爱，不辱诸位同仁的殷切期盼。"

大家见祁寯藻这么说，反而更劝他要迎难而上，大刀阔斧地办一些实事，这令祁寯藻感动的同时，也倍感压力。国事蹉跎，几年，甚至几十年的顽疾皆摆在眼前，积重难返，不是谁做领班军机大臣就能快刀斩乱麻，立见成效的。

临分别的时候，祁寯藻突然对大伙说道："可惜啊，子贞丁忧回籍，不在京里，如果他在，闻知朝局有如此大的变动，不知该有多高兴。"

大家闻之，皆无语。子贞就是何绍基，他多年来与穆彰阿对着干，官职一直提不上来，被穆彰阿死死地压着。祁寯藻心想，穆彰阿的确太狠，把何绍基这样一个人品、才干俱佳的官员给严重耽误了。朝中同僚皆对此洞若观火，此刻祁寯藻念及何绍基，大伙尤惋惜不已，却不知从何说起。道光朝的弊政，叫人郁闷，不说则已，一说更有切肤之痛。人是趋利避害的动物，既然穆彰阿已成"往事"，那就干脆少提被他伤害的仁人志士，以免大煞风景。

穆彰阿的去职，标志着道光朝的结束。咸丰皇帝所营造的新气象，让祁寯藻心里暖暖的，也叫他一度坚信，林公虽不在，但国家前景还是可期的。

天灾人祸

那天与黄爵滋诸公聚会散了后，祁寯藻回到宣武门外的府邸。刚走进大门，家人就告诉他曾国藩已等候多时。

祁寯藻一听，心中咯噔一下，慢慢走向会客厅。曾国藩一见祁寯藻，便大声说道："下官参见中堂大人。"此时的曾国藩，早已不是十年前那个在翰林院做庶吉士的小京官，他在前任宰相穆彰阿的不断提携之下，早已升任礼部侍郎兼内阁学士。

"是涤生来了啊，快坐快坐。"祁寯藻笑容满面。

"中堂大人入中枢这么多年，想不到家中的俭朴，依然与旧时毫无差别。"曾国藩看着屋里的摆设，侃侃而谈。

"老夫对这些身外之物本身就看得很轻，再说也的确没钱置办什么物件。"祁寯藻很平静。

"大人荣升首席军机，真是众望所归，朝野皆贺啊。"曾国藩抬手一拜，话里满满都是恭维，说出来却不卑不亢。

祁寯藻马上回拜："你是我家老六的同年，都是自己人，不必如此客气。"祁寯藻口中虽如此说，心中却五味杂陈。曾国藩的会试恩师穆彰阿已被革职，他恐怕是担心受到牵连，才来走走祁寯藻的门路。至少，他想探探口风，或者变相地告诉祁寯藻，他虽是穆彰阿的人，但心中一直是有祁寯藻的。

祁寯藻对曾国藩的来意心知肚明，见曾国藩未直说，他自己也不好多说。其实，曾国藩多虑了，祁寯藻不会疏远他，更不会在咸丰皇帝那里给他穿小鞋。道光朝晚期，能升迁的官员，有几个不是穆党？只要他们做的不是太过分，不像陈孚恩篡改军机大臣王鼎控诉穆彰阿的遗书那般无耻，那么祁寯藻都是可以理解原谅的。尤其对于曾国藩，他心底还是喜欢的，这个人聪明，而且诗歌艺术的审美取向与自己相似，皆极为推崇宋诗。甚至，如果曾国藩不是在道光晚期与穆彰阿走得太近，那么他也许能与何绍基一样，成为祁寯藻的忘年交。

不管怎样，祁寯藻对有才的晚辈，一直不遗余力地关爱与帮助。仅凭此，曾国藩就无必要诚惶诚恐。

送走曾国藩，祁寯藻陷入沉思。对于这个比他小十八岁的后起之秀，祁寯藻其实与穆彰阿一样，皆看好他。祁寯藻本人也是从小京官熬出来的，他明白其中很多的艰辛无奈，不管曾国藩有无苦衷，皆要看到他的长处——坚毅、冷静、低调。而这些都是可堪重任的素质。值此多事之秋，用人之际，作为首席军机大臣、帝国文臣第一人，祁寯藻有发现人才、重用人才的职责与重任。宰相能尽职尽责做到这一点，便成功了一大半。

此时此刻，不管曾国藩是不是六弟宿藻会试的同年，祁寯藻都不愿意看到他身背太多包袱，反倒真心希望他离开穆彰阿的羽翼后，有一个更好、更敞亮的前途。

道光三十年很快过去，第二年，咸丰这个年号开始出现在帝国的纪年体系中。而就是在这一年，洪秀全已在广西武宣县正式登基，号"太平王"，后改称"天王"。中国历史上前无古人、后无来者的农民起义，即太平天国运动，全面爆发。

作为领班军机大臣的祁寯藻，运气实在太差，本以为来自西方的挑战暂告一段落，未曾想国内又出这么大的乱子。来势汹汹的太平天国运动，让咸丰与祁寯藻都吓了一大跳。当然，对于祁寯藻而言，这既是挑战，也是机遇，若能平定叛乱，那将成就一代名臣的丰功伟业。只可惜，祁寯藻终难有作为，只能做一个末世的马前卒，尽最大的力量往前冲。

而咸丰也很不幸，他与父皇道光一样，刚登基不久，就遭到一记杀威棒。甚至，咸丰还不如道光，毕竟道光初年的张格尔叛乱只是帝国西北边睡长期动荡的一个延续,而且西北离王朝统治的中心地带还很遥远,属疥癣之疾,还不是那么要命,但咸丰元年如火如荼展开的太平天国运动,就不同了,乃肘腋之患,它对清王朝的打击与摧毁,几乎是致命的,甚至远在六十多年后,它也要为这个帝国的彻底灭亡,负上某种导火索意义上的责任。

祁寯藻和咸丰当然想不了这么多,他们现在的第一要务便是筹钱。朝廷本来在道光时代就产生了巨大的财政危机。从中央到地方,各级衙门的亏空,越补反倒越多;愈着急,反倒愈解决不了问题。现在,太平军兴起,国家面临着巨大的战争开支,那就更是缺钱。祁寯藻依旧兼管着户部,却束手无策。谁都没有办法,就算是西汉理财名臣桑弘羊在世,亦缓解不了此刻财政上危如累卵的局面。

不久的初夏,曾国藩上疏朝廷,对国家死扣礼仪的小细节,而不求国家大计表示不满,也对国家选用人才不讲真才实学,只看关系和出身提出批评,甚至对皇帝的个人专制提出异议,并提醒年轻的咸丰"防琐碎、杜文饰、戒骄矜"。

咸丰读罢,大怒,把奏折摔到地上,并立召见诸位军机大臣,意欲治曾国藩重罪。但祁寯藻第一时间阻止了咸丰,他很巧妙地进言:"只有皇帝圣贤,大臣才可能直言相谏,若皇帝不圣贤,恐怕就看不到这样措辞激烈的折子。"

咸丰一听,忖度一番,怒气才稍消。接着,其他军机大臣也为曾国藩求情,咸丰才免了曾国藩的大不敬之罪。

旋即,祁寯藻为曾国藩说情的佳话,在朝野传遍。但祁寯藻总是一笑置之,并常对身边的人说:"老夫现在救他,是因为他是对的;但今后如果他做错了,不用皇上惩罚他,老夫也会参他。"

众人闻之,皆更加佩服祁寯藻。

其实,祁寯藻是要告诉大家,他主政与穆彰阿完全不同,他不结党营私，即便喜欢某个人，也只是为了国家大政，于个人感情无多大的牵涉。这就是祁寯藻，一辈子都改不了的性格。

想到曾国藩颇引人瞩目的一次上疏，祁寯藻便不禁有些思念自己的六弟宿藻。好在不久，祁宿藻调任江苏布政使，这令祁寯藻很是欣慰。布政使与巡抚一样，为二品大员，而且它不是巡抚或总督的属官，较为独立，在总督与巡抚不在的情况下，布政使可代行其职。从道光二十五年外放湖北黄州知府开始，祁宿藻已在各地历练六年。他的升迁速度虽不如其同年曾国藩，但也算很快，毕竟此刻离封疆大吏只差一步之遥。

祁家一片兴旺，可国家天灾不断。在祁宿藻担任江苏布政使之前，黄河北岸的大堤在苏北丰县决口，其水势之大，连附近京杭运河的大堤也跟着崩塌，造成江苏与山东两地极为罕见的水灾。

京杭大运河是漕运的命脉，而漕运又是帝国的经济命脉。漕运不通，那就不只是当地百姓沉沦于倒悬的问题，而是粮食等战略物资的运输皆成大问题。更何况，此刻恰逢广西太平军起义，朝廷本已焦头烂额。

当时的黄河入海口不在山东，而位于江苏，一旦发大水，江苏北部与山东南部便成为黄河下游水患最严重的区域。咸丰元年的这场大水灾，在黄河肆虐苏鲁两省的历史中尤为惨烈突出。咸丰还真是生不逢时，祁寯藻作为领班军机大臣也够倒霉的，太平天国运动与黄河泛滥，人祸与天灾，接踵而至。

虽然此刻的第一要务是剿灭广西的太平军，但苏北与鲁南一片汪洋，也不能坐视不管。咸丰便派遣自己的恩师杜受田前往灾区治水，解民之倒悬。而杜受田第一时间推荐祁宿藻与他一同前往。

当时，祁宿藻正在湖南担任布政使，而他先前在湖北首府武昌府主政时，便以善于治水而获朝野赞誉。湖北是千湖之省，虽无黄河泛滥之患，但长江、汉江若发威，那也是不好惹的。祁宿藻是治水名宿，杜受田这才第一时间想到他。

杜受田没看错人，祁宿藻跟着他，在苏北赈灾救民干得很出色，令咸丰大为满意。论功行赏，祁宿藻就地被任命为江苏布政使。虽然祁宿藻在湖南干的也是布政使，但江苏是帝国最富裕、人才最多、文化水平最高的省份，平调此地，更前途无量。

祁寯藻见六弟如此出色，当然高兴。更令他期待的是，刚刚在江苏履新的祁宿藻，必须来京陛见咸丰，以示感恩。这样一来，祁寯藻便能马上见到他朝思暮想的六弟。

六弟归来

初秋八月的一天傍晚，祁寯藻刚从宫里回家，儿子祁世长突然跑到书房，兴奋地对祁寯藻说道："父亲，六叔到家了。"

祁世长话音才落，祁宿藻便走进书房，大声说道："五哥，别来无恙，真是想你们了。"

祁寯藻从椅子上站起来，关爱地看着六弟，说道："宿藻啊，等你好久了。"说完，祁寯藻仔细瞧了瞧宿藻的脸，发现他瘦多了，也黑多了，但在苏北灾区的劳累奔波，让他更加成熟。

其实在祁寯藻的眼中，六弟宿藻永远只是一个孩子。祁寯藻总是忘记，宿藻此时也年过半百，正是担任地方大员的黄金年龄。

宿藻见兄长有些动容，担心气氛又搞得很悲切，便笑呵呵地说道："在江苏总吃不好，回家里可要好好吃点。"

祁世长闻之，赶紧回应道："行行行，六叔，您与父亲先聊着，我去跟厨房说一声，叫他们精心准备几个好菜。"

宿藻见侄儿这么一说，反倒有点不好意思，又大声说道："世长啊，没必要弄那么多菜，你六叔就是开开玩笑而已。"

世长却认真说道:"不管是不是玩笑话,这顿饭我们全家可都要吃好一点。"说完,世长便笑盈盈地走出书房。

见世长离开,祁宿藻才靠近兄长,说道:"穆相果然去职走了。"

"穆彰阿"的汉语意思就是"果然",祁宿藻说了一句俏皮话,可他却满脸严肃,没有一点戏谑的味道。

祁寯藻看到六弟的表情,也不知说什么好。他很明白,宿藻说这句俏皮话,是打算调侃一下穆彰阿的,但刚一出口,就感到不妥,因为穆彰阿毕竟是他会试的座师。作为门生,祁宿藻应该对穆彰阿有着基本的尊敬,这是士大夫官员立于世间的一种原则——对于科考座师,他们必须始终保持一种感恩的心态。

好半天,祁寯藻才叹了一口气,说道:"宿藻,我知道,穆相毕竟是你的老师,你是他的门生,我也不知该说些什么好。"

宿藻接话道:"五哥,听说穆相去职后,门可罗雀,甚为凄凉,门生故吏皆避之不及。"

祁寯藻闻之,再次一言不发。

宿藻却忍不住接着说道:"其实啊,当初穆相如果对英吉利人稍微强硬一些,对林少穆、邓维周、姚石甫等诸位大人稍微厚道一些,也不至于到今天这个地步。"

祁宿藻愈说愈凄凉,他提到的姚石甫,便是当年的台湾兵备道姚莹。台湾隶属于福建,但因其地理位置特殊,便在福建巡抚之下,专设"福建分巡台湾兵备道"——简称"台湾兵备道"——来统辖台湾全岛及其附属岛屿。

姚莹与林则徐、邓廷桢一样,乃对英强硬主战的地方大员,关键是他还是林则徐大力举荐的。姚莹出身名门,是姚鼐的侄孙,而姚鼐则为清代最具影响力的文学流派"桐城派"的开山鼻祖之一。姚莹比祁寯藻还大八岁,其继承先辈姚鼐之文脉,享有散文大师的美名,更是朝野皆推崇的顶级学者。

道光二十二年,《南京条约》签订前后的那段帝国最沮丧、最紧张的时期,姚莹联合台湾镇总兵达洪阿,坚持在台湾抗击英人的入侵,取得五战五捷的辉煌战绩,未让英人登上宝岛台湾半步。举国为之欢腾,军民为之鼓舞,主战派官员为之喜极而泣——原来英吉利人并非不可战胜。

可惜,姚莹与达洪阿积极顽强的抗敌之举,却与穆彰阿对英羁縻妥协的大政方向背道而驰。穆彰阿遂认为台湾的战果,反而严重影响了"南京条约"的顺利签订。他当然不会放过台湾的这两颗眼中钉。

外加之,中英谈判期间,英国人谎称他们驶入台湾近海的船只并非军舰,而是商船,并以此向朝廷提出和谈条件,即清政府必须严惩攻击英国商船的台湾主要将领。不可一世的英国海军,在台湾海域丢了面子,便无耻地用上"反间计"。明眼人都瞧得出此种伎俩,可穆彰阿偏偏相信英国人。这正中他之下怀,他好凭此蒙骗恐吓道光皇帝,逼迫道光为了所谓的"和议",同意惩罚姚莹与达洪阿这两位护岛神将。

刚才祁宿藻提及姚莹,祁寯藻闻之也忍不住说道:"姚石甫大人当年真是受够了委屈,被穆相活生生弄成大冤案。"

"可不,穆相有今日,也是当初做的太过,尤其是对姚石甫大人,太狠了。"

祁寯藻叹了一口气:"这些,我在中枢岂能不知,石甫大人被逮捕到京师问罪,还好先皇心里明镜似的,也就只把石甫大人降职,暂时发往四川担任知州去了。"

即便如此,这也是鸦片战争结束不久后的一桩天大的冤案,当时闹得沸沸扬扬。朝野上下,只要良知还未曾泯灭的人,皆对穆彰及其党羽发出了汹涌不止的谴责声。

此案到现在已过去九年,当初姚莹被押解入京,还未进城,只走到南郊长辛店时,便有大批官员与士大夫不惧穆彰阿的淫威,前来探望。九年过去，这一幕，祁寯藻还历历在目。当时，他作为军机大臣不便前往，但心中挂念不已。好在何绍基去了，他回来就哭着告诉祁寯藻，姚莹与林则徐一样，必定流芳千古。

不仅如此，何绍基还联络京城很多名流与官员来营救姚莹，使得穆彰阿慑于舆论，而不敢治姚莹太大的罪。这些，祁寯藻虽不能直接参与，但他一直在背后悄无声息地支持着何绍基等人的义举。

此刻，祁宿藻闻兄长说起道光当初对姚莹的处理，便大声谴责道："先皇就为了一个所谓的"和"，便自毁长城，让台湾不再有猛将守护，岂不可惜？"

"说实话，先皇万般都好，就是太怕英人，太怕打仗，太怕不太平，太谨慎，岂不知，怕是永远解决不了问题的。"祁寯藻也满脸的不平。

宿藻点点头："就连达洪阿将军，即便是满人，也无济于事，只要与穆相的既定政策不一致，必定遭殃。"

祁寯藻点点头："谁说不是呢？"

宿藻看了看兄长，发现他难受异常，便换了一个话题："五哥，咱们别说姚石甫大人了，说说你自己吧。"

祁宿藻之所以停止这个话题，是因为他不愿意让自己的兄长继续尴尬与揪心。毕竟，当年发生冤案的时候，祁寯藻也在中枢任职，却左右不了朝局，很多时候只能干着急。

对于穆彰阿时代的弊政与乱政，祁寯藻心中一直是有愧疚的。而且，朝野很多希望革新的人，或多或少对祁寯藻有些失望，甚至不满。于是，祁寯藻害怕别人说起穆彰阿时代的政事，即便别人毫无指责他本人的意思，也让他很不舒服。

祁寯藻见六弟适时转移话题，反倒更加悲哀地说道："我自己还有什么好说的，刚做这个领班军机的时候，我还有些奢望，想做点事情，能挽回一点算一点，可马上我就灰心了，事事不可为，处处不可为，时时不可为。"

宿藻一惊："五哥为何如此颓丧？"

"你也知道，"祁寯藻抬头远远地望了一眼窗外的世界，"我现在还兼管着户部，可这些年，年年缺钱，亏空的窟窿愈来愈大，广西那边闹腾，苏北那边又发大水，处处都要钱粮，可真是应了那句话，巧妇难为无米之炊。"

宿藻点点头："这个我当然知道，我在苏北救灾时，钱粮完全不能按时运过来，虽然有些成效，但其实直到现在我回京为止，苏北的赈灾还须持续跟进，可怜，也不知决堤的那个大口子，何年何月才能完全合拢。"

祁寯藻叹了一口气："没办法，钱粮只能先紧着广西那边，苏北就暂时管不了了，只可怜当地百姓啊。"

宿藻听了，无语，也久久望着窗外。

祁寯藻却大声说道："虽然没有钱，但老百姓的死活我们也得管啦，还好我的建议，皇上同意了，豁免道光二十年至三十年全国所有民间积欠的赋税，我算了一下，应该有白银两千万两，粮食三百万石。"

宿藻一听，惊呆了，大声说道："五哥，你真的不容易啊，朝廷本来缺钱，你还要免除百姓的赋税，真是左右为难。"

"这也是没办法的办法，再不减免百姓的赋税，各地的民变就会愈来愈多，我们的老百姓，如果不是连最后的一口饭都没得吃，他们会造反吗？"

"可不？"宿藻轻轻应了一声。

"再说，我们这位新皇帝，年轻气盛，虽然还念及我不与穆彰阿同流合污之功，但我早就觉察到，皇上对我，根本就不是完全信任，他对先朝的老臣，几乎都不太满意，包括我在内。"

宿藻一听，更是惊得说不出话来。

祁寯藻接着说："我早晚要离开军机处的，恐怕也只是时间问题罢

了。"

宿藻见兄长如此悲观，便劝慰道："五哥，没有的事，你好好干你的事，其他的，先不用多想。"

祁寯藻听六弟这么一劝，才意识到自己有些沉不住气，大失宰相风范，于是便笑着说道："好了，好了，我们不说这些了，你刚回来，跟我讲讲在江苏和湖南的事。"

这样，换了话题后，两人才稍稍平复了一些。

只不过，心中的不快与烦闷，依然在祁寯藻的脸上若隐若现，虽然他极力掩饰，但六弟宿藻何许人也，在官场摸爬滚打这么多年，宿藻焉不知兄长此时的心情？

第十六章　沧浪余波

六弟战死
奕䜣当政
巅峰跌落
回顾故里
京城逝世

六弟战死

六弟宿藻这次回京陛见，待了近一个月。

临别之际，祁寯藻依旧舍不得，他颇为动情地说道："宿藻，多给我写信，我仿佛是真的有些老了，总是放不下家里这几个人。"

"五哥，千万别这么说，你还六十不到呢，朝廷还有好多差事等着你去做呢，千万别辜负了朝野的厚望。"

宿藻笑着，他正壮志满怀，打算回江苏继续治水，然后借任职强省江苏的机会，干一番利国利民的好事，即便此刻国家并不"太平"，广西的太平军正加速壮大着。

祁寯藻点点头："六弟，你是我的亲兄弟，现在我又在军机处当家，你在外面任职，更要万事小心，切不可让朝野小瞧了我们兄弟。"

祁宿藻叹了一口气："这些我都知道，只是五哥你，真是生不逢时，在如此局面下做这个军机处的当家人，天可怜见。"

"当下，也只期望广西的平叛能快点见些眉目，如持续拖下去，那其他的朝政必将都跟着愈发艰难，财政方面虽然照样吃紧，但若战事渐渐有些起色，还有得转圜。"

宿藻闻之，突然大声说道："可惜我不能去广西效力，如果能去打长毛，就算只做个把总，我也宁可不去江苏做这个布政使。"

把总是清代级别较低的军官。"长毛"是当时清廷对太平军的蔑称。洪秀全领带的太平军，恢复了明代的衣冠服饰，男人不再留辫子，头发自然很长。

祁寯藻却摆摆手，很严厉地说道："六弟，千万不可这么想，朝廷用人自有安排，水到渠成的时候，你自能大显身手，此刻做好自己分内之事，便是为朝廷为皇上分忧为百姓谋利，也就是为广西的平叛做出了自己该有的贡献。"

宿藻点点头，但脸上还是流露出些许不解——五哥其实是在泼凉水，对自己想干一番大事业的激情予以降温。

祁寯藻未介意六弟的表情，接着说："从朝廷到地方，每一个缺，不管大小，合起来才是一个整体，这个整体的任何一个府州县和任何一个职缺，包括那些不入流的小吏，全都必须坚守职责，不能出错，哪怕只是一个小村小乡，也需要有保甲去掌控，去安民保境，只有这样，国家才有希望，你懂吗，六弟。"

宿藻见兄长有些着急，便忍住，不再说什么，其实他明白，兄长是担心他对仕途更上一层楼的渴望有些急躁，反倒欲速则不达。其实，祁寯藻心中更有一层难以言说的矛盾。六弟宿藻很早就苦心钻研军事谋略，渴望做一个文武兼备的帅才，此刻正值征讨广西太平军的用人之际，他可趁此机遇，建立不朽功勋，但另一方面，祁寯藻深知六弟性格急躁，大刀阔斧有余，坚韧沉着不足，不懂刚柔相济、退一步海阔天空的道理。祁寯藻希望六弟再磨一磨，再历练历练，方可避其短处，发挥其最大的优势。

委实，两兄弟的性格脾气差别太大，似乎祁寯藻天生就是做宰相的，而六弟宿藻最适合担任那种"将在外君命有所不受"的一方诸侯。当然，宿藻有这个"本钱"如此高调，他几乎没受过苦，成年后又有祁寯藻这样一个官至宰相的大哥为其保驾护航。人的际遇不同，性格也会因之造就。

宿藻虽懂得自己的性格，但他还是有些不爽，于是他保留了自己的想法，然后对一旁站着的侄儿祁世长说道："你父亲最近头部总有些眩晕，你可要好好照顾，我不在，可千万别出什么事，一切皆以身体为重。"

原来，自中年以后，祁寯藻逐渐发福，虽不是太胖，但身子骨还是很不争气，患有眩晕之症——其实大抵应该是现代西医所谓的"高血压"。医生老早就叮嘱过祁寯藻，必须做到"平静自在"这四个字，切不可过于激动，否则就有危险。这些年，祁寯藻虽官居高位，但他的脾性本来就低调收敛，再加上宦海经营多年，他早练就一身处事不惊的本领，所以一般情况下，他是不会犯病的。当然，在那些纷沓而至的烦恼与纠结面前，他也偶尔犯病。不是他定力不够，而是他做宰相的当下，日子很不好过：国家内忧外患不说，更不堪的是，新帝咸丰对于他在内的所有前朝老臣皆心存不满。

祁寯藻常想，他自己或许只是一个过渡阶段的宰相而已。

祁世长闻六叔说起父亲的身体，赶忙点点头，说道："放心吧，六叔，您就放心去吧，多给我们写信，说一说江南的好风光，我们还想继续拜读。"

祁宿藻闻之，哈哈一笑："放心，世长，有你六叔在江南，也就如同你身临其境一般了。"

说完，宿藻便拜手告辞，祁寯藻再次叮嘱道："万事多想一想利害关系，千万不要给小人抓住把柄。"

宿藻点点头，转身离去。祁世长跟着六叔，一同走出祁家大门，侄儿要再送他六叔一程。祁寯藻站在大门口，瞧着叔侄两人先后登上马车，再目送马车渐行渐远，心头止不住一阵惆怅。

初冬的这个清晨，北方的冷风已然强劲，祁寯藻孤零零地站在风中——多少次的分别，多少次的相隔千里，可不知为何这一回，他对六弟的离去尤为不舍。

难道真的是上了年纪吗？

谁也料不到，这居然是他们的永别。

两个多月后，便是咸丰二年，而祁寯藻也正好六十岁。很快到夏季的六月初四，祁寯藻度过一个极为俭朴的生日之后，便开始等待何绍基的归来。早些时候，何绍基来信，说丁母忧已毕，可即刻北返京师——何绍基的老家远在湖南道州，离京快四千里地，他已为母丁忧两年多，祁寯藻都望眼欲穿矣。

一个月后，祁宿藻终于等来何绍基。

在祁寯藻宅邸，一见面，何绍基便大声说道："中堂大人，别来无恙。"

"子贞啊，你回来就好，回来就好，我们都盼着你啊。"

"我先还是要祝贺中堂大人，穆相已去职，您可以大有作为了。"

"但愿我不会叫你们失望。"

"一定不会的。"何绍基顿了顿，"真是天大的喜事，两年前先我待在京师时，朝廷一潭死水，未曾想我一回老家丁忧，朝局就发生这么大的变化，这要是在两三年前，简直想都不敢想。"

"可惜，我们还是没什么好日子过。"祁寯藻重重叹了一口气，"南方军务越发吃力，太平军已攻入湖南，我看长沙迟早保不住。"

"唉，我看也是，"何绍基满脸愁容，"我人就在湖南，最有发言权，那些绿营兵勇毫无战斗力，叛贼如入无人之境，国家养兵千日，用兵一时，难道就是养这样的兵，用这样的兵？"

说完，何绍基便沉默不语，仿佛有一块巨大的石头压在他头顶。祁寯藻闻之，也不知该如何说下去。两人相对无语，时间仿佛凝固。

好久，祁寯藻才打破沉默："好了，好了，不说南方的战事，说说你吧，这次回来有什么打算。"

"我不想在京城里瞎混了，"换了一个话题，何绍基才稍微平复一些，"我想去地方干点实事。"

其实，此刻的何绍基也已是五十四岁的老人，因为一直被穆彰阿压制着，便始终在国史馆等机构担任着品级不高的闲职。好不容易熬到穆彰阿倒台、祁寯藻做了领班军机大臣，他又不巧丁母忧，必须待在老家，只可待丁忧结束后复职谋以调动。

祁寯藻一听，高兴地说道："子贞，这次你还真有机会出京任职，如果我猜得不错，你应该会被派往四川，去提督学政。"

"真的吗？"

"八九不离十。"

"太好了，"何绍基很兴奋，连忙抬手相拜，"多谢中堂大人举荐。"

"我何功之有，你的学问人品，朝野皆知，我顶多也只是顺应民意罢了。"祁寯藻摆摆手，一脸的谦逊，"对了，皇上马上就会召见你的，之后自会见分晓。"

何绍基心领神会，点点头，换了一个话题问道："大人，蠲免百姓赋税的事，您干的真漂亮，我们这些人，不管是在朝的，还是不在朝的，皆为您竖起大拇指。"

"可国库是真穷啊，更何况现在南方正在剿匪平叛，打一天仗就得花多少银子啊。"

"这更显大人之伟,"何绍基轻叹一声,"国事不可为之,但更要为之,譬如蠲免百姓赋税一事,虽然目前倒是可免可不免,但从长远考量,必须免,朝廷是船,百姓是水,水可以载舟,更可以覆舟,只要百姓还载着朝廷,还怕南方的叛乱不能平定,还愁将来的财政不会慢慢有所转圜?"

"道理是这个道理,我也顶住了很大的压力。"祁寯藻颇为无奈,"可子贞你也知道,我管户部这么多年,真有切肤之痛,如果把我自己给卖了,能值几个钱填充国库,都可算阿弥陀佛了。"

"大人玩笑了。"何绍基一脸的不忍,"天下谁人不知,中堂大人守着户部十多年,管着整个国家的钱,还一管就是十多年,可自己却依旧清贫,您就算把自己和那点家产都卖了,也值不了几两银子。"

"唉——"祁寯藻有些动容,"不说这些了,不说这些了。"

"我说一个不该说的话,"何绍基仿佛要把多年的心里话全都在这一刻道尽,"你管钱这么多年,家中之财还不如地方上的一个七品县令。"

"好了,好了,子贞,我还有点事想跟你说。"

"您说。"

"是曾涤生,你觉得这人怎么样?"祁寯藻所谓的曾涤生,就是曾国藩。

"呵,你不说我差点也忘了。"何绍基很兴奋,"曾涤生本为穆相的得意门生,他上折子触龙颜,您却为之说情解难,您真有古大臣之风范。"

祁寯藻摆摆手,说道:"我倒是次要的,关键是这个曾涤生,倒是有些胆量,弄得皇上很不高兴,毕竟皇上刚登基不久,曾涤生几乎是给了皇上一个下马威。"

"不过,我们都认为曾涤生是别有用心,或者说是太聪明了,想急着与穆相划清界限。"

祁寯藻闻之一笑:"好了,不说曾涤生了,这里面的是是非非我心中自有数,大家本着国为国民就行,其他的人事纠葛咱们不用管,也管不

了。"

何绍基也莞尔不语。

没过多久,何绍基便启程前往四川担任学政。他走后,南方的形势愈发糟糕,到咸丰三年的正月份,一路从广西杀来的太平军,在攻陷了长沙与武昌这两座省府后,便从武昌出发,沿长江顺流东下,一举兵临南京城下。

咸丰急如热锅上的蚂蚁,而祁寯藻比起这位二十三岁的年轻皇帝更有一层个人的焦虑,他的六弟宿藻正在江苏任布政使,虽然布政使的驻地在苏州,不在南京,但南京遭围困,祁宿藻自然也要带兵去援救,祁寯藻深知这个弟弟性格暴躁,恐他有所不虞。

可是,愈担心什么,愈挡不住它的到来。几天后,祁寯藻在军机处得到奏报:江苏布政使祁宿藻在南京城墙上抵御太平军进攻时,突然大量吐血,士兵无奈,将其抬下城墙,然而第二天,祁宿藻便殒命而去。祁寯藻得知六弟死讯,一下子晕倒在椅子上。一旁的军机处众位大臣赶忙传来太医,慢慢地,祁寯藻睁开双眼,含泪对围着他的诸位同僚轻轻说道:"对不住了,诸位大人,寯藻失态了。"

诸位军机大臣赶忙说道:"祁中堂,您就别说话了,好好休息一会,也真是难为你了,幼章太可惜了。"幼章是祁宿藻的字。祁寯藻一闻"幼章"之名,眼泪哗哗流出来。

众人都叹息不已,却也不知说什么好。

奕䜣当政

祁宿藻是活活急死的。太平军能一路沿长江水道,从湖北顺利地攻到江苏,除了他们本身气势高昂之外,各地清廷守军一触即溃更是一个重要原因。尤其太平军猛攻南京城时，两江总督陆建瀛与江宁将军祥厚这两位大员，不仅未能做到精诚团结，一致对外，反而还内讧闹矛盾，错失很多补救与反攻的机会，造成南京城危在旦夕。

祁宿藻本来建功心切，可不幸碰到南京城的这帮"战友"，他便心急如焚，如鲠在喉。眼看着南京城守不住，他却有力无处使，义愤填膺难以平复，郁闷异常得不到舒缓，便急火攻心，站在南京城墙上呕血不止，最终为清帝国捐躯。

祁宿藻死后第十天，南京城破，总督陆建瀛在乱战中毙命。

南京沦陷，对清廷又是大大的一击。其后果便是，洪秀全选择这座明代初期建都的金陵城，为新政权太太平天国的都城，并改其名为"天京"。从此，太平天国与清廷南北对峙，几乎再度形成一个南北朝。

宿藻虽死得如此惨烈，但祁寯藻没有太多时间去缅怀他，更无法调理自己的身体。作为帝国的领班军机大臣，即头号宰相，他的亲人为国捐躯倒是次要的，关键是，太平天国气势如虹，到这年秋季的八月份，他们甚至一度打到天津南部的静海县，离帝国的统治中心北京城仅有三百华里远。还好，在此危亡之际，咸丰帝的表兄、蒙古科尔沁亲王曾格林沁受命阻击太平军，打退其高歌猛进的北伐之步，令祁寯藻和京城所有官民都长舒一口气。

只是，祁寯藻本人的日子愈来愈不好过。

为了应对时艰，咸丰帝在用人上开始趋于保守，大量启用满族勋贵。到了最紧要的关头，帝王还是最相信自己家里的人。在这个寄大任于皇室亲贵的指导方针下，咸丰完全无视雍正以来亲王不得入军机处的祖制，命他的亲兄弟、恭亲王奕?担任军机大臣。奕?是"亲王"，在帝国的权力谱系中，其地位仅在咸丰一人之下，他一入军机，便意味着他已成为实际上的领班军机大臣。

奕?无须论资排辈，谁叫人家"根红苗正"。他就这么横插一杠，做了领班军机大臣。毫无疑问，也没得商量，祁寯藻迟早得离开"领班"的位置。失去这个首席军机的位置，对于祁寯藻而言倒是次要的，关键是奕䜣本人与他的兄长咸丰一样，对父皇道光留下的这些老臣皆心存芥蒂，认为正是他们才造成了鸦片战争的失败，也正是他们，要为帝国所遭受的一系列耻辱负总责。

祁寯藻感到了前所未有的灰心沮丧，即便穆彰阿当政时，也不曾如此。

奕䜣入军机的上谕下达后，祁寯藻在心里重重地叹了一口气。他知道，即便退而求其次，做个排名第二的军机大臣，恐怕亦处处掣肘，无法做事。他更知道，奕䜣非等闲之辈，他入军机，绝对不是只挂个名，而是不仅要干事，还要换血——他将与咸丰联手，逐步把前朝老臣一一赶出中枢军机处。

奕䜣有才，为人亦圆通，且礼贤下士，从不恃强凌弱。在晚清，甚至在整个清代历史上，他都是难得一见、能担当大任的亲王。道光朝，他是咸丰最有力的竞争者，甚至呼声超过咸丰。奕䜣与咸丰虽有矛盾，但此刻皇位上坐的是咸丰，大局已定，奕䜣便本着一切朝前看的大智慧，与咸丰握手言和。不仅如此，这一君一臣两兄弟，早早就在如何对付前朝老臣的观点上达成一致——道光还未驾崩时，他俩就谋划着有朝一日彻底清算这些老臣。

正所谓，一朝天子一朝臣，亦实属正常。

这些，祁寯藻焉能不知？在奕䜣入军机处前后，定郡王载铨、怡亲王载垣、郑亲王端华，以及端华的同胞兄弟肃顺，也得到咸丰的重用。

肃顺，爱新觉罗氏，时任御前侍卫兼正红旗副都统。后来在咸丰朝晚期，肃顺一跃成为帝国实际上的头号宰相，并与恭亲王奕䜣彻底决裂。可好景不长，肃顺最终沦为慈禧太后发动政变的刀下之鬼。这当然是后话，在祁寯藻做军机大臣的时候，肃顺还只是一个小角色，他俩没有太多机会过招。

那天回到家，祁寯藻便对儿子祁世长说道："恭王入了军机。"

祁世长看着父亲忧愁的脸，轻轻回应道："他来了就来了，您该干嘛还是干嘛。"

"世长啊，话不是这么说的。"祁寯藻看了一眼他这个唯一的儿子，"你还年轻，有些事情你考虑不到，皇上让恭王入军机，就很明显说明，我待在军机处的时间应该不多了。"

祁世长此刻已二十九岁，听到父亲说得如此悲切，便无语了。

祁寯藻接着说道："明摆着，恭王地位崇高，他一来，就是我要从领班军机上退下来的前奏。"

"不做领班，那就做普通军机，时间长了，皇上恐怕还是要让您做领班。"祁世长试着宽慰父亲，"说不定皇上有别的考虑，根本涉及不到您本人。"

祁寯藻却摆摆手，说道："你父亲我经历过嘉庆爷，道光爷，还有当今圣上这三位皇上，帝王们做事的风格虽各有不同，但凭我这么多年的宦海直觉，我感到这次我恐怕真的在军机处待不长了。"

祁世长闻之，又不知说什么好，好久，他才试着又问道："父亲，您觉得恭王这个人怎么样？"

"恭邸今年才二十一岁，"祁寯藻叹了一口气，"虽血气方刚，但还是太急躁，也对我们这些老臣有些苛求，把穆相当年的所作所为也全都算在我们的头上。"

"皇上应该是知道您当年的主张与作为的呀！"祁世长有些着急。

"皇上与恭邸早就对道光朝的乱政痛心疾首，他俩都急于要扭转乾坤呀。"祁寯藻突然深情地望着儿子，"可是，世长，你要记住，愈是国之大政，愈不可操之过急，欲速则不达，不仅朝局大事，就算是家里的蝇头小事，也切切不可急躁。"

祁世长点点头，没再说话。

可祁寯藻突然又自我解嘲道:"从你六叔年初为国捐躯以来,我就愈发觉得身子骨不行了,正好,有恭邸顶着这烂摊子,我也可以休息休息了。"

"可怜我六叔,连个尸首都不能保全。"提到六叔,祁世长的眼泪忍不住流下来。

原来,当初南京破城之后,祁宿藻的尸体便不知去向。而太平军正占据着南京及周边地区,祁家和朝廷都无法进一步查找祁宿藻的尸骨。这是祁家人永远的痛。古人有入土为安、魂归故里的丧葬传统,甚至将此作为一种信仰。可如今,一年快过去,祁宿藻依旧"死不见尸",其孤魂只能继续游荡在江南异乡,找不到任何归宿与倚靠。

祁寯藻听儿子说到亲兄弟尸骨无存,心中也如尖锥子猛刺一般,但他不想让全家人长期如此凄凉,于是大声说道:"世长,你别这样了,要不然老夫又要哀恸了,我们祁家从你爷爷开始,世受皇恩,你六叔走的大义,走的光荣,也算是报了皇恩,为家族争得了荣誉。"

祁世长一听,赶紧收住了眼泪,他也不忍心看着父亲难受。

咸丰三年,恭亲王奕?入主军机处,标志着道光与咸丰两朝的过渡阶段就此结束——祁寯藻虽继续做着领班军机大臣,但实际上的军机第一人已然是恭亲王奕䜣。到了咸丰四年,各级官员在老家组织的民间武装,即"团练",逐渐成为抵抗太平军的中坚力量。尤以曾国藩组建的湘军为最,其在原有绿营兵与八旗兵毫无战斗力的情况下,给暮气沉沉的清帝国带来一丝曙光。接着,局面也不像太平军刚占领南京时那样,有埋葬清王朝的覆巢之忧。

与此同时,祁寯藻的军机处生涯走到尽头。

巅峰跌落

从道光二十一年初入军机以来,他已经干了十四个年头。虽然眼下,以奕?为代表的满族实权派,正在给祁寯藻施加巨大的、却又无形的压力,但压死骆驼的最后一根稻草不是咸丰或者奕?而是财政困局。

原来,从咸丰三年开始,朝廷开始铸"大钱"。所谓大钱,是指把传统固定的铜钱质量与形状增大,然后再高倍数扩大其面额,形成所谓的"以一当五、以一当十",甚至"以一当五百、当一千"的强大购买力。虽然"大钱"的面额很大,铜含量也的确增大不少,可以勉强当成大面额的铜钱使用,但不管怎样,大钱的单位铜含量,远远低于传统铜钱。

铸大钱是财政困局下的一种权宜之计,在古代亦有不少记录,但基本上皆被认为是饮鸩止渴之法。至少从汉代以来,铜钱就有较为固定的含铜量与购买力,铸大钱实质上就是从整体上减少市场流通铜币的含铜量。而且,大钱的面额愈大,其单位含铜量就愈低,这就意味着,相对于传统固定的小额铜钱来说,大钱的购买力是通过政府强制手段抬高的,其面额徒有其表,其购买力严重的名不副实。

虽然政府可以强迫百姓使用"大钱",但市场自有其客观规律,其趋利避害的天性不会改变,市场更不会随着人的主观意志而随意改变。大钱的流通一旦有所闪失,便会让国家和百姓吃下物价暴涨、市场交易失序的苦果。

清代,白银是第一通货,但普通老百姓的小额消费与收入,还是以铜钱为主,所以铜钱在帝国内部的市场交易体系中,依旧占有举足轻重的作用。本来,自打太平军从广西崛起,就给财政就万分紧张的朝廷又一重击,这倒罢了,关键是云南省作为帝国最主要的产铜区,也因为太平军造成的战乱，而无法如和平时期那样，正常运抵京师与各地铸造铜钱的机构。如此一来，本就没什么"家底"，铜料又短缺，朝廷便在"明知山有虎、偏向虎山行"的百般无奈之中，铸造"大钱"，以解燃眉之急。使用最少的铜料，而造出面额耸人听闻的"大钱"，看起来是多么的美好，实则是多么的危险。

祁寯藻是主管户部的领班军机大臣，这一回，他居然一改以往的谨慎与老成，大力赞成铸大钱。其实此法初施行，便有很多人提出反对意见，他们强调，即便推行大钱，也要稳扎稳打，先铸造单位含铜量不至于低得太离谱的大钱，而千万不要猛然就弄那种能"以一当百，甚至以一当千"的"超级大钱"。

可是，祁寯藻没有及时采纳反对者的意见。他太着急，为了向咸丰表明他是一个有魄力的能臣，他这回可是冒了天大的风险。同时，他也是向朝野放出一个振聋发聩的声音：这种动大手术、可立竿见影的壮举，我祁寯藻也有。

大钱不仅含铜量名不副实，甚至为了给市场提供足够多的铜钱，居然连铁都用上了，铸造出大量的铁钱。而铁钱的实际购买力与价值，比大钱更低。很明显，铁不如铜值钱，市场不是傻子，一用就知。

风险大的事，就好比赌博，赢了收益超大，输了就惨烈无比。很遗憾的是，祁寯藻这次赌输了，随着大钱与铁钱大量快速地投放市场，民间交易很快紊乱不堪，谁都不要大钱与铁钱，躲之如瘟疫。尤其京师重地，惶惶然一百万人口，他们中的大多数，拿着市场根本不买账的大钱，时刻面临着物价隔一天就涨一次的恐慌。就以北方人日常生活必需品面粉来说，其价格在京城内居然飞快暴涨十倍。

这便是咸丰四年，市场上所发生的恶性通货膨胀，也是祁寯藻入军机以来最大的施政败笔，堪为其人生的一大污点。虽然有客观因素，朝廷各级官员也能给予最大的谅解，但祁寯藻充分认识到，自己犯下了不可饶恕大大错。作为一个谨慎了四十年的京官,祁寯藻感到一种前所未有的迷茫。

更何况,他既是宰相,还持续兼管着户部,财政更是其分内之事。外加上六弟宿藻守城暴亡后,祁寯藻的身体便屡屡感觉力不从心。这一切,都让祁寯藻下定决心,退隐而去。与其让咸丰开口命自己离去,毋宁自己做个了断。于是祁寯藻请求致仕,但未获批准。不久,他再度请辞。结果,咸丰四年十一月二十五日,咸丰帝同意祁寯藻以大学士荣退。此时,祁寯藻六十二岁,距他考中进士走入仕途整好四十年。

四十年风雨,四十年艰辛,四十年如履薄冰。虽结果不甚圆满,但祁寯藻无疑是幸运的。他因缘际会,先后颇得嘉庆与道光的赏识,其仕途一帆风顺,早早便立于权力之巅。当然,幸运中亦有不幸,他身居高位,近距离目睹这样一个古老帝国被西方强国凌辱,而他却无法找到一条行之有效的御侮之道,只能在深夜长久叹息,无奈地沦为中华帝国大变局时代的失落者。

祁寯藻是可怜的一代精英中的代表,更是帝国风雨飘摇、孤独落寞的见证者。他是清帝国的忠臣,却正因这个忠,才显得尤为惨烈。他的知识面与文化基因,使其别无选择,只能做一个失败的英雄。

世事沧桑,天下没有不散的筵席,识时务者为俊杰,咸丰帝恐怕也盼着他早点离去。祁寯藻的致仕意味着,从道光晚期到咸丰初年,以林则徐为代表的一批进步官员,整体告别了历史的舞台。是的,他们全都谢幕,但是,在追求经世致用、治国安邦的中国近代早期,祁寯藻至少以其人格做到了完美。

按传统的观点,中国的近代始于道光二十年的鸦片战争,但祁寯藻、林则徐、邓廷桢、黄爵滋、田嵩年、张穆、何绍基、姚莹、魏源诸公,不管是此刻活着的,还是业已死去的,皆非真正意义上的"近代人"。他们生不逢时,或者生逢其时,在有生之年碰到了中西方大碰撞的时代。他们可以算作近代前夜的人，或曰准近代人、前近代人。

正因此，他们无比焦虑，没有现成的历史经验告诉他们，该如何应对西方人的"不请自来"。就像祁寯藻，他直至下野，也还未能真正看清楚世界的大势所趋。当然，这绝不能怪他，就算是他无比敬仰的林则徐，也只能本着传统士大夫为国为民的儒家理念，做一个悲情的先行者。祁寯藻则更是如此，这是他们的悲哀，也是时代的悲哀。从这个意义上来讲，不管是祁寯藻、林则徐，还是穆彰阿、琦善，皆为全球视野下的"落后者"。

祁寯藻的时代，也大大有别于后来的洋务运动时期。因为有了祁寯藻、林则徐等前辈泣血的教训，搞洋务运动的那批人才不至于两眼一抹黑，只凭着本能与意志力去应对各种挑战。

事实上，搞洋务的确是个苦差，祁寯藻本人也很犯难。譬如四年前，英国人要按照条约规定进入省城福州，当地士绅当然一如既往地反对。时值一代名宦徐继畬担任福建巡抚，他不赞成士绅的做法，而是较为务实，认为必须遵守条约规定，准许英国人入城。这其实是减少外交纠纷与避免战端的理性之举，可徐继畬却由此得罪福建士绅，最终他与浙闽总督刘韵珂一道，被降职处分，调离福建。

徐继畬，山西五台县人，乾隆六十年出生，道光六年中进士。他比祁寯藻小两岁，资历也不浅少，但祁寯藻对这位山西同乡极为重视——不为别的，只因徐继畬撰有西学大著《瀛寰志略》，与魏源齐名，乃世人交口称赞的"通人"。

此事发生时，咸丰刚登基不久，穆彰阿一党的好日子马上就要到头，而祁寯藻升为领班军机大臣亦指日可待。福建地方士绅弹劾督抚的诡异之事，祁寯藻当然了如指掌，但他当时也很犯难：他无法判定好友徐继畬到底有没有错。不让英人入城，的确解气，故而士绅们的做法，不可厚责，毕竟是爱国义举，可如果不按照条约行事，那么便是失信于人，也让英国又一次找到挑起战争的借口。

回顾故里

前尘往事,不提也罢,总之不好干。退隐之后,祁寯藻并未如清代一般致仕官员那样回老家,而是继续留身于京师。他必须待在北京,至少老友张穆的遗书《蒙古游牧记》到此时还未付梓刊行,他要利用京师的便利条件,好让这部大著尽快问世——于公于私,他都必须让这部边疆地理学大作广为人知。

全身而退之后,祁寯藻才稍有"无案牍之劳形"的时光,而宣武门外宅邸的小花园,他终于可以好好经营一番。园林是每一个中国知识分子的梦,寄情于花草山水,才可暂时忘却俗世之狰狞与无奈。祁寯藻早就给自家小院子取名号为"息园"。所谓"息园"之"息",既是息事宁人之息,又是息息相关之息——前者寓意祁寯藻多年待人接物的天性,后者则表明,他逃不开人世与政坛的诡谲复杂。

六年后,咸丰十年,三十六岁的祁世长考中进士。这是祁家"一门四进士"之科举盛事的最后绝唱。只是,不管祁家如何风光,清帝国却愈发深陷困厄。

祁世长中进士三个多月后,英法联军攻陷天津大沽口,然后,侵略者从大沽口上岸,一直打到京师东面的通州。蒙古科尔沁王爷曾格林沁在通州八里桥与英法联军展开激战,结果惨败,京师危在旦夕。第二天,咸丰帝见势不妙,便带着老婆孩子与心腹大臣逃往承德避暑山庄。

战前,英法两国见清政府忙于攻打太平天国,便趁火打劫,要挟清政府,提出全面修改《南京条约》的强盗要求,强迫中国承认鸦片贸易的合法化,并在中国全境自由通商。清政府自然不答应,拖了好久,未能找到折中妥协之法,结果便是侵略者快要攻入北京。

此时，祁寯藻已致仕多年，早无须苦撑于军机处这个帝国的中枢之地，也不用头顶太平天国与西方列强的双重压力。但人在京城，窗外正翻起滔天巨浪，祁寯藻不能睁眼装作没看见。可又能怎样，他只能仰天长叹，听凭命运对这个古老国家的安排。而他的继任者恭亲王奕？此刻反倒成祁寯藻最为悲悯的人，谁坐在领班军机大臣的位置上都不好过，谁都没有法子让局势稍好一些，任何事后诸葛亮的评论与指责，皆只能让当事人更加委屈。

咸丰帝逃往承德之后，京城已危如累卵，可日子还是要过，这天下午，祁寯藻父子在"息园"招待一位客人。

说起局势，三人相顾无言。这位客人看起来更为消沉，他的脸上写满一句话：这个国家为什么会变得如此糟糕。此人名叫端木埰，字子畴，时年四十五岁，原籍江苏江宁府溧水县。江宁府就是俗称的南京，而南京此刻叫"天京"，乃太平天国政权的都城。

端木埰是祁寯藻道光十八年在江苏担任学政时收下的高徒，师生之谊已持续近二十年。端木埰后来以晚清词坛的一代宗师而闻名于世，但他在科举考试上总不得志，此时正为生计忙碌着。多年前，端木埰刚入京不久，祁寯藻为了照顾这个爱徒，便将他安排在自家，给孙辈们授业讲课，以解决其吃饭的问题。

一晃，端木埰在祁家坐馆已五个年头，这一回北京真的待不下去矣——倒不是他个人失去经济来源，而是连皇帝都逃命去也，京师早已沦为一座绝望之城。此刻，端木埰重重叹了一口气，站起身，再次大声对祁寯藻说道："老师，不用多想了，赶紧走吧。"

一旁的祁世长也站起来，跟着说道："父亲，子畴兄说得对，还是先回寿阳老家吧。"端木埰字子畴。

祁寯藻坐在靠椅上，正望着园子里的一座盆景发呆，突然，他说道："皇上就是不听老夫的，老夫跟他上折子，劝他去西安，可他就是不听。"

端木埰说道:"是呀,既然走,就走得更远些,然后遍诏勤王之师,与英法这两个强盗打到底,看谁拖死谁。"

祁世长也跟着附和道:"可不是,就与英法两国这么耗着,皇上把行在放到更远一些的西北,看这两个强盗怎么威胁我们?"

祁寯藻叹了一口气,不知说什么好。

端木埰又说道:"朝里传出来的消息,都说是肃顺怂恿着皇上去热河的,这个肃顺,真是误国啊。"

肃顺从来没担任过军机大臣,但因为咸丰对他的器重与依赖,他此刻已然贵为帝国实际上的宰相。

祁寯藻闻之,痛心地说道:"也许肃顺也有他自己的想法,怕皇上的行在太远,反而不好掌控局势。"

他这么一分析,端木埰与祁世长顿时无话可说。

祁寯藻皱眉思忖好久,突然,他又大声说道:"咸丰四年,老夫致仕的时候,有一些满人谓我居然在朝廷多事之秋,以有病为借口归隐不干,还说我告老还乡的请求,只是故意表达一种姿态而已,并非真正要辞。"

祁世长与端木埰闻之,继续无语。

祁寯藻接着说:"现在可好了,老夫如果彻底走了,看他们以后还能说些什么?"

端木埰劝慰道:"老师,您的苦心,朝野谁人不知,那些小人的话,何必计较。"

"要是真的计较,我早就被他们活活气死,若真的气死了,倒是好事,就不会有今日这般要仓皇逃离的惨状了。"

端木埰与祁世长闻之,皆欲坠泪。

见他们如此伤感,祁寯藻反而有些过意不去,京城的形势本来就够坏的,他不愿意看到儿子与高徒更加凄凉悲恸。于是,祁寯藻调整情绪,大声说道:"好了,好了,以前的事,我们不说了,我听你们的,回老家去,反正我这个糟老头子留在京师也没有任何作用。"

端木埰与祁世长大喜,没再多说什么,赶忙进屋收拾行李。八月底,祁家与端木一家回到寿阳平舒村。

端木埰必须跟着老师祁寯藻走。

祁寯藻向来体恤后进晚辈,若独留端木埰一家在京城,他怎能放心?更何况,端木埰的身旁还有老母须奉养,京城如此乱象,一旦遭遇不测,后果不堪设想。

最令端木埰伤怀的是,恩师祁寯藻还有老家可归,而他自己,却无家可归。因为他的老家江宁府溧水县,此刻正是太平天国之首都天京的京畿所在。

一路颠簸,一路伤怀,祁寯藻从京师回到山西寿阳,可好不容易刚在平舒村安定下来,就有噩耗从京城传来:英法联军一把大火,将圆明园焚毁殆尽。祁寯藻闻之,老泪纵横,心如刀绞。当年,他二十二岁考上进士之后,便有幸与田嵩年结伴,在澄怀园陪伴襄助恩师黄钺。而澄怀园就紧挨着圆明园。

想到圆明园与澄怀园的草木芳华,祁寯藻不禁对一旁的端木埰说道:"不知澄怀园怎么样了?"

端木埰叹了一口气,轻轻地说道:"老师,连圆明园都烧了,更何况澄怀园。"

之后,两人长久无语,平舒村的山山水水全都暗淡如墨。

紧接着,英法联军攻入北京城,并以烧毁紫禁城为要挟,迫使留在京师的恭亲王奕?签下比《南京条约》还要屈辱的和约。美利坚与沙俄也趁火打劫,攫取很多利益。尤其沙俄,在战争期间,它打着调停的幌子,威逼利诱清政府,巧取豪夺东北一百多万平方公里的土地,成了最大的赢家。后来,沙俄如虎狼一般,"再接再厉",又夺取中国西北四十多万平方公里的疆土。作为其邻国,中国是这头北极熊饕餮食量的最大受害者。

西方列强逼清政府签订城下之盟，获得他们想要的东西之后，便退出北京城，战争遂暂告结束。这便是"第二次鸦片战争"。此前，鸦片贸易未能合法化，是英法发动战争的主要借口。此役之后，来自于西方的鸦片，竟如普通商品一样，合法地横行中国，对中国本已十分脆弱的社会、经济、政治环境，予以毁灭性的打击。

从道光十九年林则徐虎门销烟到此时，二十一年已过去，国家付出如此巨大的禁烟代价，可结果不仅没有任何功效，反而开了历史的倒车——全面解禁。真是悲哀，如一个超级巨大的黑色玩笑。祁寯藻、林则徐、邓廷桢、田嵩年、张穆、何绍基、姚莹等诸公的努力，似乎全都付诸东流。鸦片贸易的合法化，无疑是打了他们一记重重的耳光。

这些忧国忧民的大员，大多已逝去，远离这片多灾多难的国土，可祁寯藻还活着，他必须忍受这一波接一波的心灵折磨。有时候，他都怀疑，自己是不是生错了时代。其实他不用怀疑，他的确是生不逢时。

此乃这个时代所有精英共同的悲哀，上至咸丰皇帝，下至郁郁不得志的端木埰，莫不如是。祁寯藻只不过是经历的事情太多，接触到的优秀人才太多，便更有一番别样的不平与伤感。

第二年夏天，咸丰万念俱灰，在承德驾崩，享年三十一岁。他年仅六岁的皇子载淳继位，是为同治皇帝。同治是咸丰唯一的儿子，叶赫那拉氏所生。不久，西太后叶赫那拉氏与同治的嫡母慈安太后联合恭亲王奕?发动政变，一网打尽咸丰帝临终时所任命的八位顾命大臣。而肃顺，便是这八大臣中的领头羊。

咸丰十一年为辛酉年，故捕杀肃顺等人的事件，被称为"辛酉政变"。

其实，肃顺这个人还算开明，他的口头禅是"满人里混蛋多"。肃顺大力提携曾国藩、左宗棠等汉族能吏，为后来清廷剿灭太平天国与所谓的同治中兴，奠定了很好的人才基础。

作为咸丰朝晚期帝国实际上宰相，肃顺又有一个最大的缺点：脾气火爆，得理不饶人。他的性格完全不同于道光朝的权臣穆彰阿，如果说穆彰阿是官场的狐狸，那么肃顺则完全是一只愤怒的雄狮。

肃顺出身于镶蓝旗，在家里排行老六，是爱新觉罗氏的正宗后裔，乃清初"铁帽子王"郑亲王济尔哈朗的七世孙，而济尔哈朗为太祖努尔哈赤的亲侄子。铁帽子只能一个人戴，肃顺家的郑亲王爵位，由其兄长端华袭承，可即便如此，端华反倒没他这个兄弟有才，只能屈居为肃顺集团的重要成员之一。

肃老六作为宗室后人，却对满人因循守旧与不知进取的普遍做派格外不爽，再加上有咸丰的鼎力支持，他便飞扬跋扈，不可一世，就算是恭亲王奕?他也不买账。自然而然，肃顺得罪了太多的满族大员，最终招致杀身之祸。

不过，祁寯藻在咸丰四年致仕之前，肃顺还只是一个小角色。祁寯藻应该感到庆幸。因为，如果当年他继续在军机处干下去，势必会成为肃顺的受气包。

京城逝世

肃顺一死，两宫皇太后决定起用旧臣。同年冬季十月，当寿阳的一草一木皆枯萎凋落之时，祁寯藻接到上谕，命其回京听候任用。祁家老小闻之，皆欢呼雀跃，端木埰也兴高采烈地说道："老师，您又可以回京大展宏图了。"

祁寯藻沉默片刻，才对端木埰说："子畴呀，没什么可以大展宏图的，你又不是不知道，国家是个什么样子。"

端木埰一听，不知如何作答。

祁寯藻站在书房，环顾四周，继续悠悠地说道："是该回京了，平舒村的这几间老宅,我得多看几眼,下一次回来又不知是什么时候了。"

端木埰也一边环顾书房,一边大声说道:"老师,您也太清苦了,看看这栋老房子——"

"老夫觉得挺好的呀。"祁寯藻微微一笑。

"学生在京城时听友人说起过一件事,"端木埰回忆着,"说是在道光年间的时候,有某人给道光爷上折子,告发您在老家建有豪宅。"

"确有此事。"

"结果,"端木埰一脸的钦佩,"御史们来山西调查,将实情详细禀报给道光爷,最后连道光爷都为您的俭朴而不忍。"

"过去的事,不提,不提。"

"同样是宰辅,您的同乡,康熙朝的陈文贞公,在老家阳城县所建的相府,高屋连片,蔚为壮观。"端木埰早已动情,一发不可收拾,"而您呢,入军机十多年,掌户部也十多年,老家却只有这几间简陋的瓦房。"陈文贞公,便是康熙朝著名的大学士陈廷敬。

祁寯藻摆摆手,谦逊地说道:"真不值一提,此乃为官做人的第一要务,何足道哉?"

"老师,我要说,一定要说。"端木埰依旧很激动,声音也变得更高,"如今的官场,贪腐盛行,绝对比康熙朝有过之而无不及,可您在这种环境下久居高位,还能如此洁身自好,如此清苦,真不易啊。"

"子畴,不这样不行啦,我不是不爱财,而是不义之财,不可取啊。"

"更何况,"端木埰一定要把话说完,"您一直兼管着户部,过手的钱不计其数,可您的老家却几十年不变啊,说个造次的话,如果我不来平舒村,打死我也不会相信一个领班军机大臣的老家会是这个样子。"

祁寯藻见端木埰愈说愈愤慨,就只好由着他了。

"天下的读书人,你们都来看看,"端木埰从书房的门朝外看去,"你们一定要来看看,这就是我们的寿阳相国啊,国家穷,贪官富,可我们的大清相国的家当,还不如一般的小康之家呀。"

说完,端木埰泣不成声,祁寯藻也跟着泪流满面。

一个多月后,新年号"同治"开始纪年,祁寯藻的身份也随着这个年号,再次有了改变。同治元年,祁寯藻七十岁整,二月初六,他带着端木埰一家抵达京城。根据两宫皇太后的懿旨,祁寯藻以礼部尚书的荣誉职位,教授年仅七岁的同治皇帝读书。同治的其他老师还有前任大学士翁心存、工部尚书倭仁、翰林院编修李鸿藻等。这些人中,祁寯藻资格最老,便成了"领班"的帝师。

至此,祁寯藻三代帝师的美誉,就此叫响。

两年后,同治三年,端木埰在祁寯藻的推荐下,获七品内阁中书一职。内阁中书是典型的文辞之臣,品级虽不高,但前途不可限量,会马上得到提拔。这一年盛夏六月,天大的好消息从江南传来,湘军收复太平天国的都城"天京"。这场席卷大清帝国十六个行省、延续十五个年头的农民大起义,已然彻底失败。祁寯藻深感巨大的安慰,这算是他起复后,朝廷赠给他最大的礼物。

几个月后,人在南方的曾国藩来信告知祁寯藻,他自己的兄弟、浙江巡抚曾国荃已在南京找到祁宿藻的灵柩棺木,不久即可运抵北方。曾国荃是攻破南京城的头号功臣,他有足够的便利条件为祁家尽一份心。

此前,南京刚收复的时候,祁寯藻就派遣两位仆人前往南方,找寻六弟宿藻的遗骸,可一无所获。此刻,天可怜见,曾家这两兄弟给祁寯藻带来很大的慰藉。虽然等得好苦,但六弟终于可魂归故里矣。

捧读曾国藩的来信时,端木埰刚好在一旁,祁寯藻便大声对他说道:"子畴,曾涤生找到我家六弟的遗骸,我对得起祖宗,对得起先考与先慈了。"

端木埰闻之很激动:"幼章大人可怜啊,在南方孤魂野鬼飘了十多年,终于苍天有眼啦。"

"哎——"祁寯藻长叹一声,"六弟如若活着,其功业恐怕也不会亚于曾涤生两兄弟。"

"当然。"端木埰点点头,"不过,说到曾涤生,学生倒有一事想问。"

"你还跟我卖关子啊?"祁寯藻一笑。

"是这样,老师,这个问题这么多年来一直都没机会说,今天刚好借着曾涤生的来信,我忍不住还是想问一问,不过,您要觉得不妥,那我就算了。"端木埰吞吞吐吐,很不自在。

"你我亲如父子,有什么不可以说的,你只管问。"祁寯藻一脸的笑意。

"那我就说了。"

"但说无妨。"

"老师,咸丰四年,您还没有致仕的时候,太平军逆贼正猖狂,曾涤生收复了武昌——"端木埰欲言又止。

"没事,子畴,请直言。"

"听说当时先帝咸丰爷龙颜大悦,想让曾涤生署理湖北巡抚,可又担心他是汉人,骤然封疆,恐不利于朝廷,结果就没有让曾涤生署理湖北巡抚。"

祁寯藻轻轻点头称是。

"后来朝野都传言,当时是您老让咸丰爷这么做的,直到我咸丰六年入京时,还有人对我这么说——"端木埰突然停住不语,好像后面的话更难听,他为尊者讳,不便再说。

祁寯藻依旧微一笑:"你接着说,子畴,没事的,我希望你把实话都说出来。"

"那好,老师,我就猖狂一次,瞎说了。"

"你说。"

"事后很多人都说,即便是道光朝的穆彰阿,还有咸丰朝的肃老六等满洲大员,都特别欣赏曾涤生,而您作为汉臣,却在紧要关头不能助他一臂之力——"

见端木埰又停下来，祁寯藻便鼓励道："子畴，你继续说啊。"

此刻，祁寯藻已是七十二岁的老人，虽然学生的话很难听，但他脸上依旧平静如一汪波澜不惊的水。

"好了老师，我不说了。"

"我知道你还想说什么。"祁寯藻顿了顿，"咸丰四年这件事发生后，很多人都说我嫉贤妒能，是吗？"

端木埰轻轻地点点头。

祁寯藻却突然哈哈大笑不已。好久，他才说道："首先，子畴，外面的人怎么说这事，我老早就知道，但这是无稽之谈，当年出曾涤生这件事时，老夫刚好休病在家，不在朝，岂能有机会跟咸丰爷说这档子事？"

端木埰大惊，赶忙给老师鞠躬一拜，然后大声说道："这么多年，老师为何从来不辩解呢？"

"因为没有一个人像你这样，当面跟我说起这事。"

"老师——"

祁寯藻摆摆手，打断端木埰："既然我们师徒都说到这个份上了，那么我必须让你知道，如果当时我没有休假，而是在朝，也保不准我会如坊间所言，真的就阻拦曾涤生署理那个湖北巡抚。"

"老师真的会这样吗？"端木埰一脸困惑。

"当时的情形，的确让曾涤生处于一个很微妙的境地，他的功勋愈大，愈会招致妒忌与猜疑。"祁寯藻一脸的难受，"你有所不知，别看涤生现在功成名就，也能全身而退，但当时可不是这样。"

"您的意思是，如果您真的建议咸丰爷不要让涤生署理湖北巡抚，也是为了保存他。"端木埰恍然大悟。

"也许吧，不过这都是事后诸葛亮的事，也说不定我会支持涤生去做湖北巡抚。"

端木埰笑了一下，说道："为官难啦。"

祁寯藻也相视一笑："做人更难呀。"

"其实，老师您已经功德圆满了。"

"子畴，不能这么说，老夫这一生，做学问比不过张石州，做官比不过林少穆，丹青书法比不过那绎堂，写诗比不过程春海与何子贞，老成持重比不上恩师黄左田，办事雷厉风行比不上田季高，文章造诣比不过姚石甫，写词也大大不如你端木子畴——"

"老师，您太自谦了。"

"你说，这算功德圆满吗？"祁寯藻继续说道。

"老师不必如此。"端木埰的眼圈有些发红，"您尽取诸公之长项，巍然成一代宗师矣。"

祁寯藻笑了笑，摇摇头，大声说道："天知道呢，死后才见分晓，所谓的盖棺定论嘛。"

"老师千万别这么说，朝廷还需要您呢，您必须一直硬朗着。"

"不行了，确实老不中用了，这回重返北京两年多来，头晕的毛病反复发作，一次比一次严重，眼看着活不了多久了。"

"老师——"端木埰的眼泪流出来。

"子畴不必如此，人都有一死，不过我暂时还不会归天，你就放心吧。"祁寯藻说完，又哈哈大笑一声。

同治四年，祁寯藻七十三岁，自开春以来，他一直多病，无奈之下，他再次请求归隐。朝廷准其以大学士致仕，但俸禄照拿。第二年八月，祁寯藻病情加重，他屡屡嘱托祁世长，一定要赶紧把张穆的遗书《蒙古游牧记》编辑完毕，尽早刊行。他深知，为了防范沙俄再次掠夺我国北部的领土，必须让人们知道祖国的北部边疆到底如何——此乃抵御沙俄的首要知识储备。

九月初四，祁寯藻命世长准备好笔墨，题下绝句："天子临轩选异才，八方平定物无灾；上元事业十年后，定有贤豪应候来。"写完，祁寯藻闭目不语，但泪水还是夺眶而出。九月十二日下午未时，在北京宣武门外的府邸，祁寯藻逝去，享年七十四岁。

这一天，是公历1866年10月22日。

这一年，民主革命先行者孙中山诞生。而孙中山，正是四十五年后推翻清帝国的领袖。